JN101079

令和四年版
再犯防止推進白書

法務省

本書は再生紙を使用しております。

再犯防止推進白書の刊行に当たって

法務大臣

齋藤　健

　日本政策投資銀行と日本交通公社が2020年（令和2年）及び2021年（令和3年）に、アジアや欧米豪で暮らす人を対象にコロナ禍収束後に海外旅行で訪れたい国を調査した結果、いずれの年も日本が1位となりました。日本を選んだ理由の上位には、「治安の良さ」が挙げられており、我が国の治安の良さは世界に誇るべき強みといえます。他方で、刑法犯により検挙された再犯者数は減少傾向にあるものの、それを上回るペースで初犯者数も減少し続けているため、検挙人員に占める再犯者の人員の比率は上昇傾向にあり、刑法犯により検挙された者の約半数は再犯者という状況が続いています。新たな被害者を生まない「安全・安心な社会」を実現し、これを発展させるためには、罪を犯した人が、二度と犯罪をすることなく、責任ある社会の一員として立ち直ることができるよう、再犯防止の取組を進めることが重要となります。

　政府においては、そうした認識の下、2017年（平成29年）に、再犯の防止等に関する政府の施策等を定めた初めての計画である「再犯防止推進計画」（平成29年12月15日閣議決定）を策定しました。それに基づき、国の刑事司法関係機関のみならず、国・地方公共団体・民間協力者等が連携した取組を積み重ねてきた結果、「再犯防止に向けた総合対策」（平成24年7月20日犯罪対策閣僚会議決定）において定められた「出所年を含む2年間において刑務所に再入所する割合（2年以内再入率）を令和3年までに16％以下にする」という数値目標を、令和元年出所者について15.7％と1年前倒しで達成するに至り、令和2年出所者の2年以内再入率は更に15.1％にまで低下しました。

　2022年度（令和4年度）は「再犯防止推進計画」の計画期間、すなわち5年間の最終年度となります。そこで、本白書の特集では、「再犯防止推進計画策定後の課題と今後の展望～当事者の声と振り返る～」と題して、「再犯防止推進計画」策定後の取組について、「主な罪名別」、「主な属性別」及び「主な実施者別」という3つの切り口で振り返りを行い、今後の課題や展望も併せて記載しています。その過程で見えてきた課題を踏まえ、2023年度（令和5年度）からの5年間を計画期間とする次期「再犯防止推進計画」を更に充実したものとするとともに、より実効性のある施策を推進してまいりたいと考えています。

　本白書の発刊が、国民の皆様の再犯防止への御理解を深めていただく一助となり、罪を犯した人の立ち直りに向けた支援の輪が広がる契機となることを期待しております。

○表紙の絵画作品について

「星の蛍」東日本少年矯正医療・教育センター（東京都昭島市所在）

　この作品は、東日本少年矯正医療・教育センターの在院者が制作したものです。
　少年院では、矯正教育の一環として、絵画を始めとする美術作品等の創作活動を通して、情操を育むための働き掛けを積極的に行っています。
　自然を好んでいた制作者は、自身が心穏やかに過ごせる場所を心に思い描き、この作品を完成させました。そして、過ごすならこのような風景の場所で、と絵画に込めた自分の気持ちを、生き生きと話してくれました。
　職員一同、制作者が、二度と非行をすることなく、自分の夢をかなえ、このような場所で、心穏やかに暮らしてくれることを願っています。

各ページ下部の　　　について
　"幸福（しあわせ）の黄色い羽根"というシンボルマークです。
　犯罪のない幸福で明るい社会を願うとの意味が込められています。
　更生保護のシンボルマークであるひまわりの黄色と、刑期を終え出所した男性をあたたかく迎える夫婦愛を描いた映画「幸福（しあわせ）の黄色いハンカチ」（1977年（昭和52年）、山田洋次監督）から着想を得て、"社会を明るくする運動"への賛同を示す身近な協力のしるしとして、2008年（平成20年）に生まれました。

目次

第1章 再犯防止をめぐる近年の動向

第5章　犯罪をした者等の特性に応じた効果的な指導の実施等のための取組

図表目次

第2章 就労・住居の確保等のための取組

第3章 保健医療・福祉サービスの利用の促進等のための取組

第4章　学校等と連携した修学支援の実施等のための取組

第5章　犯罪をした者等の特性に応じた効果的な指導の実施等のための取組

第6章 民間協力者の活動の促進等、広報・啓発活動の推進等のための取組

第7章 犯罪をした者等の特性に応じた効果的な指導の実施等のための取組

特集

令和4年版
再犯防止推進白書

再犯防止推進計画策定後の課題と
今後の展望～当事者の声とともに振り返る～

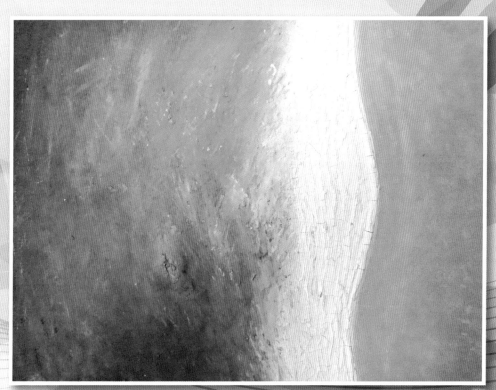

海

政府は、2017年（平成29年）12月に再犯防止分野で初めてとなる「再犯防止推進計画」を閣議決定した。

同計画は、2018年度（平成30年度）から2022年度（令和4年度）までを計画期間とするものであり、2022年度（令和4年度）は同計画の最終年度となる。本特集では、「黎明期」ともいえる最初の計画期間における再犯防止の取組について、当事者である犯罪をした者、その立ち直りを支援する方及び再犯防止に関する有識者も交えて振り返るとともに、課題を確認し、次期「再犯防止推進計画」に向けたバトンとして受け渡していきたい。

第1節　主な罪名別に見た再犯防止施策の課題と今後の展望

❶　薬物事犯

（1）序論

薬物事犯者は、犯罪・非行をした者であると同時に、薬物依存症の患者である場合が多い。2020年（令和2年）出所者（覚醒剤取締法違反）の2年以内再入者は776人であり、そのうち8割以上に当たる654人が同罪名による再犯であることから（**特1-1-1**参照）、覚醒剤への依存の強さがうかがえる。

そのため、薬物事犯者の再犯・再非行を防止するためには、「改善更生に向けた指導」のみならず、「依存からの『回復』に向けた治療や支援」を継続することも必要である。矯正施設や保護観察所では、効果検証を実施しながら専門プログラムの改善等を図っているほか、薬物事犯者を地域の保健医療機関等に適切につなげるための支援にも注力している（**特1-1-2**参照）。

また、薬物事犯の中でも大麻事犯の検挙人員は8年連続で増加するなど過去最多を更新しており、「大麻乱用期」とも言える状況になっている。大麻事犯は、検挙人員の約7割が30歳未満であるなど（**特1-1-3**参照）、若年層における乱用拡大が顕著でもあり、その対応が急務となっている。

（2）指標

特1-1-1	覚醒剤取締法違反の同罪名による2年以内再入率[1]の推移

（平成28年〜令和2年）

年　次 （出所年）	出所 受刑者数	2年以内再入者数		うち同一罪名	
	a（人）	b（人）	b/a（%）	c（人）	c/b（%）
平成28年	6,144	1,149	(18.7)	980	(85.3)
29	6,134	1,061	(17.3)	887	(83.6)
30	5,982	957	(16.0)	782	(81.7)
令和元年	5,367	846	(15.8)	698	(82.5)
2	5,008	776	(15.5)	654	(84.3)

注　1　法務省調査による。

※1　2年以内再入率：各年の出所受刑者に占める「2年以内再入者数」の割合である。「2年以内再入者数」は、各年の出所受刑者（出所事由が満期釈放又は仮釈放の者）のうち、出所年を1年目として、2年目（翌年）の年末までに、前刑出所後の犯罪により再入所した者の人員である。

| 特1-1-2 | 薬物事犯保護観察対象者のうち、保健医療機関等による治療・支援を受けた者の数及びその割合【指標番号11】 |

(平成29年度〜令和3年度)

年　度	薬物事犯保護観察対象者数	うち治療・支援を受けた者の数
平成29年度	7,569	393 （5.2）
30	7,717	527 （6.8）
令和元年度	8,096	566 （7.0）
2	8,549	613 （7.2）
3	8,501	536 （6.3）

注　1　法務省調査による。
　　2　「薬物事犯保護観察対象者数」は、薬物事犯保護観察対象者として、当該年度当初に保護観察を受けている者の数と当該年度に新たに保護観察を受けることとなった者の数を計上している。
　　3　（　）内は、薬物事犯保護観察対象者のうち、精神保健福祉センター、保健所、精神科医療機関等が行う治療・支援を受けた者の割合である。

| 特1-1-3 | 大麻事犯の検挙人員 |

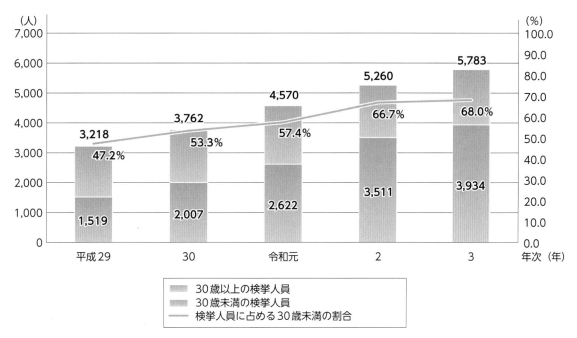

注　1　警察庁、厚生労働省、海上保安庁（厚生労働省集計）調べによる。

（3）主な取組と課題
ア　プログラムの効果検証について
（ア）刑事施設における薬物依存離脱指導の効果検証結果

　刑事施設における特別改善指導「薬物依存離脱指導」【施策番号44】参照）については、刑の一部執行猶予制度の開始により、当該対象者の実刑部分が比較的短期間となる可能性があることから、刑期の短い者等にも柔軟に指導できるよう、標準プログラムを改訂[2]し、2017年度（平成29年度）から本格的に新体制で指導を実施（以下「新実施体制」という。）している。この新実施体制における

※2　従来1種類だった標準プログラムを①必修プログラム（麻薬、覚醒剤その他の薬物に依存があると認められる者全員に対して実施するもの）、②専門プログラム（より専門的・体系的な指導を受講させる必要性が高いと認められる者に対して実施するもの）、③選択プログラム（必修プログラム又は専門プログラムに加えて補完的な指導を受講させる必要性が高いと認められる者に対して実施するもの）の3種類に複線化したほか、施設内処遇から社会内処遇への一貫性を保つことができるものに指導内容を改訂したもの。

標準プログラムの指導効果を検証するため、専門プログラムの受講による薬物に対する態度等の変化について、心理尺度（**特1-1-4**参照）を用いた質問紙調査を実施した（調査１）。また、新実施体制における標準プログラムの受講率及び薬物依存離脱指導対象者の再犯[※3]率を標準プログラム改訂前の指導体制（以下「旧実施体制」という。）と比較し、改訂に伴う効果を中心に確認した（調査２）。

　調査１では、受講群と比較対照（受講待機）群[※4]に対し、受講前後（比較対照群については同時期）に自記式質問紙調査を実施し、専門プログラムによる心理尺度得点の変化を確認したところ、薬物を再使用しないためのスキル、継続的に治療や援助を求める態度、薬物依存の問題を変えたいという変化への動機付け及び薬物の対処行動に関する全般的な自信について得点の上昇が認められた（**特1-1-5**参照）。調査２では、新実施体制における調査対象者[※5]の95.1％が標準プログラムを受講しており、旧実施体制の調査対象者[※6]と比べて受講率が27.0ポイント向上したほか、新実施体制の調査対象者の再犯率は20.9％であり、旧実施体制下での結果（26.6％）より5.7ポイント低く、統計的に有意な差が認められた（**特1-1-6**参照）。これらの検証結果から、標準プログラムの改訂は、受講率の向上に寄与し、薬物犯罪の再犯率の減少にも寄与した可能性が示唆された。

特1-1-4 質問紙調査に用いた尺度（一部抜粋）

指導目標	尺度名	概要	下位尺度	項目数	信頼性係数α
薬物依存の認識及び薬物使用に係る自分の問題点の理解	SOCRATES－8D（小林他、2010）	薬物依存の問題を変えたいという変化への動機付けを測る。	病識	7	0.86
			迷い	4	0.67
			実行	8	0.79
断薬への動機付けを高める	薬物依存に対する自己効力感スケール（森田他、2007）	薬物に対する欲求が生じたときの対処行動に関する自信を測る。	全般的自己効力感	5	0.81
			個別場面自己効力感	11	0.96

出典：法務省資料による。

特1-1-5 動機付けの変化（SOCRATES病識尺度）

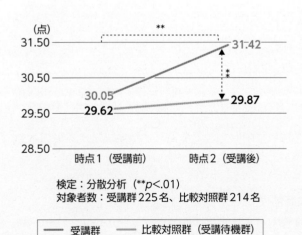

検定：分散分析（**p<.01）
対象者数：受講群225名、比較対照群214名

── 受講群　── 比較対照群（受講待機群）

出典：法務省資料による。

特1-1-6 新旧実施体制の出所後２年以内再犯率の比較

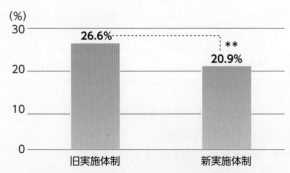

検定：フィッシャーの正確確率検定（２変数の関係の有無を確率的に検証する統計的手法、**p<.01）
対象者数：旧実施体制593名、新実施体制742名

出典：法務省資料による。

※3　本調査における再犯とは、前回刑事施設出所後から２年以内にじゃっ起され、実刑判決を受けて再び受刑する結果となった事件のうち、最も犯行日が早い薬物事件を指す。
※4　調査１の調査対象者：2018年（平成30年）10月から2020年（令和２年）11月までの間に調査対象施設に在所し、専門プログラムの受講の必要性が認められた対象者（439名）を受講群（225名）と比較対照（受講待機）群（214名）に無作為に割り付けたもの。
※5　新実施体制における調査対象者：2018年（平成30年）11月から2019年（令和元年）５月までの間に調査対象施設から出所した薬物依存離脱指導対象者742名（受講者706名、未受講者36名）
※6　旧実施体制における調査対象者：2013年（平成25年）に出所した薬物依存離脱指導対象者593名（受講者404名、未受講者189名）

（イ）保護観察所における薬物再乱用防止プログラムの効果検証結果

　保護観察所における薬物再乱用防止プログラム（【施策番号44】参照）については、運用を開始した2016年（平成28年）6月から一定期間が経過したことを踏まえ、その対象者の再犯追跡調査及び質問紙調査を行った。再犯追跡調査については、2018年（平成30年）に薬物事犯により保護観察に付された成人保護観察対象者の保護観察開始後4年以内の薬物事犯の再犯率を、同プログラム受講群と非受講群別に調査したところ、同プログラム受講群の再犯率は30.3％であり、非受講群のそれ（34.6％）より統計的に有意に低く、同プログラムの受講による一定の再犯防止効果が示唆された。

　質問紙調査については、刑事施設において薬物依存離脱指導の専門プログラムを受講した者等が仮釈放等により釈放された後の薬物再乱用防止プログラム受講前後の心理尺度得点の推移を調査したところ、薬物依存からの離脱につながる態度等が比較的高い水準に保たれていることが認められた。

（ウ）効果検証を踏まえたプログラム改訂等

　今回の効果検証結果を踏まえ、刑事施設及び保護観察所において、より効果的かつ一貫性のある指導を実施するため、薬物依存を有する者への支援に関する知見を有する専門家から助言を仰ぎつつ、プログラムの更なる充実化に向けた検討を進めている。

イ　保健医療機関等につなげる指導・支援の現状と課題

　刑事施設や保護観察所では、薬物依存からの回復に向けた指導・支援を実施しているが、刑事司法機関が関わることのできる期間は限られたものであることから、保護観察所においては、保護観察等の処遇終了時期を見据えて地域の保健医療機関等の支援につなげるよう取り組んでいる。

　基本的な取組としては、保護観察所で実施している薬物再乱用防止プログラム（【施策番号44】参照）に、ダルク等の支援機関・団体のスタッフの参加を得て、ダルク等の活動に触れる機会を作ったり、薬物依存を改善するための医療やプログラム等の援助を提供している機関等と連携し、これら機関等の医療や援助を受けるよう保護観察対象者に必要な指示を行ったりしている。また、2019年度（令和元年度）から、薬物依存のある対象者が、地域における支援を自発的に受け続ける習慣を身に付けられるよう、仮釈放後の一定期間、更生保護施設等に居住させた上で、ダルク等の支援機関・団体と連携した保護観察処遇を実施するなどの試行的な取組（【施策番号47】参照）を開始している。

　また、法務省及び厚生労働省は、「薬物依存のある刑務所出所者等の支援に関する地域連携ガイドライン」（【施策番号52】参照）を策定し、2016年度（平成28年度）から運用を開始している。保護観察所は、同ガイドラインに基づき、地域において薬物依存症者への治療や支援を実施している機関・団体による連絡会議を定期的に開催するなどして、地域支援体制の構築を図っているほか、個別のケースについてケア会議を開催するなどして、保護観察期間中のできるだけ早い段階から地域社会での治療・支援につなげるように努めており、こうした取組を通じて、治療・支援に当たる機関・団体の相互理解を深めている。

　薬物事犯保護観察対象者のうち、保護観察期間中に地域の保健医療機関等による治療・支援を受けた者の割合は2017年度（平成29年度）は5.2％、2020年度（令和2年度）は7.2％と上昇傾向にあったが、2021年度（令和3年度）においては、6.3％と減少に転じた（**特1-1-2**参照）。保護観察期間中に地域の保健医療機関等の治療・支援につながる割合は小さく、今後も引き続き、地域社会での治療・支援へのつなぎに力を入れていく必要がある。

　第208回国会において成立した刑法等の一部を改正する法律（令和4年法律第67号）による改正後の更生保護法には、保護観察における特別遵守事項として、更生保護事業を営む者その他の適当な者が行う特定の犯罪的傾向を改善するための専門的な援助であって法務大臣が定める基準に適合するものについては、これを受けることを指示し、又は保護観察対象者にこれを受けることを義務付ける

ことを可能とする規定が設けられた。これにより、保護観察対象者に対して、保護観察期間中から支援機関・団体によるプログラム等の受講を義務付けることが可能となった。このような取組を通じて、保護観察対象者と地域社会との間で、保護観察対象者が、保護観察終了後も自らの意思でそうしたプログラム等の受講を続けられる関係性が築かれ、地域社会において"息の長い"支援が可能となっていくものと考えられる。

【当事者の声】〜出会いと正直になれる環境〜　特定非営利活動法人八王子ダルク施設長　加藤　隆

　28歳のとき、覚醒剤の使用・所持で保護観察を受けることになりました。当時は、日々薬を使うことだけを考えていたので、保護観察初日も、保護観察所での手続を終えた後、その足で仲間のところに行き、その日のうちに覚醒剤を当然のように使いました。その後も逮捕前と変わらず薬を使うために生きるような生活を送っていたら、また逮捕されました。尿検査が陰性だったので留置場から出られましたが、そのとき、保護観察官から、このままの生活を続けるのか、病院で治療を受けるのかどちらか選びなさいと言われました。

　同じことの繰り返しに私自身が疲れ果てていましたし、刑務所には行きたくないという思いが強くあったので、病院に入院することにしました。病院では担当医からこう言われました。

　「あなたは薬物依存症です。薬を止め続けるために一度ダルクに行ってみないか。あなたの仲間がダルクにはいるよ。」

　そんな強制的ではない対応がダルクに行く気持ちにさせてくれました。

　ただ、ダルクに行ってからも何回か薬を使ってしまうことがありました。でもダルクでは再使用を責められることが決してありませんでした。だから、生まれて初めて、薬を使ったことを正直に話すことができました。使ったことを言ってもいい、再使用しても排除されない環境が正直にさせてくれたんだと思います。ダルクで生活を続けることで、次第に止め続けたいという気持ちが湧いてきました。

　色んなご縁があり、気づいたらダルクの施設長になっていました。保護観察所のプログラムのスーパーバイズをすることもありますが、どちらかというと保護観察官は抱え込みすぎなのかなと思います。もっと地域につなげる働き掛けを強めてもらいたいです。私は保護観察官や医師に背中を押され、ダルクと出会いました。大事なのは人との出会いと正直になれる環境かなと自分の人生を振り返ってみて思います。

ウ　大麻等の薬物対策のあり方に関する見直しについて

　我が国における薬物行政については、戦後制定された薬物４法[7]を基本として、取締りをはじめとした各種施策が実施されてきたところ、違法薬物の生涯経験率は諸外国と比較して、著しく低くなっているなど、高い成果を挙げてきている。

　しかし、大麻事犯の検挙者数は急増（**特1-1-3**参照）しており、若年層における大麻乱用や、再犯者率の上昇、大麻リキッドなど人体への影響が高い多様な製品の流通拡大が問題となっている。

　大麻に関する国際的な動向に目を向けると、諸外国においては、大麻から製造された医薬品が市場に流通し、2020年（令和２年）12月に開催された国連麻薬委員会（CND）の会合において、麻薬単一条約上の分類に、大麻の医療上の有用性を認める変更がなされたところである。

　このような大麻に関する我が国社会状況の変化や国際的な動向等を踏まえ、厚生労働省は、今後の薬物対策のあり方を検討するため、2021年（令和３年）に「大麻等の薬物対策のあり方検討会」[8]を開催し、同検討会では、「使用」に対する罰則を設けていないことが「大麻を使用してもよい」と

※7　薬物４法：「覚醒剤取締法」、「大麻取締法」、「あへん法」及び「麻薬及び向精神薬取締法」

いう誤ったメッセージと受け止められかねない状況となっているとの指摘や、再乱用防止と社会復帰支援の推進については、刑事司法機関、医療・保健・福祉機関、民間支援団体等がより一層連携し、"息の長い"支援を目指すことの重要性が確認された。

厚生労働省ではこのとりまとめを受けて、大麻取締法及び麻薬及び向精神薬取締法の改正に向けた議論や、その論点整理等を行うため、2022年（令和4年）3月に厚生科学審議会医薬品医療機器制度部会の下に大麻規制検討小委員会※9を設置し、大麻規制の見直しについての議論をとりまとめた。

具体的には、

・若年層を中心に大麻事犯が増加している状況の下、薬物の生涯経験率が低い我が国の特徴を維持・改善していく上でも、大麻の使用禁止を法律上明確にする必要がある

・大麻について使用罪の対象とした場合でも、薬物乱用者に対する回復支援のための対応を推進し、薬物依存症の治療等を含めた再乱用防止や社会復帰支援策も併せて充実させるべきである

といった方向性が示された。

今後、大麻取締法等の改正に向けて、引き続き必要な検討を進めていく予定である。

（4）今後の展望

刑事司法機関、医療・保健・福祉機関といった各関係機関が、それぞれが行う指導や支援を更に充実させることはもちろんのこと、各関係機関の指導や支援が連続性・一貫性をもって実施される必要がある。そのためには、各関係機関の連携体制を深め、対象者に関する情報の共有が密に行われることが望ましい。また、それぞれの関係機関のみで効果検証を行うのではなく、刑事司法手続やその後の地域社会での指導・支援を合わせて検証を行うことなどを通じ、各関係機関の縦割りを打破し、政府一丸となって薬物事犯者に対する効果的な方策を検討していきたいと考えている。

【再犯防止推進計画等検討会 有識者委員からの講評】　　和田清委員（昭和大学薬学部客員教授）

薬物乱用問題は、一次予防（使わない＋使えない環境作り）、二次予防（早期発見、早期介入）、三次予防（社会復帰）という観点から対応することが重要である。わが国の一次予防策の成果は、国際的には、使うこと自体が違法とされる薬物の生涯経験率（これまでに1回でも使ったことのある者の割合）の群を抜く低さに現れている。その一方で、二次予防策の貧困さは認めざるを得ない状況にあった。「刑の一部の執行猶予」制度の導入とそのための施策は、司法領域主導の大改革ではあるが、結果的に、二次予防体制が劇的に改善したと考えている。三次予防については、就労を急ぐあまり再使用に及んでしまう例もあり、そのバランスが難しい。

ところが、「大麻等の薬物対策のあり方検討会」では、わが国の一次予防策を揺るがしかねない意見が出され、教育・保健・医療・司法領域での混乱が危惧される状況にある。依存性薬物に手を出さなければ薬物依存症には決してならない。逆に、薬物依存症になってしまうと、誰にとっても良いことは一つもない。再犯防止対策の主眼は、二次予防策、三次予防策の検討にあるが、それ以前に再犯予備群が増えては本末転倒である。そうならないためにも、再犯予備軍を生み出さないための一次予防策の再確認・再検討が必要である。

※8　「大麻等の薬物対策のあり方検討会」
https://www.mhlw.go.jp/stf/shingi/other-syokuhin_436610_00005.html
大麻の「使用」に対する罰則は賛否があり、賛成として、不正な使用の取締りの観点や他の薬物法規との整合性の観点からは、大麻の使用に対し罰則を科さない合理的な理由は見出し難いといった意見、反対として、大麻を使用した者を刑罰により罰することは、大麻を使用した者が一層周囲の者に相談しづらくなり、孤立を深め、スティグマ（偏見）を助長するおそれがあるといった意見などがあった。

※9　大麻規制検討小委員会
https://www.mhlw.go.jp/stf/newpage_25666.html

❷ 性犯罪

(1) 序論

　性犯罪の２年以内再入率は2020年（令和２年）出所者で5.0％となっており、出所者全体（15.1％）と比べると低く、再犯率が高いとまでは言えない（**特1-2-1**参照）。しかし、その一方で、性犯罪は、「魂の殺人」と言われるように、被害者の尊厳を著しく踏みにじる行為であり、その心身に長期にわたり重大な悪影響を及ぼすことから、再犯率の高低にかかわらず、その根絶は、喫緊に取り組むべき課題といえ、性犯罪の再犯防止に積極的に取り組んでいく必要がある。

　政府においては、「性犯罪・性暴力対策の強化の方針」[※10]（令和２年６月11日性犯罪・性暴力対策強化のための関係府省会議決定）において、2020年度（令和２年度）から2022年度（令和４年度）までの３年間を「集中強化期間」として、性犯罪の再犯防止対策を含む実効性ある取組を進めている。

(2) 指標

特1-2-1	性犯罪の同種犯罪による２年以内再入率

（平成28年〜令和２年）

年　次 (出所年)	出所 受刑者数	２年以内再入者数		うち同種犯罪	
	a（人）	b（人）	b/a（％）	c（人）	c/b（％）
平成28年	674	54	(8.0)	12	(22.2)
29	643	53	(8.2)	13	(24.5)
30	653	55	(8.4)	13	(23.6)
令和元年	630	40	(6.3)	5	(12.5)
2	536	27	(5.0)	8	(29.6)

注　1　法務省調査による。
　　2　「性犯罪」は、強制性交等・強姦・強制わいせつ（いずれも同致死傷を含む。）をいう。

(3) 主な取組と課題

ア　刑事施設及び保護観察所における専門的プログラムの充実化について

　法務省は、2019年度（令和元年度）に、刑事施設及び保護観察所における性犯罪者等に対する専門的処遇の一層の充実を図るため、法律、心理学、医学等の有識者を構成員とする検討会を開催し、2020年（令和２年）10月にその結果を「性犯罪者処遇プログラム検討会報告書」[※11]として取りまとめ、公表した。

　同報告書では、従来のプログラムの課題と更なる充実に向けた方向性、矯正施設収容中から出所後までの一貫性のある効果的な指導、指導担当者の研修体制の３つの論点について提言がなされた。

　法務省は、同提言の内容を踏まえ、専門的プログラムの内容を改訂し（**特1-2-2**参照）、2022年度（令和４年度）から新たなプログラムを実施しているほか、その実施体制の充実を図っている。

　新たなプログラムにおいては、従前、「夜出歩かない」など、再犯をしないための取組を実行させる指導が中心であったが、対象者の前向きな意欲を活用する観点から、再犯をしないという目標だけ

※10　性犯罪・性暴力対策の強化の方針
　　　https://www.gender.go.jp/policy/no_violence/seibouryoku/measures.html#policy

※11　「性犯罪者処遇プログラム検討会報告書」関係資料URL
　　　https://www.moj.go.jp/hogo1/soumu/hogo10_00027.html
　　　（法務省ホームページ「性犯罪者処遇プログラム検討会報告書について」へリンク。）

でなく、将来なりたい自分や達成したい目標とその実現に向けた取組を対象者に考えさせ、対象者の主体性を喚起し、プログラムの指導効果を高めることとしている。また、特定の問題性を有する者に対する指導効果が不十分であるとの効果検証の結果等を踏まえ、小児に対する性加害や痴漢などの習慣的な行動とみなせる性加害を行った者等に対応した指導内容を追加した。さらに、対象者自らが再び性犯罪をしないために作成する再発防止計画について刑事施設及び保護観察所の様式を共通化するとともに、保護観察所による再発防止計画作成後の指導として、毎月1回の頻度で性的な興味関心や問題の対処状況等に関する自己点検シートを作成させ、指導効果の維持を図るとともに、再犯の兆候等を可能な限り把握できるようにしている。

指導担当者の研修に関しては、2022年度（令和4年度）は、刑事施設及び保護観察所における指導担当者が互いに方向性を共有してプログラムを発展させていくことを目的として、機関の枠を超えて合同の研修を実施した。

今後も、改訂後のプログラムの運用状況等を適切に検証し、対象者の再犯防止に一層効果的なものとなるよう必要に応じて見直しを図っていくこととしている。

特1-2-2　性犯罪者に対する処遇プログラムの改訂について（令和4年度〜）※12

刑事施設及び保護観察所の連携を強化した　　　　　　令和4年4月　法務省矯正局・保護局
性犯罪者に対する処遇プログラムの改訂について（令和4年度〜）（概要）

収容中から出所後までのプログラムの内容の充実

【改訂の必要性】
（受講者の目標や取組内容の見直し）
従前のプログラムでは、
「夜出歩かない」など、再犯をしないための取組を実行させる指導が中心
⇒プログラム受講者の前向きな意欲を活用する工夫が必要

（指導効果が上がりにくい対象者群への対応の充実）
特定の問題性を有する者への指導効果が不十分
⇒指導効果が上がりにくい対象者群に対する更なる処遇上の工夫が必要

【改訂後のプログラム】
●再犯をしないという目標だけでなく、将来なりたい自分や達成したい目標とその実現に向けた取組を受講者に考えさせる。

●受講者の前向きな目標に向けた取組や個々の強みに焦点を当てた指導を行うことにより、受講者の主体性を喚起し、プログラム全般の効果を高める。

●小児に対する性加害や痴漢など習慣的な行動とみなせる性加害を行った者など特定の問題性を有する者に対応した指導内容を追加。

収容中から出所後までの一貫性のある効果的な指導の実施

【再発防止計画の様式改正】

上記内容の充実に対応し"なりたい自分"等に関する欄を設ける

「再発防止計画」（受講者自らが再び性犯罪をしないために作成する計画）の様式を刑事施設・保護観察所で共通化

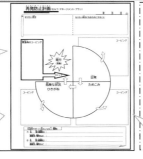

保護観察所による再発防止計画作成後の指導等の実施
・毎月1回の頻度
・性的な興味関心・問題への対処状況等に関する自己点検シートを受講者が作成
⇒
指導効果の維持／再犯の兆候等の把握

自己点検シートの内容を踏まえ、「再発防止計画」を点検・見直し

出典：法務省資料による。

※12 「性犯罪者に対する処遇プログラムの改訂について（令和4年度〜）関係資料URL
　　https://www.moj.go.jp/hogo1/kouseihogoshinkou/hogo_hogo06_00002.html
　　（法務省ホームページ「刑事施設及び保護観察所の連携を強化した性犯罪者に対する処遇プログラムの改訂について
　　（令和4年度〜）」へリンク。）

【当事者の声】〜性犯罪に関する処遇を受けて〜　男性（40歳代）　罪名：迷惑防止条例違反等

　私は刑務所で性犯罪に関する教育を受講し、被害者の苦しみを考えるとともに、人と関わる大切さを改めて知りました。事件当時の私は周囲と壁を作り、1人の時間に偏っていました。独善的な考えにすがり、衝動が止められないリスクを選んでいたのです。

　教育はグループ形式で進み、メンバーの皆さんとの語らいを通じ、大きく2つのことを学びました。1つ目は、気心が知れてきた頃に、お互いの長所を出し合う時間がありました。私の長所を耳にすると、全身にこそばゆさを感じました。しかし、決して悪い感覚ではありません。褒められた記憶に乏しい私は、自分の欠点ばかり目につき、それが負の感情につながって、人付き合いにも影響したと思います。人を認める言葉の素晴らしさを感じました。2つ目は、我慢の多かった私の生い立ちに触れて、「大変でしたね」との言葉を頂いたことは、自分のつらい過去を余り語らない私にとって、人生初のことでした。つらい気持ちに共感が得られたことで、新たな自分に向かう前向きな気持ちになりました。

　こうした経験ができたのも、ありのままを語れた自分、それを聞き届けてくれた人たちのおかげです。この経験をしっかり胸に刻み、社会に戻ってからは認め合いながら、お互いが元気づけられるような人との関わりを積極的に築いていきます。事件当時の自分と決別し、苦しむ被害者を新たに生まないためにも必ず実行していきます。

イ　出所者情報の提供の現状と課題

（ア）性犯罪・性被害に係る地方公共団体の条例について

　大阪府や福岡県などの一部の地方公共団体では、性犯罪から住民を守るための条例を独自に制定し、性犯罪の未然の防止や再発防止に取り組んでいる。

　例えば、大阪府では、「大阪府子どもを性犯罪から守る条例」（平成24年10月施行。）を制定し、性犯罪により受刑した者が刑期満了となり、大阪府内に住居を定めた場合、その氏名や住所、連絡先等を府知事に届け出ることを義務付けた上で、そのうち希望する者に対しては、社会生活のサポートや専門家による心理相談等の社会復帰支援を実施している。

（イ）法務省から地方公共団体への情報提供について

　地方公共団体が再犯防止のための支援を行うに当たっては、対象者の把握や確認のために対象者本人に係る情報を得る必要があるものの、地方公共団体がそうした情報を独自に収集することは容易ではない。そこで、法務省は、個人情報の取扱いに配慮しながら、それらの情報を適切に提供することとしている。

　上記の大阪府の条例では、①あらかじめ、大阪府と法務省との間で本条例への協力に関する申合せを結んだ上で、②大阪府に届出があった者の同意を得て、大阪府から刑事施設又は保護観察所（以下「刑事施設等」という。）に情報の提供を依頼し、③「受刑事実の有無」や刑事施設等で実施した「処遇プログラムの受講結果」等について、刑事施設等から大阪府に対して提供することとしている（**特1-2-3**参照）。

　上記の大阪府の条例に基づき届出がなされた件数は、同条例が施行された2012年（平成24年）10月から2022年（令和4年）3月までの間に計197件※13あり、その全てについて、刑事施設から大阪府に対して、「受刑事実の有無」に関する情報提供を行った。また、そのうち社会復帰支援の対

※13　大阪府において本条例に基づき性犯罪者の氏名等の届出がなされた件数（合計197件）の内訳
　　　強制わいせつ115件、強制性交等（強姦含む）49件、その他33件

象となった者は計72人であり、「処遇プログラムの受講結果」については、刑事施設等から計19件※14の情報提供を行った（2020年（令和２年）９月〜2022年（令和４年）３月）。

　なお、同様の取組は福岡県でも行われており、「福岡県における性暴力を根絶し、性被害から県民等を守るための条例」が施行された2020年（令和２年）５月から2021年（令和３年）10月までの間に14件の届出がなされ、その全てについて、刑事施設から福岡県に対して、「受刑事実の有無」に関する情報提供を行った。

（ウ）今後の課題

　支援対象者となり得る者の情報を地方公共団体が適切に把握し、個々の対象者の状況に応じた支援を実施することは極めて重要といえる。法務省としては、地方公共団体のニーズも踏まえながら、適切な情報提供の在り方について検討する必要があると考えている。

特1-2-3　大阪府における条例に基づく情報提供スキーム

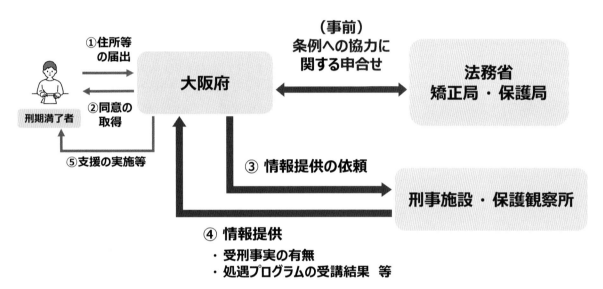

出典：法務省資料による。

（4）今後の展望

　性犯罪者の再犯防止のためには、刑事司法関係機関における取組を更に充実させる必要があることは言うまでもない。他方で、性犯罪により刑事施設に入所する者は、性犯罪者の一部であり、例えば、罰金や保護観察が付かない執行猶予判決を受けた者など、刑事司法関係機関からの指導を受けないまま、社会に戻る者も存在する。そうした者たちの再犯を防止するためには、地域住民に身近な各種サービスを提供している地方公共団体による取組を進めることも不可欠であるが、性犯罪者に対する支援は、専門的な知見を必要とすることなどから、地方公共団体が独自に、性犯罪者に特化した取組を進めることは容易ではないと考えられる。そのため、政府においては、対象者本人に係る必要情報を地方公共団体に適切に提供するだけではなく、2022年度（令和４年度）中に、地方公共団体等が活用可能なプログラムを開発することとしており、今後、地方公共団体が連携した性犯罪者の再犯防止対策を一層推進していくこと必要であると考えている。

※14「処遇プログラムの受講結果」に関する情報提供（合計19件）の提供元の内訳
　　刑事施設から11件、保護観察所から8件

【再犯防止推進計画等検討会 有識者委員からの講評】　　　　　　　　宮田桂子委員（弁護士）

　性犯罪は、性欲に基づくというよりも、認知の歪みが根底にあることが多く、男尊女卑思想、支配欲等が主原因たり得るし、発達障害などのため被害者の了解があったと思い込む、ポルノが事実と誤信するという事案もある。プログラム実施に当たっては、事件の経緯や個々の特性等も考えた丁寧なアセスメントや本人にとってわかりやすい指導が望まれる。また、「重大」な性犯罪だけでなく、下着盗、痴漢などの比較的軽微で、しかも繰り返され得る犯罪類型への対応も十分考えていく必要がある。

　刑務所内より社会内での指導・支援が重要であり、性犯罪への宣告刑が非常に重くなった現在、GPS利用をしてでも仮釈放期間伸長を検討すべきだ。が、処分終了後までGPS装着を求めるのは行きすぎだろう。

　氏名等を広く公表する「メーガン法」的手法をとると、社会からの排除につながり、かえって別な形での再犯を招くおそれがある。情報の公開の方法、管理のあり方も今後の重要な検討課題といえよう。

　性犯罪を防止するには、全ての国民への啓発が必要である。とくに、子ども達を、加害者にも被害者にもしないよう、人間関係や生き方なども含めた、ユネスコ等が提唱する包括的性教育を実施すべきであり、特に国におかれては、速やかにご対応をいただきたいと考える。

❸ 近年増加傾向にある犯罪（児童虐待、配偶者からの暴力）

（1）序論

　刑法犯の検挙件数は毎年減少する中、児童虐待に係る検挙件数は増加傾向にあり（**特1-3-1**参照）、配偶者からの暴力事案等の検挙件数も10年前と比較すると3倍以上に増加するなど（**特1-3-2**参照）、これらの犯罪を防ぐための取組が急務となっている。これらの犯罪についての再犯防止を推進する上では、加害者と被害者の関係性を踏まえた指導が必要であり、加害者と被害者が再び一緒に生活する可能性があることも想定した上で、指導を行わなければならない場合もあるという特性がある。

（2）指標

特1-3-1 児童虐待に係る事件の検挙件数

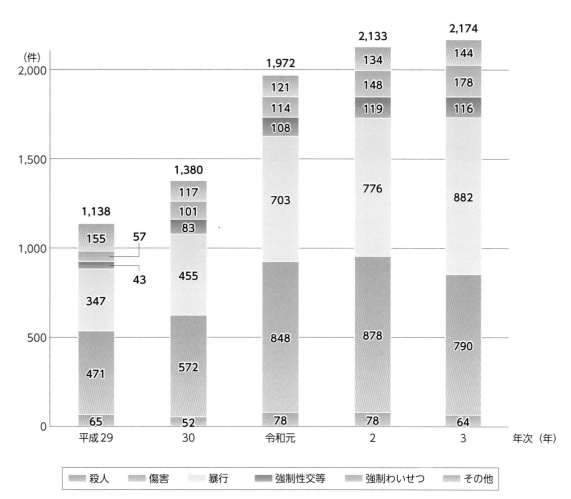

注　1　警察庁生活安全局の資料による。
　　2　「殺人」は、無理心中及び出産直後の事案を含む。
　　3　「傷害」は、「傷害致死」を含む。また、暴力行為等処罰法1条の2及び1条の3に規定する加重類型を、「暴行」は、同法1条及び1条の3に規定する加重類型を、それぞれ含まない。
　　4　「強制性交等」は、平成29年法律第72号による刑法改正前の強姦を含む。
　　5　「その他」は、保護責任者遺棄、逮捕監禁、未成年者拐取、児童福祉法違反、児童買春・児童ポルノ禁止法違反等である。

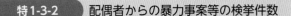

特1-3-2　配偶者からの暴力事案等の検挙件数

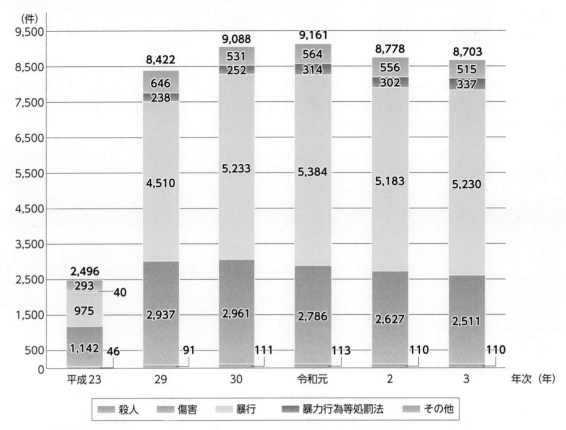

注　1　警察庁生活安全局の資料による。
　　2　刑法犯及び特別法犯の検挙件数であり、複数罪名で検挙した場合には最も法定刑が重い罪名で計上している。
　　3　未遂のある罪については未遂を含む。
　　4　「傷害」は「傷害致死」を含む。また、暴力行為等処罰法1条の2及び1条の3に規定する加重類型を、「暴行」は、同法1条及び1条の3に規定する加重類型を、それぞれ含まない。
　　5　「その他」は、住居侵入、器物損壊、公務執行妨害、放火、配偶者暴力防止法に係る保護命令違反等である。

（3）主な取組と課題

ア　刑事施設における児童虐待、配偶者への暴力に関する処遇の現状と課題

　刑事施設においては、児童虐待や配偶者への暴力に特化した標準的なプログラム等は策定していないが、児童虐待や配偶者への暴力に及んだ受刑者に対し、その問題性や事案の内容に応じて、例えば、暴力を振るうことなく生活するための具体的なスキルを身に付けさせるための一般改善指導「暴力防止プログラム」（【施策番号83】参照）を実施している。同プログラムにおいては、「親密な相手への暴力」の単元において、児童虐待や配偶者への暴力に陥りやすい場面・考え方、被害者に与える影響等を理解させる指導を行い、具体的な対処法等を学ばせている。また、家庭等で円滑な人間関係を維持するために必要な対人関係スキルを身に付けさせるための「対人関係円滑化指導」や、被害者の命を奪う又は身体に重大な被害をもたらす犯罪を起こした者には、その罪の大きさや被害者の心情等を認識させ、再び罪を犯さない決意を固めさせるための「被害者の視点を取り入れた教育」（【施策番号86】参照）も実施している。

　今後は、これらの対象者の再犯防止や円滑な社会復帰を進めるため、「暴力防止プログラム」等の各種指導の一層の充実を図っていくこととしている。

イ　保護観察所における児童虐待、配偶者への暴力に関する処遇の現状と課題

　児童虐待や配偶者からの暴力は、家族間の濃密な関係性の中で起きるため、深刻化するまで表面化しにくい面があり、また、加害者自身に被虐待経験があるなど複雑な背景要因が認められることが少なくない。このため、保護観察の実施に当たっては、2021年（令和3年）1月から導入しているア

セスメントツール（CFP）（【施策番号66】参照）を活用し、保護観察対象者の生育歴等から、犯罪に結び付く要因や改善更生に資する強みなどを綿密に抽出・分析した上で、保護観察の実施計画を策定するとともに、犯した犯罪事実の内容等に応じ、「児童虐待」又は「配偶者暴力」の類型として認定した上で、「類型別処遇」の対象とし、どのような言動が児童虐待や配偶者への暴力に該当するのかや適切な関係性について考えさせ、必要に応じて関係機関の支援等を受けるよう働き掛けるなど、実効性の高い指導・支援を実施している。なお、2021年（令和3年）末時点で係属中の保護観察事件のうち、「児童虐待」類型に該当するものは137件、「配偶者暴力」に該当するものは170件である。

　これら類型に該当する保護観察対象者については、事案に応じて特別遵守事項として、傷害、暴行等の他人の生命又は身体の安全を害する犯罪に当たる行為を反復する傾向を有する保護観察対象者を対象とする「暴力防止プログラム」（【施策番号83】参照）の受講を義務付けており、「配偶者暴力」の問題を有する保護観察対象者については、配偶者への暴力につながる態度やその背景にある考え方の変容、配偶者暴力につながるリスクへの対処、配偶者等との適切な関わり方などについて指導しているほか、「児童虐待」の問題を有する保護観察対象者については、児童虐待の問題に特化した同プログラムの児童虐待防止版（【施策番号83】参照）を策定し、2019年（令和元年）10月から試行的に実施している。

　さらに、児童虐待事案については、保護観察所が各地域の要保護児童対策地域協議会に参画するなど、児童相談所を始めとする地域の関係機関等との連携を積極的に図ることとしており、児童虐待の再発防止等の観点からも、引き続き地域の関係機関等との一層緊密な連携の確保に取り組むこととしている。

（4）今後の展望

　矯正施設や保護観察所で行う専門的プログラムの類型化・細分化を進めた結果、「児童虐待」や「配偶者暴力」にも対応した指導が可能となった。そうした指導の効果を最大限に高めるためには、個々の加害者が抱える問題や特性を踏まえ、指導方法を工夫する必要があることから、加害者と被害者との関係性はもちろんのこと、身近な者への加害行為に至る経緯や要因も的確に把握することが重要である。

　また、加害者と被害者が親密な関係にあれば、被害者が加害者との関係を絶つことを望まず、一度崩れた関係の再構築を目指す場合もある。そうした場合には、被害者の意向や心情を慎重に確認した上で、加害者への指導に反映させることも重要であり、被害者に対する支援を行う関係機関と連携を強化していくことも必要になると考えられる。

【再犯防止推進計画等検討会　有識者委員からの講評】　　　　堂本暁子委員（元千葉県知事）

　紆余曲折を経て、2001年（平成13年）の通常国会で、私が立法に関わった「配偶者からの暴力防止及び被害者の保護に関する法律」が成立した。

　その直後の2001年（平成13年）4月、私は千葉県知事に就任。直ちに、成立したばかりのDV防止法を現場で施行できる、という千載一遇の機会に恵まれた。就任後、職員を集め、「私は、DV防止法に関わってきました。DVは現代社会の歪みの一つ、千葉をDV防止先進県にしたい」と決意のほどを述べ、重要施策に位置づけた。どれだけ効果があったかはわからないが、今でも当時と同じ気持ちである。

　しかし、法律や規則で人間の行動をコントロールし、支配することはできない。大事なのは一人ひとりが暴力は「人間としてやってはいけないことだ」と認識し、それに従って自らを律し、行動することである。それが家庭の平和、地域の平和、学校での平和、あらゆるところの平和の土台となって、誰もが生きやすい社会が実現するものと確信する。DV事案に関する再犯防止の核心はそこにある。

第2節　主な属性別に見た再犯防止施策の課題と今後の展望

❶ 高齢・障害

（1）序論

　新受刑者のうち、高齢者や障害を有する者の割合は増加傾向にある（**特2-1-1**及び**特2-1-2**参照）。また、高齢者の2年以内再入率は直近の5年間では20.0％前後で推移しており（**特2-1-3**参照）、出所者全体（2016年（平成28年）出所者：17.3％、2020年（令和2年）出所者：15.1％）と比べると一貫して高く、知的障害を有する受刑者は、再入者全体と比べると、再犯に至るまでの期間が比較的短く、刑事施設への入所度数は高い傾向にある[15]。高齢者や障害がある者の再犯を防止するためには、社会内での福祉的支援につなげることが有益と考えられることから、政府においては、矯正施設在所中の指導及び出口支援（矯正施設出所者等を福祉サービス等に橋渡しする取組）に加え、入口支援（【施策番号34、42及び43】参照。起訴猶予者、刑の執行猶予者など刑事司法の入口段階にある者に対して、福祉サービス等に橋渡しする取組）を進めている。

（2）指標

特2-1-1　新受刑者（65歳以上の者）の人員及び割合

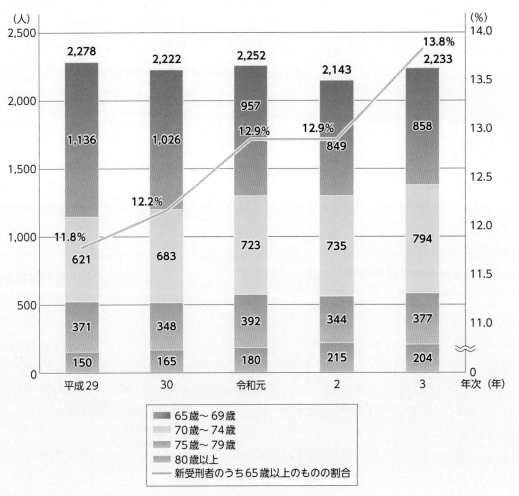

注　法務省・矯正統計年報による。

特2-1-2 新受刑者（精神障害を有する者）の人員及び割合

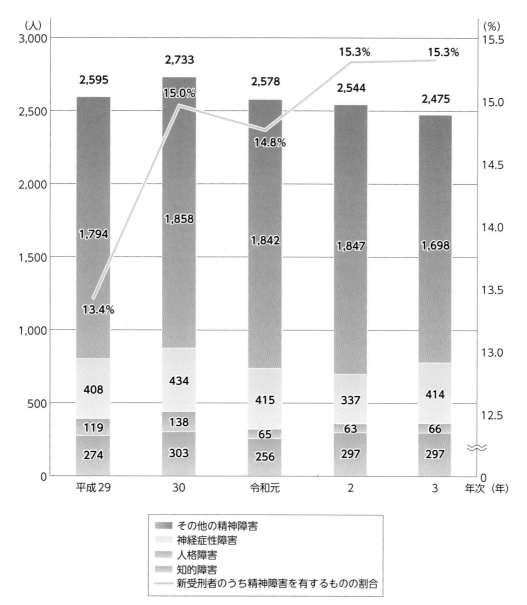

注　法務省・矯正統計年報による。

特2-1-3 高齢出所者の2年以内再入率

（平成28年～令和2年）

年　次 （出所年）	65歳以上		65歳～74歳		75歳以上	
	出所 受刑者数	2年以内再入者数	出所 受刑者数	2年以内再入者数	出所 受刑者数	2年以内再入者数
平成28年	2,990	617 (20.6)	2,359	492 (20.9)	631	125 (19.8)
29	2,910	650 (22.3)	2,258	519 (23.0)	652	131 (20.1)
30	2,781	566 (20.4)	2,092	433 (20.7)	689	133 (19.3)
令和元年	2,762	549 (19.9)	2,009	418 (20.8)	753	131 (17.4)
2	2,692	557 (20.7)	1,955	417 (21.3)	737	140 (19.0)

注　1　法務省調査による。
　　2　年齢については、前刑出所時の年齢による。再入者の前刑出所時年齢は、再入所時の年齢及び前刑出所年から算出した推計値である。
　　3　（　）内は、各出所受刑者数に占める2年以内再入者数の割合である。

| 特2-1-4 | 刑事施設で認知症と診断を受けた者の数の推移 |

（平成30年～令和3年）

年　次	新受刑者数		認知症スクリーニング検査実施者	認知症の診断	
	総数	60歳以上		医師による診察	認知症診断者
平成30年	18,272	3,294	893	131	35
令和元年	17,464	3,296	908	206	50
2	16,620	3,160	930	195	54
3	16,152	3,284	973	183	55

注　法務省調査による。

（3）主な取組と課題
ア　高齢者や障害を有する者への処遇の現状
（ア）処遇上の配慮等

　刑事施設においては、高齢者及び障害を有する又はその疑いのある者（以下「高齢障害等受刑者」という。）に配慮して、手すりの設置や段差の解消等のバリアフリー化を進めたり、収容居室や就業工場を1階に指定し、移動の負担を軽減したりするなどの措置を講じているほか、介護専門スタッフや障害者生活支援スタッフを配置している。また、個々の受刑者の特性を踏まえ、例えば、他の受刑者との集団行動が難しい場合は、工場からの移動時や入浴時等に他の受刑者とは別に行動させたり、高齢障害等受刑者のみの工場を設け、作業内容を紙細工等の軽作業とするなど、その身体機能に合わせた処遇を行っている。

（イ）改善指導等について

　高齢障害等受刑者の円滑な社会復帰を図るため、地方公共団体や福祉関係機関等の協力を得ながら、基本的動作能力や体力を維持・向上させ、基本的生活能力（金銭管理、対人関係スキル等）や各種福祉制度に関する基礎的知識等を習得させることを目的とした「社会復帰支援指導プログラム」（【施策番号35】参照）を実施している。また、入所時の年齢が60歳以上又はその言動や生活状況等から認知症が疑われる者に対し、一部の刑事施設において、認知症スクリーニング検査を実施し、その結果、認知症が疑われる場合（**特2-1-4**参照）には、医師による診察を実施するとともに、認知症の進行を抑えるという観点から、健康運動士を招へいして高齢障害等受刑者の生活習慣病を予防し、健康水準を保持・増進するための指導等を行っている。さらに、認知症受刑者への適切な対応のため、認知症に対する正しい知識や適切な処遇方法の習得を目的とした刑務官向けの認知症サポーター養成研修を実施している。

（ウ）福祉的支援

　高齢障害等受刑者のうち、出所後の自立が困難な者に対しては、刑事施設に配置されている福祉専門官や非常勤職員である社会福祉士、精神保健福祉士等（【施策番号34】参照）が、福祉サービスのニーズ・利用歴、障害者手帳や住民票の有無、希望する帰住先等を多岐にわたって調査・確認するとともに、出所後、円滑に福祉サービス等を受けることができるように、本人の意向を踏まえ、地域生活定着支援センター※16（以下本項において「定着センター」という。）等の関係機関と連携して調整・支援を行っている。

　また、こうした調整・支援の過程において、医師を招へいして必要な診察を実施して障害者手帳取

※16 地域生活定着支援センター：【施策番号36】参照。

得に向けた支援を行ったり、在所中に福祉施設等に出向いて福祉サービスを体験させる取組を実施したりしている。

（エ）処遇の課題について

　高齢障害等受刑者が再犯に陥る要因としては、出所後の帰住先がないことや、単独で社会生活を送る能力が低いことなどにより、出所後に自立した生活を送ることが困難であるといった事情があるものと考えられる。高齢障害等受刑者の社会復帰のためには、福祉的支援が必要であることが多いことを踏まえ、適切なアセスメントの実施により、支援が必要な対象者を把握し、収容中から出所後まで、切れ目のない継続的な支援を実施していく必要があるため、刑事施設においては、今後一層関係機関との連携を深め、高齢障害等受刑者の特性に応じた処遇を実施し、その円滑な社会復帰に努めていく必要がある。

イ　被疑者・被告人に対する支援の現状と課題

　検察庁では、社会復帰支援を担当する職員や社会福祉士等を配置し、矯正施設に入所することなく刑事司法手続を離れる被疑者・被告人が、高齢又は障害等により福祉的支援を必要とする場合に、関係機関等と連携し、身柄釈放時等に福祉サービス等に橋渡しするなどの「入口支援」に取り組んでおり、その実施に当たっては、一部の定着センターとの事実上の連携も行ってきた。

　2021年度（令和3年度）から、定着センターの事業内容に「被疑者等支援業務」（【施策番号43】参照）が新たに追加され、検察庁と保護観察所が連携して行う重点実施対象者（保護観察所が、被疑者又は被告人のうち釈放後に更生緊急保護の措置として、一定の期間重点的な生活指導等を行い、福祉サービス等に係る調整、就労支援等の社会復帰支援をすることが適当であると認め、かつ、実際に更生緊急保護の申出をしたもの）に対する支援を行うことが制度として可能となった。

　この新たな枠組みの中で、定着センターでは、検察庁からの依頼を受けた保護観察所からの依頼に基づき、主に、支援対象者との面談、福祉サービス等調整計画の作成や釈放前段階からの福祉サービス等に向けた調整を行うほか、福祉サービス受給後の継続的な支援などを行っている。

　被疑者に対する支援は、支援対象者が釈放されるまでの限られた時間内で、支援対象者にとって必要かつ有効な支援策を検討しなければならないことから、個別具体的な入口支援の実施に当たって、関係機関における情報共有を密にすることはもとより、日頃から、関係機関の相互の理解を深めておくことが重要である。

　そこで、検察庁、保護観察所、定着センター等の関係機関においては、時間的な制約がある中で、より効果的な支援を行えるようにするため、積極的に協議を行うなどして、相互理解の促進や関係の円滑化に努めるとともに、支援の対象、手続及び内容等を地域の実情に合ったものとするよう努めているところである。また、弁護士は弁護活動の中で気付いたことを支援に生かすことはもとより、被疑者が逮捕・勾留されてから釈放されるまでのみならず、釈放後の支援まで関わることが可能であることから、切れ目のない効果的な福祉的支援を実施する上で極めて大きな役割を担い得る存在であるため、2022年度（令和4年度）からはこの新たな枠組みの中で弁護士・弁護士会との連携強化を促進することとされた。

　これを受け、検察庁においては、入口支援を実施するに当たり、弁護士・弁護士会と協議・確認・調整を行うなどして、相互の連携を強化し、より効果的な支援が実現されるよう配慮していきたいと考えているところである。

　被疑者等支援業務は、2021年度（令和3年度）に開始されたばかりであり、実績については未知数なところもあるが、検察庁においては、今後とも、保護観察所、定着センター、弁護士・弁護士会その他の関係機関との相互理解を深めるとともに、一層の連携強化を図り、様々な角度からの入口支援を実施し、再犯防止に向けた有効な支援を行っていきたいと考えている。

【当事者の声】～7・15　特別な日に　―あれから10年　私を支えたもの―　～

松野和仁（36歳）　窃盗

　2022年（令和4年）7月15日、私は特別な日から10年を迎えました。思えばこの10年の月日は長かったようであっという間だった気がします。そして、私はこの期間一度も再犯をすることなく、無事にこうして普通の生活を送ることができています。

　私がなぜここまで来れたのか、その支えとなったのは何か、私なりにですが記したいと思います。

　まず、私はこれまでも数多くの犯罪や非行を積み重ねていました。その度に私は分かっていても自ら抑えることが出来ず、そのため何回も矯正施設への入所を繰り返していました。分かっていても自身の行動が常態化していたのです。

　そんな私に転機をもたらしたのが、南高愛隣会、地域生活定着支援センター、三浦栄一郎弁護士や辻川圭乃弁護士[17]の存在でした。その出会い、ここから私の再犯に満ちた人生が大きく変化するのです。

　私は弁護士や地域生活定着支援センターと手紙でやりとりをする中で「今度こそ地域社会で更生するチャンスを与えてほしい」と感じるようになりました。これが私の中に生まれた大きな気持ちの変化なのです。裁判の結果は実刑ではありましたが、それでも私自身、それまでの悪い気持ちを大きく変えることとなった地域生活定着支援センターや弁護士の方々には感謝しています。

　そして、10年前の7月15日、刑務所を出所した私はここから福祉の支援を受ける生活がスタートします。

　まずは、南高愛隣会の「あいりん」と「グループホームさつき」での地域社会内訓練から始まりました。主に牛舎での飼育作業や犯罪防止学習等を通して、私はいろいろなことを学びました。私があいりんの利用を始めてしばらく過ぎた頃、職員より私に「困ったことがあった時に相談できる手段として携帯電話を持ったらどうか」との提案があり、私は疑問を持ちました。なぜならあいりんでは原則的に携帯電話の所持は禁止されていたからです。しかし、これまでの私は困ったことがあった時に相談できず、何か事あるごとにその場から逃げることしか出来ずにいました。そこで私は携帯電話を持つことを決意し、以来私にとって携帯電話は生活に必要不可欠なものとなりました。

　また、グループホームでは休日に外出する計画を立てることで日々の生活を充実させたり気分転換にもなっており、安定した生活をおくるための大切な時間としての意義を持ちます。遠方で開催されるマラソン大会やウォーキング大会を通して心身の健康や鍛錬を図ったり、映画の鑑賞が新たな趣味となるなど、私にとっていろいろなところで心身の安定に影響しました。このような生活を約2年間続けた後、訓練から就労へと移行することになり、街中のグループホームに移行することになりました。地域生活の中で最も印象に残っているのは、働いて給料をもらうようになり、一国民としての義務を果たせるようになったことです。

　振り返ってみて、本当に壮絶なあの人生からここまで来ることができたというのが今でも奇跡というくらいに信じられない気持ちです。

　その支えとなったのは、私をここまで変えてくれた皆さんにあると思います。皆さんのおかげで私は今をこうして生きています。これからもいろいろことがあるかもしれませんが、それでも前向きに生きていこうと思います。

　結びに、私を支えてくださるすべての皆さんに感謝を表し、筆をおきます。

※17 執筆者によると、2名の弁護士は「刑務所に入所することとなった事件の国選弁護人であり、特に三浦弁護士とは刑務所に入所以降も、手紙を通して交流は続いており、受刑中、今後の将来に不安になった際は、福祉支援者と一緒に刑務所まで面会にきてくれた」とのこと。

（4）今後の展望

　「入口支援」と「出口支援」のいずれにおいても、支援が必要な者を適切な福祉サービスにつなぐことが重要であり、そのためには、検察庁、矯正施設、保護観察所といった刑事司法関係機関が福祉サービスにつなぐことの意義を理解し、地域生活定着支援センター、地方公共団体等の関係機関との連携を強化することが必要である。また、切れ目のない効果的な支援を行うためには、逮捕後から刑事司法手続終了後まで一貫して支援を行うことができる弁護士・弁護士会の存在が重要であると考えられることから、その地域の実情に応じて弁護士・弁護士会との連携の強化を図ることも重要であると考えられる。

【再犯防止推進計画等検討会 有識者委員からの講評】　　　村木厚子委員（元厚生労働事務次官）

　新規受刑者のうち、高齢者や障害を有する者の割合が増加傾向にあること等の現状は、単に施策の効果が上がっていないというよりも、高齢者や障害のある者が社会内で福祉につながることの難しさを物語っていると見るべきとの印象を持っている。

　本特集に記された、刑事施設内の処遇上の配慮、改善指導における工夫、地域生活定着支援センターなどと連携した出所後の福祉的支援へのつなぎ等、刑事施設が取り組んでいる高齢者、障害者向けのさまざまな取り組みに改めて敬意を表したい。

　また、入口支援に関しては、まだスタートして日が浅く手法が確立したとは言い難いものの、さまざまな取り組みを進める中で、よい取り組みのモデルを抽出し、それを全国へと横展開していくことが求められる。

　「当事者の声」に載せられた事例では、福祉サービスを提供する社会福祉法人や地域生活定着支援センター、弁護士など多くのプレーヤーが登場し、関係者の連携で支援を行うことの重要性を示唆している。

　今後、「入口支援」「出口支援」のいずれにおいても、刑事司法関係機関、地方自治体、地域生活定着支援センター、弁護士・弁護士会等の連携が一層強化され、施策が一層推進されることが期待される。そのための、枠組作りが求められている。

---

❷ 女性

（1）序論

　刑事施設における各種指導は、収容の大半を占める男性を念頭にその枠組みが構築されてきた。しかし、女性受刑者は、男性受刑者と比較すると、罪名が覚醒剤取締法違反である者、高齢者（65歳以上）、精神障害の問題を抱えている者の割合が高く（**特2-2-1**及び**特2-2-2**参照）、また、女子少年院在院者は、男子のそれと比較して、被虐待経験を有する者の割合が高いなど（**特2-2-3**参照）、女性受刑者等は、特有の課題を有していることがうかがえる。そのため、近年は、女性受刑者等の特有の課題に着目した指導・支援の充実を図っている。

（2）指標

特2-2-1　新受刑者の特徴

（平成29年〜令和3年）

年　次	新受刑者総数（女性）	うち窃盗	うち覚醒剤取締法違反	うち65歳以上	うち窃盗（65歳以上に占める割合）
平成29年	1,892	879 (46.5%)	694 (36.7%)	373 (19.7%)	321 (86.1%)
30	1,769	810 (45.8%)	683 (38.6%)	297 (16.8%)	265 (89.2%)
令和元年	1,718	815 (47.4%)	567 (33.0%)	330 (19.2%)	284 (86.1%)
2	1,770	827 (46.7%)	632 (35.7%)	336 (19.0%)	299 (89.0%)
3	1,666	792 (47.5%)	541 (32.5%)	328 (19.7%)	287 (87.5%)

年　次	新受刑者総数（男性）	うち窃盗	うち覚醒剤取締法違反	うち65歳以上	うち窃盗（65歳以上に占める割合）
平成29年	17,444	5,623 (32.2%)	4,661 (26.7%)	1,905 (10.9%)	981 (51.5%)
30	16,503	5,551 (33.6%)	4,166 (25.2%)	1,925 (11.7%)	991 (51.5%)
令和元年	15,746	5,258 (33.4%)	3,811 (24.2%)	1,922 (12.2%)	991 (51.6%)
2	14,850	5,086 (34.2%)	3,735 (25.2%)	1,807 (12.2%)	973 (53.8%)
3	14,486	4,940 (34.1%)	3,530 (24.4%)	1,905 (13.2%)	1,024 (53.8%)

注　法務省・矯正統計年報による。

特2-2-2　精神障害を有する新受刑者（男女別）の人員の推移

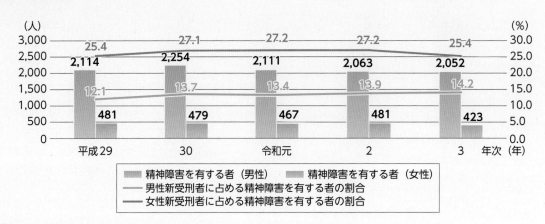

注　法務省・矯正統計年報による。

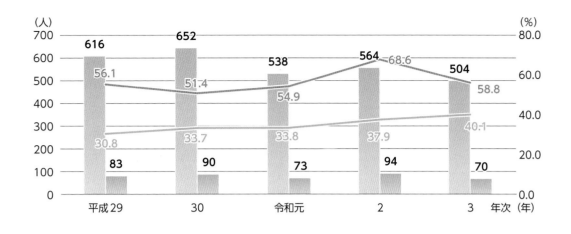

特2-2-3 被虐待経験を有する少年院入院者（男女別）の人員の推移

注 法務省調査による。

（3）主な取組と課題

ア 女性受刑者への処遇の現状と課題

　女性受刑者特有の問題として、高齢である者が多いこと、精神障害を有する者が多いこと（**特2-2-1**及び**特2-2-2**参照）などがあげられるところ、これらの問題に対応するため、計10庁の女性刑事施設では「女子施設地域連携事業」（【施策番号81】参照）を実施している。まず、高齢受刑者は、例えば、生活習慣病へのり患や基礎体力の低下等により、集団での行動が難しい場合も多く、特別な配慮が必要になることから、同事業では、看護師や保健師による健康管理指導や個別面接、介護福祉士による入浴、トイレ、食事、更衣等の介助、理学療法士によるリハビリテーション、作業療法士による認知症を有する受刑者への作業療法の実施など、多様な専門職に協力を依頼し、高齢受刑者の特性や個別のニーズに応じた処遇を実現している。さらに、同事業においては、例えば、子の養育に係る課題のある女性受刑者等に対して、助産師による講座等を実施したり、摂食障害を有する女性受刑者に対して、看護師や社会福祉士による個別面接を実施したりしているほか、刑事施設職員に対しても、依存症や障害等に関する研修を実施するなどしており、処遇の充実化を図っている。

　さらに、女性受刑者の罪名については、覚醒剤取締法違反の占める割合が非常に高く（**特2-2-1**）、こうした犯罪に至る背景として依存症や家庭内不和等の問題を抱えていることも少なくない。こうした中、女性の薬物事犯者の再犯防止のための新たな取組として、札幌刑務支所において「女子依存症回復支援モデル」（【施策番号47】参照）を実施している。この事業においては、出所後の生活（回復支援施設）に近い環境の中で、女性特有の問題に着目した多様なプログラムを実施しており、薬物依存からの「回復」に焦点を当てた指導・支援を実施している。

　以上のように、女性刑事施設においては、外部の専門職などの「外の力」を積極的に「塀の中」に取り入れ、罪を犯した女性の特性に応じた処遇を展開してきている。近時は、助産師や健康運動指導士など、刑務所の処遇に協力いただく専門職の幅も広がっており、更に多様な専門職の協力を得て、よりきめ細かい処遇を実現するなど、矯正施設における地域連携や多職種連携のロールモデルともなっている。

【当事者の声】〜理学療法士によるリハビリテーションを受けて〜　女性（48歳）　罪名：窃盗

　普段、車椅子を使用していますが、リハビリをしている中で、足に力が入るようになり、歩行器等を押しながら歩いていても、スムーズに足を運ぶことができるようになりました。気持ちも明るくなって、刑務所内の生活や社会に戻ってからの生活で真面目に頑張ろうと思えるようになりました。焦る時もあるけれど、理学療法士の先生方と、ゆっくり正しく歩くことを頑張っています。

　社会復帰したら、迷惑を掛けない生活を送り、緩やかな山でも良いので、登山に再チャレンジしたいです。そして、生きがいを見つけながら落ち着いた余生を穏やかに過ごしたいと考えています。また、お医者さんとも相談しながら、体の状態も良くなればいいなと思っています。

　少しずつ、目に見えてリハビリの効果が出ています。刑務所に来た頃は、足の感覚も忘れていて、「ただ足がぶら下がっている」感じでしたが、今は歩いていても土の「じゃりじゃり」する感覚が伝わってきます。いろんなことを諦めていたけど、もう一度頑張らないといけないと思うようになりました。

　本当にリハビリを受けさせて下さった理学療法士の先生方にも、感謝しかありません。時に焦って無理しそうになりますが、先生方と進めてきた「一歩一歩」のリハビリを、外の世界でも続けていきます。そして、社会に戻ったら、被害者への謝罪の気持ちを忘れず、犯罪とは無縁の生活を送っていきます。

| 特2-2-4 | 理学療法士によるリハビリテーションの様子（栃木刑務所） |

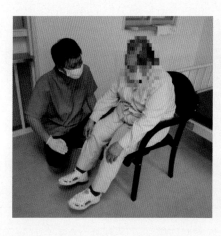

※写真の人物は本コラム執筆者とは別の方です。

イ　女子少年院における矯正教育の現状と課題

　女子少年院においては、在院者の多くが、虐待等の被害体験や性被害による心的外傷等の精神的な問題を抱えていることが明らかとなっており、このような傷つき体験があることを踏まえた処遇の実施が課題となっている。そこで、2016年度（平成28年度）から、女子少年院在院者の特性に配慮した処遇プログラムを策定し、女子少年院全庁で試行している（【施策番号81】参照）。このプログラムは、女子の全在院者を対象とした基本プログラムと、特に自己を害する程度の深刻な問題行動（摂食障害、自傷行為等）のある在院者を対象とした特別プログラムから構成される。基本プログラムは、自他を尊重する心を育み、より良い人間関係を築くことを目指す「アサーション」と、呼吸の観察等を通じて、衝動性の低減、自己統制力の向上等を目指す「マインドフルネス」から成り、対象者のニーズに応じ、基本プログラムと特別プログラム[18]を効果的に組み合わせて実施している。

　また、2019年度（令和元年度）からは、女子少年院を中心に、DVや虐待を経験した者に対する支援を行う民間団体から外部講師を招へいし、在院者に対する講話及び職員研修を実施しているほか、2020年度（令和2年度）には、被虐待経験を有する在院者の処遇に当たる職員に向けて、被虐待経験による身体、精神又は行動面への影響やトラウマインフォームドケアの視点を取り入れた処遇等に関する執務参考資料を策定しており、在院者の被虐待経験に由来するトラウマへの対応等について、正しい理解に基づいた処遇の充実を図っている。

（4）今後の展望

　被害体験や精神的な問題など、女性受刑者等が抱える課題を的確に把握した上で、これらの困難に応じた指導・支援を効果的に実施することが重要である。一方で、女性のライフスタイルが多様化していることなどを踏まえ、罪を犯した女性が再犯することなく、自立した社会生活を送れるようするため、個々の特性や支援ニーズ、強み等にも着目した指導・支援を充実させることが必要と考えられる。

【再犯防止推進計画等検討会 有識者委員からの講評】　　　　　　堂本暁子委員（元千葉県知事）

　女子刑務所には、高齢者が少なくない。その一人が言った。「経済的に苦しくなって、住んでいるところから出なければならなくなって、かっとなって暴力を振るってしまった」と。彼女はそれまでは普通に、真面目に生きてきた専業主婦だったが、その時は極限的な精神状態になって感情が爆発しての暴力だった。今では後悔し、自分を責め続けている。

　人が事件に巻き込まれるのは、時として、ものの弾みであり、時として、人生の歯車が突然、悪い方に回り出した時が多い。この時点で、家庭であれ、職場であれ、地域であれ、近くにいる人の気づきが大事である。どんなにお節介でもかまわない、勇気をもって声を出し、手をさしのべることで犯罪を抑止することができる。迅速な入り口支援である。必要なのは、事前の防止、「火の用心」ならぬ「犯罪用心」である。

　2016年（平成28年）の再犯防止推進法の成立により、刑務所を出た人への「就労」や「住居」の確保といった社会復帰支援のみならず、地方公共団体や民間協力者の連携によって地域社会で孤立しないようにする取組が求められている。人事ではなく、自分事として、罪を犯した人を地域住民が包摂することで再犯の防止が可能になると確信している。

※18　特別プログラムは、性に関するプログラム、摂食障害に関するプログラム及び自傷行為に関するプログラムから構成され、自己を害する行動が深刻である在院者を対象に実施している。

❸ 少年・若年者

（1）序論

政府は、「再犯防止推進計画」（平成29年12月15日閣議決定）に、「学校等と連携した修学支援の実施等」や「少年・若年者に対する可塑性に着目した指導等」などを明記し、それらの取組を推進してきた。その結果、若年（26歳未満）の出所者の2年内再入率（**特2-3-1**参照）や少年院出院者の2年以内再入院率（**特2-3-2**参照）はおおむね減少傾向にあるなど、若年者や少年に対する再犯防止の取組には、一定の成果が認められるものの、出所受刑者（全体）の2年以内再入率【指標番号3】参照）のそれと比較すると、いずれの減少幅も小さい現状にあることが認められる。また、少年院出院者の2年以内再入院率は、直近の2020年（令和2年）出院者で9.0％となっており、政府目標（8.8％）にわずかに届いておらず、若年者、少年の再犯・再非行防止のための取組は、今後も、重点的に取り組む必要がある。

（2）指標

特2-3-1 若年の出所者の2年以内再入率

（平成28年〜令和2年）

年次 （出所年）	若年者（26歳未満）	
	出所 受刑者数	2年以内再入者数
平成28年	869	84 （9.7）
29	761	86 （11.3）
30	765	67 （8.8）
令和元年	696	59 （8.5）
2	677	57 （8.4）

注 1 法務省調査による。
2 年齢については、前刑出所時の年齢による。再入者の前刑出所時年齢は、再入所時の年齢及び前刑出所年から算出した推計値である。
3 （ ）内は、各年の出所受刑者数に占める2年以内再入者数の割合である。

特2-3-2 少年院出院者の2年以内再入院率・刑事施設入所率

（平成28年〜令和2年）

年次 （出院年）	出院者人員	再入院者人員	再入院・刑事施設 入所者人員
平成28年	2,750	281 （10.2）	295 （10.7）
29	2,475	245 （9.9）	268 （10.8）
30	2,156	210 （9.7）	235 （10.9）
令和元年	2,065	208 （10.1）	229 （11.1）
2	1,698	152 （9.0）	164 （9.7）

注 1 法務省調査による。
2 「再入院者人員」は、少年院出院年を1年目として、2年目（翌年）の年末までに新たな少年院送致の決定により再入院した者の人員をいう。
3 （ ）内は、各年の少年院出院者の人員に占める、各欄の人員の比率である。
4 「再入院・刑事施設入所者人員」は、少年院出院年を1年目として、2年目（翌年）の年末までに新たな少年院送致の決定により再入院した者又は受刑のため刑事施設に初めて入所した者の人員をいう。なお、同一の出院者について、出院後、複数回再入院した場合又は再入院した後に刑事施設への入所がある場合には、その最初の再入院を計上している。

（3）主な取組と課題

ア 「少年受刑者」及び「26歳未満の若年受刑者」に対する処遇の現状と課題

2020年（令和2年）10月、法務大臣による諮問第103号に対し、法制審議会において、再犯防止対策の観点から、「若年受刑者を対象とする処遇内容の充実」として、刑事施設において、少年院の

知見・施設を活用して、若年受刑者（おおむね26歳未満の受刑者をいう。以下同じ。）の特性に応じた処遇の充実を図るための施策が講じられることを期待するとの答申がなされた。

従来から、20歳未満の少年受刑者に対しては、少年院と同様、個別担任制を導入するなどし、手厚い処遇を実施していたが、本答申を受けて、その対象年齢を拡大するとともに、少年院における矯正教育の手法やノウハウ等を活用した刑事施設における処遇を充実させるため、2022年（令和4年）9月から、川越少年刑務所及び美祢社会復帰促進センターにおいて、小集団のユニットの中で、手厚い指導を実施する「若年受刑者ユニット型処遇」を開始した。

具体的には、若年受刑者のうち、犯罪傾向が進んでいない者から対象者を選定し、おおむね30名以下の小集団に編成したユニットで共同生活を送らせることにより、基本的な生活能力、対人関係スキル等の向上、自主性、自律性、社会性等の伸長を図ることとした。また、個別担任制の導入等により、受刑者と職員間の対話を通した信頼関係構築に基づく処遇の展開を柱に据えつつ、矯正処遇等の実施に当たっては、自身の犯した罪と向き合い、犯した罪の大きさや被害者等の心情等を認識させるとともに、出所後の進路選択や生活設計を念頭に置いた作業指定や職業訓練、それぞれの学力を踏まえた重点的な教科指導等を行うなど、若年受刑者の特性に応じたものになるよう配慮している。加えて、必要に応じ円滑な社会復帰を図るため、更生保護官署が行う生活環境の調整への積極的な協力、出所後の就労に向けた各種支援を丁寧に実施している。

さらに、少年院である市原学園を刑事施設に転用することとし、2023年度（令和5年度）内を目途に、知的障害等により特に手厚い処遇が必要と認められる若年受刑者を、少年院と同様の構造・設備を備えた施設に収容し、基本的な生活能力、対人関係スキル等を習得させるための指導を中心とした処遇を行う「少年院転用型処遇」を開始する予定である。

今後は、「若年受刑者ユニット型処遇」及び「少年院転用型処遇」の効果的な運用に努めるとともに、その実施状況を検証し、更なる処遇の充実を図っていく必要がある（**特2-3-3**参照）。

特2-3-3 「若年受刑者ユニット型処遇」及び「少年院転用型処遇」の概要

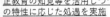

ユニット型

＜処遇のコンセプト＞
●刑事施設において、教育的な処遇が効果的であると思われる若年受刑者について、「小集団に編成したユニット」を設け、少年院における矯正教育の知見等を活用しつつ、個々の特性に応じた処遇を実施

川越少年刑務所

美祢社会復帰促進センター

＜対象庁＞
○川越少年刑務所（埼玉県川越市）
⇒男子受刑者
○美祢社会復帰促進センター（山口県美祢市）⇒女子受刑者

＜運用開始時期＞
○令和4年度内の開始を予定

少年院転用型

＜処遇のコンセプト＞
●特に手厚い処遇が必要となる若年受刑者について、「収容業務停止後の少年院の建物等を転用した刑事施設」に収容した上で、寮単位の小集団を編成し職員との密度の濃い関わりに基づききめ細やかな処遇を実施

市原学園

＜対象庁＞
○市原学園（千葉県市原市）
⇒男子受刑者

＜運用開始時期＞
○令和5年度内の開始を予定

出典：法務省資料による。

イ　在院者に対する処遇の現状と課題（修学支援を含む）

　少年法等の一部を改正する法律（令和３年法律第47号、以下、本項において「改正少年法」という。）において、18歳及び19歳の者を、特定少年として他の少年と別に扱う特例が設けられたことや、民法等の一部を改正する法律（平成30年法律59号、以下、本項において「改正民法」という。）の施行により新たに、18歳及び19歳の在院者が成年となることを踏まえ、法務省は、2021年（令和３年）に「罪を犯した18歳及び19歳の者に対する矯正教育（仮）に係る検討会」を開催し、特定少年に対する矯正教育等の在り方について検討を行った。同検討会は、2021年（令和３年）５月、特定少年が自己の責任を自覚するための指導、成年としての権利と義務を理解できるような教育の充実、18歳及び19歳の若者の多くが高等学校へ進学している現状等を踏まえたより積極的な修学支援や出院後の継続的な学習支援等の実施のほか、時代のニーズに適合した知識や技能を習得できるような職業指導や、社会復帰を見据えた職場体験の機会の拡大等を内容とする報告書を取りまとめた（**特2-3-4**参照）。

　法務省は、改正少年法の施行後、こうした各種施策を実施している（【施策番号１、３及び80】参照）。今後は、同法の施行状況を踏まえつつ、特定少年に対する処遇を含めた少年院における処遇の在り方を更に検討していく必要がある。

特2-3-4　18歳・19歳の者に対する矯正教育の充実

１８歳・１９歳の者に対する矯正教育の充実

令和３年５月
法務省矯正局少年矯正課

法制審議会の答申において、罪を犯した１８歳・１９歳の者は、民法上等で成年として位置付けられる一方、可塑性を有する存在であり、１８歳未満の者とも２０歳以上の者とも異なる取扱いをすべきであるとされたことを踏まえ、少年院における矯正教育の在り方について外部有識者を交え検討会を実施

検討会
令和３年１月から同年３月にかけて、全５回実施
検討会参加者
外部構成員（敬称略、５０音順）
　伊　藤　茂　樹（駒澤大学総合教育研究部教職課程部門教授）
　工　藤　　啓（認定NPO法人育て上げネット代表理事）
　中　島　幸　子（NPO法人レジリエンス代表）
　中　村　すえこ（セカンドチャンス！・映画「記憶」監督）
　成　瀬　　剛（東京大学法学政治学研究科准教授）
法務省矯正局少年矯正課

【検討会結果概要】
　現行法下での少年院における処遇を基本的に維持しつつ、以下の課題について検討すべき

○民法上等の成年であり、責任ある主体として積極的に社会参加すべき存在
→
○**１８歳・１９歳を対象とした新たな教育プログラムを導入**（非行の反省と責任の自覚の喚起を組み合わせた指導）
●自己の非行の反省　●成年であることの自覚と責任の喚起
●社会参加に必要な知識の付与（主権者・消費者教育等）
□在院者同士の主体的・実践的な活動（グループワーク、寮内活動等）

○出院後、幅広い進路選択を可能とする指導・支援
○職業指導種目の偏り・固定化
→
○**学びの機会確保（出院後の進路選択の可能性）**
●高等学校卒業程度認定試験の受験　●通信制高校への入学

○**時代のニーズに対応した職業指導種目の設置**
●ICT技術の習得　●複数の資格取得　●多様な職業体験

○在院中から社会とのつながりを意識した活動
○自主的・自律的活動
→
○**円滑な社会復帰を見据えた多様な活動**
●地域等と連携したボランティア活動等（地域の課題解決に関与）
●出院後関わる支援者等との関係構築
●入院早期から帰住先の確保や出院後の生活設計の調整

【対応】検討結果を踏まえ、矯正教育の見直しや少年院での処遇への取り入れを検討する。

出典：法務省資料による。

【当事者の声】〜少年院を仮退院するにあたって〜

少年１（性別：男子、非行名：恐喝、窃盗）

①少年院に入る前の生活

　高校をさぼったり、問題を起こして退学になりました。家族ともうまくいかず、家にも居場所

はありませんでした。不良仲間と過ごす場所が自分の居場所になり、盗みや暴力等の非行を繰り返し、少年院送致になりました。

②少年院の生活で得たものや学んだこと

集団生活で感情のコントロールができるようになったり、人の気持ちを考えられるようになりました。また、役割活動を通して責任感を持って行動できるようになり、初めて自信が持てました。苦手なことも挑戦することで、継続力、忍耐力、協調性が身に付きました。

③仮退院後の目標や展望

再犯しないために、少年院で学んだことを忘れず、被害者のためにも仕事中心の生活をしたいです。そして、周りに流されず、よく考えて生活したいです。家族とは、少年院の面会で話し合えるようになったので、悩み等を相談していきたいです。

少年2（性別：女子、非行名：覚醒剤取締法違反）

①少年院に入る前の生活

少年院に入る前は、昼夜逆転し、家に帰らないことも多くあったと思う。仕事は風俗関係でそこの先輩から覚醒剤や大麻を譲ってもらい、一人で使ったり、何人かで使い回すこともあった。薬に依存している訳ではなかったが、やめる気はなかった。また、周りはヤクザや不良が多く、断れる雰囲気ではなかった。

②少年院の生活で得たものや学んだこと

少年院の生活では、危険物取扱者試験や珠算・漢字検定等に挑戦し、当初は私は何もできないと思っていたので、合格し自信になったと思う。また、問題性別指導の授業では、自分の考え方の間違いに気が付くことができ、人に頼ることができるようになったと思う。さらに今まで気付けなかったけど、多くの人に支えられていることが分かり、感謝する気持ちを持てるようになった。

③仮退院後の目標や展望

仮退院後は、犯罪や非行のない普通の生活を送っていきたいと思う。普通が一番だと今は思う。私は現場仕事が好きなので、将来の夢は建設・建築関係の会社の社長になることと同時に、ガテン系女子の作業服や美容についても興味があるので、そのような分野にも携われるような仕事をしていきたい。

ウ　少年に対する保護観察処遇の現状と課題

少年の保護観察対象者の特性について見ると、保護観察の類型別処遇における「精神障害」類型に該当する少年の割合が増えており、2021年（令和3年）末現在係属中の保護観察事件では、少年院仮退院者の4人に1人が当該類型に該当し、そのうち約6割が発達障害と認定される現状にある。こうした現状を背景として、少年に対する保護観察においては、少年一般に求められる処遇の充実に加え、個々の特性に応じた指導・支援の実施がこれまで以上に求められている。

個々の特性に応じた指導・支援の実施については、2021年（令和3年）1月から新たな類型別処遇を開始し、精神障害の下位類型として、発達障害と知的障害を加えるなどした上、類型ごとの問題性に応じた処遇指針を新たに策定し、これに即した効果的な指導・支援の実施を進めている（【施策番号82】参照）。

また、関係機関との連携の推進の点においては、少年院に送致された少年のうち、精神障害を有する者や保護者等が引受けに消極的な者など、その資質や環境上の事情等に照らして、円滑な社会復帰のため特別な配慮が必要な者について、少年院送致後の早期から関係機関が効果的に連携・協議を行い、生活環境調整の基本方針や社会復帰支援計画を作成するなど、保護観察期間の満了に至るまで、継続的かつ効果的な指導・支援体制の構築を図っている。

　さらに、2022年（令和4年）4月の改正少年法の施行を受け、18歳及び19歳の特定少年に対する処遇の充実を図るための方策として、薬物再乱用防止プログラムや性犯罪再犯防止プログラム等の専門的処遇プログラムについて、必要性が認められる場合は、これらの受講を特別遵守事項として義務付けることができるようにしたほか、特定少年は就労等を通じた社会的自立を果たしていく過程にあること等を考慮し、就労支援の一環として、社会的自立に向けた勤労観・職業観を身に付けることなどを内容とする「ジョブキャリア学習」を導入した。

　これらのほか、高等学校に進学していない者及び高等学校中退である者が少年の保護観察対象者の半数以上を占めている実情から、修学の継続が必要な事案について、民間ボランティア等の協力も得て、地域における効果的な修学支援を推進することとしている。また、修学支援の一環として、沼田町就業支援センター（【施策番号92】参照）において、少年の保護観察対象者を対象とするキャリア教育[19]を実施することとしている。

（4）今後の展望

　改正民法や改正少年法により、少年・若年者の位置付けに大きな変革があった。また、「刑法等の一部を改正する法律」（令和4年法律第67号）により、受刑者について改善更生のために必要な作業と指導を柔軟に組み合わせた処遇が可能となった。

　こうした各法改正の趣旨を踏まえ、少年・若年者に対する処遇の在り方は大きな転換点を迎えているといえ、今後、各法改正の趣旨を踏まえた新たな取組の効果も検証しつつ、更なる処遇の充実を図っていく必要がある。

【再犯防止推進計画等検討会　有識者委員からの講評】

清水義悳委員（更生保護法人清心寮理事長）

　「(1) 序論」において、再入率がおおむね減少傾向にあるもののなお一層の重点的取組みが必要とされている。国の計画として数値目標と評価は必要である。一方で、現場で取り組む刑務官、少年院教官、保護観察官、保護司、あるいは更生保護施設職員の方々はこのような数字を気にすることは少ない。彼らが向き合っているのは数字ではなく目の前にいる一人ひとりがすべてであり、そこにかけた思いの深さがこの制度を支えている。本特集を概観すると、「個別担任制の拡大」、「小集団ユニットによる処遇」、「個々の特性に応じた指導・支援」、「修学・就労などのキャリア教育」など、一人ひとりに向き合う取組を支える仕組みが丁寧に施され、現場従事者の思いとかみ合わされている。この方向性が大切であり、さらに進めていただきたい。

　若い人たちの更生を支える現場はいわば社会の「川下」で課題を受けとめる後がない役割でもある。近年はその課題の重さが年々増している。そこで大切なのは、若い人たちの抱える課題をこの「川下」だけで抱え込むのではなく、その優れた知見を保護者、教育機関、地域社会などの「川上」に届け、連携して社会全体の課題にしていくことであり、苦しんできた若い人たちが「相談することを知った」と言っているように、安心と信頼を感じさせ、大人への相談につながる環境作りが重要である。

---

[19] キャリア教育：一人一人の社会的・職業的自立に向け、必要な基盤となる能力や態度を育てることを通して、キャリア発達を促す教育

第3節　実施者別に見た再犯防止施策の課題と今後の展望

❶　地方公共団体

（1）序論

　2016年（平成28年）12月に成立・施行された「再犯防止等の推進に関する法律（平成28年法律第104号）」において、地方公共団体は、その地域の実情に応じ、再犯防止施策の推進に関する計画（以下「地方再犯防止推進計画」という。）を定め、それらの施策を実施する責務を有することが明記された。しかしながら、多くの地方公共団体にとって、再犯防止はこれまで取り組んだことがない事業であり、具体的な取組を進めるためのノウハウや知見が蓄積されていなかったため、法務省では、「地域再犯防止推進モデル事業」の実施や協議会の開催など、地方公共団体の再犯防止施策を推進するための取組を進めている。

　また、「再犯防止推進計画加速化プラン」（令和元年12月23日犯罪対策閣僚会議決定）の成果目標の一つとして「2021年度（令和3年度）末までに、100以上の地方公共団体で地方再犯防止推進計画が策定されるよう支援する」旨が定められていたところ、2022年（令和4年）4月1日現在、371の地方公共団体で同計画が策定されている。

（2）指標

特3-1-1　地方再犯防止推進計画策定数（策定方法別）

地方再犯防止推進計画等策定数（策定方法別[※1]）

地方公共団体	策定数	単独で策定	他の関連計画[※2]へ包含して策定
都道府県	47	43	4
指定都市	18	9	9
その他の市町村（特別区を含む）	306	73	233

注　1　法務省調査による。
　　2　令和4年4月1日の数値である
　※1　地方再犯防止推進計画の策定に代えて条例を制定した地方公共団体も含む
　※2　地域福祉計画、防犯に関する計画、人権に関する計画等

（3）主な取組と課題

ア　地方公共団体の取組の推進

　法務省は、国と地方公共団体の協働により、地域における効果的な再犯防止施策の在り方について調査・検討するため、2018年度（平成30年度）から2020年度（令和2年度）までの3年間、「地域再犯防止推進モデル事業」（以下本項において「モデル事業」という。）を実施したところ、法務省からの委託を受けた36の地方公共団体において、地域の実情に応じた様々な取組が進められた。一部の地方公共団体においては、モデル事業が終了した2021年度（令和3年度）以降も、事業を継続して実施している。本項の【当事者の声】では、奈良県がモデル事業以降も取り組んでいる「一般社団法人かがやきホーム」において、実際に林業に従事している当事者の声を紹介する（具体的な取組の内容は、令和2年版再犯防止推進白書の特集p169を参照）。

　また、2021年度（令和3年度）からは、こうしたモデル事業の成果や好事例を他の地方公共団体に広く周知・共有するとともに、都道府県と市町村が連携した取組を促進するため、「地方公共団体における再犯防止の取組を促進するための協議会」を開催した。

【当事者の声】〜「かがやきホーム」で就労して〜

　奈良県では「奈良県更生支援の推進に関する条例」に基づき設立した「一般財団法人かがやきホーム」において、出所者等を直接雇用して住居を貸与し、職業訓練や社会的な教育等を実施しています。2021年（令和3年）11月採用の研修員2名（森林組合で林業に従事）から「かがやきホームに就労して」と題し、現在の心境等について次のとおり質問しました。

問1　かがやきホームに採用されて感じたこと

A　逮捕され全てを失い、やり直したいと志望し採用され、以前とは違う環境で生活できておりとても感謝しています。

B　他人とのつながりを感じ、当初は知らない土地に不安もありましたが、今は楽しく生活しています。

特3-1-2　「かがやきホーム」での就労の様子

問2　林業の就労研修について

A　力仕事や危険なイメージですが、2ないし3人のグループ作業であり、組合員間に気遣いが感じられ明るく楽しい職場です。

B　林業は正直きついですが、山奥での仕事は煩わしさがない分気持ちいいです。山中での自作弁当も美味しく、今は慣れて山仕事が楽しいです。

問3　これまで種々の支援を受けて感じたこと

A　社会貢献作業において福祉施設利用者との交流は非常に励みになります。五條地区更生保護女性会からの生活必需品等の援助に感謝しています。かがやきホーム理事主催の激励会で直接お話を聞けて良かったです。

B　良好な職場環境や確実な休日等は自分の時間を持て毎日が楽しいです。五條地区更生保護女性会の多大な支援で充実した暮らしができています。激励会でかがやきホーム理事の奈良県の荒井知事、五條市の太田市長、千房グループの中井会長など多くの方々とつながりができて大変うれしかったです。

問4　今後の目標について

A　五條市で家庭を持ち、林業を続けたいです。他人を大切に思う気持ちで地域貢献活動をしながら普通の暮らしをしたいです。

B　林業を続けたいです。小さな山を管理しながら山仕事だからできる副業も考えたいです。ベテランと呼ばれるだけの経験を積み重ねます。

イ　今後の課題

　モデル事業や協議会等の取組から、地域における再犯防止の取組を促進していく上で、以下の課題が明らかになった。

　1点目は、国と地方公共団体の役割分担である。現行の再犯防止推進計画等では、国と地方公共団体の役割分担が明確に示されておらず、地方公共団体が実施すべき具体的な施策が明らかでないまま、各地域の実情に応じた取組が進められているため、地方公共団体から国に対し、都道府県や市区町村が果たすべき役割を明示することが求められている。

　2点目は、地域における再犯防止の取組に対する理解である。再犯防止施策は、福祉をはじめとした様々な分野にまたがる取組であり、地方公共団体の再犯防止の担当窓口のみで対応できるものでは

なく、また、取組を進めるためには、地域の関係機関や地域住民の理解が重要となることから、地方公共団体内の関係部局や地域住民等への理解促進が必要である。

3点目は、国から地方公共団体への円滑な情報提供である。地方公共団体が再犯防止施策を企画立案し、対象者へ必要な支援を実施するためには、統計情報や支援対象者の情報等を適切に把握することが必要である。法務省では地方公共団体に対して、個人情報に配慮しながらそれらの情報を提供することとしているが、より柔軟かつ円滑な情報提供の方法等について検討することが求められている。

(4) 今後の展望

これまでの取組から明らかとなった課題について、2023年度（令和5年度）からの次期「再犯防止推進計画」において、検討を進め、取組を推進するとともに、協議会の場などを通して把握できる地方公共団体のニーズ等を踏まえ、より一層、地方公共団体における再犯防止の取組を促進していくことが必要である。

【再犯防止推進計画等検討会 有識者委員からの講評】

川出敏裕委員（東京大学大学院法学政治学研究科教授）

再犯を防止するためには、犯罪をした人が再び犯罪を行うことなく生活していくことができるような環境を整えることが必要であり、そのための就労・住居の確保、医療・福祉の提供などは、その人が現に生活している地方公共団体こそが行い得るものである。その意味では、再犯防止推進法が、再犯防止における地方公共団体の責務を明記したのは必然であったといえよう。その一方で、それまで刑事政策に関与してこなかった地方公共団体にとっては、まさに手探りの状態で活動を始めたというのが実感ではないかと思う。そのような状況で、この間、地方再犯防止推進計画を策定する地方公共団体が成果目標を大きく上回るペースで増加するとともに、モデル事業等を通じて地域の実情に応じた施策が実施されてきたことは、大きな成果といえる。他方で、取組の度合いには地域による格差があることも否定しがたいうえに、モデル事業についてもその期間だけで終わってしまったものもある。今後は、広域自治体である都道府県と、基礎自治体である市区町村それぞれについて、再犯防止において果たすべき役割を明確にしたうえで、再犯防止のための施策を継続し、進展させられるように、国から、必要な情報提供や人的・物的援助を行っていくことが求められよう。

---

❷ 民間協力者1（矯正施設での処遇）

（1）序論

　民間協力者による矯正施設内での活動については、篤志面接委員や教誨師といった長年矯正の分野で活動している方々に加えて、近年では、IT企業・アスリート等、これまで矯正施設とは関わりがなかった方々が新たに矯正施設での処遇に携わる事例が増えている。この傾向は、刑事施設、少年院を問わず確認でき、社会全体で再犯防止に取り組む機運が高まってきている。

（2）主な取組と課題

ア　広告ポスター制作の職業訓練「販売戦略科」の現状

　美祢社会復帰促進センターでは、2018年度（平成30年度）から、法務省、美祢市、株式会社小学館集英社プロダクション及びヤフー株式会社との連携による再犯防止・地方創生連携協力事業として、職業訓練「ネット販売実務科」を実施している。本職業訓練は、Eコマース（電子商取引）等の専門知識及びネットストア運用スキルを受刑者に付与することで再犯防止に寄与するとともに、職業訓練として美祢市の特産品を販売するストアサイトを制作することで、地方創生にも寄与する取組となっている。

　2021年度（令和3年度）からは、ネット販売実務科に続く取組として、美祢市、株式会社小学館集英社プロダクション及び株式会社セイタロウデザインと連携し、美祢市の特産品の魅力を引き出す広告ポスターを制作する職業訓練「販売戦略科」を開始した。本職業訓練も、ネット販売実務科と同様に2つの目的がある。1つ目は、広告ポスターの制作過程を通じ、受刑者に物事を的確に伝える表現力や他者との協働の仕方等を学ばせることである。2つ目は、特産品の隠れた魅力を引き出す広告ポスターを制作し、美祢市や生産者に使ってもらうことで、特産品の地産外商を推進し、美祢市の地方創生に貢献することである。受刑者は広告ポスターのレイアウトまで作成し、このレイアウトを基に株式会社セイタロウデザインがポスターとして完成させているところ、初回である2021年度（令和3年度）は、「厚保（あつ）くり」及び「原木しいたけ」の広告ポスターを制作した（**特3-2-1、特3-2-2**参照）。

　株式会社小学館集英社プロダクション及び株式会社セイタロウデザインは、再犯防止や地方創生の取組の必要性に鑑み、社会貢献事業の一環として本職業訓練に取り組み、効果の検証も予定している。本職業訓練は、国、地方公共団体そして民間企業が緊密な連携協力を通じ、「再犯防止推進計画」（平成29年12月15日閣議決定）を着実に推進するものであり、SDGsに掲げられているマルチステークホルダー・パートナーシップの下、犯罪をした人を再び受け入れることが自然にできる「誰一人取り残さない」社会の実現につながる取組となっている。

特3-2-1 「販売戦略科」で制作された広告ポスター「厚保（あつ）くり」「原木しいたけ」

出典：法務省資料による。

特3-2-2 美祢社会復帰促進センターにおける再犯防止・地方創生連携協力事業

出典：法務省資料による。

【当事者の声】〜職業訓練「販売戦略科を受講して」〜
受講者A（男性（24歳）　罪名：窃盗）

　　最初はどんな内容なのかもわからずどのようなことを学べるのか、という気持ちで受講させていただいたのですが、1回、2回と受講していくうちに販売戦略科という職業訓練を楽しみにしている自分がいるくらい受講内容を魅力的に感じていました。

　　キャッチコピーというのはふだん自分が物を買う時等様々な場面で何気なく目にするために、どれだけ考えて答えを出すか、目にしたあとアクションを起こしてもらうには何を求めているのか、相手の気持ちを思うこと等、自分が作る側になって初めてわかった視点を見させてもらうことができました。この先の生活でも今回学んだことを無駄にせず生活をしていき、相手のことを思い、気持ちを考えて行動ができるようにしていきます。そしてとても貴重な体験、楽しい時間を過ごさせていただきありがとうございました。

受講者B（男性（27歳）　罪名：①詐欺、有印私文書偽造・同行使、②窃盗）

　　今回の販売戦略科の職業訓練を通して、顧客の立場で考えるなど、顧客のニーズに沿って考えることで、訴求力を高めることができ、背景の写真と言葉のバランスを考えることで、より読みやすく、伝わりやすい、ひきつけられる広告を作ることができるということを学びました。また、広告の作成だけでなく、プレゼンテーションをさせていただく機会も作っていただき、大勢の人の前で成果を発表することの緊張感を感じ、仕事の厳しさや達成感を身をもって感じることができ、社会復帰への自信にもなりました。この訓練を通して学んだ知識や技術を社会復帰に向けての就職活動に生かしていくことはもちろんですが、私生活の中でも「相手の立場で考える」という、この訓練で学んだことは、とても大切な事であり、これからの自分に必要なことだと思うので、他人を思いやった行動が取れる人になれるよう、日々、取り組んでいきたいと思います。また、残りの受刑生活の中で、もし、もう一度、機会があるのであれば、小売業の仕事に携わりたいという気持ちを強く持っているので、また受講させていただきたいという気持ちを持っています。広告作成の大変さは十分に理解しましたが、何より楽しいと思えたことが今回の一番の収穫だったと思います。

イ　少年院で活動する民間協力者

　　各少年院は、民間協力者を招へいした教育を積極的に展開しており、その活動の場は、各種講話や行事のほか、プログラミング講座や職業体験等の職業指導、寮内での学習支援にまで広がっている。外部の方々との関わりを得ることは、施設内で生活する少年院在院者が社会を感じることのできる貴重な機会であるとともに、少年院の法務教官にとっても、様々な気付きを得る貴重な機会となっている。以下では、少年院での学習支援を行う認定特定非営利活動法人育て上げネット様から、その活動の中で感じた課題等を紹介いただく。

【民間協力者の声】〜たくさんの、少しずつのつながりを〜　認定特定非営利活動法人育て上げネット

　　認定特定非営利活動法人育て上げネットでは、すべての若者が社会的所属を獲得し、「働く」と「働き続ける」を実現できる社会を目指し、若者と社会をつなぐ活動をしています。現在、4か所の少年院で定期的に活動しながら、出院した少年に食糧・生活用品の給付、就労支援を行っています。

　　複雑な成育歴があり、目の前のことに困っている少年たちとのかかわりは、NPO単体で更生・自立を支えるのではなく、一人ひとりの少年を応援するたくさんの応援者の必要性を私たちに教えてくれています。

　私たちは、少年院でのスタディツアーやイベント等を通じて理解者を増やし、少年の更生・自立のための応援団を募っています。企業やNPOだけでなく、プロスポーツクラブや教育機関等も、少年のために活動してくれています。

　2021年（令和3年）より、ある高校と協働し、進路相談を開始しました。在学中の生徒や卒業生等に対して、進路相談を軸に、若者が孤立しない場として機能しています。

　ある日、その活動に入っているある少年院の先生が、私たちと少年をつないでくれました。その少年は高校に再入学し、進路相談で、再び私たちと出会ったのです。少年の「アルバイト先とうまくいかない悩み」を知り、応援団である企業の方が来てくれました。

　春休み、その企業のもとで、体験的にアルバイトをしてみた少年は、今は正社員となり、再犯をせずに頑張っています。ある日、その少年は私たちに教えてくれました。

　「出会いと出会うひとが大事だと痛感しました。本当にありがとうございます」と。

（3）今後の展望

　矯正施設での処遇における民間協力者との連携は、施設内での処遇を社会での活動と直結した実践的なものにするだけでなく、被収容者が社会とのつながりを感じるいわば実社会への窓としての役割を担っている。再犯防止と円滑な社会復帰を進めるため、今後も多様な民間協力者の方々と連携協力していくことが重要と考えられる。

【再犯防止推進計画等検討会 有識者委員からの講評】

松田美智子委員（公益財団法人矯正協会特別研究員）

　矯正施設においては、長年、篤志面接委員や教誨師を始め多くの民間ボランティアの方々の協力をいただいてきましたが、再犯防止への取組が進む中、今まで以上に様々な分野から矯正施設の処遇への関与がなされています。中でも、民間企業の職業訓練や学習支援等への参画は、一定の組織や収益を含めたスキームを整え、企業活動として矯正施設での処遇に携わるもので、民間団体等の資金も含めた創意、工夫の活用として、矯正施設における民間協力の新しい展開と言えると思います。今後とも民間ボランティアの方々の活動に加え、「再犯防止推進計画加速化プラン」（令和元年12月23日犯罪対策閣僚会議決定）にもあるとおり、民間委託の様々な仕組みを考案、実施することを通して、社会的課題に取り組むNPO、民間企業・団体等と連携した再犯防止活動の推進も必要と考えます。

　あわせて、民間協力者（団体）におかれては、活動を通して承知される矯正施設の被収容者が抱える困難や問題の諸相や、日々彼らの傍らで励まし指導する矯正職員の姿を、もとより個人情報保護に配意した上で、一般社会の方々に広く発信していただけたらと思います。矯正施設の被収容者にとって民間協力者（団体）の方々は「社会との懸け橋」であり、それはどのような活動形態であっても等しく第一番の意義であると考えます。

---

❸　民間協力者2（協力雇用主）

（1）序論

　刑務所出所者等の就労の機会を確保することは、再犯防止のために重要であり、「宣言：犯罪に戻らない・戻さない」（平成26年12月16日犯罪対策閣僚会議決定）において、犯罪や非行をした者を実際に雇用している協力雇用主の数を、2020年（令和2年）までに約1,500社まで増加させるという数値目標が設定された。政府においては「宣言」で設定された数値目標の確実な達成を図るべく、協力雇用主の活動に対する支援の充実に向けた施策を推進し、刑務所出所者等の就労の機会の増加に取り組んできた。

（2）指標

| 特3-3-1 | 協力雇用主数・実際に雇用している協力雇用主数 |

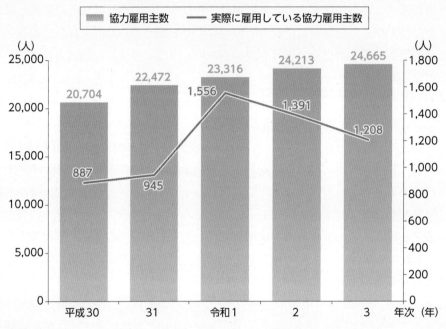

注　1　法務省調査による。
　　2　平成31年までは4月1日、令和元年以降は10月1日現在。

| 特3-3-2 | 業種別の協力雇用主の割合 |

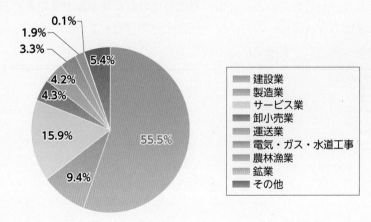

注　1　法務省調査による。
　　2　令和3年10月1日現在。

（3）主な取組と課題

2018年度（平成30年度）から2021年度（令和3年度）までの協力雇用主の活動に対する支援の取組状況を紹介する。

刑務所出所者等を雇用する協力雇用主の不安や負担を軽減させるため、「刑務所出所者等就労奨励金支給制度」【施策番号11】参照）により、4年間で13,967件の支給を実施したほか、「身元保証制度」【施策番号11】参照）を4年間で7,558件を活用した。

また、刑務所出所者等を雇用する企業等の社会的評価の向上等を目的として、公共調達において、協力雇用主の受注の機会の増大を図るための取組（【施策番号15】参照）を推進し、更生保護官署では4年間で117件の公共調達を協力雇用主が受注しているほか、入札参加資格審査及び総合評価落札方式において刑務所出所者等の雇用実績がある協力雇用主に対して優遇措置を導入する地方公共団体は、2018年（平成30年）の198団体から、2021年（令和3年）12月末時点では239団体に増加している。

こうした取組により、2018年（平成30年）4月1日において20,704社であった協力雇用主の数は、2021年（令和3年）10月1日現在24,665社に増加した。また、実際に刑務所出所者等を雇用している協力雇用主数（以下「実雇用主数」という。）は、2018年（平成30年）4月1日の887社から、2019年（令和元年）10月1日には1,556社まで増加し、2021年（令和3年）10月1日現在は1,208社となっている。（**特3-3-1**参照）

一方、協力雇用主数と実雇用主数には大きな開きが見られ、協力雇用主となりながらも実際に刑務所出所者等の雇用に結びついていない事業主が多いこと、協力雇用主の約5割が建設業を占めるなど業種の偏りが生じていることが、今後の課題である（**特3-3-2**参照）。

【当事者の声】〜協力雇用主の下で働いて〜　男性・サービス業（（有）野口石油）

1　協力雇用主の下で働くことになったきっかけを教えてください。

仕事のことを担当保護観察官に相談し、私がこれまで10年間経験した自動車関係の仕事に就きたいと希望すると、犯罪をした人の事情を承知した上で進んで受け入れてくれるガソリンスタンドがあると教えてくれました。

2　業務の内容や、やりがいについて教えてください。

現在、給油・洗車・整備など、ガソリンスタンドで行うあらゆる仕事をしています。また、新入社員や後輩にアドバイスをすることなども任されています。皆で決めた目標が達成できたときにやりがいを感じています。

3　協力雇用主の下で働いて良かったこと、安心したことについて教えてください。

自分の立場を理解してくれることです。保護観察中は、平日に保護観察所で保護観察官の面接を受けなければなりません。職場に迷惑をかけるのではないかと心配でしたが、会社が仕事の融通を利かせてくれ、安心して保護観察所に行くことができました。

4　働く上で大切にしていること、これからの目標などがあれば、教えてください。

この会社では、犯罪者という立場を気に掛けず、普通に接してくれる人ばかりです。こうした温かい目で見てくれる人たちを大切にしていきたいです。

刑務所に入っているときは、投げやりな気持ちになることもありましたが、今、仕事を優先した、犯罪とは縁のない生活を送ることができているので、自分のように人生をあきらめずに更生したいと思っている人にとって、何かの支えになればいいなと思っています。

（4）今後の展望

当事者の声からも分かるように、刑務所出所者等の個々の事情を理解し、「雇用」という側面から

　自立を支える協力雇用主は、再犯防止に欠かせない重要な民間協力者であり、政府においては協力雇用主の活動に対する支援を充実させ、実雇用主数の増加に向けた取組を一層進めることが肝要である。

　刑務所出所者等の場合、就労後の職場定着に課題を抱える者が少なくないことから、雇用した協力雇用主に対する継続的な支援として、職場定着に必要な寄り添い型の支援を刑務所出所者等と雇用主の双方に行う更生保護就労支援事業（【施策番号５ウ】参照）の充実を図るほか、適切な職業マッチングを実現するよう、協力雇用主の職種の多様化を進めていくことが必要である。

【再犯防止推進計画等検討会 有識者委員からの講評】

野口義弘委員（有限会社野口石油取締役会長（協力雇用主））

　「再犯防止推進計画」（平成29年12月15日閣議決定）の重点課題において、就労・住居の確保が１番目に掲げられたことからもわかるように、刑務所出所者等の社会復帰には就労が欠かせません。そのため、この５年間で様々な取組が進められ、相応の成果が得られたと思います。

　私自身も協力雇用主として多くの刑務所出所者等を雇用してきましたが、協力雇用主は、刑務所出所者等が再犯・再非行しないように、就労を通じて、本人の人権を尊重して、立ち直りを支援していくことが社会的な使命と考えています。

　【当事者の声】に寄稿した職員を採用した当初は、就労意欲はありましたが、目が鋭く威圧的な雰囲気を感じました。そこで、仕事の技能とともに礼儀作法を丁寧に教え続けたところ、見違えるほど成長し、今では当社にとって欠かせない人材に成長しました。

　今後も、一人でも多くの刑務所出所者等を社会復帰させるため、彼らと向き合いながら、就労を通じて支援していきたいと思います。

---

❹ 民間協力者3（保護司）

（1）序論

　保護司は、犯罪をした人又は非行のある少年が、実社会の中で健全な一員として更生するよう、保護観察官と協働して保護観察等を行うなど、更生保護の中核の役割を果たしており、地域社会の安全・安心にとって欠くことのできない存在である。

　2021年（令和3年）3月、京都コングレスのサイドイベントとして開催した「世界保護司会議」では、「世界保護司デー」の創設等を盛り込んだ「京都保護司宣言」が採択され、我が国の保護司制度は "HOGOSHI" として、国際的な評価と共感を得ることとなった。

　しかし、近年、保護司数は減少の一途をたどり、高齢化も進んでいる。その背景には、人口の減少や地域における人間関係の希薄化といった社会的要因に加え、保護司活動に伴う不安や負担が大きいことが指摘されており、保護司制度の維持が危惧される状況にある。（**特3-4-1**、**特3-4-2**参照）

　こうした状況を踏まえ、地域社会の変化に適応し、幅広い世代から多様な人材を保護司として迎え入れ、やりがいを持って長く活動できるよう、保護司活動に対する支援に取り組む必要がある。

（2）指標

特3-4-1　保護司数の推移

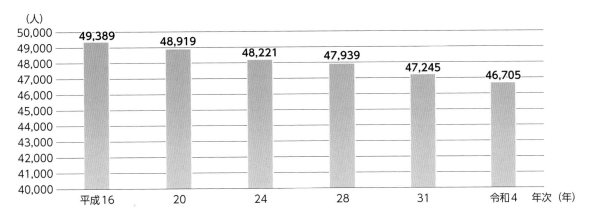

注　法務省調査による。

特3-4-2　保護司年齢別構成の推移

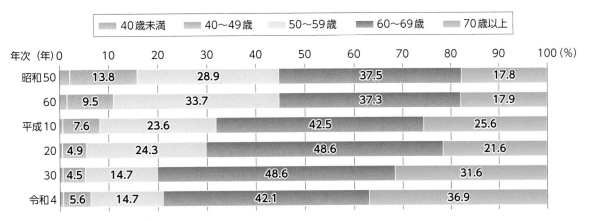

注　法務省調査による。

（3）主な取組

法務省において、保護司活動に対する支援のために進めてきた主な取組は、以下のとおりである。

ア　保護司の活動場所の整備

保護司会を始めとする更生保護関係団体の活動の一層の充実強化を図ることを目的とした「更生保護サポートセンター」（【施策番号93】参照）を、2019年度（令和元年度）までに、全ての保護司会に整備した。多くの更生保護サポートセンターが面接室を備えているほか、保護司会活動の活性化や地域のネットワーク構築の拠点としても機能している。さらに、その立地条件や開所時間による制約を補うため、2021年（令和3年）7月以降、2022年（令和4年）4月までに、全国886の保護司会のうち103の保護司会で887か所の公共施設を、新たに面接場所として確保した。

イ　保護司活動のデジタル化の推進

従来、保護司が保護観察所に提出する報告書は、情報セキュリティの観点から手書きにより作成しており、この作業は、保護司にとって大きな負担であった。これを踏まえ、2021年度（令和3年度）から、こうした報告書の提出などを、情報セキュリティを確保した上で、インターネットを通じて行うことができる保護司専用ホームページ（通称"H＠（はあと）"）の運用を開始し、インターネット端末を所持していない保護司に貸与するためのタブレット端末を一部の保護司会に配備するなど、保護司活動のデジタル化に着手した。

2022年（令和4年）7月1日現在、約1万5,500人の保護司がH＠の利用を開始している。

ウ　保護司の複数指名の積極的な実施

2021年（令和3年）3月、保護観察及び生活環境調整の事件における担当保護司を複数指名することにより、保護司の負担軽減や適切な役割分担による処遇の充実等を図る「保護司の複数指名」（【施策番号90】参照）を積極的に実施することを全国の保護観察所に通達し、同年6月からその運用を開始した。

2021年度（令和3年度）は、保護観察1,267件、生活環境調整1,089件において、担当保護司の複数指名を行った。

エ　地方公共団体からの協力の確保

2021年（令和3年）7月、総務省と法務省の連名により、全国の地方公共団体の首長に対し、①保護司適任者に関する情報提供及び職員の推薦等、②保護司が自宅以外で面接できる場所の確保、③保護司を始めとする更生保護ボランティアに対する顕彰等、④保護司確保に協力した事業主に対する優遇措置、⑤地方再犯防止推進計画の策定等における配慮、といった、保護司活動に対する支援を依頼する文書を発出した。これを踏まえて、各保護観察所において、管内の地方公共団体宛てに、個別に協力依頼を行っている。

（4）今後の課題と展望

以上のとおり、保護司適任者の確保に向け、さまざまな取組を進めてきたところだが、なお保護司数の減少傾向及び高齢化が解消されたとは言い難い状況にある。保護司制度を将来に向けて持続可能なものとしていくためには、引き続き、保護司活動に伴う負担の軽減や活動基盤の強化といった保護司活動に対する支援を通じて、保護司適任者の確保を進めていくとともに、将来に向けて持続可能な保護司制度の在り方について、中長期的視点から検討していく必要がある。

【再犯防止推進計画等検討会 有識者委員からの講評】

森久保康男委員（更生保護法人全国保護司連盟副理事長）

　私は、保護司活動は、人と人とのつながりを取り持つ活動だと思っています。どんな問題を抱えた人であっても、信じて見守ることの大切さを実感しているからこそ、辛抱強く取り組んで来られましたし、そこにやりがいも感じてきました。

　足下を見れば、なり手不足の問題を抱える保護司制度ですが、近年は、「再犯防止推進計画」（平成29年12月15日閣議決定）の後押しを得て、保護司適任者を確保するための取組を、全力で進めてきました。いまだ課題は多く、道半ばではありますが、私は、この素晴らしい保護司制度を、変わりゆく地域社会にあっても、常にやりがいをもって活動できるものであるよう、しっかりと次の世代に継承したいと思っています。

　そのためには、次の5か年においては、これまでに行ってきた保護司活動に対する支援の取組を更に強力に進めていくことに加えて、保護司の待遇や活動環境、年齢条件の在り方など、制度の骨格に関することも含めて、検討する必要があると考えています。

　引き続き、再犯防止推進計画等検討会での議論に微力を尽くしてまいります。

第4節　終わりに〜次期「再犯防止推進計画」の策定に向けて〜

　政府は、2017年（平成29年）12月に「再犯防止推進計画」を閣議決定して以降、地方公共団体、民間協力者との連携を一層強化し、一丸となって再犯防止の取組を推進してきた。

　再犯防止については、「出所受刑者の2年以内再入率を令和3年までに16％以下にする」という政府目標[20]を設定していたところ、2020年（令和2年）に、2019年（令和元年）出所者の2年以内再入率が15.7％まで低下し、政府目標を1年前倒しで達成した。また、2021年（令和3年）には、2020年（令和2年）出所者の2年以内再入率が15.1％まで低下するなど（【指標番号3】参照）、再犯防止の取組は着実に成果を上げていると考えられる。

　一方で、現「再犯防止推進計画」の策定からこれまでを振り返ると、本特集で触れたように、女性や高齢・障害者に対する指導・支援、保護司を始めとする民間協力者の確保など、解決すべき課題も少なくない。また、本白書における新たな試みとして、【当事者の声】や【再犯防止推進計画等検討会有識者委員からの講評】を特集の中で掲載したが、そこからも、今後の再犯防止の取組の推進に向けて様々な示唆をいただいたところである。

　有識者委員や関係省庁を構成員とする「再犯防止推進計画等検討会」では、本特集で指摘した課題を踏まえ、次期「再犯防止推進計画」の案の検討を進めているが、同検討会が、2022年（令和4年）4月に決定した「次期再犯防止推進計画の策定に向けて」では、

○　刑務所出所者等が地域社会の中で孤立することなく、生活の安定が図られるよう、個々の対象者の主体性を尊重し、それぞれが抱える課題に応じた「息の長い支援」を実現すること

○　「就労」や「住居」の確保のための支援をより一層強化することに加え、刑務所出所者等への支援の実効性を高めるための相談拠点及び民間協力者を含めた地域の支援連携（ネットワーク）拠点を構築すること

○　国と地方公共団体との役割分担を踏まえて地方公共団体の主体的かつ積極的な取組を促進するとともに、国・地方公共団体・民間協力者の連携を更に強固にすること

が次期「再犯防止推進計画」の3つの基本的な方向性として示されたところである。

　現在、これらの基本的な方向性等を基に、2023年度（令和5年度）以降の5年間で実施すべき具体的な取組の検討を行っている。今後は、有識者の御意見に加え、意見募集（パブリックコメント）の御意見も踏まえながら検討を進め、2022年度（令和4年度）中に次期「再犯防止推進計画」を閣議決定し、さらに、再犯防止の取組を進めたいと考えている。

※20 「再犯防止に向けた総合対策」（平成24年7月犯罪対策閣僚会議決定）において定められた数値目標である。過去5年（2006年（平成18年）から2010年（平成22年））における2年以内再入率の平均値（刑務所については20％、少年院については11％）を基準として、これを2021年（令和3年）までに20％以上減少させるというもの。出所受刑者の2年以内再入率については、2020年（令和2年）出所者について16％以下にすることが数値目標となる。

第1章

令和4年版
再犯防止推進白書

再犯防止をめぐる近年の動向

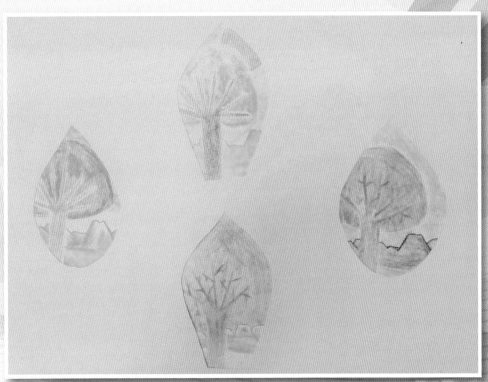

俺の思い出

❶ 刑法犯検挙者中の再犯者数及び再犯者率【指標番号１】

（平成15年～令和3年）

年　次	刑法犯検挙者数	再犯者数	再犯者率
平成15年	379,602	135,295	35.6
16	389,027	138,997	35.7
17	386,955	143,545	37.1
18	384,250	149,164	38.8
19	365,577	145,052	39.7
20	339,752	140,939	41.5
21	332,888	140,431	42.2
22	322,620	137,614	42.7
23	305,631	133,724	43.8
24	287,021	130,077	45.3
25	262,486	122,638	46.7
26	251,115	118,381	47.1
27	239,355	114,944	48.0
28	226,376	110,306	48.7
29	215,003	104,774	48.7
30	206,094	100,601	48.8
令和元年	192,607	93,967	48.8
2	182,582	89,667	49.1
3	175,041	85,032	48.6

注　1　警察庁・犯罪統計による。
　　2　「再犯者」は、刑法犯により検挙された者のうち、前に道路交通法違反を除く犯罪により検挙されたことがあり、再び検挙された者をいう。
　　3　「再犯者率」は、刑法犯検挙者数に占める再犯者数の割合をいう。

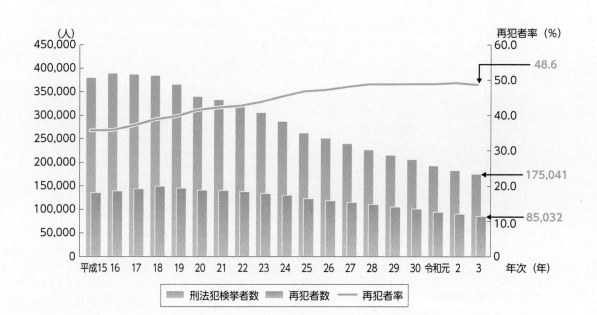

　刑法犯検挙者中の再犯者数は、2007年（平成19年）以降、毎年減少しており、2021年（令和3年）は8万5,032人であった。

　再犯者率は、初犯者数が大幅に減少していることもあり、近年上昇傾向にあったが、2021年（令和3年）は、48.6％と前年（49.1％）よりも0.5ポイント減少した。

❷ 新受刑者中の再入者数及び再入者率【指標番号2】

(平成29年〜令和3年)

年　次	新受刑者数	再入者数	再入者率
平成29年	19,336	11,476	59.4
30	18,272	10,902	59.7
令和元年	17,464	10,187	58.3
2	16,620	9,640	58.0
3	16,152	9,203	57.0

注　1　法務省・矯正統計年報による。
　　2　「新受刑者」は、裁判が確定し、その執行を受けるため、各年中に新たに入所した受刑者等をいう。
　　3　「再入者」は、受刑のため刑事施設に入所するのが2度以上の者をいう。
　　4　「再入者率」は、新受刑者数に占める再入者数の割合をいう。

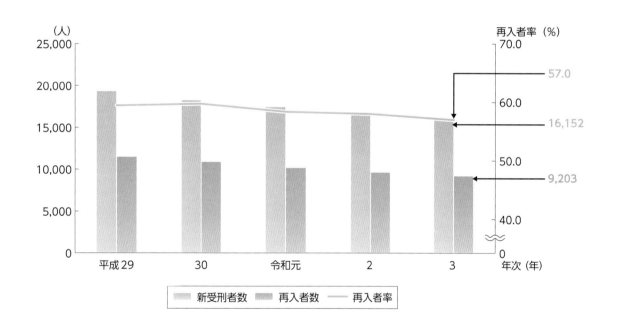

　新受刑者中の再入者数は、刑法犯検挙者中の再犯者数と同様、近年減少傾向にあり、2021年（令和3年）は9,203人であった。

　再入者率は、近年58〜59％台で推移していたところ、2021年（令和3年）は57.0％と前年（58.0％）よりも1.0ポイント減少した。

❸ 出所受刑者の２年以内再入者数及び２年以内再入率【指標番号３】

（平成15年～令和２年）

年　次 （出所年）	出所受刑 者数	うち満期 釈放者	うち仮釈放者	２年以内 再入者数		うち満期釈放者		うち仮釈放者	
平成15年	28,170	12,386	15,784	5,835	(20.7)	3,903	(31.5)	1,932	(12.2)
16	29,526	12,836	16,690	6,236	(21.1)	4,155	(32.4)	2,081	(12.5)
17	30,025	13,605	16,420	6,519	(21.7)	4,434	(32.6)	2,085	(12.7)
18	30,584	14,503	16,081	6,380	(20.9)	4,536	(31.3)	1,844	(11.5)
19	31,297	15,465	15,832	6,409	(20.5)	4,661	(30.1)	1,748	(11.0)
20	31,632	15,792	15,840	6,372	(20.1)	4,687	(29.7)	1,685	(10.6)
21	30,178	15,324	14,854	6,044	(20.0)	4,424	(28.9)	1,620	(10.9)
22	29,446	14,975	14,471	5,649	(19.2)	4,140	(27.6)	1,509	(10.4)
23	28,558	13,938	14,620	5,533	(19.4)	3,944	(28.3)	1,589	(10.9)
24	27,463	12,763	14,700	5,100	(18.6)	3,487	(27.3)	1,613	(11.0)
25	26,510	11,887	14,623	4,804	(18.1)	3,173	(26.7)	1,631	(11.2)
26	24,651	10,726	13,925	4,569	(18.5)	2,928	(27.3)	1,641	(11.8)
27	23,523	9,953	13,570	4,225	(18.0)	2,709	(27.2)	1,516	(11.2)
28	22,909	9,649	13,260	3,971	(17.3)	2,470	(25.6)	1,501	(11.3)
29	21,998	9,238	12,760	3,712	(16.9)	2,348	(25.4)	1,364	(10.7)
30	21,032	8,733	12,299	3,396	(16.1)	2,114	(24.2)	1,282	(10.4)
令和元年	19,953	8,313	11,640	3,125	(15.7)	1,936	(23.3)	1,189	(10.2)
2	18,923	7,728	11,195	2,863	(15.1)	1,749	(22.6)	1,114	(10.0)

注　1　法務省・矯正統計年報による。
　　2　前刑出所後の犯罪により再入所した者で、かつ、前刑出所事由が満期釈放又は仮釈放の者を計上している。
　　3　「２年以内再入者数」は、各年の出所受刑者のうち、出所年を１年目として、２年目（翌年）の年末までに再入所した者の人員をいう。
　　4　（　）内は、各年の出所受刑者数に占める２年以内再入者数の割合である。

指標番号3-1　出所後の２年以内再入者数の推移

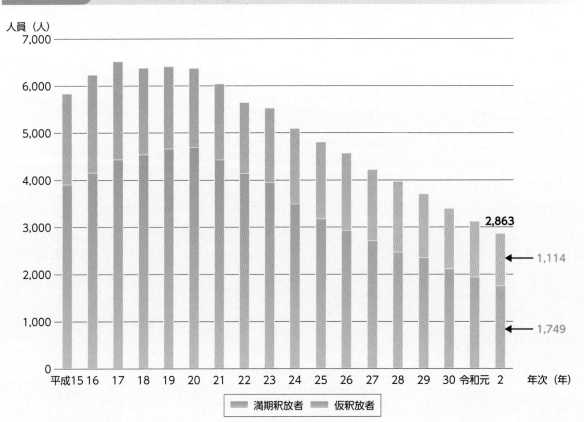

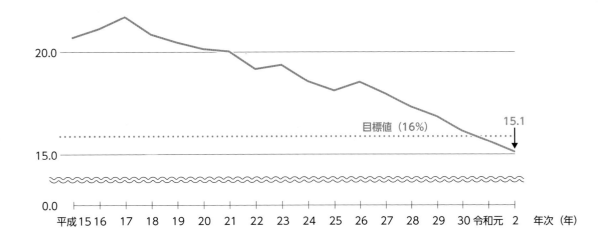

指標番号 3-2-1 出所受刑者の2年以内再入率の推移

指標番号 3-2-2 出所受刑者の2年以内再入率の推移（出所事由別）

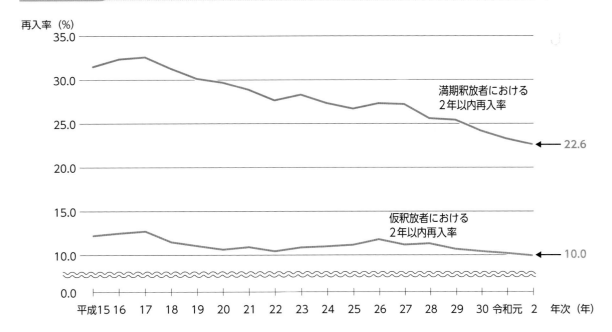

　出所受刑者の2年以内再入者数は、2008年（平成20年）以降、毎年減少しており、2020年（令和2年）出所者では2,863人と、近年2年以内再入者数が最も多かった2005年（平成17年）出所者（6,519人）と比べて2分の1以下であった。満期釈放者の再入者数については、「再犯防止推進計画加速化プラン」（令和元年12月23日犯罪対策閣僚会議決定）において、2022年（令和4年）までに2,000人以下とするという数値目標[1]を設定しているところ、2019年（令和元年）の満期釈放者の再入者数は1,936人となって当該目標を達成し、2020年（令和2年）では、更に1,749人まで減少した。

　また、出所受刑者の2年以内再入率については、「再犯防止に向けた総合対策」（平成24年7月20

※1　「再犯防止推進計画加速化プラン」における数値目標
　　過去5年（2013年（平成25年）から2017年（平成29年）まで）における満期釈放者の2年以内再入者数の平均（2,726人）を基準として、これを2022年（令和4年）までに、その2割以上を減少させ、2,000人以下とするもの。

日犯罪対策閣僚会議決定）において、2021年（令和3年）までに16％以下にするとの数値目標[2]を設定しているところ、2019年（令和元年）出所者では15.7％となって当該目標を達成し、2020年（令和2年）出所者では、更に15.1％まで減少した。なお、いずれの出所年においても、満期釈放者[3]の2年以内再入率は、仮釈放者（10.0％）よりも高く、2020年（令和2年）は22.6％であった。

❹ 主な罪名（覚醒剤取締法違反、性犯罪（強制性交等・強姦・強制わいせつ）、傷害・暴行、窃盗）・特性（高齢（65歳以上）、女性、少年）別2年以内再入率【指標番号4】

罪名別（覚醒剤取締法違反、性犯罪、傷害・暴行、窃盗）　　　　　　　　　　　（平成28年〜令和2年）

年次 （出所年）	覚醒剤取締法違反		性犯罪		傷害・暴行		窃盗	
	出所 受刑者数	2年以内 再入者数	出所 受刑者数	2年以内 再入者数	出所 受刑者数	2年以内 再入者数	出所 受刑者数	2年以内 再入者数
平成28年	6,144	1,149 (18.7)	674	54 (8.0)	1,238	199 (16.1)	7,608	1,695 (22.3)
29	6,134	1,061 (17.3)	643	53 (8.2)	1,065	164 (15.4)	7,265	1,663 (22.9)
30	5,982	957 (16.0)	653	55 (8.4)	1,057	176 (16.7)	6,770	1,477 (21.8)
令和元年	5,367	846 (15.8)	630	40 (6.3)	955	146 (15.3)	6,663	1,450 (21.8)
2	5,008	776 (15.5)	536	27 (5.0)	943	116 (12.3)	6,441	1,290 (20.0)

特性別（高齢、女性）　　　　（平成28年〜令和2年）

年次 （出所年）	高齢（65歳以上）		女性	
	出所 受刑者数	2年以内 再入者数	出所 受刑者数	2年以内 再入者数
平成28年	2,990	617 (20.6)	2,196	312 (14.2)
29	2,910	650 (22.3)	2,195	260 (11.8)
30	2,781	566 (20.4)	2,046	239 (11.7)
令和元年	2,762	549 (19.9)	1,886	214 (11.3)
2	2,692	557 (20.7)	1,892	208 (11.0)

注　1　法務省調査による。
　　2　前刑出所後の犯罪により再入所した者で、かつ、前刑出所事由が満期釈放又は仮釈放の者を計上している。
　　3　特性別（高齢）の年齢については、前刑出所時の年齢による。再入者の前刑出所時年齢は、再入所時の年齢及び前刑出所年から算出した推計値である。
　　4　「2年以内再入者数」は、各年の出所受刑者のうち、出所年を1年目として、2年目（翌年）の年末までに再入所した者の人員をいう。
　　5　（　）内は、各年の出所受刑者数に占める2年以内再入者数の割合である。
　　6　「性犯罪」は、強制性交等・強姦・強制わいせつ（いずれも同致死傷を含む。）をいう。
　　7　「傷害」は、傷害致死を含む。

※2　「再犯防止に向けた総合対策」における数値目標
　　過去5年（2006年（平成18年）から2010年（平成22年））における2年以内再入率の平均値（刑務所については20％、少年院については11％）を基準として、これを2021年（令和3年）までに20％以上減少させるというもの。出所受刑者の2年以内再入率については、2020年（令和2年）出所者について16％以下にすることが数値目標となる。
※3　本章において、「満期釈放」は、出所受刑者の出所事由のうち、満期釈放及び一部執行猶予の実刑部分の刑期終了をいい、「満期釈放者」は、満期釈放及び一部執行猶予の実刑部分の刑期終了により刑事施設を出所した者をいう。

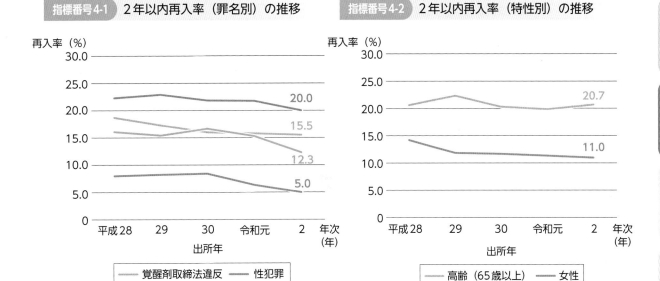

指標番号4-1　2年以内再入率（罪名別）の推移

指標番号4-2　2年以内再入率（特性別）の推移

少年院出院者2年以内再入院率
特性別（少年）

（平成28年〜令和2年）

年　次 （出院年）	出院者数	2年以内再入院者数
平成28年	2,750	281　（10.2）
29	2,475	245　（9.9）
30	2,156	210　（9.7）
令和元年	2,065	208　（10.1）
2	1,698	152　（9.0）

注　1　法務省調査による。
　　2　「2年以内再入院者数」は、各年の少年院出院者のうち、出院年を1年目として、2年目（翌年）の年末までに新たな少年院送致の
　　　決定により再入院した者の人員をいう。
　　3　（　）内は、各年の少年院出院者数に占める2年以内再入院者数の割合である。

指標番号4-3　少年院出院者の2年以内再入院率の推移

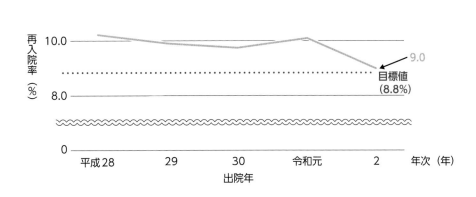

　2020年（令和2年）出所者の2年以内再入率について、主な罪名・特性別で見ると、「覚醒剤取締法違反」（15.5％）、「窃盗」（20.0％）、「高齢（65歳以上）」（20.7％）が全体（15.1％）よりも高くなっている。

　また、2020年（令和2年）出所者の2年以内再入率は、2019年（令和元年）出所者と比べて、「覚醒剤取締法違反」（0.3ポイント減）、「性犯罪」（1.3ポイント減）、「傷害・暴行」（3.0ポイント減）、「窃盗」（1.8ポイント減）、「女性」（0.3ポイント減）が低下した一方、「高齢（65歳以上）」（0.8ポイ

ント増）は上昇している。

　一方、少年院出院者の２年以内再入院率については、「再犯防止に向けた総合対策」（平成24年7月20日犯罪対策閣僚会議決定）において、2021年（令和３年）までに8.8％以下にするとの数値目標を設定しているところ、2020年（令和２年）出院者の２年以内再入院者数は152人、２年以内再入院率は9.0％と、いずれも調査の開始（1996年（平成８年））以降、過去最低であった。

第2節　再犯の防止等に関する施策の動向を把握するための参考指標

❶　就労・住居の確保等関係

（1）刑務所出所者等総合的就労支援対策の対象者のうち、就職した者の数及びその割合【指標番号5】

（平成29年度～令和３年度）

年　　度	支援対象者数	うち矯正施設在所者	うち保護観察対象者等	就職件数	うち矯正施設在所者	うち保護観察対象者等	割　　合
平成29年度	7,794	4,539	3,255	3,152	1,029	2,123	40.4
30	7,690	4,593	3,097	3,521	1,264	2,257	45.8
令和元年度	7,411	4,355	3,056	3,722	1,498	2,224	50.2
2	6,947	4,056	2,891	3,194	1,156	2,038	46.0
3	6,221	3,745	2,476	3,130	1,167	1,963	50.3

注　1　厚生労働省調査による。
　　2　「支援対象者数」は、矯正施設又は保護観察所からハローワークに対して協力依頼がなされ、支援を開始した者の数を計上している。
　　3　「割合」は、「支援対象者数」における「就職件数」の割合をいう。

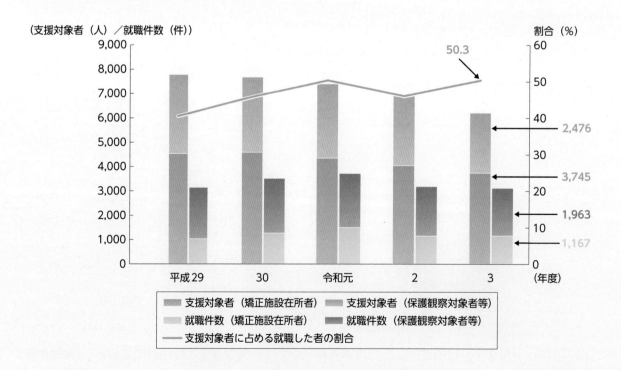

　刑務所出所者等総合的就労支援対策（【施策番号５ア】参照）においては、出所受刑者数が近年減少している中、一定数の支援対象者数を確保し続けている。支援対象者のうち、就職した者の数（就職件数）は、近年増加傾向にあったが、新型コロナウイルス感染症の感染が拡大した2020年度（令和２年度）以降は減少し、2021年度（令和３年度）は3,130件であった。一方、就職した者の割合

は、2021年度（令和3年度）は50.3％と前年度（46.0％）よりも4.3ポイント上昇した。

（2）協力雇用主数、実際に雇用している協力雇用主数及び協力雇用主に雇用されている刑務所出所者等数【指標番号6】

（平成30年～令和3年）

年　次	協力雇用主数	実際に雇用している協力雇用主数	雇用されている刑務所出所者等数
平成30年	20,704	887	1,465
31	22,472	945	1,473
令和元年	23,316	1,556	2,231
2	24,213	1,391	1,959
3	24,665	1,208	1,667

注　1　法務省調査による。
　　2　平成31年までは、4月1日現在の数値である。
　　3　令和元年からは、10月1日現在の数値である。
　　4　「刑務所出所者等」は、少年院出院者及び保護観察対象者などを含む。

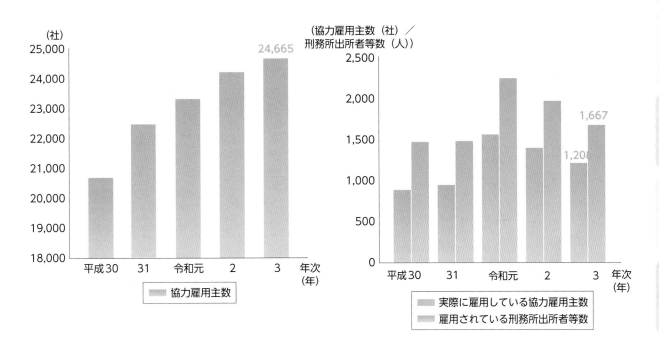

　協力雇用主数は、近年増加傾向にあり、2021年（令和3年）10月1日現在、2万4,665社であった。実際に刑務所出所者等を雇用している協力雇用主数については、「宣言：犯罪に戻らない・戻さない」（平成26年12月16日犯罪対策閣僚会議決定）において、2020年（令和2年）までに約1,500社にまで増加させるとの数値目標が設定されていたところ、2019年（令和元年）に1,556社と目標を達成したが、新型コロナウイルス感染症の感染が拡大した2020年（令和2年）以降は減少傾向にあり、2021年（令和3年）は1,208社と前年（1,391社）より減少した。また、協力雇用主に雇用されている刑務所出所者等数についても、2020年（令和2年）以降は減少傾向にあり、2021年（令和3年）は1,667人と前年（1,959人）より減少した。

（3）保護観察終了時に無職である者の数及びその割合【指標番号7】

（平成29年～令和3年）

年　次	保護観察終了者（総数）	職業不詳の者	無職である者
平成29年	29,649	673	6,360 （21.9）
30	27,994	681	5,779 （21.2）
令和元年	26,184	619	5,444 （21.3）
2	24,844	517	6,075 （25.0）
3	24,075	473	5,653 （24.0）

注　1　法務省・保護統計年報による。
　　2　「無職である者」は、各年に保護観察を終了した者のうち、終了時職業が無職である者から、定収入のある者、学生・生徒及び家事
　　　　従事者を除いて計上している。
　　3　（　）内は、職業不詳の者を除く保護観察終了者に占める「無職である者」の割合である。
　　4　交通短期保護観察の対象者及び婦人補導院仮退院者を除く。

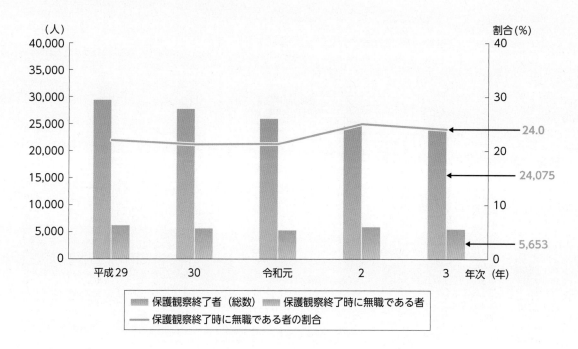

　　保護観察終了時に無職である者の数は、2021年（令和3年）は前年（6,075人）より減少して
5,653人であった。その割合は、保護観察終了者数（総数）自体が減少していることもあり、2019
年（令和元年）までは21～22％台で推移していたところ、新型コロナウイルス感染症の感染が拡大
した2020年（令和2年）に大きく増加し、2021年（令和3年）は24.0％であった。

（4）刑務所出所時に帰住先がない者の数及びその割合【指標番号8】

（平成29年〜令和3年）

年次 （出所年）	刑務所出所者総数	帰住先がない者
平成29年	22,025	3,890 (17.7)
30	21,060	3,628 (17.2)
令和元年	19,993	3,380 (16.9)
2	18,931	3,266 (17.3)
3	17,809	2,844 (16.0)

注 1 法務省・矯正統計年報による。
　 2 「帰住先」は、刑事施設を出所後に住む場所である。
　 3 「帰住先がない者」は、健全な社会生活を営む上で適切な帰住先を確保できないまま刑期が終了した満期釈放者をいい、帰住先が不明の者や暴力団関係者のもとである者などを含む。
　 4 （　）内は、各年の刑務所出所者総数に占める帰住先がない者の割合である。

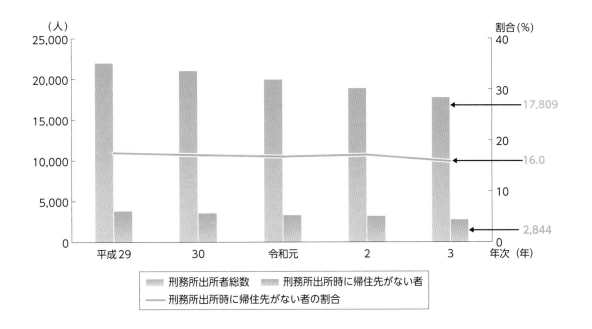

刑務所出所時に適切な帰住先がない者の数については、「宣言：犯罪に戻らない・戻さない」（平成26年12月16日犯罪対策閣僚会議決定）において、2020年（令和2年）までに4,450人以下に減少させるとの数値目標を設定していたところ、2017年（平成29年）には当該目標を達成し、2021年（令和3年）は2,844人にまで減少した。刑務所出所時に適切な帰住先がない者の割合は、2021年（令和3年）は16.0％と前年（17.3％）よりも1.3ポイント減少した。

（5）更生保護施設及び自立準備ホームにおいて一時的に居場所を確保した者の数【指標番号9】

（平成29年度〜令和3年度）

年　度	更生保護施設	自立準備ホーム	計
平成29年度	9,620	1,547　（175）	11,167
30	9,719	1,679　（223）	11,398
令和元年度	9,789	1,709　（224）	11,498
2	8,870	1,719　（290）	10,589
3	8,428	1,863　（318）	10,291

注　1　法務省調査による。
　　2　（　）内は、各年の薬物依存症リハビリ施設（ダルク等の薬物依存からの回復を目的とした施設のうち、自立準備ホームに登録されているもの）への委託人員数（内数）である。

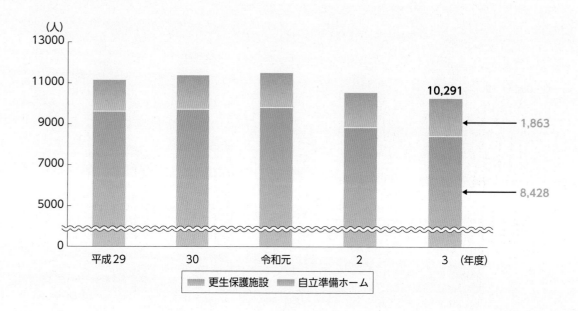

更生保護施設及び自立準備ホームにおいて一時的に居場所を確保した者の数は、出所受刑者数が近年減少している中、ほぼ横ばいで推移しており、2021年度（令和3年度）はそれぞれ8,428人、1,863人であった。

② 保健医療・福祉サービスの利用の促進等関係

（1）特別調整により福祉サービス等の利用に向けた調整を行った者の数【指標番号10】

（平成29年度～令和3年度）

年　　度	特別調整の終結人員	内訳			
		高齢	身体障害	知的障害	精神障害
平成29年度	809	437	117	225	252
30	698	384	87	187	227
令和元年度	775	398	106	199	317
2	767	370	104	211	311
3	826	401	90	235	373

注　1　法務省調査による。
　　2　「終結人員」は、少年を含む。
　　3　「終結人員」は、特別調整の希望の取下げ及び死亡によるものを含む。
　　4　内訳は重複計上による。

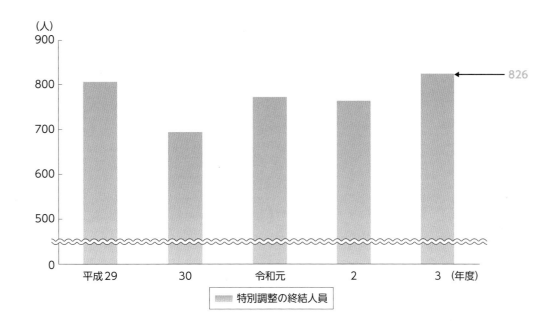

　特別調整（【施策番号36】参照）により福祉サービス等の利用に向けた調整を行った者の数は、出所受刑者数が近年減少している中、ほぼ横ばいで推移しており、2021年度（令和3年度）は826人と前年度（767人）よりも増加した。

　なお、2021年度（令和3年度）の内訳（複数該当あり）を見ると、「高齢」が401人と、約半数を占めている。

（2）薬物事犯保護観察対象者のうち、保健医療機関等による治療・支援を受けた者の数及びその割合【指標番号11】

（平成29年度～令和3年度）

年　度	薬物事犯保護観察対象者数	うち治療・支援を受けた者の数
平成29年度	7,569	393（5.2）
30	7,717	527（6.8）
令和元年度	8,096	566（7.0）
2	8,549	613（7.2）
3	8,501	536（6.3）

注　1　法務省調査による。
　　2　「薬物事犯保護観察対象者数」は、薬物事犯保護観察対象者として、当該年度当初に保護観察を受けている者の数と当該年度に新たに保護観察を受けることとなった者の数を計上している。
　　3　（　）内は、薬物事犯保護観察対象者のうち、精神保健福祉センター、保健所、精神科医療機関等が行う治療・支援を受けた者の割合である。

　薬物事犯保護観察対象者のうち、保健医療機関等による治療・支援を受けた者の数及びその割合は、調査の開始（2016年度（平成28年度））以降、増加・上昇傾向にあったが、2021年度（令和3年度）はそれぞれ536人、6.3％と前年度（613人、7.2％）よりも減少・低下した。

❸　学校等と連携した修学支援の実施等関係

（1）少年院において修学支援を実施し、出院時点で復学・進学を希望する者のうち、出院時又は保護観察中に復学・進学決定した者の数及び復学・進学決定率【指標番号12】

（少年院出院時）

（平成30年～令和3年）

年　次	出院者数（A）	（A）のうち、修学支援対象者数（B）	（B）のうち、出院時復学・進学希望者（C）	（C）のうち、出院時復学・進学決定者【指標番号12】
平成30年	2,156	369	272	97（35.7）
令和元年	2,065	363	251	70（27.9）
2	1,698	296	198	66（33.3）
3	1,567	233	177	54（30.5）

注　1　法務省調査による。
　　2　「出院者数」は、法務省・矯正統計年報による。
　　3　「修学支援対象者数」は、当該調査期間において出院した者のうち、出院時に修学支援対象者として選定されていた者を計上している。
　　4　「進学決定」は、入学試験に合格しているなど、進学が確定的である状態をいう。
　　5　（　）内は、指標に該当する人員の割合である。

（2）上記により復学・進学決定した者のうち、保護観察期間中に高等学校等を卒業した者又は保護
観察終了時に高等学校等に在学している者の数及びその割合【指標番号13】

（保護観察終了時）　　　　　　　　　　　　　　　　　　　　　　　　　　　（平成30年～令和3年）

年　次	出院者数 （保護観察が終了した者（A））	（A）のうち、少年院において修学支援を実施し、出院時点で復学・進学を希望する者（B）	（B）のうち、出院時又は保護観察期間中に復学・進学決定した者【指標番号12】（C）	（C）のうち、保護観察期間中に高等学校等を卒業した者又は保護観察終了時に高等学校等に在学している者（D）【指標番号13】
平成30年	2,156 （626）	25	12 （48.0）	11 （91.7）
令和元年	2,065 （1,252）	49	34 （69.4）	28 （82.4）
2	1,698 （1,505）	80	51 （63.8）	39 （76.5）
3	1,567 （1,452）	72	52 （72.2）	37 （71.2）

注　1　法務省調査による。
　　2　「出院者数」は、【指標番号12】における「出院者数（A）」と対応している。
　　3　（A）は、平成30年1月以降に少年院を仮退院した者のうち、各年中に保護観察が終了した者について計上している。
　　4　（C）及び（D）の（　）内は、指標に該当する人員の割合である。

　2021年（令和3年）の少年院出院者のうち、在院中に修学支援を実施し、出院時点で復学・進学を希望する者は177人であったところ、そのうち、出院時に復学・進学決定した者の数及び復学・進学決定率は、それぞれ54人、30.5％であった。

　また、2018年（平成30年）1月以降に少年院を出院し、2021年（令和3年）中に保護観察が終了した者のうち、少年院において修学支援を実施し、出院時点で復学・進学を希望する者は72人であったところ、そのうち、出院時又は保護観察期間中に復学・進学決定した者の数及び復学・進学決定率は、それぞれ52人、72.2％であった。さらに、当該52人のうち、保護観察期間中に高等学校等を卒業した者又は保護観察終了時に高等学校等に在学している者及びその割合は、それぞれ37人、71.2％であった。

（3）矯正施設における高等学校卒業程度認定試験の受験者数、合格者数及び合格率【指標番号14】

　　　　　　　　　　　　　　　　　　　　　　　　　　　　　　　　　（平成29年度～令和3年度）

年　度	受験者数	全科目合格者		1以上科目合格者	
		合格者数	合格率	合格者数	合格率
平成29年度	1,034	400	38.7	989	95.6
30	1,085	436	40.2	1,012	93.3
令和元年度	872	387	44.4	827	94.8
2	793	356	44.9	762	96.1
3	797	316	39.6	776	97.4

注　1　文部科学省調査による。
　　2　「全科目合格者」は、高等学校卒業程度認定試験の合格に必要な全ての科目に合格し、大学入学資格を取得した者をいう。
　　3　「1以上科目合格者」は、高等学校卒業程度認定試験の合格に必要な科目のうち全部又は一部の科目に合格した者をいう。
　　4　「合格率」は、受験者数に占める「全科目合格者」、「1以上科目合格者」の割合である。

　矯正施設における高等学校卒業程度認定試験（【施策番号63】参照）の受験者数について、2021年度（令和3年度）は797人であった。

　2021年度（令和3年度）の全科目合格者数は316人で、合格率は39.6％であった。また、全科目合格を含む1以上科目合格率は、近年90％以上の高い水準を維持しており、2021年度（令和3年度）は97.4％と過去最高であった。

④ 民間協力者の活動の促進等、広報・啓発活動の推進等関係

（1）保護司数及び保護司充足率【指標番号15】

（平成30年～令和4年）

年　次	保護司数	充足率（％）
平成30年	47,641	90.7
31	47,245	90.0
令和2年	46,763	89.1
3	46,358	88.3
4	46,705	89.0

注　1　法務省調査による。
　　2　各年1月1日現在の数値である。
　　3　「充足率」は、定数（5万2,500人）に対する保護司数の割合である。

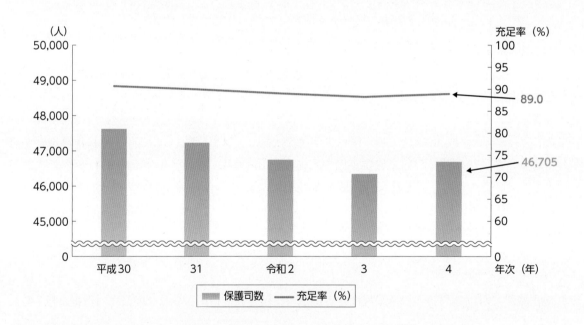

　保護司[4]数及び保護司充足率は、2017年（平成29年）以降、減少・低下傾向にあったが、2022年（令和4年）は4万6,705人、89.0％と前年（4万6,358人、88.3％）よりも増加・上昇した。ただし、これは2021年（令和3年）4月1日から開始した定年制に対する特例[5]により再任された保護司631名を含むものである。

※4　保護司
　　犯罪をした人や非行のある少年の立ち直りを地域で支えるボランティアである。その身分は法務大臣から委嘱を受けた非常勤の国家公務員であり、保護観察の実施、犯罪予防活動等の更生保護に関する活動を行っている。保護司の定数は、保護司法（昭和25年法律第204号）により5万2,500人を超えないものと定められている。
※5　保護司の定年制に対する特例
　　これまで、76歳になる前日まで再任が可能であったところ、2021年（令和3年）4月1日以降、保護司本人が希望すれば、78歳になる前日まで再任を可能とした。

（2）"社会を明るくする運動"行事参加人数【指標番号16】

（平成29年〜令和3年）

年　次	行事参加人員
平成29年	2,769,306
30	3,228,710
令和元年	2,969,544
2	577,047
3	867,395

注　法務省調査による。

　"社会を明るくする運動"行事参加人数は、近年300万人前後で推移していたが、新型コロナウイルス感染症の感染が拡大した2020年（令和2年）以降は、当該運動期間における行事が大幅に制限されたこともあり、大幅に減少し、2021年（令和3年）は、86万7,395人であった。

❺ 地方公共団体との連携強化等関係

（1）地方再犯防止推進計画を策定している地方公共団体の数及びその割合【指標番号17】

（平成30年〜令和4年）

年　次	策定地方公共団体数（策定割合）		
	都道府県	指定都市	その他の市町村（特別区を含む。）
平成30年	1/47	0/20	0/1,727
31	15/47	0/20	4/1,727
令和2年	31/47	6/20	32/1,727
3	42/47	16/20	130/1,727
4	47/47	18/20	306/1,727

注　1　法務省調査による。
　　2　各年4月1日現在の数値である。

　推進法第8条第1項に基づく地方再犯防止推進計画を策定している地方公共団体[6]の数については、「再犯防止推進計画加速化プラン」（令和元年12月23日犯罪対策閣僚会議決定）において、2021年度（令和3年度）末までに100以上にするとの成果目標を設定しているところ、2021年（令和3年）4月に188団体となり当該目標を達成した。2021年（令和3年）以降も増加しており、2022年（令和4年）4月1日現在、都道府県が全47団体、指定都市が18団体、その他の市町村（特別区を含む。）が306団体の合計371団体となった。

※6　地方再犯防止推進計画を策定している地方公共団体に関する最新の情報はこちら
　　「地方再犯防止推進計画」
　　（URL：https://www.moj.go.jp/hisho/saihanboushi/hisho04_00022.html）

Column 01　諸外国における刑務所出所者の再犯状況

法務省大臣官房秘書課

　再犯防止は、2021年（令和3年）に我が国で開催された第14回国連犯罪防止刑事司法会議（通称「コングレス」）における成果文書として採択された「京都宣言」の主要な項目の一つとなるなど、世界各国に共通する課題であり、各国政府は、我が国と同様に刑務所出所者の再犯状況を公表している。本コラムでは、このような公表データに基づき、諸外国における再犯状況について紹介する。

　諸外国の統計を総覧すると、各国の再犯状況の把握の方法としては、我が国と同様に、①刑務所等の出所後に再び刑務所等に入所する「再入所」（Reimprisonment）となった者の割合をもって行う方法のほか、②裁判所で有罪判決を受けて受刑した後に再び裁判所で有罪判決を受ける「再処分」（Reconviction）、③警察等に検挙されて受刑した後に再び警察等に検挙される「再逮捕」（Re-arrest）の各対象者の割合をもって再犯状況を測定する方法など国によって様々である。また、再犯状況の指標を設定にするにあたり、再犯期間（前の犯罪による刑務所等の出所日から再犯事件の犯行の日とするか、再犯事件による逮捕の日とするかなど）も統一的な集計方法では測定されていない。いずれの方法により再犯状況を把握するかは、その国の刑事司法制度の在り方等に応じて異なっているように思われる。さらに、刑務所等からの出所後の測定期間も国によって様々であるが、一見したところ、その期間を1年から3年としている国が多いようである。

　再犯状況として、我が国と同じく「再入所」した者の割合を公表している米国、オーストラリア、韓国のデータ、「再処分」を受けた者の割合を公表している米国、英国及びフランスのデータは下記のとおりである。各国において、刑事司法制度が異なることのほか、再入所について、仮釈放中の条件違反による再収容や再勾留を含むか否か、再処分については、警察による注意処分等まで計上しているか否かなどその集計方法による違いが大きいため、単純な国際比較ができないことには留意する必要がある。

対象者	国	出所年	（測定期間）該当者の割合	備考
再入所した者	日本	2020	（2年）15.1%	・出所年を1年目として、2年目（翌年）の年末までに再入所した者を集計
	米国	2012	（1年）19.9% （2年）32.1% （3年）38.6%	・司法省司法統計局で利用可能であった21州のみのデータ ・仮釈放中の条件違反による再収容を含む
	オーストラリア	2018-2019	（2年）45.2%	・再処分を受ける前の勾留による再入所を含む
	韓国	2017	（3年）24.6%	
再処分を受けた者	米国	2012	（1年）22.9% （2年）36.5% （3年）45.0%	・司法省司法統計局で利用可能であった31州のみのデータ ・再犯期間は再処分にかかる新たな犯罪による逮捕日までの期間として測定
	英国	2019	（1年）41.9%	・出所年は会計年度（4月から翌年の3月） ・イングランドとウェールズのみのデータ ・再犯期間は再処分にかかる新たな犯罪をした日までの期間として測定 ・警察による注意処分等を含む
	フランス	2016	（1年）32.9% （2年）45.4%	・再犯期間は再処分にかかる新たな犯罪をした日までの期間として測定

注　日本を除く各国の数値は以下資料による。
米国：https://bjs.ojp.gov/library/publications/recidivism-prisoners-released-34-states-2012-5-year-follow-period-2012-2017
オーストラリア：https://www.pc.gov.au/research/ongoing/report-on-government-services/2022/justice
韓国：http://www.index.go.kr/unify/idx-info.do?idxCd=4267
英国：https://www.gov.uk/government/statistics/proven-reoffending-statistics-january-to-march-2020
フランス：http://www.justice.gouv.fr/statistiques-10054/infos-rapides-justice-13022/la-recidive-des-sortants-de-prison-34544.html

第2章

令和4年版
再犯防止推進白書

就労・住居の確保等のための取組

畑パワー

第1節 就労の確保等

① 職業適性の把握と就労につながる知識・技能等の習得

（1）職業適性等の把握【施策番号1※1】

（2）就労に必要な基礎的能力等の習得に向けた指導・支援【施策番号2】

　法務省は、矯正施設※2において、就労支援体制の充実のため、2006年度（平成18年度）から非常勤職員である就労支援スタッフ※3を配置し、2019年度（令和元年度）からは常勤職員である就労支援専門官※4を配置しているほか、2022年度（令和4年度）からは、就労支援の要となる統括矯正処遇官（就労支援担当）※5を新たに配置した。

　さらに、2020年度（令和2年度）からは、就労の確保及び職場定着に困難が伴う受刑者に対して、矯正官署（ここでは矯正管区及び刑事施設※6をいう。）及び更生保護官署（地方更生保護委員会及び保護観察所をいう。以下同じ。）が連携して、アセスメントに基づく矯正処遇、生活環境の調整及び就労の確保に向けた支援等を一体的に行う包括的な就労支援を実施している（2022年（令和4年）4月現在、札幌刑務所、川越少年刑務所、名古屋刑務所、加古川刑務所及び福岡刑務所の5庁を実施庁に指定）。

　刑事施設では、受刑者に対して、特別改善指導（【施策番号83】参照）として、就労に必要な基本的スキルやマナーを習得させるとともに、出所後の就労に向けて就労支援指導（**資2-2-1**参照）を実施している。2021年度（令和3年度）の受講開始人員は2,900人（前年度：2,952人）であった。また、2011年度（平成23年度）からは、受刑者に社会に貢献していることを実感させることで、その改善更生、社会復帰を図ることを目的として、公園の清掃作業などの社会貢献作業を実施している。2021年度（令和3年度）は、刑事施設31庁（前年度：25庁）が、45か所（前年度：26か所）の事業主体と協定を結んで実施した。

　さらに、刑事施設及び少年院では、受刑者等の職業意識をかん養し、就労意欲を喚起することを目的として、協力雇用主※7等の出所者等の雇用経験のある事業主等による職業に関する講話を実施している（2021年度（令和3年度）には、17庁（前年度：18庁）において延べ20回（前年度：19回）

※1　再犯防止推進計画
（https://www.moj.go.jp/hisho/saihanboushi/html/ns120000.html参照）との対応状況を明らかにするために付したもの。

※2　矯正施設
刑務所、少年刑務所、拘置所、少年院、少年鑑別所及び婦人補導院をいう。

※3　就労支援スタッフ
キャリアコンサルティング等の専門性を有する非常勤職員。受刑者等に対する面接・指導のほか、ハローワークや事業主との連絡調整業務等を担っている。2022年（令和4年）4月現在、刑事施設75庁（前年：76庁）、少年院42庁（前年：44庁）に配置されている。

※4　就労支援専門官
キャリアコンサルタント等の資格を有する常勤職員。就労支援対象者のうち、特に配慮を要する受刑者等に対する面接・指導のほか、就労支援スタッフ等に対する助言指導等を行っている。2022年（令和4年）4月現在、刑事施設18庁（前年：13庁）、少年院4庁（前年：3庁）に配置されている。

※5　統括矯正処遇官（就労支援担当）
刑事施設内での就労支援を担当する幹部職員。就労支援スタッフや就労支援専門官を指導・監督するほか、関係機関及び団体との連絡調整業務等を担っている。2022年度（令和4年度）に、刑事施設12庁に新たに配置されている。

※6　刑事施設
刑務所、少年刑務所及び拘置所をいう。

※7　協力雇用主
保護観察所において登録し、犯罪をした者等の自立及び社会復帰に協力することを目的として、犯罪をした者等を雇用し、又は雇用しようとする事業主をいう。

の講話を実施し、延べ2,230人(前年度：2,364人)の受刑者等が受講)。

少年院では、就労先の職場への定着が出院後の再非行防止に有効であるとの観点から、在院者に対し、職業指導の一環として、就労及び職場定着のために必要な知識及び技能の習得を図ることを目的として、職業生活設計指導科を設けている。職業生活設計指導科では、受講者全員に対して統一的に行う必修プログラム64単元(就労支援ワークブック、ビジネスマナー、パソコン操作能力等)と、受講者個々の必要性に応じて選択的に行う選択プログラム30単元(安全衛生ベーシック講座、接客業ベーシック講座、成年就労ベーシック講座等)のうち12単元以上を組み合わせて行うこととしている。少年院における処遇の概要については【施策番号75】を参照。

保護観察所では、ハローワークと連携して、保護観察対象者等のうち、就労体験の乏しい者、就労に必要な知識・技能が身に付いていない者等に対して、刑務所出所者等総合的就労支援対策(【施策番号5ア】参照)による就労支援を行っている。また、保護観察対象少年に対しては、必要に応じて、職業人として望ましい勤労観・職業観を醸成することを目的としたキャリア学習を実施し、社会的・職業的自立に向けた基礎となる能力や態度の育成に努めている。

資2-2-1　就労支援指導の概要

刑事施設における特別改善指導

就労支援指導

地域社会とともに
開かれた矯正へ

■　指導の目標
　　社会復帰後に職場で円滑な人間関係を保ち、仕事が長続きすることを目的として、職場に適応するための心構え及び行動様式を身に付けさせるとともに、職場等において直面する具体的な場面を想定した対応の仕方等、就労生活に必要な基礎的知識及び技能等を習得させる。
●　対象者　　　・職業訓練を受け、釈放後の就労を予定している者　又は
　　　　　　　　・釈放の見込日からおおむね1年以内であり、稼働能力・就労意欲を有し、公共職業安定所による就労支援を受ける意志がある者のうち、刑事施設の長が本指導をすることが必要であると認めた者
●　指導者　　　刑事施設の職員（法務教官、法務技官、刑務官）、民間協力者（SST指導者）等
●　指導方法　　SST（ソーシャル・スキルズ・トレーニング）、講義、視聴覚教材　等
●　実施頻度等　1単元50分　全10単元　標準実施期間：5日間

カリキュラム

項目	指導内容	方法
オリエンテーション	受講の目的と意義を理解させるとともに、職業人として社会生活を営む上で必要な基礎知識（賃金・求人求職の状況等）について理解させる。	講義
これまでの就労生活と自己の問題点	これまでの就労生活を振り返らせ、自己の問題点について考えさせる。	講義、討議
就労（社会）生活に必要な基本的スキルとマナー	職業人として社会生活を営む上で必要な、基本的スキル（相手との円滑なコミュニケーションの方法等）及びマナー（あいさつ、身だしなみ、お辞儀の仕方、電話応対の仕方等）について、演習等を通じて習得させる。	講義、演習、視聴覚教材視聴、SST
問題解決場面への対応	職場において、危機的な場面に陥った場合の対処法について、SSTを通じて具体的・実践的に習得させる。	
就労に向けての取組	履歴書の書き方、面接のポイント等、出所後、就職活動をするに当たって必要な事項や手続に関する知識や技能を習得させるとともに、実際に就労生活を始めてからの心構え等について理解させる。 　さらに、出所後の生活計画を立てさせ、その実現のための具体的な方法を考えさせる。	講義、演習、視聴覚教材視聴、SST、課題作成、意見発表、討議

出典：法務省資料による。

（3）矯正施設における職業訓練等の充実【施策番号3】

　法務省は、刑事施設において、刑務作業の一つとして、受刑者に職業に関する免許や資格を取得させ、又は職業上有用な知識や技能を習得させるために、職業訓練を実施している。2021年度（令和3年度）には、建設機械科、介護福祉科、溶接科、ビジネススキル科等の合計56科目（前年度：53科目）の職業訓練が実施され、1万1,440人（前年度：1万1,827人）が受講した。そのうち、溶接

技能者、自動車整備士、介護職員実務者研修修了証等の資格又は免許を取得した者は、延べ6,413人（前年度：6,249人）であった。また、職業訓練が、より出所後の就労に資するものとなるよう、有効求人倍率や企業からの受刑者雇用に係る相談件数、内定率、充足率等を考慮しながら、社会ニーズに沿った訓練科目等への見直しを行っており、2022年度（令和4年度）には、2021年度（令和3年度）に引き続き、建設・土木に関連する職業訓練を一部集約・統合して、同一施設において、より幅広い分野の資格を取得させるなど、訓練内容の更なる充実化を図っている。

また、2018年度（平成30年度）から、イメージと実際の就労環境のかい離を解消させることで、出所後の就職先への定着を図ることを目的として、刑事施設在所中に内定企業や就労を希望する業種での就労を体験する職場体験制度を導入しているが、新型コロナウイルス感染症の感染が拡大した2021年度（令和3年度）には1庁で1人（前年：2庁2人、前々年：13庁35人）が職場体験を実施するにとどまった。

また、一定の要件を備えている受刑者について、釈放後の住居又は就業先の確保等のために引受人[8]や雇用主等を訪問するなどの必要があるときに、外出又は外泊を許すことがある（2021年度（令和3年度）は、外出19件（前年度：20件）、外泊0件（前年度：0件））。さらに、円滑な社会復帰を図るため必要があるときに、刑事施設の外で民間企業の事業所等に通勤させて、作業を行わせる外部通勤作業を実施しており、2021年度（令和3年度）末時点において、17庁において21か所の木工・金属・農業等の外部事業所がある。

少年院では、在院者の勤労意欲を高め、職業上有用な知識及び技能を習得させるために、原則として全ての在院者に職業指導を実施している。2022年（令和4年）4月1日には、少年法等の一部を改正する法律（令和3年法律第47号）（【施策番号80】参照）の施行に合わせて、職業指導の再編（資2-3-1参照）を行い、製品企画科、総合建設科、生活関連サービス科やICT技術科を設け、時代のニーズに対応した能力の取得を目指している。なお、再編前の2021年（令和3年）には、情報処理科、介護福祉科等の職業指導を実施し、コンピューターサービス技能評価試験、介護職員初任者研修等、何らかの資格を取得した在院者は、延べ3,093人（前年：2,770人）であった。

保護観察所では、刑務所出所者等に対する就労支援を推進するとともに矯正施設における職業訓練の充実にも資するよう、地元経済団体・業界団体、主要企業、産業・雇用に関わる行政機関、矯正施設、更生保護関係団体等が参集する刑務所出所者等就労支援推進協議会を毎年主催し、刑務所出所者等を各産業分野の雇用に結び付けるための方策や人手不足等の産業分野に送り出すための方策等について情報交換や協議を行っている。

---

[8]　引受人
　　引受人とは、刑事施設、少年院に収容されている者が釈放された後に同居するなどしてその生活の状況に配慮し、その改善更生のために特に協力をする者をいう。

資2-3-1　少年院における職業指導種目の再編

職業指導種目の発展的再編

少年院法第25条（職業指導）

少年院の長は、在院者に対し、勤労意欲を高め、職業上有用な知識及び技能を習得させるため必要な職業指導を行うものとする。

▶ **時代のニーズに応じて再編**

＜職業指導種目＞

※　赤字は令和4年4月1日から再編した種目

職業生活設計指導

種目
・職業生活設計指導科
・職業生活技能向上指導科

職業能力開発指導

種目
・製品企画科　　　・介護福祉科
・総合建設科　　　・生活関連サービス科
・自動車整備科　　・ICT技術科

【職業生活技能向上指導科】
情緒の安定を図りながら、職業生活における自立を図るための知識及び技能を習得する。
（農園芸コース、手工芸コース）

【製品企画科】
製品の企画から展示・販売までを実践的に学ぶ。
（アグリコース、クラフトコース）

【総合建設科】
幅広く建築に関連する技能を習得する。
（土木・建築コース、建物設備コース）

【生活関連サービス科】
洗濯、清掃、環境整備等の生活に関連する技能を取得する。
（クリーニングコース、サービスコース）

【ICT技術科】
ITパスポート、マイクロソフトオフィススペシャリストの取得、プログラミング学習等、幅広くICT技術を学ぶ。

出典：法務省資料による。

（4）資格制限等の見直し【施策番号4】

　法務省は、2018年度（平成30年度）に協力雇用主に対して、アンケート調査[9]を実施したほか、

※9　協力雇用主に対するアンケート調査
　協力雇用主の実情、ニーズ等を把握し、協力雇用主に必要な支援策等を検討するために実施したもの。調査内容は、雇用経験の有無、協力雇用主に対する支援として望むもの、協力雇用主に対する各種支援制度がどの程度周知されているか、雇用に当たっての問題点（資格制限、住居確保）等多岐にわたっている。

2019年度（令和元年度）に各府省庁に対して、前科による資格制限の見直しに関する業界団体からの要望の有無等についての調査を実施した。2021年（令和3年）5月に成立した少年法等の一部を改正する法律（令和3年法律第47号）【施策番号80】参照）に係る衆議院及び参議院法務委員会の附帯決議[10]において、若年者の社会復帰の促進を図るため、前科による資格制限の在り方についての検討等が求められた。

　これらを踏まえ、2021年（令和3年）6月以降、「再犯防止推進計画等検討会」の下で、外部有識者を構成員とする「前科による資格制限の在り方に関する検討ワーキンググループ」[11]を開催することとし、同ワーキンググループにおいて、少年院在院者等に対して、制限を緩和すべき資格に関するニーズ調査や、資格を所管する関係省庁からのヒアリングを行うなど、所要の検討を進めている。

❷　就職に向けた相談・支援等の充実

（1）刑務所出所者等総合的就労支援を中心とした就労支援の充実【施策番号5】

ア　刑務所出所者等総合的就労支援対策

　法務省及び厚生労働省は、2006年度（平成18年度）から、刑務所出所者等の就労の確保のため、刑務所出所者等総合的就労支援対策（資2-5-1参照）を実施している。

　この取組は、矯正施設在所者に対しては、ハローワークと矯正施設が連携して、本人の希望や適性等に応じて職業相談、職業紹介、事業主との採用面接及び職業講話等を実施するなどして計画的に支援を行うとともに、保護観察対象者等に対しては、ハローワークと保護観察所が連携して、本人に適した就労支援の方法を検討した上で、職業相談・職業紹介を実施するものである。2021年度（令和3年度）は合計6,221人（前年度：6,947人）に対して支援を実施し、合計3,130件（前年度：3,194人）の就職に結び付けた（【指標番号5】参照）。

　また、保護観察所とハローワークが連携して、求職活動のノウハウ等を修得させ、就職の実現を図ることを目的とする「セミナー」、実際の職場や社員寮等を見学させることにより、事業所の理解の促進を図る「事業所見学会」、実際の職場環境や業務を体験させる「職場体験講習」、保護観察対象者等を試行的に雇用した協力雇用主に対し、最長3か月間、月額4万円（最大）を支給する「トライアル雇用」等の支援メニューを提供している。2021年度（令和3年度）は、セミナー・事業所見学会13回（前年度：17回）、職場体験講習1回（前年度：2回）を開催し、トライアル雇用により71人（前年度：216人）が採用された。

※10　少年法等の一部を改正する法律（令和3年法律第47号）に係る附帯決議
　　　衆議院法務委員会における附帯決議（抜粋）
　　　　政府及び最高裁判所は、本法の施行に当たり、次の事項について格段の配慮をすべきである。
　　　一・二　（略）
　　　三　罪を犯した者、とりわけ十八歳及び十九歳などの若年者の社会復帰の促進を図るため、前科による資格制限の在り方について、対象業務の性質や実情等を踏まえつつ、府省庁横断のしかるべき場を設けるなどして、政府全体として速やかに検討を進め、その結果に基づいて、法改正を含め必要な措置を講ずること。
　　　四・五　（略）
　　　参議院法務委員会における附帯決議（抜粋）
　　　　政府及び最高裁判所は、本法の施行に当たり、次の事項について格段の配慮をすべきである。
　　　一～三　（略）
　　　四　罪を犯した者、とりわけ十八歳及び十九歳などの若年者の社会復帰の促進を図るため、前科による資格制限の在り方について、対象業務の性質や実情等を踏まえつつ、府省庁横断のしかるべき場を設けるなどして、政府全体として速やかに検討を進め、その結果に基づいて、法改正を含め必要な措置を講ずること。
　　　五～八　（略）
※11　前科による資格制限の在り方に関する検討ワーキンググループの開催状況
　　　https://www.moj.go.jp/hisho/seisakuhyouka/hisho04_00050.html

資2-5-1　刑務所出所者等総合的就労支援対策の概要

刑務所出所者等総合的就労支援対策

> 刑務所出所者等の就労支援を総合的・一元的に実施
> 法務省と厚生労働省（矯正施設・保護観察所・ハローワーク）との連携を強化

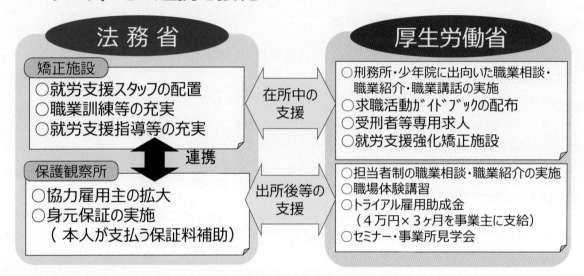

法務省

矯正施設
- ○就労支援スタッフの配置
- ○職業訓練等の充実
- ○就労支援指導等の充実

保護観察所
- ○協力雇用主の拡大
- ○身元保証の実施
  （本人が支払う保証料補助）

連携

在所中の支援

出所後等の支援

厚生労働省

- ○刑務所・少年院に出向いた職業相談・職業紹介・職業講話の実施
- ○求職活動ガイドブックの配布
- ○受刑者等専用求人
- ○就労支援強化矯正施設

- ○担当者制の職業相談・職業紹介の実施
- ○職場体験講習
- ○トライアル雇用助成金
  （４万円×３ヶ月を事業主に支給）
- ○セミナー・事業所見学会

出典：法務省資料による。

イ　矯正就労支援情報センター室（コレワーク）

　法務省は、全国８矯正管区（札幌、仙台、東京、名古屋、大阪、広島、高松及び福岡）に矯正就労支援情報センター室[12]（通称「コレワーク」。以下「コレワーク」という。資2-5-2参照）を設置し、各矯正管区が所管する地域の雇用情勢等に応じた、よりきめ細かな支援体制等の充実を図っている。

　コレワークでは、受刑者等の帰住予定地[13]や取得資格等の情報を一括管理し、出所者等の雇用を希望する事業者の相談に応じ、事業者のニーズに適合する者を収容する矯正施設を紹介するなどしている。2021年度（令和３年度）は、事業者からの相談数は2,908件（前年度：1,715件）、採用内定件数は289件（前年度：118件）だった。

---

[12]「コレワーク」関係資料URL
　　https://www.moj.go.jp/KYOUSEI/CORRE-WORK/pdf/CORRE-WORK_pamphlet.pdf
　　（法務省ホームページコレワーク紹介パンフレットのページへリンク。）

[13] 帰住予定地
　　刑事施設、少年院に収容されている者が釈放された後に居住する予定の住居の所在地をいう。

資2-5-2 矯正就労支援情報センター室（コレワーク）の概要

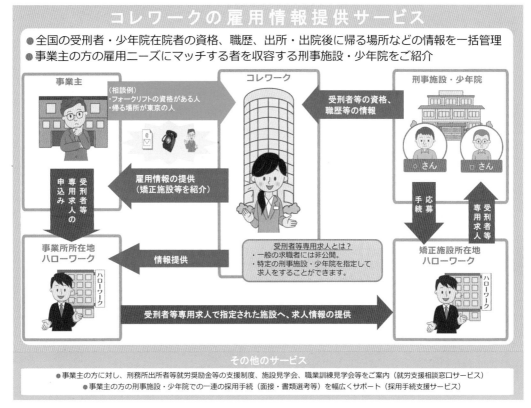

出典：法務省資料による。

ウ　更生保護就労支援事業

　法務省は、保護観察所において、2011年度（平成23年度）から試行的に実施した成果を踏まえて、2014年度（平成26年度）から、更生保護就労支援事業（資2-5-3参照）を開始しており、2022年度（令和4年度）は、25庁（前年：23庁）で実施している。この事業は、就労支援に関するノウハウや企業ネットワーク等を有する民間の事業者が、保護観察所から委託を受けて、そのノウハウを活用して刑務所出所者等の就労支援を行うものである。具体的には、矯正施設在所中から就職まで切れ目のないきめ細かな就労支援を行う「就職活動支援」及び就労継続に必要な寄り添い型の支援を協力雇用主及び保護観察対象者等の双方に行う「職場定着支援」の各取組を行っている。2021年度（令和3年度）は、就職活動支援2,006件（前年：2,127件）、職場定着支援1,176件（前年：1,167件）を実施した。

　なお、2012年（平成24年）1月から2021年度（令和3年度）までは、東日本大震災による被災が甚大であった岩手県、宮城県及び福島県における本事業を更生保護被災地域就労支援対策強化事業と位置付け、「就職活動支援」及び「職場定着支援」に加え、協力雇用主の開拓や協力雇用主研修の実施等を行う「雇用基盤整備」及び定住先が円滑に確保できないことにより就労確保にも困難を抱える刑務所出所者等の定住を実現する「定住支援」の取組も行った。2021年度（令和3年度）は、雇用基盤整備により79（前年度：91）の協力雇用主を新たに開拓し、58人（前年度：68人）に定住支援を実施した。

資2-5-3　更生保護就労支援事業の概要

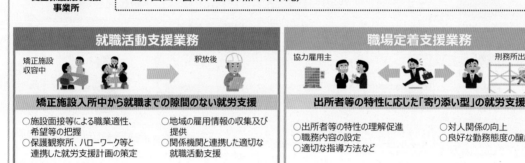

更生保護就労支援事業

　就労支援に関するノウハウや企業ネットワーク等を有する民間の事業者が保護観察所から委託を受けて、刑務所出所者等のうち就労の確保が困難な人に対し、関係機関等と協力して継続的かつきめ細かな支援を行うとともに、就労継続に必要な寄り添い型の支援を行う事業

更生保護就労支援事業所

○専門的知識や経験を有する**「就労支援員」**を配置
○令和4年度現在 全国25庁で実施（札幌、岩手、宮城、福島、茨城、栃木、群馬、埼玉、千葉、東京、神奈川、新潟、静岡、岐阜、愛知、京都、大阪、兵庫、岡山、広島、山口、香川、福岡、熊本、沖縄）

就職活動支援業務	職場定着支援業務
矯正施設収容中 → 釈放後	協力雇用主 ↔ 刑務所出所者等
矯正施設入所中から就職までの隙間のない就労支援	**出所者等の特性に応じた「寄り添い型」の就労支援**
○施設面接等による職業適性、希望等の把握 ○保護観察所、ハローワーク等と連携した就労支援計画の策定 ○地域の雇用情報の収集及び提供 ○関係機関と連携した適切な就職活動支援	○出所者等の特性の理解促進 ○職務内容の設定 ○適切な指導方法など ○対人関係の向上 ○良好な勤務態度の醸成など

出典：法務省資料による。

エ　その他

　法務省は、厚生労働省と連携し、矯正施設において、2014年（平成26年）2月から、刑務所出所者等の採用を希望する事業者が、矯正施設を指定した上でハローワークに求人票を提出することができる「受刑者等専用求人」の運用を行っている。

　2015年度（平成27年度）からは、ハローワーク職員が「就労支援強化矯正施設」に指定された刑事施設に相談員として駐在して支援を実施する取組も開始している。この取組では、刑事施設に駐在しているハローワーク職員が、受刑者に対して複数回にわたる職業相談・職業紹介等を実施するとともに、本人の帰住予定地に所在するハローワークとも連携するなどして、早期の段階から濃密な支援を実施している（2022年度（令和4年度）は刑事施設35庁、少年施設1庁に駐在）。

　また、2018年度（平成30年度）からは、ハローワークと連携して、矯正施設に刑務所出所者等の雇用を希望する事業者を招き、企業情報の提供や合同での採用面接等を行う「就労支援説明会」（写真2-5-1参照）を開催し、事業者と就職を希望する受刑者とのマッチングの促進に努めている。2021年度（令和3年度）は、「就労支援説明会」を延べ46回（前年：延べ51回）開催し、これに、延べ4,220人（前年：延べ4,629人）の受刑者等が参加しており、23件（前年：9件）の採用内定に結び付けた。

　さらに、法務省及び国土交通省は、刑務所出所者等を対象とした船員の求人情報の共有等の就労支援を実施している。

写真2-5-1　就労支援説明会の様子

写真提供：法務省

（2）非行少年に対する就労支援【施策番号6】

　警察は、非行少年を生まない社会づくり（【施策番号60】参照）の一環として、問題を抱え非行に走る可能性がある少年に積極的に連絡し、地域の人々と連携した多様な活動機会の提供や居場所づくりのための取組等によってその立ち直りを図る「少年に手を差し伸べる立ち直り支援活動」を推進している。

　そうした取組の一環として、少年サポートセンター[14]が主体となって、就労を希望する少年に対し、就職や就労継続に向けた支援を行っている（写真2-6-1参照）。

写真2-6-1　就労支援の様子

写真提供：警察庁

❸　新たな協力雇用主の開拓・確保

（1）企業等に対する働き掛けの強化【施策番号7】

　法務省は、コレワーク（【施策番号5イ】参照）において、刑務所出所者等の雇用に興味がある企業等に対して、刑務所出所者等の雇用に関する制度等について説明する雇用支援セミナー（写真2-7-1参照）や、同セミナーと矯正施設の見学をセットにしたスタディツアー等（【コラム2】参照）を開催するなど、刑務所出所者等の雇用に関する働き掛けを積極的に実施しており、2021年度（令和3年度）には、2,036件（前年度：2,630件）の広報活動を実施した。

写真2-7-1　雇用支援セミナーの様子

写真提供：法務省

　保護観察所では、各都道府県の就労支援事業者機構[15]や更生保護関係者、矯正施設、労働局、ハローワーク、地方公共団体、商工会議所等経済・産業団体その他関係機関・団体等と連携して、新たな協力雇用主の開拓・確保に努めている。2020年度（令和2年度）には、法務省幹部が経済界に対し、刑務所出所者等の就労施策について理解を求めるなど、協力関係の構築に努めた。

　加えて、保護観察所や更生保護就労支援事業所（【施策番号5ウ】参照）では、協力雇用主募集のパンフレット[16]の配布、協力雇用主募集ポスターの掲示[17]、事業所への個別訪問、説明会の開催等を通じて協力雇用主に係る広報活動を積極的に行い、多くの企業等に保護観察対象者等の雇用について理解と協力を求めている。

---

[14]　少年サポートセンター
　　　都道府県警察に設置され、少年補導職員を中心に非行防止に向けた取組を行っている。
[15]　就労支援事業者機構
　　　犯罪をした人等の就労の確保は、一部の善意の篤志家だけでなく、経済界全体の協力と支援により成し遂げられるべきとの趣旨に基づいて設立され、事業者の立場から安全安心な社会づくりに貢献する活動を行う法人。認定特定非営利活動法人全国就労支援事業者機構（全国機構）と50の都道府県就労支援事業者機構（都道府県機構）がある。
　　　全国機構は、中央の経済諸団体（日本経済団体連合会、日本商工会議所、全国商工会連合会、全国中小企業団体中央会）や大手企業関係者が発起人となり設立され、都道府県機構等に対する助成や協議会の開催等全国的なネットワークでの事業推進を図っており、都道府県機構は、協力雇用主等を会員に持ち、保護観察所等の関係機関や保護司等の民間ボランティアと連携し、具体的な就労支援の取組を行っている。
[16]及び17　協力雇用主募集のパンフレット及びポスター
　　　　　https://www.moj.go.jp/hogo1/soumu/hogo02_00030.html

　これらの取組により、協力雇用主の数は順当に増加しており、2021年（令和3年）10月現在、2万4,665社となっている（【指標番号6】参照）。

　なお、保護観察所において協力雇用主を登録する手続は、警察庁及び厚生労働省と協議した上で2018年（平成30年）8月に作成した「協力雇用主登録等要領」に基づいて適切に運用している。

Column 02　矯正施設における就労支援 ～スタディツアーによる理解促進～

山口刑務所

　2021年（令和3年）12月13日、山口刑務所（山口県山口市）においてスタディツアーを開催しました。本スタディツアーは、再犯防止及び受刑者の円滑な社会復帰に向けた就労支援の一環として、出所者の就労先の拡充につなげるとともに、出所後直ちに就労できる環境づくりの重要性について、就労支援の関係者や民間協力者から理解を得ることを目的としたものです。

　今回のスタディツアーでは、主に介護福祉関係者を対象として、山口刑務所の職業訓練の1つである介護福祉科の実施状況を中心に見学していただきました。これは、介護福祉科の修了者の就労先として、介護福祉施設が考えられるため、受刑者が改善更生及び社会復帰を目指して資格取得に励んでいる状況を実際に見ていただくことで、出所後の就労に対する理解を得られるようにしたいと考えたためです。当日は、山口県内の社会福祉関係者（15法人）及び山口市役所職員の合計27名に参加いただきました。本スタディーツアーでは、介護現場の業務に照らし合わせるように御覧いただき、参加者からは、自身の研修時代を思い出したとの感想もあるなど、特に興味を持っていただくことができました。

　また、本スタディツアーでは、上記の職業訓練のほかに、刑務所内の施設見学も行いました。一般の方々にとっては刑事施設の内部は未知の世界であることから、どのような形で刑務作業等が行われているのかについて正しい認識を持ってもらうため、企画したものです。ふだん見ることのできない、受刑者が社会復帰に向けて取り組む姿を見ていただくことで、刑事施設や受刑者に対するイメージが変わるきっかけになり、出所後の雇用に対しても抵抗感が減ったのではないかと感じました。加えて、コレワーク中国（広島矯正管区矯正就労支援情報センター）（【施策番号5イ】参照）から、再犯防止のための就労の確保の大切さや、出所者の雇用に関する制度等（協力雇用主等）について説明を行いました。出所者の雇用については、不安を感じている事業主も多いものと思われますが、この不安を少しでも解消するため、コレワークでは各種サポート体制を整えています。これらのサポートが出所者の雇用について前向きに検討していただくきっかけになれば幸いです。

　今回は、介護福祉関係者を対象にスタディツアーを実施しましたが、介護福祉関係の業務は、人と人が接する業務であり、出所者を雇用することをちゅうちょしてしまうこともあるかもしれません。一方で、スタディツアー実施前後に参加者に対して実施したアンケートの結果からは、スタディツアー実施前に約4割であった「出所者の雇用は困難」と考える意見が、実施後は約1割にまで減少しており、刑事施設内の見学や、出所者雇用に係る支援制度等に関する説明の場を設けることにより、出所者の雇用について、前向きに検討してもらうことにつながっていくのではないかと感じました。今後もこのような取組を継続して行い、出所者の雇用について、社会全体の理解が得られるよう努力していきたいと思います。

コレワーク室長による説明

（2）各種事業者団体に対する広報・啓発【施策番号8】

　農林水産省は、2016年度（平成28年度）から、農林漁業の関係団体のほか、個別の事業者に対しても、新規雇用に関する補助事業の説明会等において、協力雇用主制度の周知・登録要請等を行っている。なお、農林漁業関係の協力雇用主の数は、2021年（令和3年）10月1日現在、471社（前年：460社））であった。

（3）多様な業種の協力雇用主の確保【施策番号9】

　保護観察所では、ハローワーク、就労支援事業者機構等の関係機関・団体等と連携し、協力雇用主募集のパンフレット及びポスターを活用した広報活動、協力雇用主に関心のある事業所への個別訪問及び説明会の開催（【施策番号7】参照）等を通じて、協力雇用主の少ない業種を含め多様な業種の協力雇用主の確保に努めている（協力雇用主数の推移は【指標番号6】、業種別協力雇用主数は【特集第3節-③-（2）】参照）。

❹　協力雇用主の活動に対する支援の充実

（1）協力雇用主等に対する情報提供【施策番号10】

　法務省は、厚生労働省と連携し、刑務所出所者等の就労支援に係る各種制度を紹介するパンフレットを作成し、協力雇用主等に配布して更なる理解促進に努めている。加えて、保護観察所では、協力雇用主を対象とした研修等を実施し、協力雇用主として承知しておくべき基本的事項や雇用管理上の留意すべき事項について情報提供を行っているほか、実際に刑務所出所者等を雇用する上でのノウハウや活用できる支援制度、危機場面での対処法等について、協力雇用主が相互に情報交換を行っている。

　また、協力雇用主が刑務所出所者等を雇用する上で必要な個人情報については、保護観察所において、当該刑務所出所者等から同意を得た上で提供している。

（2）協力雇用主の不安・負担の軽減【施策番号11】

　法務省は、刑務所出所者等が雇用主に業務上の損害を与えた場合等に見舞金が支払われる身元保証制度（資2-11-1参照）の活用、刑務所出所者等と雇用主の双方への寄り添い型の支援を行う更生保護就労支援事業（【施策番号5ウ】参照）の実施、刑務所出所者等を雇用して指導に当たる協力雇用主に対して、年間最大72万円を支給する刑務所出所者等就労奨励金支給制度（資2-11-2参照）の活用及び受刑者の採用面接等を行う協力雇用主等に対する、面接時の矯正施設までの旅費の支給等により、協力雇用主の不安や負担の軽減を図っている。刑務所出所者等就労奨励金支給制度においては、2022年度（令和4年度）から、他の年齢層と比べて、職場定着に困難を抱えやすい18・19歳の者を雇用し、かつ、その者に対して手厚く指導に当たる協力雇用主に対して、加算金を支給する制度を新たに導入し、協力雇用主への支援の更なる充実に努めている。2021年度（令和3年度）は、身元保証を1,544件（前年度：1,753件）、刑務所出所者等就労奨励金の支給を3,213件（前年度：3,321件）実施した。

　加えて、2018年度（平成30年度）からは、企業がコレワーク（【施策番号5イ】参照）に無料で電話相談ができる無料通話回線を開設しているほか、コレワークに刑務所出所者等の雇用について豊富な知見を持つ雇用支援アドバイザーを招へいして就労支援に係る相談会を実施するなど、刑務所出所者等を雇用する企業の不安、負担の軽減等に努めている。

　身元保証制度の概要

身元保証制度

就職時の身元保証人を確保できない刑務所出所者等について、民間事業者が１年間身元保証をし、雇用主に業務上の損害を与えた場合など一定の条件を満たすものについて、損害ごとの上限額の範囲内で見舞金を支払う制度

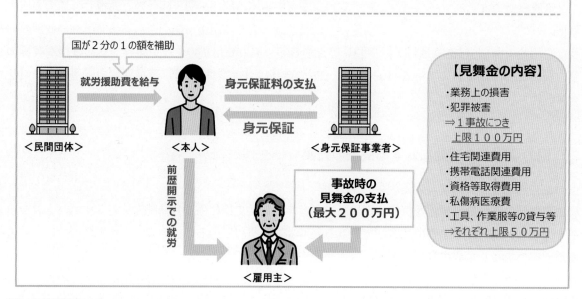

出典：法務省資料による。

　刑務所出所者等就労奨励金支給制度の概要

刑務所出所者等就労奨励金支給制度

保護観察対象者又は更生緊急保護対象者を雇用し、保護観察所の依頼を受け、就労継続に必要な技能及び生活習慣等を習得させるための指導・助言を行った**協力雇用主**に対して、最長１年間、奨励金を支給する制度

（就労開始後）　　　　　　１～６か月目　　　　　　　　　　　　　　　　　　７～１２か月目

就労・職場定着奨励金	就労継続奨励金

Aコース
◆ 支給額：１～６か月目　毎月最大８万円
◆ 要　件：①保護観察対象者等を雇用した協力雇用主
　　　　　②刑務所等在所中から就労を調整
　　　　　③正社員又は１年以上の雇用見込み

or

Bコース
◆ 支給額：１～３か月目　毎月最大２万円
　　　　　４～６か月目　毎月最大４万円
◆ 要　件：保護観察対象者等（Aコース以外）を雇用した協力雇用主

◆ 支給額：９か月目　　最大１２万円
　　　　　１２か月目　最大１２万円
◆ 要　件：保護観察対象者等を引き続き雇用する
　　　　　協力雇用主

＋

就労・職場定着強化加算金

◆ 支給額：１～６か月目　毎月１万円
◆ 要　件：①**18歳・19歳**の保護観察対象者等を雇用した協力雇用主
　　　　　②勤務時間外に月３回、職場定着に必要なフォローアップを実施

協力雇用主とは
・刑務所出所者等の前歴等の事情を理解した上で雇用し、その自立や社会復帰に協力する事業主
・保護観察所に協力雇用主として登録
・約２万５千社が登録（R3.10.1現在）

出典：法務省資料による。

（3）住居を確保できない者を雇用しようとする協力雇用主に対する支援【施策番号12】

　法務省は、身元保証制度（【施策番号11】参照）により、刑務所出所者等が負担する住宅関連費用を事業主が立て替えたまま返済されず未回収となった場合、当該事業主に一部見舞金を支給するなどの支援を行っている。

（4）協力雇用主に関する情報の適切な共有【施策番号13】

　法務省及び厚生労働省は、各府省における協力雇用主に対する支援の円滑かつ適切な実施に資するよう、協力雇用主募集パンフレット及び協力雇用主募集ポスター（いずれも【施策番号7】参照）を作成し、関係省庁に配布した上で、これを活用した積極的な広報を依頼している。

　また、協力雇用主に関する情報を法務省ウェブサイトに掲載し、随時更新や見直しを行っている。

❺ 犯罪をした者等を雇用する企業等の社会的評価の向上等

（1）国による雇用等【施策番号14】

　法務省及び厚生労働省は、2013年度（平成25年度）から、保護処分を受けた保護観察対象者を非常勤職員として雇用する取組を行っており、2021年度（令和3年度）末までに、法務省77人（うち少年鑑別所68人）、厚生労働省1人の合計78人の少年を雇用した。雇用期間中は、少年の特性に配慮しつつ、就労を体験的に学ぶ機会を提供するとともに、必要に応じて少年からの相談に応じる等のサポートを行っている。

　法務省は、これらの取組実績を踏まえ、保護処分を受けた保護観察対象者を雇用する上での留意事項を整理した上で、2020年（令和2年）3月、他の府省庁に参考指針[18]として示し、これらの者の雇用受入れについて協力を求めている。

　なお、地方公共団体のうち、保護観察対象者を雇用する取組を実施している団体は、2021年（令和3年）12月末時点で69団体であり、2010年（平成22年）から2021年（令和3年）までで、延べ74人の保護観察対象者が雇用（予定を含む。）された。

（2）協力雇用主の受注の機会の増大【施策番号15】

　法務省は、2015年度（平成27年度）から、法務省が発注する矯正施設の小規模な工事の調達について、協力雇用主としての刑務所出所者等の雇用実績を評価する総合評価落札方式による競争入札を実施している。また、更生保護官署が少額の随意契約による調達を行う場合には、見積りを求める事業者の選定に当たって、当該契約案件に適した協力雇用主を含めるよう考慮している。その結果、更生保護官署が発注した公共調達について、協力雇用主が受注した件数は2021年度（令和3年度）は28件（前年度：36件）であった。

　また、2021年（令和3年）12月末現在、全国の都道府県及び市区町村のうち、171（前年：159）の地方公共団体では入札参加資格の審査に際して、68（前年：64）の地方公共団体では総合評価落札方式における評価に際して、それぞれ協力雇用主としての刑務所出所者等の雇用実績等を評価している（資2-15-1参照）。

※18 参考指針
　　https://www.moj.go.jp/content/001318796.pdf

資2-15-1　地方公共団体による協力雇用主支援等の現状

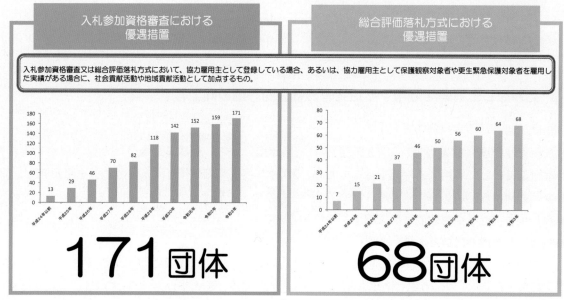

出典：法務省資料による。

(3) 補助金の活用【施策番号16】

　法務省は、総務省所管の「地域経済循環創造事業交付金（ローカル10,000プロジェクト）」、農林水産省所管の「雇用就農資金」（令和3年度までは「農の雇用事業」）といった協力雇用主の活動に資する補助金が有効に活用されるよう、要件を満たすと考えられる協力雇用主に対して、これらの補助金に係る手続等を周知し、活用の検討を働き掛けるなどしている。

(4) 協力雇用主に対する栄典【施策番号17】

　法務省は、内閣府の協力を得て、協力雇用主に対する栄典の授与について検討を遂げ、2018年（平成30年）秋の褒章以降、2021年（令和3年）までに、更生保護に寄与した功績により、9名の協力雇用主が藍綬褒章を受章している。

⑥ 就職後の職場定着に向けたフォローアップの充実

(1) 就労した者の離職の防止【施策番号18】

　法務省は、少年院において、2018年度（平成30年度）から、就労した者の離職を防止することを目的に、（公財）日本財団が実施している職親プロジェクト[19]の参加企業の協力を得て、少年院在

※19 職親プロジェクト
　　（公財）日本財団と企業が連携し、少年院出院者や刑務所出所者の更生・社会復帰を就労・教育・住居・仲間作りの面から包括的に支えることで、「誰でもやり直しができる社会」の実現を目指す民間発意の取組。2022年（令和4年）3月までに、累計372名の少年院出院者や刑務所出所者が職親企業に内定している。

院者を対象に職場体験を積極的に実施する取組を実施している。また、退院や仮退院をした者又はその保護者等から、就労に関することを含め、健全な社会生活を送る上での問題について相談を求められた場合において、相当と認めるときは少年院の職員が相談に応じることができる制度（少年院法第146条）を設けており、2021年（令和3年）には退院者等からの相談を841件（前年：675件）受け付けた。

　少年鑑別所では、地域社会における非行及び犯罪に関する各般の問題について、少年、保護者等からの相談のほか、関係機関からの依頼に基づき情報提供、助言、心理検査等のアセスメント、その他の心理的援助等の各種の専門的支援を行うなど、地域社会のニーズに広く対応しており、2021年（令和3年）は、1万3,613件（前年：1万1,527件）の相談等を受け付けた。その一環として、犯罪をした者等に対して、仕事や職場の人間関係の悩み等について相談に応じ、助言を行うなど支援を行っている。

　保護観察所では、保護観察対象者等に離職やトラブル等のおそれがあると認める場合、保護観察官が適時適切に当該保護観察対象者等に対する面接指導等を行い、就労した者の離職の防止に努めている。また、更生保護就労支援事業（【施策番号5ウ】参照）において「職場定着支援」を実施し、刑務所出所者等に対して就労後も継続的に訪問・指導などの支援を行っている。

　厚生労働省は、ハローワークにおいて、就職した支援対象者や雇用主に対して、必要な相談・助言等を行い、離職を防止するための支援を行っている。

（2）雇用した協力雇用主に対する継続的支援【施策番号19】

　法務省は、少年院において、少年院を出院した者を雇用した協力雇用主等からの相談を受け付けている（【施策番号18】参照）ほか、コレワークにおいても、協力雇用主の相談に応じるなど継続的支援を行っている（【施策番号5イ】参照）。

　保護観察所では、協力雇用主が保護観察対象者等を雇用した場合、その後のフォローアップとして、必要に応じ、保護観察官が当該協力雇用主のもとを訪問するなどし、保護観察対象者等の就業状況を把握するとともに、協力雇用主の相談等に応じている。また、更生保護就労支援事業（【施策番号5ウ】参照）における「職場定着支援」では、被雇用者である刑務所出所者等への支援に加えて、協力雇用主に対しても、被雇用者への適切な指導方法等について助言を行うなど、被雇用者と協力雇用主双方への継続的な支援を行っている。

　ハローワークの取組は【施策番号18】を参照。

（3）離職した者の再就職支援【施策番号20】

　法務省は、保護観察所において、離職した保護観察対象者に対し、保護観察官が面接指導等により再就職を促すなどしており、特に、更生保護就労支援事業（【施策番号5ウ】参照）を実施している25庁においては、就職活動に対する支援が必要と認められる保護観察対象者等に対し、更生保護就労支援事業所がきめ細かな就職活動支援を行っている。また、地域によっては、協力雇用主らが、協力雇用主のネットワーク組織である協力雇用主会を組織し、情報交換等を行いながら、保護観察対象者等の雇用に取り組んでいることから、同会との連携を通じて、離職者も含めた無職の保護観察対象者等の就職支援を進めている。

❼　一般就労と福祉的支援の狭間にある者の就労の確保

（1）受刑者等の特性に応じた刑務作業等の充実【施策番号21】

　法務省は、2020年度（令和2年度）から、府中刑務所において、高齢により日常生活に支障が生じている者や心身の疾患等を有する者に対して、作業療法士等の専門的評価やアドバイスを得なが

ら、身体機能や認知機能の維持・向上を図り、段階的に一般的な生産作業に移行させるとともに、社会復帰に向けて身体機能及び認知機能を維持又は向上させる機能向上作業を試行開始し、2022年度（令和4年度）には全10庁で実施している。

さらに、法務省は、知的能力に制約がある、あるいは集中力が続かないなどの特性を有しているため、一般就労が困難あるいは継続できない者について、矯正施設在所中に、社会復帰に必要な認知機能等を向上させることにより就労や職場定着を図ることを目的として、2019年度（令和元年度）から、広島大学と連携し、作業療法を活用したプログラムの実施等を広島刑務所及び広島少年院において試行している。

（2）障害者・生活困窮者等に対する就労支援の活用【施策番号22】

法務省及び厚生労働省は、保護観察官、ハローワーク職員から構成される就労支援チームを設置して、障害者、生活困窮者も含めて、保護観察対象者等に対する就労支援を実施している（【施策番号5ア】参照）。

法務省は、矯正施設在所者のうち障害等により就労が困難な者に対し、社会内で利用できる就労支援制度を紹介するためのリーフレットを配布している（2021年度（令和3年度）は、2,257部（前年度：3,885部）を配布）。

厚生労働省は、障害を有している犯罪をした者等が、就労意欲や障害の程度等に応じて就労できるよう、引き続き、就労移行支援事業、就労継続支援A型事業、就労継続支援B型事業、就労定着支援事業（以下「就労系サービス」という。資2-22-1参照。）に取り組んでいる。

そうした中で、障害福祉サービス事業所が矯正施設出所者や医療観察法※20に基づく通院医療の利用者等である障害者（以下「矯正施設出所者等である障害者」という。）を受け入れるに当たっては、①きめ細やかな病状管理、②他者との交流場面における配慮、③医療機関等との連携など手厚い専門的な対応が必要であるため、「社会生活支援特別加算」において、訓練系、就労系サービス（就労定着支援事業を除く。）事業所が、精神保健福祉士等の配置により矯正施設出所者等である障害者を支援していること、又は病院等との連携により精神保健福祉士等が事業所を訪問して矯正施設出所者等である障害者を支援していることを診療報酬上評価することで、受入れの促進を図ることとしている。

また、生活困窮者自立支援法（平成25年法律第105号）においても、一般の企業等への就労が困難な犯罪をした者等に対する就労支援が可能であり、同法に基づく就労準備支援事業（資2-22-2参照）や就労訓練事業（資2-22-3参照）により、個々の状態像に合わせた個別の支援を展開している。

さらに、福祉事務所設置地方公共団体の任意事業である就労準備支援事業について、その実施を努力義務としたほか、対象者の年齢要件を撤廃し65歳以上も利用可能とすること等により、多様化する就労支援ニーズをとらえた事業の実施を図っている。

※20　心神喪失等の状態で重大な他害行為を行った者の医療及び観察等に関する法律（平成15年法律第110号）

資2-22-1 就労系障害福祉サービスの概要

障害者総合支援法における就労系障害福祉サービス

		就労移行支援事業 （規則第6条の9）	就労継続支援A型事業 （規則第6条の10第1項）	就労継続支援B型事業 （規則第6条の10第2項）	就労定着支援事業 （規則第6条の10の4）
事業概要		通常の事業所に雇用されることが可能と見込まれる者に対して、①生産活動、職場体験等の活動の機会の提供その他の就労に必要な知識及び能力の向上のために必要な訓練、②求職活動に関する支援、③その適性に応じた職場の開拓、④就職後における職場への定着のために必要な相談等の支援を行う。 （標準利用期間：2年） ※ 必要性が認められた場合に限り、最大1年間の更新可能	通常の事業所に雇用されることが困難であり、雇用契約に基づく就労が可能である者に対して、雇用契約の締結等による就労の機会の提供及び生産活動の機会の提供その他の就労に必要な知識及び能力の向上のために必要な訓練等の支援を行う。 （利用期間：制限なし）	通常の事業所に雇用されることが困難であり、雇用契約に基づく就労が困難である者に対して、就労の機会の提供及び生産活動の機会の提供その他の就労に必要な知識及び能力の向上のために必要な訓練その他の必要な支援を行う。 （利用期間：制限なし）	就労移行支援、就労継続支援、生活介護、自立訓練の利用を経て、通常の事業所に新たに雇用された者に対して、就労移行支援等の職場定着の義務・努力義務である6月を経過した者に対して、就労の継続を図るために、障害者を雇用した事業所、障害福祉サービス事業者、医療機関等との連絡調整、障害者が雇用されることに伴い生じる日常生活又は社会生活を営む上での各般の問題に関する相談、指導及び助言その他の必要な支援を行う。 （利用期間：3年）
対象者		① 企業等への就労を希望する者 ※平成30年4月から、65歳以上の者も要件を満たせば利用可能。	① 移行支援事業を利用したが、企業等の雇用に結びつかなかった者 ② 特別支援学校を卒業して就職活動を行ったが、企業等の雇用に結びつかなかった者 ③ 就労経験のある者で、現に雇用関係の状態にない者 ※平成30年4月から、65歳以上の者も要件を満たせば利用可能。	① 就労経験がある者であって、年齢や体力の面で一般企業に雇用されることが困難となった者 ② 50歳に達している者又は障害基礎年金1級受給者 ③ ①及び②に該当しない者で、就労移行支援事業者等によるアセスメントにより、就労面に係る課題等の把握が行われている者	① 就労移行支援、就労継続支援、生活介護、自立訓練の利用を経て一般就労へ移行した障害者で、就労に伴う環境変化により日常生活又は社会生活上の課題が生じている者であって、一般就労後6月を経過した者
報酬単価		468〜1,128単位／日 ＜定員20人以下の場合＞ ※就職後6月以上の定着率が高いほど高い報酬	319〜724単位／日 ＜定員20人以下、人員配置7.5：1の場合＞ ※「1日の平均労働時間」、「生産活動」、「多様な働き方」、「支援力向上」、「地域連携活動」の5つの項目による総合評価	Ⅰ.「平均工賃月額」に応じた報酬体系 566〜702単位／日 ＜定員20人以下、人員配置7.5：1の場合＞ ※平均工賃月額が高いほど高い報酬 Ⅱ.「利用者の就労や生産活動等への参加等」をもって一律に評価する報酬体系 556単位／日 ＜定員20人以下の場合＞	1,046〜3,449単位／月 ＜利用者数20人以下の場合＞ ※利用者数に応じた設定 ※就労定着率（過去3年間の就労定着支援の総利用者数のうち前年度末時点の就労定着者数）が高いほど高い報酬
事業所数		2,979事業所 （国保連データ令和4年4月）	4,202事業所 （国保連データ令和4年4月）	15,188事業所 （国保連データ令和4年4月）	1,459事業所 （国保連データ令和4年4月）
利用者数		35,569人 （国保連データ令和4年4月）	80,372人 （国保連データ令和4年4月）	310,084人 （国保連データ令和4年4月）	14,378人 （国保連データ令和4年4月）

出典：厚生労働省資料による。

資2-22-2 就労準備支援事業の概要

就労準備支援事業について

事業の概要

○ 生活リズムが崩れている等就労に向け準備が必要な者を対象として、一般就労の準備としての基礎能力の形成に向けて、最長1年間の集中的な支援を実施。（平成27年4月施行の生活困窮者自立支援法により創設）

支援の内容

➢ 対象者の様々な状態像に応じて、多様な支援メニューを組み合わせたプログラムを作成。
➢ プログラムにより、一般就労に向けて、計画的かつ一貫した支援を実施。

対象者の様々な状態像

○決まった時間に起床・就寝できない等、生活習慣の形成・改善が必要
○他者との関わりに不安を抱えており、コミュニケーション能力などの社会参加能力の形成・改善が必要
○自尊感情や自己有用感を喪失している
○就労の意思が希薄・就労に関する能力が低い
等

✕

様々な状態像に対応できる多様な支援メニュー

○日常生活自立、社会生活自立、就労自立の3つの自立段階を想定した多様な支援メニューによる支援。（対象者の様々な状態像をカバーできる事業の幅が必要）
○通所、合宿等の様々な形態で実施。
（多様な支援メニューの例）
・ワークショップ ・セミナー ・グループワーク ・職場見学 ・就労体験 ・模擬面接
・応募書類作成指導 ・キャリアコンサルティング ・ボランティア活動への参加
・就農訓練事業（平成28年4月より開始）
・福祉専門職との連携支援事業（平成29年4月より開始） 等

（生活・健康講座） （農作業体験） （封入作業） （PC講座） （就職面接等の講座）

効果

○一般就労の準備としての基礎能力の習得により、一般就労に向けたステップアップを図ることができる。

出典：厚生労働省資料による。

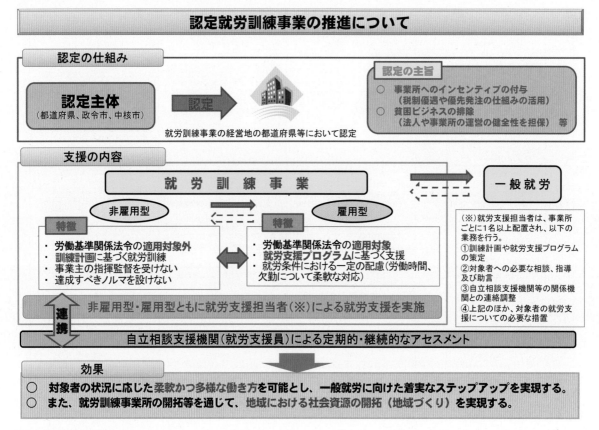

資2-22-3　就労訓練事業の概要

出典：厚生労働省資料による。

(3) ソーシャルビジネスとの連携【施策番号23】

　法務省は、全国の保護観察所において、労働市場で不利な立場にある人々のための雇用機会の創出・提供に主眼を置いてビジネス展開を図る、いわゆる「ソーシャル・ファーム」との連携を進め、2022年（令和4年）5月末現在、全国169団体（前年：164団体）との間で、雇用や受入れ等の連携を実施している。また、いわゆる「ソーシャル・ファーム」と保護観察所との間で「ソーシャル・ファーム雇用推進連絡協議会」を開催し、相互理解を深めるとともに、一般就労と福祉的支援との狭間にある者への就労支援について協議を行っており、2021年度（令和3年度）は2回（前年度：2回）開催した。こうした中で、協力雇用主への登録に理解を示すソーシャル・ファームについて、協力雇用主としての登録も促している。

　また、2021年度（令和3年度）から、一部の刑事施設においても、ソーシャル・ファームとの連携体制の構築のため、ソーシャル・ファームとの意見交換会を開催しており、実際にソーシャル・ファームからの意見を聞くことで、受刑者等の社会復帰支援に活用できる社会資源の掘り起こしや、矯正と福祉の双方が抱える課題の解消につなげている。

　さらに、2019年（令和元年）6月に決定された「農福連携※21等推進ビジョン」において、犯罪をした者等の立ち直りに向けた取組への広がりが示されたことから、法務省及び農林水産省が連携し、一般就労と福祉的支援との狭間にある刑務所出所者等の就農に向けた取組を推進している。

　また、2020年（令和2年）3月に経済団体、農林水産業団体、福祉団体その他の関係団体、地方公共団体、関係省庁等の様々な関係者が参加し、国民的運動として農福連携等を展開していくため、

※21　農福連携
　　農業と福祉が連携し、障害者等の農業分野での活躍を通じて、農業経営の発展とともに、障害者等の自信や生きがいを創出し、社会参画を実現する取組。

農福連携等応援コンソーシアムを設置するとともに、2021年（令和3年）からは、農福連携に取り組んでいる優れた事例を表彰し、全国への発信を通じて横展開を図る「ノウフク・アワード」を実施している。

Column 03　農福一体のソーシャル・ファーム（農福連携による社会復帰）

埼玉福興グループ

　埼玉福興グループは、生活寮やグループホームの運営、農業分野での障害者雇用・就労支援事業を軸に、罪を犯した障害者、元受刑者、ニート、引きこもり、シングルマザー等が、「みんなでいっしょに働く」をモットーとするジャパンソーシャル・ファームとして、障害者や触法障害者、ニート等でも社会の中で必要とされることを目指し、活動している農福連携（【施策番号23】参照）の企業です。そして、水耕栽培、他企業と「いっしょに」300件の農家を支える野菜苗栽培、ほ場（田や畑等の農地のこと）での他企業と契約しながら進める玉ねぎや白菜の栽培のほか、地元の小学校と「いっしょに」自然栽培でお米を作ることで、ソーシャル・ファームでのエディブルスクールヤード（共に食物を育て、調理し、食べる体験を通じて行う教育）を行いながら、自校給食を守る活動までも進めています。

　私たちの触法障害者への取組は、17年前、少年院からの受入れの相談に関する一本の電話から始まりました。我々は福祉に携わっている会社なので、「人を断ったら福祉ではない」との考えから、今まで様々な問題を抱える方と対峙してきました。しかし、「え、少年院から？直接？」と電話自体に困惑するとともに、支援を行うことについても、犯罪の内容も比較的重いようでしたので、申し訳ないけれども顔を見させていただき、本当の悪人なのか判断させてくださいとお願いしました。その後、職員から犯罪の経緯を聞いたり、実際にM君と会ったりする中で、M君が障害を抱えていることが分かったため、M君の受入れをスタートしました。農福一体の受入れであることから、M君を年代寮で受け入れ、仕事は就労継続支援B型事業所（【施策番号22】参照）での農業からスタートし、24時間一体で支援を行いました。具体的には24時間玉ねぎの話で過ごす毎日。「今日はどれだけできた？」、「明日は1反、収穫を終わらせるように。」、「明日は雨だから調整だね。」とこちらが指示を出すこともあれば、「班長の立場なので、あの子をどうしたらいいですか？」とM君から質問され、「作業はこう教えたらいいんじゃないか？」とアドバイスしたりするなど、言葉のキャッチボールを大切にしました。毎日農業の生活で、悪い事を考える隙を与えず、そのうちM君は書類の記録やトラクターの運転など、他の利用者ができない仕事もこなせるようになり、その後M君が17年もの間再び罪を犯すことがなかったことで、私たちがさいたま保護観察所長から感謝状を頂くまでになりました。M君は、現在では障害者雇用の「社員」です。

　もう一人のT君は、悪い仲間に利用されて罪を犯し、少年院出院後も再犯をして拘置所に入所した人ですが、社会福祉事業団から連絡を受け面会に行くと、「農業やります！」と力強く言ってくれたため、支援を行うことに決めました。M君と同じように24時間の農業生活。M君が指導役、仲間内の調整役となって、T君にフォークリフトや車の免許を取得してもらい、T君を農業での障害者雇用へと導きました。

　彼らと出会って、ここから支援を超えた人間的なつながりを作り、再犯しないようなやさしい社会環境、すなわち「社会的健康」を創ることがソーシャル・ファームであると考えるようになりました。ソーシャル・ファームは社会課題を解決する社会的企業。現在では罪を犯した障害者を受け入れるだけではなく、前科のあるアーティストも彼らを支えるスタッフとして働いています。また、2022年（令和4年）5月からは協力雇用主として保護観察中の18歳の若手の農業者を受け入れ、ソーシャル・ファームとして新たな挑戦をスタートしております。埼玉福興グループは、日本のソーシャル・ファームとして、一人一人が自分を信じて「社会的健康」を取り戻せる場所を創り、希望へと導いていく「社会的健康」企業としての道を新たな使命とし、気概をもって進んでいます。更に子供たちの未来に貢献し、ホリスティックに考え、人と人とが有機的につながり合い、そもそも犯罪が起こらない社会になるような活動を同時に進めていきます。

グリーンケアのオリーブ　　　　　　　　有機栽培の玉ねぎを収穫する様子

第2節　住居の確保等

① 矯正施設在所中の生活環境の調整の充実

（1）帰住先確保に向けた迅速な調整【施策番号24】

　法務省は、保護観察所が行う受刑者等の釈放後の生活環境の調整※22 を充実させるため、生活環境の調整に対する地方更生保護委員会の関与を強化し、地方更生保護委員会が、矯正施設収容後の早期の段階から受刑者等に対し帰住先※23 等に関する調査を行うなどした上で、保護観察所に対して指導・助言・連絡調整を行い、保護観察所はこれを踏まえて、福祉サービスや民間の依存症回復支援施設等への帰住調整も含め、適切な帰住先を迅速に確保するための取組を行っている。2021年（令和3年）は、地方更生保護委員会における受刑者等に対する帰住先等の調整に関する面接調査が4,829件（前年：4,201件）行われた。また、「再犯防止推進計画加速化プラン」（令和元年12月23日犯罪対策閣僚会議決定）において、生活環境の調整の充実強化と仮釈放の積極的な運用を図ることを明記し、2020年度（令和2年度）からは、専ら当該調査及び調整を行う地方更生保護委員会の保護観察官を全国の刑事施設11庁※24 に駐在させ、その運用の積極化を図っている。

（2）受刑者等の親族等に対する支援【施策番号25】

　法務省は、刑事施設において、受刑者の改善更生と円滑な社会復帰に資するよう、受刑者と親族や雇用主等との外部交通（面会、信書の発受及び電話等による意思連絡）の適切な運用に努めている。

　少年院では、保護者に対し、在院者に対する教育方針や教育内容・方法、社会復帰に向けた支援の実施等への理解と協力を得るため、在院者の処遇に関する情報提供、少年院の職員による面接の実施、少年院で実施する活動への参加の働き掛け等を行っており、2021年（令和3年）は、674回（前年：679回）の保護者会を実施し、延べ1,538人（前年：2,248人）の保護者が参加した。また、保護者の矯正教育※25 への理解を促進し、職員と協働して在院者の有する問題及び課題を解決するた

※22 生活環境の調整
　　受刑者等の出所後の帰住予定地を管轄する保護観察所の保護観察官や保護司が引受人等と面接するなどして、帰住予定地の状況を調査し、住居、就労先等が改善更生と社会復帰にふさわしい生活環境となるよう調整するもの。これに加えて、地方更生保護委員会において、調整が有効かつ適切に行われるよう、保護観察所に対して指導や助言を行っているほか、収容中の者との面接等による調査も行っている。これらの調整結果に基づき、仮釈放等審理が行われるほか、受刑者等の仮釈放後の保護観察が行われる。
※23 帰住先
　　帰住先とは、刑事施設、少年院に収容されている者が、出所・出院後、一定期間生活をしていく場所を指す。親族・知人宅のほか、就労先の寮、更生保護施設や自立準備ホーム、グループホーム等の社会福祉施設などがある。
※24 地方更生保護委員会の保護観察官が駐在する刑事施設
　　札幌（札幌刑務支所を含む。）、宮城、府中、横浜、名古屋、京都、大阪、神戸、広島、高松及び福岡刑務所
※25 矯正教育
　　少年院が、保護処分又は刑の執行として、在院者の犯罪的傾向を矯正し、並びに在院者に対し、健全な心身を培わせ、社会生活に適応するのに必要な知識及び能力を習得させるために行う体系的かつ組織的な指導。

めに努力する意欲を向上させること、在院者との相互理解を深めさせること、在院者を監護する役割についての認識を深めさせることを目的として、保護者参加型プログラムを実施している。2021年（令和3年）は、新型コロナウイルス感染症対策のため、個別での開催に変更するなどの措置を講じた上で、87回（前年：137回）の保護者参加型プログラムを実施し、延べ400人（前年：880人）の保護者が参加した。

保護観察所では、受刑者等の出所後の生活環境の調整の一環として、受刑者等の親族等に対し、受刑者等の改善更生を助けることへの理解や協力を求めるとともに、相談に応じたり、支援機関の情報提供をしたりするなど、必要に応じた支援を実施している。例えば、薬物依存がある受刑者等の家族に対しては、薬物依存についての知識、本人との接し方、他の関係機関や民間団体からの支援にはどのようなものがあるかといった助言等を行うため、引受人・家族会[26]を開催している。2021年度（令和3年度）は、新型コロナウイルス感染症対策のため、集合形式の開催方法を見直し、引受人等に対して薬物依存に関する情報提供を個別に行ったほか、家族に対して外部講師を招いての個別相談会を開催するなど代替措置を講じ、引受人・家族会を89回（前年度：99回）実施、566人（前年度：492人）の引受人や家族が参加した。

❷ 更生保護施設等の一時的な居場所の充実

（1）更生保護施設における受入れ・処遇機能の充実【施策番号26】

法務省は、出所後の適当な住居等がない刑務所出所者等を更生保護施設[27]で一時的に受け入れて、社会適応に必要な生活指導を行うなど、刑務所出所者等の居場所の確保に取り組んでいる。2021年度（令和3年度）の更生保護施設への委託実人員は6,811人（前年度：7,206人）であり、そのうち、新たに委託を開始した人員は5,315人（前年度：5,791人）であった。また、1日当たり1人を単位とした年間収容延べ人員は54万2,407人（前年度：56万785人）で、1人当たりの平均在所期間は79.6日（前年度：77.8日）であった。法務省は、刑務所出所者等がそれぞれの問題性に応じた支援を受けられるよう、更生保護施設のうち一部を、高齢・障害者等を積極的に受け入れる指定更生保護施設や、薬物依存からの回復を支援する薬物処遇重点実施更生保護施設に指定し、これらの指定する施設を拡大すること等により更生保護施設の受入れ及び処遇機能の充実を図っている（指定更生保護施設については【施策番号37】を、薬物処遇重点実施更生保護施設については【施策番号46】を参照）。

また、「再犯防止推進計画加速化プラン」（令和元年12月23日犯罪対策閣僚会議決定）において、2022年（令和4年）までに満期釈放者の2年以内再入者数を2割以上減少させることを成果目標としていることを踏まえ、更生保護施設における満期釈放者の受入れ促進に取り組むとともに、満期釈放者等に対する相談支援等の充実に向けた取組を開始している（【施策番号94】参照）。

※26 引受人・家族会
保護観察所は、規制薬物等に対する依存がある生活環境調整対象者又は保護観察対象者の引受人や家族が薬物依存に関する正確な知識を持ち、薬物依存当事者に対して適切に対応する方法を身に付けることや、支援機関等の情報を得て家族等自身が必要な支援を受けることができるようになること等を目的として、医療・保健・福祉機関や自助グループ等と連携して薬物依存者の家族等を対象として定期的に引受人・家族会を実施している。

※27 更生保護施設
更生保護施設は、主に保護観察所からの委託を受けて、住居がない、頼るべき人がいないなどの理由で直ちに自立することが難しい保護観察対象者や更生緊急保護（【施策番号33】参照）の対象者を受け入れて、宿泊場所や食事を提供するほか、社会復帰のための就職援助や生活指導等を行う施設。
2022年（令和4年）4月現在、全国に103施設あり、更生保護法人（更生保護事業法（平成7年法律第86号）第2条第6項に定める法人で、更生保護施設の運営など更生保護事業（【施策番号27】参照）を営むことを目的とする団体が、更生保護事業法の規定に基づき、法務大臣の認可を受けて設立する法人）により100施設が運営されているほか、社会福祉法人、特定非営利活動法人及び一般社団法人により、それぞれ1施設が運営されている。その内訳は、男性のみ受け入れている施設が88施設、女性のみ受け入れている施設が7施設、男女とも受け入れている施設が8施設となっている。収容定員の総計は2,405人であり、男性が成人1,900人と少年314人、女性が成人140人と少年51人である。

（2）更生保護施設における処遇の基準等の見直し【施策番号27】

　法務省は、2019年（平成31年）3月、学識経験者等を構成員とする有識者検討会から、更生保護施設における処遇や支援の充実強化等を内容とする「これからの更生保護事業[28]に関する提言」[29]を得た。提言においては、更生保護施設退所者へのフォローアップの重要性等についての指摘がなされ、これを更生保護施設の処遇の一部として明確に位置付けるための制度の充実や見直し等が求められた。これを踏まえ、更生保護施設退所後の支援の充実を図るため、2021年（令和3年）10月から、全国8施設において、更生保護施設退所者等の自宅等を訪問するなどして継続的な支援を行い、これらの者の改善更生や地域生活への定着を図ることを目的とする訪問支援事業を開始している（【施策番号94】参照）。

（3）自立準備ホームの確保と活用【施策番号28】

　法務省は、社会の中に多様な居場所を確保する方策として、「緊急的住居確保・自立支援対策」（資2-28-1参照）を実施し、更生保護施設以外のあらかじめ保護観察所に登録された民間法人・団体等に、保護観察所が、保護観察対象者等に対する宿泊場所[30]や食事の提供、生活支援（自立準備支援）を委託している。2021年度（令和3年度）の委託実人員は1,863人（前年度：1,719人）（そのうち、新たに委託を開始した人員は1,474人（前年度：1,417人））、1日当たり1人を単位とした年間収容延べ人員は12万9,198人（前年度：12万7,567人）であり、1人当たりの平均在所期間は69.3日（前年度：74.2日）であった。

※28　更生保護事業
　　　更生保護事業法第2条第1項に定める事業で、「継続保護事業」、「一時保護事業」及び「連絡助成事業」をいう。
　　　継続保護事業とは、保護観察対象者等を更生保護施設に収容して、宿泊場所を供与し、必要な生活指導等を行い、その改善更生に必要な保護を行う事業。
　　　一時保護事業とは、保護観察対象者等に対し、宿泊場所への帰住、医療又は就職を助け、金品を給与し、又は貸与し、生活の相談に応ずる等その改善更生に必要な保護（継続保護事業として行うものを除く。）を行う事業。
　　　連絡助成事業とは、継続保護事業、一時保護事業その他保護観察対象者等の改善更生を助けることを目的とする事業に関する啓発、連絡、調整又は助成を行う事業。
※29　「これからの更生保護事業に関する提言」関係資料URL
　　　https://www.moj.go.jp/hogo1/soumu/hogo12_00002.html
　　　（法務省ホームページ「これからの更生保護事業に関する有識者検討会について」ページへリンク。）
※30　自立準備ホーム
　　　「緊急的住居確保・自立支援対策」に基づき、保護観察対象者等に対して、民間法人・団体等が提供する宿泊場所を「自立準備ホーム」と呼ぶ。2022年（令和4年）4月現在の登録事業者数は473事業者であり、その内訳は、特定非営利活動法人が154事業者、会社法人が125事業者、宗教法人が43事業者、その他が151事業者となっており、多様な法人・団体が登録されている。

資2-28-1　緊急的住居確保・自立支援対策の概要

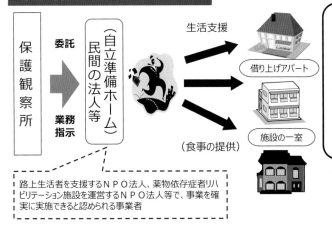

緊急的住居確保・自立支援対策（自立準備ホーム）の概要

更生保護施設
● 更生保護施設は、生活基盤が確保できない刑務所出所者等の最後の砦
● 一方で、行き場のない刑務所出所者等は多数に上っており、多様な受皿を確保することが必要

新たな仕組みが必要

緊急的住居確保・自立支援対策

保護観察所 →（委託・業務指示）→（自立準備ホーム）民間の法人等 → 生活支援・（食事の提供）→ 借り上げアパート／施設の一室

路上生活者を支援するNPO法人、薬物依存症者リハビリテーション施設を運営するNPO法人等で、事業を確実に実施できると認められる事業者

・ 更生保護施設以外の宿泊場所を確保している法人等が、「住居」と「生活支援」を一体的に提供
・ 毎日対象者と接触し、日常生活の支援や自立に向けた支援を実施
・ 「食事」の提供も可能

→ 自立

出典：法務省資料による。

❸ 地域社会における定住先の確保

（1）住居の確保を困難にしている要因の調査等【施策番号29】

　法務省は、2018年度（平成30年度）に更生保護施設職員等に対して、犯罪をした者等の住居の確保を困難にしている要因についてアンケートを行ったところ、賃貸契約時の連帯保証人の確保や経済基盤の問題等が挙げられた。また、「再犯防止推進計画加速化プラン」（令和元年12月23日犯罪対策閣僚会議決定）において、生活環境の調整等による受け皿の確保として「居住支援法人※31と連携した新たな支援の在り方を検討する」こととされた。そこで、2020年度（令和2年度）からは、刑務所出所者等の住まいの確保やセーフティーネット機能の強化に向けて、国土交通省、厚生労働省及び法務省が連携し、関係機関での情報共有や協議を行う「住まい支援の連携強化のための連絡協議会」を年に1回程度開催している。

　また、2022年度（令和4年度）は、住まい支援の実務におけるより具体的な課題を把握・共有することを目的に、連絡協議会の下に「住まい支援における課題の把握に関するワーキンググループ」を設置し、関係省庁及び関係機関による実践的な報告や意見交換を実施している。

（2）住居の提供者に対する継続的支援の実施【施策番号30】

　法務省は、保護観察対象者等が居住するなど、公営住宅の事業主体である地方公共団体から相談があった際には、更生保護官署において、その相談内容を踏まえて当該保護観察対象者等に指導及び助

※31 居住支援法人
　　 居住支援法人（住宅確保要配慮者に対する賃貸住宅の供給の促進に関する法律（平成19年法律第112号）第40条に規定する法人）とは、住宅確保要配慮者の民間賃貸住宅への円滑な入居の促進を図るため、家賃債務の保証、円滑な入居の促進に関する情報の提供・相談、その他の援助などを実施する法人として都道府県が指定するもの。

言を行うとともに、身元保証制度（【施策番号11】参照）の活用事例について情報提供等を行うなど、保護観察対象者等であることを承知して住居を提供する者に対する継続的支援を行っている。

（3）公営住宅への入居における特別な配慮【施策番号31】

国土交通省は、2017年（平成29年）12月に、各地方公共団体に対して、保護観察対象者等が住宅に困窮している状況や地域の実情等に応じて、保護観察対象者等の公営住宅への入居を困難としている要件を緩和すること等について検討するよう要請を行い、併せて、矯正施設出所者について、「著しく所得の低い世帯」として優先入居の対象とすることについても適切な対応を要請するなど、公営住宅への入居における特別な配慮を行っている。

（4）賃貸住宅の供給の促進【施策番号32】

法務省は、住宅確保要配慮者に対する賃貸住宅の供給の促進に関する法律（平成19年法律第112号）に基づき、犯罪をした者等のうち、同法第2条第1項が規定する住宅確保要配慮者[32]に該当する者に対して、個別の事情に応じ、賃貸住宅に関する情報の提供及び相談を実施している。また、更生保護施設退所者の住居確保の観点から、保護観察対象者等の入居を拒まない住居の開拓・確保にも努めている。

（5）満期出所者に対する支援情報の提供等の充実【施策番号33】

法務省は、刑事施設において、出所後の社会生活で直ちに必要となる知識の付与等を目的として、講話や個別面接等による釈放前の指導を実施している。特に、適当な帰住先が確保できていないなど、釈放後の生活が不安定となることが見込まれる満期出所者に対しては、刑事施設に配置された福祉専門官や非常勤の社会福祉士等が個別面接を行うなどして、受刑者本人のニーズを把握しながら、更生緊急保護[33]の制度や、社会保障等の社会における各種手続に関する知識を付与し、必要な支援につなぐための働き掛けを行っている。

地方更生保護委員会では、満期出所が見込まれる受刑者等について、継続的に保護観察官による面接を実施し、更生緊急保護の制度について説示し、申出への動機付けを行うとともに、更生緊急保護の申出見込みについて保護観察所に必要な情報提供を行っている。また、保護観察所において、帰住先を確保できないまま満期出所した更生緊急保護対象者に対して、更生保護施設等への委託をするほか、必要に応じて保健医療・福祉関係機関等の地域の支援機関等についての情報の提供を行うなどして、一時的な居場所の提供や地域社会における定住先の確保のための取組の充実を図っている。2021年（令和3年）は、更生保護施設及び自立準備ホームに対して、2,388人（前年：2,383人）の満期出所者等への宿泊場所の提供等を委託し、これらの者の一時的な居場所を確保した。

※32　住宅確保要配慮者
　　　低額所得者、被災者、高齢者、障害者、子供を養育している者、保護観察対象者等。
※33　更生緊急保護
　　　更生保護法（平成19年法律第88号）第85条に基づき、保護観察所が、満期釈放者、保護観察に付されない全部執行猶予者及び一部執行猶予者、起訴猶予者等について、親族からの援助や、医療機関、福祉機関等の保護を受けることができない場合や、得られた援助や保護だけでは改善更生することができないと認められる場合、その者の申出に基づいて、食事・衣料・旅費等を給与し、宿泊場所等の供与を更生保護施設等に委託したり、生活指導・生活環境の調整などの措置を講ずるもの。刑事上の手続等による身体の拘束を解かれた後6月を超えない範囲内（特に必要があると認められるときは、更に6月を超えない範囲内）において行うことができる。
　　　なお、2022年（令和4年）6月に成立した刑法等の一部を改正する法律（令和4年法律第67号）による改正後の更生保護法においては、更生緊急保護の対象者に、処分保留で釈放された者のうち検察官が罪を犯したと認めたものが追加された。また、更生緊急保護を行うことができる期間について、刑事上の手続又は保護処分による身体の拘束を解かれた後6月の範囲内という原則的な期間に加えて、更生緊急保護の措置のうち金品の給与又は貸与及び宿泊場所の供与については更に6月、その他のものについては更に1年6月（通算2年）を超えない範囲内において行うことができることとされた。さらに、矯正施設収容中の段階から更生緊急保護の申出を行うことができることとされた。
　　　これらの改正については、令和5年中に施行される予定である。

第3章

令和4年版
再犯防止推進白書

保健医療・福祉サービスの利用の促進等のための取組

マリーゴールド

❶ 関係機関における福祉的支援の実施体制等の充実

（1）刑事司法関係機関におけるアセスメント機能等の強化【施策番号34】

　法務省は、矯正施設において、犯罪をした者等について、福祉サービスのニーズを早期に把握し、円滑に福祉サービスを利用できるようにするため、社会福祉士又は精神保健福祉士を非常勤職員として配置するほか、福祉専門官（社会福祉士、精神保健福祉士又は介護福祉士の資格を有する常勤職員）を配置している（配置施設数の推移は**資3-34-1**のとおり。）。また、2021年度（令和3年度）は、大規模な刑事施設8庁及び女子刑事施設2庁の合計10庁[1]において、認知症スクリーニング検査等を実施しており、認知症等の早期把握に努めている。

　少年鑑別所では、地域援助の一環として、検察庁からのいわゆる入口支援[2]への協力依頼を受けて、被疑者等の福祉的支援の必要性の把握のために知的能力等の検査を実施しており、2021年（令和3年）は、検察庁から305件（前年：224件）の依頼を受け、援助を実施した。

　保護観察所では、福祉サービス利用に向けた調査・調整機能の強化のため、福祉的支援等を担当する保護観察官に対して、福祉的支援に関する講義を実施しているほか、社会福祉士会等が主催する研修や刑事司法関係機関と福祉関係機関が参加する福祉的支援に関する事例研究会に積極的に参加させるなどして、保護観察官のアセスメント能力の更なる向上等を図っている。

資3-34-1 刑事施設・少年院における社会福祉士、精神保健福祉士及び福祉専門官の配置施設数の推移

（平成30年度〜令和4年度）

区分	矯正施設の別	平成30年度	令和元年度	令和2年度	令和3年度	令和4年度
社会福祉士	刑　事　施　設	70	69	69	68	67
	少　年　院	18	18	18	22	21
精神保健福祉士	刑　事　施　設	8	8	8	8	8
	少　年　院	2	2	2	2	2
福祉専門官	刑　事　施　設	48	56	58	58	57
	少　年　院	3	3	8	9	10

注　1　法務省資料による。
　　2　刑事施設は、PFI手法により運営されている施設を除く。

（2）高齢者又は障害のある者等である受刑者等に対する指導【施策番号35】

　法務省は、刑事施設において、高齢者又は障害のある受刑者の円滑な社会復帰を図るため、「社会復帰支援指導プログラム」（**資3-35-1**参照）を全国で実施している。同プログラムは、地方公共団体、福祉関係機関等の職員や民間の専門家を指導者として招へいするなど、関係機関等の協力を得て実施

※1　認知症スクリーニング検査実施10庁
　　　札幌、宮城、栃木、府中、名古屋、大阪、和歌山、広島、高松及び福岡刑務所
※2　入口支援
　　　一般に、矯正施設出所者を対象とし、矯正施設から出所した後の福祉的支援という意味での「出口支援」に対して、刑事司法の入口の段階、すなわち、起訴猶予、刑の執行猶予等により矯正施設に入所することなく刑事司法手続を離れる者について、高齢又は障害等により福祉的支援を必要とする場合に、検察庁、保護観察所、地域生活定着支援センター、弁護士等が、関係機関・団体等と連携し、身柄釈放時に福祉サービス等に橋渡しするなどの取組をいう。

し、基本的動作能力や体力の維持・向上のための健康運動指導を行うほか、各種福祉制度に関する基礎知識の習得を図るものである。2021年度（令和3年度）の受講開始人員は456人（前年：462人）であった。

資3-35-1 社会復帰支援指導プログラムの概要

刑事施設における一般改善指導

社会復帰支援指導プログラム

地域社会とともに開かれた矯正へ

- ■ 指導の目標
  高齢・障害を有する等の理由により、円滑な社会復帰が困難であると認められる受刑者に対し
  ① 基本的生活能力、社会福祉制度に関する知識その他の社会適応に必要な基礎的な知識及び能力を身に付けさせること。
  ② 出所後、必要に応じて福祉的な支援を受けながら、地域社会の一員として健全な社会生活を送るための動機付けを高めさせること。
- ● 対象者 ①特別調整等の福祉的支援の対象とすることが必要と認められる者（現に福祉的支援の対象となっている者を含む）
  ②その他本プログラムを受講させることにより、改善更生及び円滑な社会復帰に資すると見込まれる者
- ● 指導者 刑事施設職員（刑務官、法務教官、社会福祉士等）、関係機関・団体職員
- ● 指導方法 グループワーク、ロールプレイング、視聴覚教材、講話 等
- ● 実施頻度等 1単元60分 全18単元 標準実施期間：4〜6か月

カリキュラム

単元	単元項目	概要
1	オリエンテーション	プログラムの目的と意義を理解させ、動機付けを図る。
2	基本的動作能力・体力の維持及び向上（生活動作のトレーニング）	体力・健康の維持が社会生活を送る上で重要であることを理解させ、歩行などに必要な体力等の維持及び向上を図る。
3	基本的思考力の維持及び向上（考える力のトレーニング）	物事を考えることが老化防止につながることを理解させ、日常生活で必要となる基本的な思考力等の維持等を図る。
4	基本的健康管理能力の習得①（身体面の健康管理について）	健康管理の必要性を理解させ、自己管理の方法、病気になった場合の病院のかかり方を学ばせる。
5	同②（心の健康）	心の健康について理解させ、健康を維持する方法を学ばせる。
6 7	基本的生活能力の習得①、②（対人スキル等）	地域社会の一員として、良好な対人関係を維持することが再犯防止につながることを理解させ、対人関係スキル・会話スキルを学ばせる。
8	基本的生活能力の習得③（金銭管理を考える）	これまでの金銭の使い方などを振り返り、自分の金銭管理の問題性を認識させ、適切な金銭管理について理解させる。
9	各種福祉制度に関する基礎的知識の習得①（概要）	社会復帰後に健康で安定した生活を送るために社会福祉サービスが利用できることや住民登録等の必要性を理解させる。
10	同②（就労支援と年金）	就労の確保の方法を理解させるとともに、老齢年金等の基本的な内容を理解させる。
11	同③（各種福祉制度）	健康保険及び障害者福祉、高齢者福祉、介護保険と出所後に想定される困難場面における具体的な対処方法について学ばせる。
12	同④（生活保護）	生活保護制度の仕組み、受給資格や申請の仕方等について理解させ、社会福祉に対する関心を喚起し、関係窓口の利用の仕方について学ばせる。
13-1	同⑤（特別調整と地域生活定着支援センター）	特別調整と地域生活定着支援センターの設置目的、業務内容等について理解させる。
13-2	同⑥（更生緊急保護）	更生緊急保護について理解させ、社会復帰後の生活について考えさせる。
14	同⑦（まとめ）	出所後に直面することが予想される危機的場面について考えさせる。出所後利用できる福祉制度や相談の仕方等の確認を行う。
15	再犯防止のための自己管理スキルの習得①（規範遵守）	社会生活においてルールや約束事を遵守する構えを身に付けさせる。
16	同②（安定した生活への動機付け）	安定した生活を送るための具体的な方策を考えさせる。
17	同③（危機場面への対応）	再犯しないために、適切な問題解決の方法を考えさせる。出所後の危機場面を予想させ、適切な対処法を具体化させる。
18	同④（本プログラムのまとめ）	本指導を振り返らせ、受講者が抱えている不安や悩みを整理させ、円滑な社会復帰のための方策を具体的に考えさせる。

出典：法務省資料による。

（3）矯正施設、保護観察所及び地域生活定着支援センター等の多機関連携の強化等【施策番号36】

法務省及び厚生労働省は、受刑者等のうち、適当な帰住先が確保されていない高齢者又は障害のある者等が、矯正施設出所後に、福祉サービスを円滑に利用できるようにするため、矯正施設、地方更

生保護委員会、保護観察所、地域生活定着支援センター※3等の関係機関が連携して、矯正施設在所中から必要な調整を行い出所後の支援につなげる特別調整（**資3-36-1**及び【指標番号10】参照）の取組を実施している。この取組を促進するため関係機関において、特別調整の対象者等に対する福祉的支援に係る協議会や、各関係機関等が有している制度や施策について相互に情報交換等を行う連絡協議会等を行っている。

　加えて、2018年度（平成30年度）からは、地域生活定着支援センターにおいて、矯正施設入所早期からの関わりや地域の支援ネットワークの構築の推進を強化するなど、更なる連携機能の充実強化を図っている。

資3-36-1　特別調整の概要

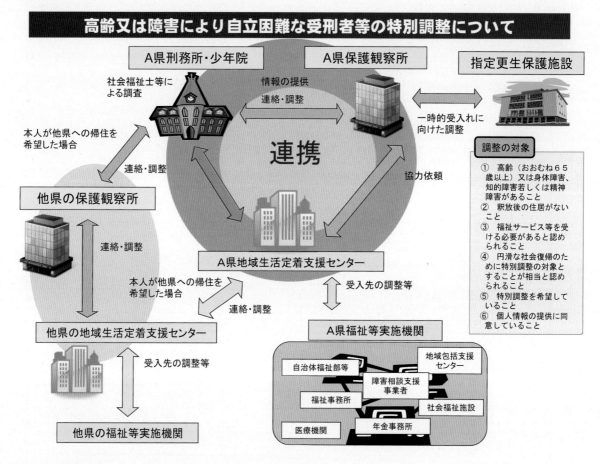

出典：法務省資料による。

（4）更生保護施設における支援の充実【施策番号37】

　法務省は、一部の更生保護施設を指定更生保護施設に指定し、社会福祉士等の資格等を持った職員を配置し、高齢や障害の特性に配慮しつつ社会生活に適応するための指導を行うなどの特別処遇（**資3-37-1**参照）を実施しており、2021年度（令和3年度）に、特別処遇の対象となった者は、1,803人（前年度：1,812人）であった。また、指定更生保護施設の数は、2022年（令和4年）4月現在で77施設（前年：74施設）であり、そのうち3施設は、主に少年を受け入れる更生保護施設として、発達障害等の特性に配慮した専門的な処置を行うなど少年処遇の充実を図っている。

※3　地域生活定着支援センター
　　　高齢又は障害により、福祉的な支援を必要とする犯罪をした者等に対し、矯正施設、保護観察所及び地域の福祉等の関係機関等と連携・協働しつつ、身体の拘束中から釈放後まで一貫した相談支援を実施し、社会復帰及び地域生活への定着を支援するための機関。2009年度（平成21年度）に厚生労働省によって「地域生活定着支援事業（現在は地域生活定着促進事業）」として事業化され、原則として各都道府県に1か所設置されている。

資3-37-1　更生保護施設における特別処遇の概要

更生保護施設における
高齢者又は障害を有する者の特性に配慮した処遇の充実

◎　全国の更生保護施設（１０３か所）のうち７７施設を、高齢者や障害のある者を積極的に受け入れる施設（＝指定更生保護施設）として指定（※）。
◎　指定された施設に、社会福祉士、精神保健福祉士、介護福祉士の専門資格等を有する職員を配置して、高齢や障害の特性に配慮した処遇を実施。

※　発達障害等を有する少年に対する処遇の充実を図るため、７７施設のうち３施設は、主に少年を受け入れる更生保護施設を指定（令和４年度〜）。

対象者　①から③までの全てを満たし、かつ、更生保護施設に一時的に受け入れることが必要かつ相当であると保護観察所の長が認める者。

①　高齢（おおむね６５歳以上）であり、又は障害（身体・知的・精神のいずれか）があると認められること。
②　適当な住居がないこと。
③　高齢又は障害により、健全な生活態度を保持し自立した生活を営む上で、公共の衛生福祉に関する機関等による福祉サービス等を受けることが必要であると認められること。

高齢や障害の特性に配慮した処遇の内容

①　高齢又は障害を有する者の特性に配慮した社会生活に適応するための指導・訓練
②　医療保健機関と連携した健康維持のための指導、助言
③　更生保護施設退所後に円滑に福祉サービス等を受けるための調整
　・　地域生活定着支援センターや社会福祉施設等に対する情報の伝達（対象者の心身の状況、生活状況等）
　・　更生保護施設退所後の生活基盤の調整（行政・福祉サービスの利用申請手続の支援等）

出典：法務省資料による。

（5）刑事司法関係機関の職員に対する研修の実施【施策番号38】

　法務省は、検察官に対する研修等において、犯罪をした者等の福祉的支援の必要性を的確に把握することができるよう、再犯防止の取組等について講義を実施している。

　矯正職員に対しては、各種集合研修において、高齢者又は障害のある者等の特性についての理解を深めるため、社会福祉施設における実務研修（勤務体験実習）や社会福祉施設職員による講義・指導等の実施、高齢受刑者に対する改善指導とその課題等についての講義を実施している。また、2021年度（令和３年度）現在、刑務官を対象とした研修について、認知症サポーター養成研修を合計78庁、福祉機関における実務研修を合計33庁でそれぞれ実施している。また、発達上の課題を有する在院者の処遇に当たる少年院職員に対し、適切に指導するための知識、技能を付与することを目的とした研修を実施している。

　更生保護官署職員に対して、高齢者又は障害のある者等の特性や適切な支援の在り方についての理解を深めるため、新任の保護観察官に対する研修において、地域生活定着支援センター職員や社会福祉分野の大学教授による講義等を実施しているほか、例年、指導的立場にある保護観察官に対する研修において、社会福祉関係施設への実地見学等を実施している。

❷　保健医療・福祉サービスの利用に関する地方公共団体等との連携の強化

（1）地域福祉計画・地域医療計画における位置付け【施策番号39】

　法務省、検察庁及び厚生労働省は、地方公共団体が地方再犯防止推進計画を策定する際に、地域福祉計画（資3-39-1参照）を積極的に活用するよう周知しており、地方再犯防止推進計画が地域福祉

計画と一体として策定される例も相当数見受けられる（【特集第3節-①-(2)】参照）。

　厚生労働省は、都道府県が医療計画（**資3-39-2**参照）を策定するに当たって参考となるように、精神疾患の医療体制の構築に係る指針を定めている。当該指針では、再犯の防止等の推進に関する法律（平成28年法律第104号）において、犯罪をした薬物依存症者等に適切な保健医療サービス等が提供されるよう、関係機関の体制整備を図ることが明記されている点を紹介している。なお、都道府県の第7次医療計画において、薬物依存症に対応できる医療機関を明確にする必要があるとしている。

資3-39-1　地域福祉計画の概要

地域福祉（支援）計画について

概要

- ○ 「市町村地域福祉計画」(社会福祉法第107条)と「都道府県地域福祉支援計画」(同法第108条)からなる。
- ○ 「市町村地域福祉計画」は、市町村が、地域福祉推進の主体である地域住民等の参加を得て、地域生活課題を明らかにするとともに、その解決のために必要となる施策の内容や量、体制等について、多様な関係機関と協議の上、目標を設定し、計画的に整備していくことを内容とする。
- ○ 「都道府県地域福祉支援計画」は、広域的な観点から、市町村の地域福祉が推進されるよう、各市町村の規模、地域の特性、施策への取組状況等に応じて支援していくことを内容とする。
- ○ 平成29年の社会福祉法改正により、盛り込むべき事項に福祉の各分野における共通事項等を追加するとともに、策定を努力義務化。
- ○ 令和2年の社会福祉法改正により、盛り込むべき事項に地域生活課題の解決に資する支援が包括的に提供される体制の整備に関する事項を追加。

計画に盛り込むべき事項

【市町村地域福祉計画】
1　地域における高齢者の福祉、障害者の福祉、児童の福祉その他の福祉に関し、共通して取り組むべき事項
2　地域における福祉サービスの適切な利用の推進に関する事項
3　地域における社会福祉を目的とする事業の健全な発達に関する事項
4　地域福祉に関する活動への住民の参加の促進に関する事項
5　地域生活課題の解決に資する支援が包括的に提供される体制の整備に関する事項

【都道府県地域福祉支援計画】
1　地域における高齢者の福祉、障害者の福祉、児童の福祉その他の福祉に関し、共通して取り組むべき事項
2　市町村の地域福祉の推進を支援するための基本的方針に関する事項
3　社会福祉を目的とする事業に従事する者の確保又は資質の向上に関する事項
4　福祉サービスの適切な利用の推進及び社会福祉を目的とする事業の健全な発達のための基盤整備に関する事項
5　地域生活課題の解決に資する支援が包括的に提供される体制の整備の実施の支援に関する事項

※下線部分は令和2年の社会福祉法改正により追加された記載事項（令和3年4月1日施行）

出典：厚生労働省資料による。

資3-39-2　医療計画の概要

医療計画について

○　都道府県が、国の定める基本方針に即し、地域の実情に応じて、当該都道府県における医療提供体制の確保を図るために策定するもの。

○　医療資源の地域的偏在の是正と医療施設の連携を推進するため、昭和60年の医療法改正により導入され、都道府県の二次医療圏ごとの病床数の設定、病院の整備目標、医療従事者の確保等を記載。平成18年の医療法改正により、疾病・事業ごとの医療連携体制について記載されることとなり、平成26年の医療法改正により「地域医療構想」が記載されることとなった。その後、平成30年の医療法改正により、「医師確保計画」及び「外来医療計画」が位置付けられることとなった。

計画期間

○　6年間　（現行の第7次医療計画の期間は2018年度～2023年度。中間年で必要な見直しを実施。）

記載事項（主なもの）

○　**医療圏の設定、基準病床数の算定**
・　病院の病床及び診療所の病床の整備を図るべき地域的単位として区分。

二次医療圏	三次医療圏
335医療圏（令和3年10月現在）	**52医療圏**（令和3年10月現在）※都道府県ごとに1つ（北海道のみ6医療圏）
【医療圏設定の考え方】一般の入院に係る医療を提供することが相当である単位として設定。その際、以下の社会的条件を考慮。・地理的条件等の自然的条件・日常生活の需要の充足状況・交通事情　等	【医療圏設定の考え方】特殊な医療を提供する単位として設定。ただし、都道府県の区域が著しく広いことその他特別な事情があるときは、当該都道府県の区域内に二以上の区域を設定し、また、都道府県の境界周辺の地域における医療の需給の実情に応じ、二以上の都道府県にわたる区域を設定することができる。

・　国の指針において、一定の人口規模及び一定の患者流入/流出割合に基づき、二次医療圏の設定の考え方を明示し、見直しを促進。

○　**地域医療構想**
・　2025年の、高度急性期、急性期、回復期、慢性期の4機能ごとの医療需要と将来の病床数の必要量等を推計。

○　**5疾病・6事業（※）及び在宅医療に関する事項**
※　5疾病…5つの疾病（がん、脳卒中、心筋梗塞等の心血管疾患、糖尿病、精神疾患）。
　　6事業（*）…5つの事業（救急医療、災害時における医療、へき地の医療、周産期医療、小児医療（小児救急医療を含む。）、新興感染症等）。
　　（*）令和6年度からは、「新興感染症等の感染拡大時における医療」を追加。
・　疾病又は事業ごとの医療資源・医療連携等に関する現状を把握し、課題の抽出、数値目標の設定、医療連携体制の構築のための具体的な施策等の策定を行い、その進捗状況等を評価し、見直しを行う（PDCAサイクルの推進）。

○　**医師の確保に関する事項**
・　三次・二次医療圏ごとに医師確保の方針、目標医師数、具体的な施策等を定めた「医師確保計画」の策定（3年ごとに計画を見直し）
・　産科、小児科については、政策医療の観点からも必要性が高く、診療科と診療行為の対応も明らかにしやすいことから、個別に策定

○　**外来医療に係る医療提供体制の確保に関する事項**
・　外来医療機能に関する情報の可視化、協議の場の設置、医療機器の共同利用等を定めた「外来医療計画」の策定

出典：厚生労働省資料による。

（2）社会福祉施設等の協力の促進【施策番号40】

　障害福祉サービス事業所が矯正施設出所者や医療観察法に基づく通院医療の利用者等である障害者（以下「矯正施設出所者等である障害者」という。）を受け入れるに当たっては、①きめ細かな病状管理、②他者との交流場面における配慮、③医療機関等との連携などの手厚い専門的な対応が必要であるため、業務負担に応じた報酬を設定することが求められている。

　厚生労働省は、このような状況を踏まえ、障害者総合支援法[※4]において、障害のある人が共同生活する場であるグループホーム等で、矯正施設出所者等である障害者に対し、地域で生活するために必要な相談援助や個別支援等を行った場合に報酬上評価している。

　加えて、「社会生活支援特別加算」において、訓練系、就労系サービス（就労定着支援事業を除く。）事業所が精神保健福祉士等を配置している場合等に、矯正施設出所者等である障害者を支援していることについて、①本人や関係者からの聞き取りや経過記録・行動観察等によるアセスメントに基づき、他害行為等に至った要因を理解し、再び同様の行為に及ばないための生活環境の調整と必要な専門的支援（教育又は訓練）が組み込まれた個別支援計画等の作成、②指定医療機関や保護観察所等の関係者との調整会議の開催等、③日中活動の場における緊急時の対応等の支援を行うことを報酬上評価している（【施策番号22】参照）。

（3）保健医療・福祉サービスの利用に向けた手続の円滑化【施策番号41】

　身体障害者手帳、精神障害者保健福祉手帳、療育手帳[※5]については、矯正施設在所中の交付手続が

※4　障害者の日常生活及び社会生活を総合的に支援するための法律（平成17年法律第123号）
※5　療育手帳
　　　児童相談所又は知的障害者更生相談所において知的障害と判定された者に対して、都道府県知事又は指定都市市長（一部の児童相談所を設置する中核市市長）が交付する手帳。

より一層促進されるよう、2021年度（令和3年度）から、一部の刑事施設において、障害者手帳の交付を受けるために必要な医師による診察等を実施している。また、障害福祉サービス等については、出所後の障害福祉サービス等が円滑に利用されるように、矯正施設在所中の者に対し、市町村の認定調査員が矯正施設を訪問するなどして障害支援区分の認定を行い、障害福祉サービス等の支給決定を行っている。さらに、生活保護については、生活保護制度における保護の実施責任が要保護者の居住地（要保護者の居住事実がある場所）又は現在地により定められるとされていることから、要保護者が矯正施設の出所者の場合、帰住先が出身世帯であるときはその帰住先を居住地とし、そうでないときはその帰住先を現在地とみなすこととし、その取扱いを明確に示している。

　法務省は、受刑者等の住民票が消除されるなどした場合にも、矯正施設出所後速やかに保健医療・福祉サービスを利用することができるよう、矯正施設職員向けの執務参考資料を作成し、協議会や研修において、職員に対して住民票の取扱いを含めた保健医療・福祉サービスを利用するための手続等の周知を図っている。

❸　高齢者又は障害のある者等への効果的な入口支援の実施

（1）刑事司法関係機関の体制整備【施策番号42】

　法務省は、保護観察所において、起訴猶予等となった高齢者又は障害のある者等の福祉的支援が必要な者に対して専門的な支援を集中して行うことを目的として、2018年度（平成30年度）から、入口支援（【施策番号34】参照）に適切に取り組むための特別支援ユニットを設置し、更生緊急保護対象者に継続的な生活指導や助言を行っていた。2021年度（令和3年度）からは、特別支援ユニットを発展させ、社会復帰対策班を設置し、入口支援にとどまらず、更生緊急保護の対象者に継続的に関与し、その特性に応じた支援が受けられるよう関係機関等と調整を行うなどの社会復帰支援の充実を図っている。

　また、検察庁は、社会復帰支援を担当する検察事務官の配置や社会福祉士から助言を得られる体制の整備などにより、社会復帰支援の実施体制の充実を図っている。

（2）刑事司法関係機関と保健医療・福祉関係機関等との連携の在り方の検討【施策番号43】

　法務省及び厚生労働省は、2021年度（令和3年度）から、刑事司法手続の入口段階にある被疑者・被告人等で、高齢又は障害により自立した生活を営むことが困難な者に対する支援に関する取組を開始した（資3-43-1参照）。具体的には、地域生活定着支援センターが実施している地域生活定着促進事業の業務として、新たに被疑者等支援業務を加え、刑事司法手続の入口段階にある被疑者・被告人等で高齢又は障害により自立した生活を営むことが困難な者に対して、地域生活定着支援センターと検察庁、弁護士会、保護観察所等が連携し、釈放後直ちに福祉サービス等を利用できるように支援を行うとともに、釈放後も地域生活への定着等のために支援等を行う取組を実施している。

　保護観察所においては、高齢又は障害により自立した生活を営むことが困難な者に対する上記の取組を含め、検察庁等と連携した起訴猶予者等に対する更生緊急保護の措置として、一定の期間重点的な生活指導等を行うとともに、福祉サービス等に係る調整のほか、就労支援等の社会復帰支援を行う「更生緊急保護の重点実施等」を行っており、2021年度（令和3年度）において、検察庁から事前協議を受け、更生緊急保護の重点実施等を行った対象者は、340人であった。

　さらに、2022年度（令和4年度）からは、被疑者等支援業務において、被疑者・被告人等で、高齢又は障害により自立した生活を営むことが困難な者について、同業務による支援に更につなげられるようにするため、弁護士との連携強化を促進することとしている。

　被疑者等支援業務の概要

被疑者等支援業務（概要）

【要旨】

○　刑事司法手続の入口段階にある被疑者・被告人等で高齢又は障害により福祉的な支援を必要とする者に対して、釈放後直ちに福祉サービス等を利用できるようにするため、地域生活定着支援センターが支援を行う。

【事業内容】

○　保護観察所等からの依頼に基づき、被疑者・被告人等と面会し、福祉ニーズ、釈放後の生活の希望等の聞き取りを行う。
○　市町村、福祉施設等への釈放後の福祉サービス等の利用調整、釈放時の福祉事務所、受入福祉施設等への同行、手続の支援等を行う。
○　起訴猶予、執行猶予等による地域生活移行後は、受入施設との調整、福祉サービスの相談支援など定着のための継続的な支援等を行う。

【実施主体】　都道府県（社会福祉法人、NPO法人等に委託可）

【事業スキーム】

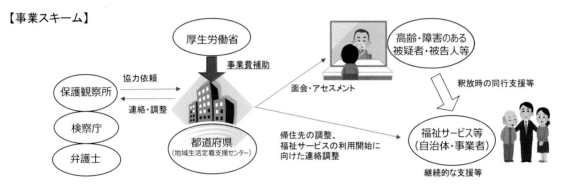

出典：厚生労働省資料による。

Column 04

検察庁等と協働した社会的に孤立した地域住民への支援

特定非営利活動法人くらし応援ネットワーク

　特定非営利活動法人くらし応援ネットワーク（以下「当法人」という。）は、愛知県名古屋市にある障害福祉団体です。開設当初から県地域生活定着支援センターの事業を受託し、検察庁・弁護士会・矯正施設・保護観察所等と協力しながら、福祉の支援が必要な被疑者や被告人、矯正施設退所者等に広域での支援（多機関協働による全国調整等）を実施してきました。本コラムでは、名古屋市から地域再犯防止推進モデル事業の再委託を受けて実施した「伴走型入口支援事業」の実際を紹介します。

　同事業は、刑事司法の側から見れば「福祉の支援が必要な者」を対象としていましたが、福祉の側から見れば「社会的に孤立した地域住民」であり、まさに基礎自治体（市町村）を土台として、事件をきっかけに発見された社会的に孤立していた地域住民に対して、刑事司法と連携して何ができるかを試行する事業に他なりませんでした。同事業では、当法人が市の「コーディネーター」となり、地域の側の立場から福祉の支援が必要な者（社会的に孤立した地域住民）に寄り添い、地域の支え合いや福祉サービスにつなぐ支援を実施しました。同事業がスタートすると、月5～6件のペースで検察官からコーディネーターに相談が入りました。「酒に酔って住居侵入を繰り返している事案」では、釈放された30代男性に警察署面談室で話を聞き支援プランを作成するうち、本人は過酷な環境で育ち、うつ状態になりながら生活保護を受給して単身生活を送っていましたが、ケアする人がおらず自棄になって飲酒をしていたとわかりました。週1回程度の訪問を重ね、買物や通院の同行、精神保健福祉手帳の取得、障害年金の申請等、本人につながり続ける支援を行いました。途中、再犯もありましたが、最後の再逮捕から現在まで1年以上再犯はありません。その理由は「今のこの貴重な時間を無駄にしたくないから」と本人は語っています。また、「空腹のため神社でさい銭泥棒をした事案」

の30代女性宅を訪問すると、母親は本人を威圧し、小遣いも渡さず台所で生活させていました。家族ごと地域から孤立していたため、コーディネーターは法務少年支援センターの「地域援助」（【施策番号100】参照）を活用しつつ、障害福祉サービスを活用して本人の生活基盤を整え直しました。

　上記のような事案に多数取り組む過程で、関係機関と協力し、連携に改良を加えていきました。例えば身柄事件では、依頼から釈放まで切迫しており、釈放時の出迎えは警察との連携も必要だったため、検察と警察が連携し、①釈放時間は柔軟に設定する、②釈放時はコーディネーターが出迎える旨を検察官から警察に伝える、③出迎え時にコーディネーターが警察署面談室で本人と面談できるようにするなどの工夫をしました。これにより、検察官からコーディネーターへの円滑なつなぎが可能となりました。他方、在宅事件では、コーディネーターが訪問しても支援に同意したことを本人が覚えていないことがあったため、必要に応じて、検察庁の事務担当者を介して、支援に関する「お知らせ」を本人に配付してもらう運用を開始しました。

　以上のように、刑事司法と福祉の連携は地域住民に対する支援として、基礎自治体（市町村）を巻き込む形でも展開できました。名古屋市は地域再犯防止推進モデル事業の経験を踏まえ、名古屋市再犯防止推進計画を策定しました。県内の他の市町村でも重層的支援体制整備事業等を土台として、地域の特色を活かして本格的な計画の策定に乗り出そうとしています。当法人も現場の福祉団体として、引き続き地域共生社会の実現に向けてまい進する所存です。本コラムが刑事司法と福祉の連携に関して、国・都道府県・市町村・民間団体の協働の一つの参考例ともなれば幸いです。

自ら一歩を踏み出した若者　　　　　　　　　　　　気にかけてくれる人と出会えた喜び

第2節　薬物依存を有する者への支援等

❶ 刑事司法関係機関等における効果的な指導の実施等

（1）再犯リスクを踏まえた効果的な指導の実施【施策番号44】

ア　矯正施設内における指導等について

（ア）刑事施設

　法務省は、刑事施設において、改善指導（【施策番号83】参照）のうち、特別改善指導の一類型として、薬物依存離脱指導の標準プログラム（指導の標準的な実施時間数や指導担当者、カリキュラムの概要等を定めたもの。）を定め、同指導を実施している（**資3-44-1**参照）。

　同指導は、認知行動療法[6]に基づいて、必修プログラム（麻薬、覚醒剤その他の薬物に依存があると認められる者全員に対して実施するもの）、専門プログラム（より専門的・体系的な指導を受講させる必要性が高いと認められる者に対して実施するもの）、選択プログラム（必修プログラム又は専門プログラムに加えて補完的な指導を受講させる必要性が高いと認められる者に対して実施するも

※6　認知行動療法
　　　行動や情動の問題、認知的な問題を治療の標的とし、これまで実証的にその効果が確認されている行動的技法と認知的技法を効果的に組み合わせて用いることによって問題の改善を図ろうとする治療アプローチを総称したもの。問題点を整理することによって本人の自己理解を促進するとともに、問題解決能力を向上させ、自己の問題を自分でコントロールしながら合理的に解決することのできる力を増大させることをねらいとして行われる。（「臨床心理学キーワード［補訂版］」坂野雄二編参照）

の）の三種類を整備し、対象者の再犯リスク、すなわち、犯罪をした者が再び犯罪を行う危険性や危険因子等に応じて、各種プログラムを柔軟に組み合わせて実施している。2021年度（令和3年度）の受講開始人員（三種類のプログラムの総数）は7,493人（前年：7,707人）であった。

資3-44-1　薬物依存離脱指導の概要（1）

地域社会とともに
開かれた矯正へ

刑事施設における特別改善指導

薬物依存離脱指導

■　指導の目標
　薬物依存の認識及び薬物使用に係る自分の問題を理解させた上で、断薬への動機付けを図り、再使用に至らないための知識及びスキルを習得させるとともに、社会内においても継続的に薬物依存からの回復に向けた治療及び援助等を受けることの必要性を認識させること。

- 対象者　　　麻薬、覚醒剤その他の薬物に対する依存がある者
- 指導者　　　刑事施設の職員（法務教官、法務技官、刑務官）、処遇カウンセラー（薬物担当）、民間協力者（民間自助団体等）
- 指導方法　　グループワーク、民間自助団体によるミーティング、講義、視聴覚教材、課題学習、討議、個別面接　等
- 実施頻度等　1単元60〜90分　全2〜12単元　標準実施期間：1〜6か月※
　　　　　　　※　薬物への依存の程度、再使用リスク等に応じて、必修プログラムのほか、専門プログラム・選択プログラムを組み合わせて実施。

カリキュラム

	項目	指導内容
必修	はじめに	プログラム概要を説明し、受講意欲を高めさせる。
	薬物使用の影響	薬物を使用することの利点と欠点について考えさせることで問題意識を持たせる。
	引き金に注意	薬物使用につながる「外的引き金」、「内的引き金」を具体化させ、自分の薬物使用のパターンの流れについての理解を深めさせる。
	再使用の予測と防止①	薬物を使用していた行動・生活パターンに戻ってしまう「リラプス」の兆候に気付き、対処する必要があることを理解させ、自分自身の「リラプス」の兆候及び対処方法を具体的に考えさせる。
	再使用の予測と防止②	回復途中に感じる「退屈さ」が「引き金」になることに気付かせ、スケジュールを立てることの大切さを理解させる。回復過程においては、ストレスの自覚と適切な対処が大切であることを理解させ、具体的な対処方法を考えさせるとともに実行を促す。
	活用できる社会資源	社会内で断薬を継続するための支援を行う専門機関についての情報を提供するとともに、民間自助団体の活動を紹介し、その内容について理解させる。
	おわりに	「再使用防止計画書」を作成させ、自分にとってのリラプスの兆候や引き金となる事象、それらへの対処方法について具体的にまとめさせる。
選択		項目及び指導内容については、専門プログラムから項目を選択し、各項目の指導内容に準じた内容とする。

	項目	指導内容
専門	オリエンテーション	プログラムの概要を説明し、目的とルールについて理解させる。薬物を使用することの利点と欠点について考えさせることで問題意識を持たせ、受講意欲を高めさせる。依存症とは何かを理解させる。
	薬物使用の流れ	薬物使用がどのように形成されるのかを理解させ、入所前の自分の状態を振り返らせる。「引き金」とは何かを理解させ、薬物使用に至る流れに関する知識を身に付けさせる。
	外的引き金	薬物使用につながる「外的引き金」を具体化させ、自分の薬物使用のパターンの流れについての理解を深めさせる。
	内的引き金	自分の薬物使用につながる「内的引き金」を具体化させ、自分の薬物使用のパターンや流れについての理解を深めさせる。
	回復段階	薬物依存からの回復の段階における特徴的な心身の状況を理解させ、回復に対する見通しを持たせる。
	リラプスの予測と防止	「リラプス」とは、薬物を使用していた行動・生活パターンに戻ってしまうことであり、再使用防止のためには「リラプス」の兆候に気付き、対処する必要があることを理解させ、自分自身の「リラプス」の兆候及び対処方法を具体的に考えさせる。
	いかりの綱	再使用には前兆があることを気付かせ、再使用に至らないための方法を具体的に考えさせる。所内生活において、それらの対処方法を実践するよう促す。
	退屈	回復途中に感じる「退屈さ」が「引き金」になることに気付かせ、スケジュールを立てることの大切さを理解させる。
	社会内のサポート－自助グループとは	社会内で断薬を継続するための支援を行っている専門機関についての情報を提供するとともに、民間自助団体の活動を紹介し、その内容について理解させる。
	仕事と回復	仕事が回復にどのような影響を及ぼすかを理解させ、両者のバランスを取ることの大切さを認識させる。
	再使用防止計画書	「再使用防止計画書」の発表を通じて、これまで学習してきた内容を確認しながら、自分にとってのリラプスの兆候や引き金となる事象、それらへの対処方法について具体的にまとめさせる。また、他の受講者からのフィードバックや発表を聞くことで、それまでの自分になかった新たな気付きを得る機会を提供する。
	まとめ	回復過程に必要なことは、意志の強さではなく、賢い対処であることを理解させるとともに、これまでのセッションで学んできた効果的な対処方法が身に付いてきているかを受講者本人に確認させる。

ダルク・NAとの連携

※　ダルク（DARC）：覚醒剤等の薬物から解放されるためのプログラムを持つ民間の薬物依存症リハビリ施設。

※　NA（ナルコティクス・アノニマス）：薬物依存症からの回復を目指す人たちのための自助グループ。

出典：法務省資料による。

資3-44-1　薬物依存離脱指導の概要（2）

刑事施設における薬物依存離脱指導

◎対象者の選定
　　○　面接調査やアセスメントツールを活用し、薬物への依存の程度
　　や再犯リスク等の薬物事犯者の問題性を把握

◎指導の目標
　　○　薬物依存の認識及び薬物使用に係る自分の問題点の理解
　　○　断薬への動機付けを高める
　　○　再使用に至らないための知識及びスキルを習得させる
　　○　社会内においても継続的に薬物依存からの回復に向けた治療
　　及び援助等を受けることの必要性を認識させる
◎実施方法等
　　○　1単元60～90分
　　○　全2～12単元、標準実施期間：1～6か月
◎今後、効果検証の結果を公表予定

受刑者個々の問題性やリスク、刑期の長さ等に応じ、
各種プログラムを組み合わせて実施

| 必修プログラム | ＤＶＤ教材・ワークブック |

| 専門プログラム | グループワーク（12回） |

| 選択プログラム | グループワーク | 民間自助団体によるミーティング | ＤＶＤ等の補助教材の視聴 | 面接、個別指導等 |

◎更生保護官署との連携
　　○　必修プログラム及び専門プログラムは、保護観察所と同様、
　　認知行動療法の手法を取り入れたプログラムを導入
　　○　刑事施設における指導実施結果とともに、心身の状況や服薬
　　状況等の医療情報を引き継ぎ、一貫性のある指導・支援を実施

受講開始人員の推移

H28年度	H29年度	H30年度	R元年度	R2年度	R3年度
9,435	10,989	9,728	8,751	7,707	7,493

出典：法務省資料による。

（イ）少年院
　少年院において、麻薬、覚醒剤その他の薬物に対する依存等がある在院者に対して、特定生活指導として薬物非行防止指導を実施し、2021年（令和3年）は303人（前年：293人）が修了している。また、男子少年院2庁（水府学院及び四国少年院）及び全女子少年院9庁では、薬物依存からの回復

をサポートする民間の自助グループ、医療関係者、薬物問題に関する専門家等を指導者として招へいし、グループワークを中心とした指導を実施しているほか、保護者向けプログラムを実施しているなど、特に重点的かつ集中的な指導を実施しており、2021年度（令和3年度）は、75人（前年：53人）が修了している。なお、男子少年院2庁においては、この指導を、他の少年院から在院者を一定期間受け入れて実施している。

イ　社会内における指導等について

保護観察所において、依存性薬物（規制薬物等、指定薬物及び危険ドラッグ）の使用を反復する傾向を有する保護観察対象者に対し、薬物再乱用防止プログラム（資3-44-2参照）を実施している。同プログラムは、ワークブックを用いるなどして依存性薬物の悪影響を認識させ、コアプログラム（薬物再乱用防止のための具体的方法を習得させる）及びステップアッププログラム（コアプログラムの内容を定着・応用・実践させる）からなる教育課程と簡易薬物検出検査を併せて行うものとなっている。

また、医療機関やダルク（【施策番号85】参照）等と連携し、薬物再乱用防止プログラムを実施する際の実施補助者として保護観察対象者への助言等の協力を得ているほか、保護観察終了後を見据え、それらの機関や団体等が実施するプログラムやグループミーティングに保護観察対象者がつながっていけるよう取り組むなどしている。なお、2021年度（令和3年度）は、新型コロナウイルス感染症の感染拡大に伴い、実施補助者として関係機関からの協力を得ることが難しくなるなど、関係機関との連携に支障が生じた一方、保護観察対象者との個別面接時に、関係機関に同席してもらうなど代替措置を講じ、関係機関との連携を図った。

資3-44-2　薬物再乱用防止プログラムの概要

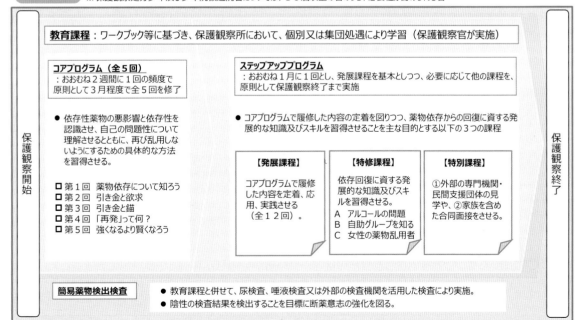

出典：法務省資料による。

ウ　処遇情報の共有について

　刑事施設及び保護観察所は、施設内処遇と社会内処遇の一貫性を保つため、刑事施設における薬物依存離脱指導の受講の有無のほか、指導結果や理解度、グループ処遇への適応状況、出所後の医療機関や自助グループを含めた民間団体への通所意欲、心身の状況や服薬状況等、より多くの情報を引き継いでいる。また、少年院においても、継続的な指導の実施に向け、薬物非行防止指導の実施状況を保護観察所に引き継いでいる。さらに、保護観察所においては、保護観察対象者が地域における治療・支援につながるよう働き掛けるとともに、保健医療機関、上記民間団体等に対し、保護観察対象者の同意を得た上で、必要に応じて、保護観察対象者の心身の状況等について情報の共有を図っている。

Column 05　少年用大麻再乱用防止プログラム

福岡県保健医療介護部薬務課

　近年、若年層を中心として、大麻事犯の検挙者が増加しています（【特集第1節-①-(2)】参照）。若年期の大麻使用は依存症になるリスクを高めるため、再乱用防止の支援が重要ですが、少年の大麻使用者を想定した再乱用防止プログラムがないこと、成人参加者が中心である既存のプログラムに少年が加わることが難しいことが課題となっていました。

　このような状況を踏まえ、福岡県では保健医療介護部薬務課と警察本部生活安全部少年課が連携し、2021年度（令和3年度）から「少年用大麻再乱用防止プログラム」を開始しました。主な取組内容は①少年の大麻使用者を想定したワークブックの作成、②同ワークブックを活用した再乱用防止プログラムの実施です。

　まず、①ワークブックの作成についてです。福岡県では薬物依存関連分野の専門家や関係機関の協力の下、全国初の少年用大麻再乱用防止ワークブック「F―CAN（エフキャン）[7]」を作成しました。F―CANは全15セッションで構成されており、大麻を使用していたときの状況等から、大麻がどのような役割を果たしていたのかを探り、その役割を別の行動で代替できるようになることや、大麻使用の引き金を避けたり、再発のサインに気付いて対処したりすることができるようになることを目指しています。

　また、F―CANは少年が取り組みやすいように、イラストを多く取り入れていることが特徴です。少年に大麻を使っていた時の気持ちを尋ねても、言葉で表現することは容易ではありません。そこで、様々な状況の選択肢をイラストで示し、少年が自分に近いものを選んで、それをきっかけに本当の気持ちを語ることができるように工夫しています。

　次に、②F―CANを用いた再乱用防止プログラムの実施についてです。警察本部少年課の少年サポートセンターが実施機関となり、同センターに配属されている少年補導職員が、大麻乱用少年（福岡県内居住の19歳以下の少年）を対象として、プログラムを実施しています。マンツーマンで行うため、少年の個々の特性に応じた丁寧な支援が可能です。

　少年補導職員は、少年相談や非行少年に対する立ち直り支援等を業務とする専門の職員で、中には公認心理師や社会福祉士等の資格を有した者もおり、これまで培った支援のノウハウがプログラムに活かされています。少年が、「なんとなく」、「興味本位で」という理由だけで大麻を使ってしまうことなく、自分自身ときちんと向き合えるよう、少年が抱える様々な問題を一緒に見つめ、薬物に頼らない生活を送ることができるように、寄り添った支援をしています。

　本プログラムは、検挙補導された少年の場合、警察署からの紹介や、その者が保護観察中であれば保護観察所からの協力依頼等により受講することができます。また、大麻をやめたいと希望する少年

※7　F―CAN
　　Fukuoka（福岡という地において）、Connection（人と人のあたたかな結びつきを取り戻し）、And（そして）、Navigation（自分自身を明るい未来に向かってナビできるようになろう）という思いを込めてつけました。また、CANには、君ならできる！という意味も込められています。

については、本人や家族等からの相談によりプログラムを受講することも可能で、薬務課が電話や専用サイトの相談フォームで受講の相談を受け付けています。

今後とも関係機関と連携、協力しながら、少年の大麻再乱用防止を推進してまいります。

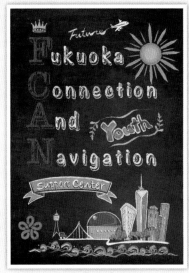

「F－CAN」表紙

「F－CAN」内容の一部

（2）矯正施設・保護観察所における薬物指導等体制の整備【施策番号45】

法務省は、刑事施設の教育担当職員に対し、薬物依存に関する最新の知見を付与するとともに、認知行動療法等の各種処遇技法を習得させることを目的とした研修を実施している。少年院の職員に対しては、医療関係者等の協力を得て、薬物依存のある少年への効果的な指導方法等についての研修を実施している。2017年度（平成29年度）からは、薬物使用経験のある女子在院者については、低年齢からの長期間にわたる薬物使用や女子特有の様々な課題を抱えていることが多く、それらの課題に適切に対応し得る専門的な指導能力が求められることから、専門的知識及び指導技術の一層の向上を図るため、女子少年を収容する施設間において、職員を相互に派遣して行う研修を実施している。

また、施設内処遇と社会内処遇との連携強化のため、2017年（平成29年）から、矯正施設職員及び保護観察官を対象とした薬物依存対策研修を実施している。同研修においては、SMARPP[8]の開発者及び実務者のほか、精神保健福祉センター[9]、病院及び自助グループにおいて薬物依存症者に対する指導及び支援を行っている実務家を講師として招き、薬物処遇の専門性を有する職員の育成を行っている。

さらに、保護観察所において、2017年（平成29年）4月から、処遇効果の充実強化を図ることを目的として、薬物依存に関する専門的な処遇を集中して行う薬物処遇ユニット（資3-45-1参照）を保護観察所に設置し（2022年（令和4年）4月現在で28庁）、薬物事犯者に係る指導及び支援を実施している。

---

[8] SMARPP
　Serigaya Methamphetamine Relapse Prevention Program（せりがや覚せい剤依存再発防止プログラム）の略称であり、薬物依存症の治療を目的とした認知行動療法に基づくプログラムである。
[9] 精神保健福祉センター
　都道府県や指定都市に設置されており、精神保健及び精神障害者の福祉に関する知識の普及・調査研究、相談及び指導のうち複雑又は困難なものを行うとともに、精神医療審査会の事務、精神障害者保健福祉手帳の申請に対する決定、自立支援医療費の支給認定等を行い、地域精神保健福祉活動推進の中核を担っている。

資3-45-1　薬物処遇ユニットの概要

薬物処遇ユニット（イメージ）

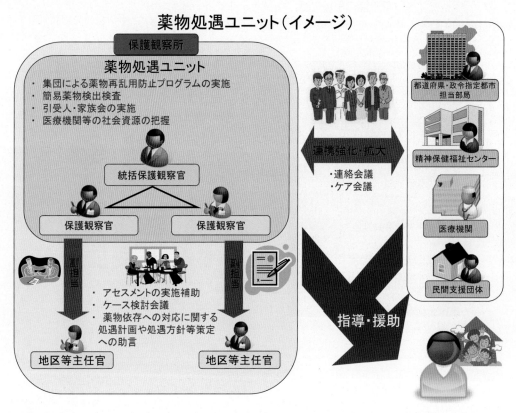

出典：法務省資料による。

（3）更生保護施設による薬物依存回復処遇の充実【施策番号46】

　法務省は、一部の更生保護施設を薬物処遇重点実施更生保護施設に指定し、精神保健福祉士や公認心理師等の専門的資格を持った専門スタッフを中心に薬物依存からの回復に重点を置いた専門的な処遇を実施している。

　薬物処遇重点実施更生保護施設の数は、2022年（令和4年）4月現在で、25施設であり、2021年度（令和3年度）における薬物依存がある保護観察対象者等の受入人員は666人（前年度：751人）であった。

（4）薬物事犯者の再犯防止対策の在り方の検討【施策番号47】

　法務省及び検察庁は、薬物事犯者の再犯を防止するため、刑事施設内における処遇に引き続き、社会内における処遇を実施する刑の一部の執行猶予制度（資3-47-1参照）の適切な運用を図っている。

　法務省は、刑事施設において、受刑者に対し、薬物依存離脱指導（【施策番号44ア】参照）の効果を一層高めるための方策について検討を進めている。また、薬物事犯者の再犯防止のための新たな取組として、2019年度（令和元年度）から、薬物依存からの「回復」に焦点を当て、出所後の生活により近い環境下で、社会内においても継続が可能となるプログラムを受講させるとともに、出所後に依存症回復支援施設に帰住等するための支援を行う女子依存症回復支援モデル事業を実施している（資3-47-2参照）。

　更生保護官署においては、官民一体となった「息の長い支援」を実現するための新たな取組として、2019年度（令和元年度）から、薬物依存のある受刑者について、一定の期間、更生保護施設等に居住させた上で、薬物依存症者が地域における支援を自発的に受け続けるための習慣を身に付けられるよう地域の社会資源と連携した濃密な保護観察処遇を実施する、薬物中間処遇を試行的に開始し、2022年（令和4年）4月現在で、9施設において実施している。

　また、法務総合研究所において、2016年度（平成28年度）から、国立研究開発法人国立精神・神経医療研究センターと共同で薬物事犯者に関する研究を実施し、覚醒剤事犯で刑事施設に入所した者に対する質問紙調査等から得られた薬物事犯者の特性等に関する基礎的データの分析等を行っている。2021年度（令和3年度）には、冊子「覚せい剤事犯者の理解とサポート2018」の内容に、受刑回数と薬物関連問題の重症度との関連や、薬物依存と他の依存の重なりがある覚醒剤事犯者の特徴など新たな研究成果を加えた「覚醒剤事犯者の理解とサポート2021」[※10]を作成し、関係機関に配布した。

資3-47-1　刑の一部執行猶予制度の概要

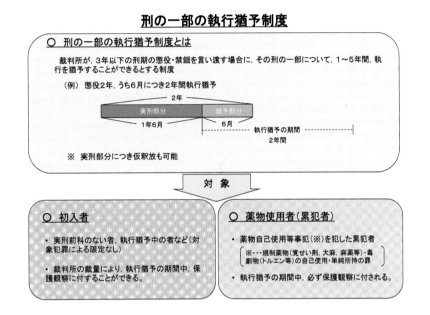

出典：法務省資料による。

※10 覚醒剤事犯者の理解とサポート2021
　　本冊子は、国立研究開発法人国立精神・神経医療研究センターのウェブサイト（https://www.ncnp.go.jp/nimh/yakubutsu/reference/index.html）で公表されている。本冊子は、（https://www.ncnp.go.jp/nimh/yakubutsu/reference/pdf/2022_0418KJ.pdf）を参照されたい。

札幌刑務支所「女子依存症回復支援センター」

札幌刑務支所「女子依存症回復支援センター」
〜受刑段階から出所後の支援と直結した指導を実施〜

○ 女性特有の問題に着目した多様なプログラムの実施

週間プログラム（例）

		月曜日	火曜日	水曜日	木曜日	金曜日
午前		センターミーティング	作業	作業	センターミーティング	作業
		NA・AAメッセージミーティング			ソマティクス（ボディーワーク）	
午後		作業	手仕事&アート	生活術	作業	センターミーティング
			コアプログラム	コアプログラム		プリズン・ブック・クラブ

※　週1回、プログラムと並行してカンファレンスを実施する。

コアプログラムの概要

＜特徴＞
・女性特有の事情を反映し、出所後も継続使用できるプログラム構成
・オープンエンド方式による編入

＜内容（主なセッション）＞
・あなたがここにいる理由
・依存症（アディクション）ってなんですか
・止めなければいけない？
・わたしの応援団
・変化していく女性のからだ
・グチと相談
・依存先を増やす　　　　　　　　など

○ プログラムとの相乗効果を期待した特徴的な処遇の実施

刑務作業
農作業を通じて、心身の安定を図る

いちごの苗
ビニールハウス
いちごの栽培（北海道産品種：けんたろう）
ビニールハウス（内部）

その他

＜所内での生活＞
・薬物の自己使用からの回復という同じ目的を持った者による自主性を重んじた共同生活
・出所後の生活環境に近い処遇環境

＜出所にあたって＞
・施設内で使用したテキストを持ち帰り、出所後の更生意欲を喚起

○ 処遇環境の整備
コンセプト：出所後の生活（回復支援施設）に近い環境

居室棟（みのり寮）
〜夜間・休日の生活エリア〜

居室
入浴場
寮内
ホール

女子依存症回復支援センター
〜日中活動のエリア〜

多目的スペース
ミーティングルーム

出典：法務省資料による。

　厚生労働省は、2019年度（令和元年度）から、地方厚生（支）局麻薬取締部・支所（以下「麻薬取締部」という。）に公認心理師等の専門支援員を配置し、麻薬取締部において薬物事犯により検挙された者のうち、保護観察の付かない全部執行猶予判決を受けた薬物初犯者を主な対象として、希望者に対し、「直接的支援（断薬プログラムの提供）」、「間接的支援（地域資源へのパイプ役）」、「家族支援（家族等へのアドバイス）」の3つの支援を柱とする再乱用防止対策事業を実施している。2021年度（令和3年度）からは、法務省と連携し、本事業の対象者を麻薬取締部以外の捜査機関において薬物事犯により検挙され同様の判決を受けた者等にも拡大している。

　また、厚生労働省では、2021年（令和3年）1月から医学・薬学・法学の有識者を構成員とする「大麻等の薬物対策のあり方検討会」を計8回開催し、2021年（令和3年）6月にとりまとめ[11]を公表した。同とりまとめにおいて、刑事司法関係機関等における社会復帰につなげる指導・支援、医

療提供体制に係る取組の継続及び地域社会における本人・家族等への支援体制の充実により、再乱用防止と社会復帰支援を進めていく必要があるとの基本的な方向性が示された。

　法務省及び厚生労働省は、2018年度（平成30年度）から今後の「薬物事犯者の再犯防止対策の在り方に関する検討会」を開催しており、2021年（令和3年）5月に中間取りまとめ[12]を公表した。

❷ 治療・支援等を提供する保健・医療機関等の充実

（1）薬物依存症治療の専門医療機関の拡大【施策番号48】

　厚生労働省は、薬物依存症を含む依存症対策について、各地域において、医療体制や相談体制の整備を推進するとともに、地域支援ネットワーク構築、依存症全国拠点機関による人材育成・情報発信や、依存症の正しい理解の普及啓発などを総合的に推進している。これら取組の全体像については**資3-48-1**を参照。

　また、厚生労働省は、2017年度（平成29年度）から、依存症対策全国拠点機関として独立行政法人国立病院機構久里浜医療センターを指定している。同センターでは、国立研究開発法人国立精神・神経医療研究センターと連携して薬物依存症を含む依存症治療の指導者養成研修を実施するとともに、都道府県及び指定都市の医療従事者を対象とした依存症治療の研修を実施している。

　このほか、厚生労働省は、都道府県及び指定都市が薬物依存症の専門医療機関及び治療拠点機関の選定や薬物依存症者への相談・治療等の支援に関わる者（障害福祉サービス事業所や福祉事務所の職員など）を対象とした研修を進めていくに当たり、財政的、技術的支援を行っている。

資3-48-1 依存症対策の概要

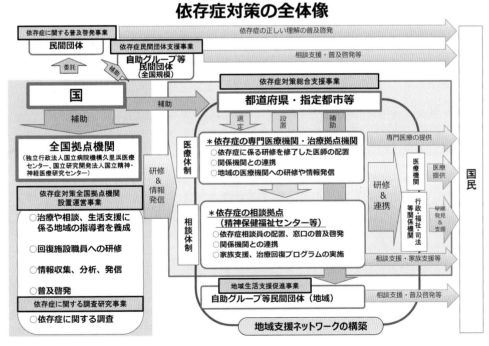

出典：厚生労働省資料による。

※11 大麻等の薬物対策のあり方検討会　とりまとめURL
（https://www.mhlw.go.jp/content/11121000/000796820.pdf）

※12 薬物事犯者の再犯防止対策の在り方に関する検討会　中間取りまとめURL
（https://www.moj.go.jp/content/001348527.pdf）

（2）薬物依存症に関する相談支援窓口の充実【施策番号49】

　厚生労働省は、依存症対策全国拠点機関を通じて、薬物依存症者本人及びその家族等を対象とした相談支援に関して指導的役割を果たす指導者養成研修を実施するとともに、都道府県及び指定都市の相談支援を行う者を対象とした研修を実施している。

　また、厚生労働省は、2017年度（平成29年度）から、都道府県及び指定都市において、依存症相談員を配置した依存症相談拠点の設置を進めていくに当たり、財政的、技術的支援を行っている。

（3）自助グループを含めた民間団体の活動の促進【施策番号50】

　厚生労働省は、2017年度（平成29年度）から、地域で薬物依存症に関する問題に取り組む自助グループ等民間団体の活動を地方公共団体が支援する「薬物依存症に関する問題に取り組む民間団体支援事業（地域生活支援促進事業）」を実施しており、2018年度（平成30年度）からは、全国規模で活動する民間団体の活動を支援する「依存症民間団体支援事業」を実施している。

（4）薬物依存症者の親族等の知識等の向上【施策番号51】

　厚生労働省は、毎年全国6ブロック（北海道・東北地区、関東信越地区、東海北陸地区、近畿地区、中国・四国地区、九州・沖縄地区）において、地域の薬物相談を担う保健所や精神保健福祉センターの職員等に加えて、一般国民にも公開して「再乱用防止対策講習会」を開催している。同講習会では、薬物依存症治療の専門医、地域の薬物依存症者支援に取り組む家族会からの講演を行うなど、薬物依存症に対する意識・知識の向上を図っている。2021年度（令和3年度）は新型コロナウイルス感染症の影響により開催を中止したものの、2022年度（令和4年度）は福島県、東京都、岐阜県、和歌山県、岡山県及び佐賀県で開催予定である。

　このほか、薬物依存症者を抱える親族等に向けた、薬物再乱用防止啓発冊子「ご家族の薬物問題でお困りの方へ」[13]を作成し、各都道府県の薬務課や精神保健福祉センター、保護観察所、矯正施設、民間支援団体などを通じて配布し、正しい知識と相談窓口の周知を図っている。また、依存症に対する誤解や偏見をなくし、依存症に関する正しい知識と理解を深めるため、普及啓発イベントの実施やリーフレット[14]のウェブサイトへの掲載等、広く一般国民を対象とした普及啓発事業を行っている。

（5）薬物依存症対策関係機関の連携強化【施策番号52】

　警察は、「第五次薬物乱用防止五か年戦略」（2018年（平成30年）8月薬物乱用対策推進会議策定。資3-52-1参照）等に基づき、各地域において薬物依存症対策を含めた総合的な薬物乱用対策を目的として開催される「薬物乱用対策推進地方本部全国会議」等に参加し、地方公共団体や刑事司法関係機関等の関係機関と情報交換を行っている。さらに、毎年度、相談の機会が必要と認められる薬物乱用者やその家族への供覧・配布を目的とした再乱用防止のためのパンフレット[15]を作成して、全国の精神保健福祉センターや家族会等の窓口を紹介するなどの情報提供を実施している。

　法務省及び厚生労働省は、2015年（平成27年）に策定された「薬物依存のある刑務所出所者等の支援に関する地域連携ガイドライン」（資3-52-2参照）に基づき、保護観察所と地方公共団体や保

※13 薬物再乱用防止啓発冊子「ご家族の薬物問題でお困りの方へ」
https://www.mhlw.go.jp/stf/seisakunitsuite/bunya/kenkou_iryou/iyakuhin/yakubuturanyou/other/kazoku_doikuhon.html参照

※14 リーフレット：依存症って？—「依存症を正しく知って」「支える」ために—
https://www.mhlw.go.jp/content/12200000/000620866.pdf

※15 再乱用防止のためのパンフレット
https://www.npa.go.jp/bureau/sosikihanzai/yakubutujyuki/yakubutu/soudanshitemimasenka.pdf

健所、精神保健福祉センター、医療機関その他関係機関とが定期的に連絡会議を開催するなどして、地域における支援体制の構築を図っている（**資3-52-3**参照）。

　法務省は、刑事施設と保護観察所との効果的な連携の在り方について共通の認識を得ることを目的として、「薬物事犯者に対する処遇プログラム等に関する矯正・保護実務者連絡協議会」を開催し、刑事施設及び保護観察所の指導担当職員等が、双方の処遇プログラムの実施状況等の情報を交換している。同協議会では、大学教授や自助グループを含む民間団体等のスタッフを外部機関アドバイザーとして招へいするなどしており、今後も、依存症専門医療機関の医師等を招へいして、薬物依存症者の支援及び関係機関との連携の在り方を検討していくこととしている。

　少年院においては、在院者に対する薬物非行防止指導の実施に当たり、民間自助グループや医療関係者等の協力を受けることとしている。

　厚生労働省は、全国6ブロック（北海道・東北地区、関東信越地区、東海北陸地区、近畿地区、中国・四国地区、九州・沖縄地区）において、「薬物中毒対策連絡会議」を主催している。同会議では、薬物依存症治療の専門医のほか、各地方公共団体の薬務担当課・障害福祉担当課・精神保健福祉センター・保健所、保護観察所、矯正施設等の薬物依存症者を支援する地域の関係機関職員間が、地域における各機関の薬物依存症対策に関する取組や課題等を共有するとともに、それらの課題に対する方策の検討を行い、関係機関の連携強化を図っている。2021年度（令和3年度）は新型コロナウイルス感染症の影響により実地開催を中止したものの、書面にて情報共有を行った。さらに、厚生労働省は、都道府県及び指定都市において、行政や医療、福祉、司法等の関係機関による連携会議を開催するに当たり、財政的、技術的支援を行っている。同会議では、薬物依存症者やその家族に対する包括的な支援を行うために、地域における薬物依存症に関する情報や課題の共有を行っている。

資3-52-1　「第五次薬物乱用防止五か年戦略」の概要

「第五次薬物乱用防止五か年戦略」（概要）

※平成30年8月薬物乱用対策推進会議決定

戦略策定に向けた3つの視点
・国際化を見据えた水際を中心とした薬物対策　・未規制物質・使用形態の変化した薬物への対応　・関係機関との連携を通じた乱用防止対策

5つの目標

目標1　青少年を中心とした広報・啓発を通じた国民全体の規範意識の向上による薬物乱用未然防止

＜学校における薬物乱用防止教育＞	＜関係機関等との連携、海外渡航者への広報＞	＜広報・啓発の強化＞
○関係機関が連携した薬物乱用防止教室の充実 ○指導者に対する研修会等による資質向上	○関係機関・団体と連携した広報・啓発活動 ○大麻を原材料とする食品の持ち帰りの注意喚起	○科学的知見を広報・啓発資材へ反映 ○危険性等を強く印象付けられる画像等の利用

目標2　薬物乱用者に対する適切な治療と効果的な社会復帰支援による再乱用防止

＜医療提供体制の強化＞	＜社会復帰のための指導・支援＞	＜研究の推進＞
○認知行動療法等の専門医療機関の充実 ○薬物依存症治療の従事者への研修	○刑事司法関係機関等による指導・支援の推進 ○依存症相談員を配置した相談拠点の設置	○薬物乱用実態の研究の推進 ○治療回復プログラム等の効果検証

目標3　薬物密売組織の壊滅、末端乱用者に対する取締りの徹底及び多様化する乱用薬物等に対する迅速な対応による薬物の流通阻止

＜捜査基盤の整備と連携強化＞	＜巧妙化潜在化する密売事犯への対応＞	＜未規制物質等の情報収集と迅速な規制＞
○薬物専門の捜査・情報分析・鑑定等体制強化 ○合同捜査・共同摘発の推進	○サイバーパトロール等による情報収集強化 ○向精神薬悪用事例等への対応	○高度な鑑定、毒性評価、鑑定手法の研究・導入 ○関係機関間での迅速な情報共有

目標4　水際対策の徹底による薬物の密輸入阻止

＜密輸等の情報収集・取締体制の強化＞	＜水際と国内の関係機関が連携した取締の徹底＞	＜訪日外国人に対する広報啓発＞
○国内外関係機関と連携した早期の情報入手 ○取締りに必要な資機材の整備	○コントロールド・デリバリー捜査の活用 ○合同捜査・共同摘発の推進	○多言語での発信による広報・啓発強化 ○国際会議・在外機関等を通じた広報・啓発

目標5　国際社会の一員としての国際連携・協力を通じた薬物乱用防止

＜各国・地域の薬物乱用実態等の把握＞	＜国際的な取締体制の構築＞	＜国際会議・国際枠組への積極的な参画＞
○インターネット対策等捜査手法に係る情報収集 ○国際機関を通じた乱用薬物の情報収集	○国際捜査共助・逃亡犯罪人引渡等の活用 ○職員の派遣等を通じた協力体制の構築	○アジア地域での薬物対策の協議及び知見の共有 ○国連麻薬委員会等への参加を通じた諸外国との連携

※項目は主なものを記載

出典：厚生労働省資料による。

資3-52-2 薬物依存のある刑務所出所者等の支援に関する地域連携ガイドラインの概要

「薬物依存のある刑務所出所者等の支援に関する地域連携ガイドライン」の概要

策定の背景

・薬物依存対策は政府の重要な政策課題の一つであり，薬物依存者等を対象とした刑の一部の執行猶予制度が平成28年6月から施行。
・薬物依存者の再犯（再使用）の防止は，刑事司法機関と，地域の医療・保健・福祉機関等との連携体制の構築が不可欠。
・そのため，法務省と厚生労働省が共同で平成27年11月に本ガイドラインを策定し，保護観察所や自治体等へ周知の上，平成28年4月から実施。

ガイドラインの概要

総　論

基本方針
・精神疾患としての認識共有
・シームレスな支援
・民間支援団体との連携

関係機関
保護観察所，都道府県等，精神保健福祉センター，保健所，福祉事務所，市町村（特別区を含む）障害保健福祉主管課，刑事施設，地方更生保護委員会，依存症治療拠点機関及び薬物依存者に対する医療的支援を行うその他の医療機関

地域支援体制の構築
・定期的に連絡会議を開催する。
・薬物依存者の支援に関する人材の育成に努める。
・知見の共有等により，地域における薬物乱用に関する問題解決能力の向上を図る。
・相互の取組に関する理解及び支援の促進に努める。

情報の取扱い
・必要な情報は，他の機関又は団体における情報の取扱方針等に配慮しつつ，共有する。
・支援対象者に関する情報共有は，原則として本人の同意を得る。　　　　　　　　　　　　　　　等

各　論

薬物依存者本人に対する支援
（刑事施設入所中の支援）
・刑事施設，地方更生保護委員会及び保護観察所は，出所後に必要な支援等に関するアセスメントを行う。
・保護観察所は，アセスメントの結果を踏まえ，出所後の社会復帰上の課題と対応方針を検討する。　　　等
（保護観察中の支援）
・保護観察所は，支援対象者に対する指導監督を行うとともに，必要な支援を受けることができるよう調整する。
・医療機関は，支援対象者の治療や，必要に応じて関係機関に対する情報提供等を行う。
・都道府県，精神保健福祉センター又は保健所は，支援対象者の希望に応じ，回復プログラム等を実施する。
・福祉事務所又は市町村障害保健福祉主管課は，支援対象者の希望に応じ，必要な福祉的支援を実施する。
・関係機関は，保護観察所等の求めに応じ，支援対象者に対する支援に関するケア会議等に出席する。　　　等
（保護観察終了後の支援）
・保護観察所は，支援対象者の希望に応じ，精神保健福祉センターその他の関係機関に支援を引き継ぐ。　　　等

家族に対する支援
・関係機関は，支援対象者に対する支援に当たっては，本人の意向とともに家族の意向を汲む。
・関係機関は，相互に協力して効果的に家族支援を行うとともに，希望に応じ，保護観察終了後も支援を行う。　等

出典：法務省・厚生労働省資料による。

資3-52-3 ガイドラインを踏まえた薬物依存者に対する支援等の流れ

ガイドラインを踏まえた薬物依存者に対する支援等の流れ（イメージ図）

出典：法務省・厚生労働省資料による。

（6）薬物依存症治療の充実に資する診療報酬の検討【施策番号53】

厚生労働省は、診療報酬の中で、薬物依存症に対する治療を精神疾患に対する専門的な治療である精神科専門療法として評価している。

2016年度（平成28年度）診療報酬改定において、薬物依存症の患者に、集団療法を実施した場合の評価として「依存症集団療法」を新設し、2018年度（平成30年度）診療報酬改定において、薬物依存症についても精神科専門療法の対象疾患に含まれることを明確化するとともに、薬物依存症の患者等に対し、計画的に実施される専門的な精神科ショート・ケアに対する加算として、「疾患別等専門プログラム加算」を新設した。さらに、2022年度（令和4年度）診療報酬改定において、薬物依存症に対する有用な入院治療の開発を踏まえ、薬物依存症に係る入院管理について、「依存症入院医療管理加算」として新たに評価した。

❸ 薬物依存症の治療・支援等ができる人材の育成

（1）薬物依存症に関する知見を有する医療関係者の育成【施策番号54】

薬物依存症は、治療と回復に時間を要することから、医師や看護師を始めとする医療関係者には、薬物依存症に関する適切な治療に加え、周囲へ正しい理解と協力を促す役割が期待されている。また、医療関係者が薬物依存症に対する正しい理解を深められるよう、適切な育成を行っていく必要がある。

厚生労働省は、一定の精神科実務経験を有し、法律等に関する研修を修了した医師のうちから、「精神保健指定医」を指定し、薬物依存症を含む精神疾患に関する治療等を行わせている。また、一般的な医療関係者の育成においても、診察に従事しようとする医師に必修化されている医師臨床研修制度において、2020年度（令和2年度）から、新たな臨床研修の到達目標を適用しており、経験すべき疾病・病態として薬物等依存症を含む依存症を位置付けている。さらに、看護師については、保健師助産師看護師国家試験出題基準において、薬物を含む依存症対策に関する項目が含まれており、依存症に関する知見を、看護師として具有すべき基本的な知識及び技能として位置付けている。

（2）薬物依存症に関する知見を有する福祉専門職の育成【施策番号55】

精神保健福祉士及び社会福祉士は、薬物依存症に関する知識を身に付けることで、薬物依存症者が地域で生活するために必要な支援ニーズを把握し、関係機関へつなげるなどの相談援助を実施している。

厚生労働省は、薬物依存を始めとする各依存症について教育内容を充実させるため、精神保健福祉士及び社会福祉士の養成カリキュラムの見直しを行い、2021年（令和3年）4月入学者から、複数の科目において、心理面や社会問題、地域生活課題といった視点で依存症を学ぶこととしている。

（3）薬物依存症に関する知見を有する心理専門職の育成【施策番号56】

公認心理師※16は、薬物依存症の回復支援において、アセスメントや依存症集団療法等の専門的支援等、心理的側面から助言、指導その他の援助等を行っている。

また、公認心理師試験の出題基準には、「依存症（薬物、アルコール、ギャンブル等）」の項目等が示されている。公認心理師の養成カリキュラムにおいて、公認心理師となるために必要な科目として、「健康・医療心理学」「精神疾患とその治療」「保健医療分野に関する理論と支援の展開」等の科目を規定している。大学等によっては、それらの科目の中で薬物依存症を取り上げている。

※16 公認心理師
　　心理学に関する専門的知識及び技術をもって、心理に関する相談、援助等の業務に従事する者。平成27年に成立した公認心理師法（平成27年法律第68号）に基づく国家資格であり、保健医療、福祉、教育、司法・犯罪、産業・労働等の様々な分野で活躍している。

（4）薬物依存症に関する知見を有する支援者の育成【施策番号57】

　法務省における取組は、【施策番号45】を参照。

　厚生労働省における取組は、【施策番号48】を参照。

第4章

令和4年版
再犯防止推進白書

学校等と連携した
修学支援の実施等のための取組

春の岩手山

第4章 学校等と連携した修学支援の実施等のための取組

第1節 学校等と連携した修学支援の実施等

❶ 児童生徒の非行の未然防止等

（1）学校における適切な指導等の実施【施策番号58】

ア　いじめの防止

　文部科学省は、いじめ防止対策推進法（平成25年法律第71号）等の趣旨を踏まえ、道徳教育等を通したいじめ防止のための取組を推進している。また、各都道府県教育委員会等の生徒指導担当者向けの行政説明において、必要に応じて心理や福祉等の専門家、教員、警察官経験者など外部専門家の協力を得ながら、複数の教職員が連携し、組織的に、いじめをやめさせ、その再発を防止する措置をとるよう、周知徹底しているところである。加えて、いじめ等の諸課題について、法務の専門家への相談を必要とする機会は増加していることを踏まえ、2020年度（令和2年度）から、都道府県・指定都市教育委員会が弁護士等への法務相談を行う経費が普通交付税措置され、2020年（令和2年）12月には弁護士による対応事例等を盛り込んだ「教育行政に係る法務相談体制構築に向けた手引き」[※1]を作成し、公表した。

イ　人権教育

　文部科学省は、日本国憲法及び教育基本法（平成18年法律第120号）の精神にのっとり、人権教育及び人権啓発の推進に関する法律（平成12年法律第147号）及び「人権教育・啓発に関する基本計画」（平成14年3月15日閣議決定、平成23年4月1日一部変更）に基づく、人権尊重の意識を高める教育を推進している。

ウ　非行の防止

　文部科学省は、再非行の防止の観点も含めた学校における非行防止のための取組を推進しており、2021年度（令和3年度）は、全国の生徒指導担当者等が出席する会議において、推進計画の趣旨や非行防止に関する具体的な取組について周知した。

　また、各学校に対して、警察官等を外部講師として招き、非行事例等について児童生徒に直接語ることにより、犯罪についての正しい理解を図る「非行防止教室」や、中学生・高校生を対象に、犯罪被害者等への配慮や協力への意識のかん養を図る犯罪被害者等による講演会「命の大切さを学ぶ教室」の実施を促した。

　さらに、警察庁との共催で、教育委員会、警察、保護観察所等の関係機関が参加する「問題行動に関する連携ブロック協議会」を北海道・東北地方と近畿地方で実施した。

エ　薬物乱用の防止

　文部科学省は、「第五次薬物乱用防止五か年戦略」（【施策番号52】参照）を踏まえ、薬物乱用防止

※1　「教育行政に係る法務相談体制構築に向けた手引き」URL
　　　https://www.mext.go.jp/content/20220301-mxt_syoto01-000011909_1.pdf

教育の充実に努めている。

　学校における薬物乱用防止教育は、小学校の体育科、中学校及び高等学校の保健体育科、特別活動の時間はもとより、道徳、総合的な学習の時間等の学校の教育活動全体を通じて指導が行われるよう周知を図っている。

　また、全ての中学校及び高等学校において、年に1回は薬物乱用防止教室を開催するとともに、地域の実情に応じて小学校においても薬物乱用防止教室の開催に努めるなど、薬物乱用防止に関する指導の一層の徹底を図るよう都道府県教育委員会等に対して指導している（**資4-58-1**参照）。

　さらに、大学生等を対象とした薬物乱用防止のためのパンフレット[※2]の作成・周知等を通して、薬物乱用防止に関する啓発の強化を図っている。

資4-58-1　薬物乱用防止教室の開催状況

（平成27年度～令和3年度）

		H27	H28	H29	H30	R3
小学校段階 （義務教育学校前期課程を含む）	開 催 校 数	15,676	15,886	15,787	15,538	13,476
	開催率（％）	76.2	77.3	79.0	78.7	70.7
中学校段階 （義務教育学校後期課程、 中等教育学校前期課程を含む）	開 催 校 数	9,312	9,566	9,406	9,307	8,210
	開催率（％）	88.9	91.0	90.9	90.6	81.9
高等学校段階 （中等教育学校後期課程を含む）	開 催 校 数	4,029	4,144	4,127	4,045	3,605
	開催率（％）	84.6	86.2	86.2	85.8	77.9
全学校種	開 催 校 数	29,017	29,596	29,320	28,890	25,291
	開催率（％）	81.0	82.5	83.5	83.2	75.0

出典：文部科学省資料による。
注　令和元年度、2年度については、新型コロナウイルス感染症の感染拡大の影響により、開催状況調査は未実施。

オ　中途退学者等への就労支援

　文部科学省及び厚生労働省は、高等学校等と地域若者サポートステーション[※3]（以下「サポステ」という。）との連携強化を図ることで、中途退学者等への切れ目のない支援を実施している。具体的には、全国に177か所設置されているサポステにおいて、中途退学者等の希望に応じて学校や自宅等へ訪問するアウトリーチ型の相談支援を実施している。

（2）地域における非行の未然防止等のための支援【施策番号59】

　内閣府では、子供・若者育成支援推進大綱（令和3年4月6日子ども・若者育成支援推進本部決定）に基づき、「子ども・若者支援地域協議会」[※4]及び「子ども・若者総合相談センター」[※5]の地方公共団体における整備を加速するとともに、更なる機能向上等を推進している。これらの取組は地域における非行の未然防止等にも有効であるとの観点から、「地域における子供・若者支援体制の整備推進事業」

※2　薬物乱用防止のためのパンフレット
　　https://www.mext.go.jp/a_menu/kenko/hoken/1344688.htm

※3　地域若者サポートステーション
　　働くことに悩み・課題を抱えている15歳～49歳までの方に対し、キャリアコンサルタント等による専門的な相談支援、個々のニーズに即した職場体験、就職後の定着・ステップアップ相談等による職業的自立に向けた支援を行う就労支援機関のこと。
※4　子ども・若者支援地域協議会
　　子ども・若者育成支援推進法（平成21年法律第71号）第19条で、地方公共団体は、関係機関等が行う支援を適切に組み合わせることによりその効果的かつ円滑な実施を図るため、単独で又は共同して、関係機関等により構成される子ども・若者支援地域協議会を置くよう努めるものとされている。
※5　子ども・若者総合相談センター
　　子ども・若者育成支援推進法第13条で、地方公共団体は、子ども・若者育成支援に関する相談に応じ、関係機関の紹介その他の必要な情報の提供・助言を行う拠点（子ども・若者総合相談センター）としての機能を担う体制を、単独で又は共同して確保するよう努めるものとされている。

（資4-59-1参照）を実施している。2022年（令和4年）1月現在、子ども・若者支援地域協議会が134の地域に、子ども・若者総合相談センターが109の地域に、それぞれ設置されている。

　また、地域における子供・若者支援人材の養成のため、相談業務やアウトリーチ（訪問支援）等に従事する者に対し、知識・技法の向上等に資する研修を実施している。

資4-59-1　「子ども・若者支援地域協議会」・「子ども・若者総合相談センター」の概要

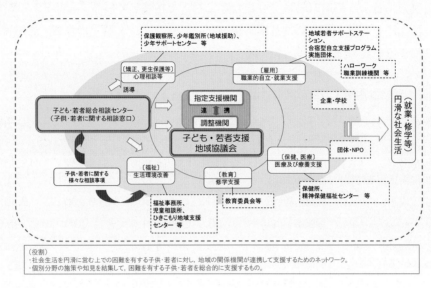

出典：内閣府資料による。

　警察は、少年警察ボランティア（少年補導員[6]、少年警察協助員[7]及び少年指導委員[8]）等と連携して、社会奉仕体験活動等を通じた問題を抱えた少年の居場所づくりのほか、非行の未然防止等を図るための街頭補導活動や学校における非行防止教室を行っている。また、少年や保護者等の悩みや困りごとについて、専門的知識を有する警察職員が面接や電話等で相談に応じ、指導・助言を行っている。

　法務省は、地域援助として、少年鑑別所が地域の小学校、中学校、高等学校、特別支援学校等からの心理相談等を受け付けている。2021年（令和3年）の小学校、中学校、高等学校、教育委員会等を含む教育関係機関からの相談件数は、3,019件（前年：2,590件）であった。支援の内容は、問題行動への対応から発達上の課題を有する児童生徒本人の学校適応に関する相談、進路相談等に至るまで幅広く、知能検査や性格検査、職業適性検査のほか、暴力や性的な問題行動に係るワークブック等を用いた心理的支援等も行っている。さらに、2019年度（令和元年度）からは、各地の少年鑑別所を主催者とした「地域援助推進協議会」を開催しており、学校や自治体等の関係機関とのより一層の連携強化を図り、地域における非行の未然防止等を推進している。また、保護司、更生保護女性会[9]、BBS会[10]がそれぞれの特性をいかして行う犯罪予防活動、「子ども食堂」等の地域社会におけ

※6　少年補導員
　　　街頭補導活動を始めとする幅広い非行防止活動に従事している。
※7　少年警察協助員
　　　非行集団に所属する少年を集団から離脱させ、非行を防止するための指導・相談に従事している。
※8　少年指導委員
　　　風俗営業等の規制及び業務の適正化等に関する法律（昭和23年法律第122号）に基づき、都道府県公安委員会から委嘱を受け、少年を有害な風俗環境の影響から守るための少年補導活動や風俗営業者等への助言活動に従事している。
※9　更生保護女性会
　　　地域の犯罪予防や青少年の健全育成、犯罪者・非行少年の改善更生に協力する女性のボランティア団体であり、2022年（令和4年）4月現在の会員数は13万3,395人である。
※10　BBS会
　　　Big Brothers and Sisters の略称で、非行少年等の自立を支援するとともに、非行防止活動を行う青年ボランティア団体であり、2022年（令和4年）1月現在の会員数は4,400人である。

る子供等の居場所作り、非行をした少年等に対する学習支援等の取組が円滑に行われるよう、必要な支援を行っている。

文部科学省は、地域と学校が連携・協働し、幅広い地域住民の参画を得て行う「地域学校協働活動」（資4-59-2参照）等において、放課後等における学習支援、体験・交流活動等の子供たちの学びや成長を支える取組を推進している。

また、高校中退者等を対象に、高等学校卒業程度の学力を身に付けさせるための学習相談及び学習支援を実施する地方公共団体の取組を支援する事業を実施している（【施策番号65】参照）。

さらに、薬物、飲酒、喫煙、インターネット、ギャンブル等に関する依存症が社会的な問題となっていることを踏まえ、将来的な依存症患者数の逓減や青少年の健全育成を図る観点から、依存症予防教育の推進のため、依存症予防教育推進事業を実施しており、2021年度（令和3年度）においては、新型コロナウイルス感染症の拡大防止の観点でオンラインにて開催した。2021年度（令和3年度）における同事業の内容として、厚生労働省との共催による全国的なシンポジウムを開催するとともに、各地域において社会教育施設等を活用した児童生徒、学生、保護者、地域住民向けの依存症予防に関する啓発を行う「依存症予防教室」等の取組を支援した。

資4-59-2 地域学校協働活動の概要

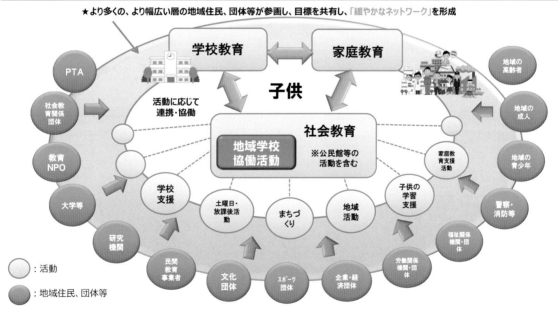

出典：文部科学省資料による。

厚生労働省は、ひとり親家庭の子供を対象として、基本的な生活習慣の習得支援や学習支援を行う地域の居場所づくりの取組を支援しているほか、高等学校卒業程度認定試験合格のための講座の受講費用の一部を支給するなどの支援を実施している。また、生活困窮世帯の子供に対しては、「子どもの学習・生活支援事業」（資4-59-3参照）により、学習支援、子供や保護者に対する生活習慣・育成環境の改善に向けた助言等、子供の将来の自立に向けたきめ細かい支援を行っており、2021年度（令和3年度）は、587（前年度：576）の地方公共団体において同事業を実施した。

資4-59-3　子どもの学習・生活支援事業の概要

子どもの学習・生活支援事業について

事業の概要

○「貧困の連鎖」を防止するため、生活保護受給世帯の子どもを含む生活困窮世帯の子どもを対象に学習支援事業を実施。
○各自治体が地域の実情に応じ、創意工夫をこらし実施（地域資源の活用、地域の学習支援ボランティアや教員OB等の活用等）。
○改正法において、生活習慣・育成環境の改善に関する助言や進路選択、教育、就労に関する相談に対する情報提供、助言、関係機関との連絡調整を加え、「子どもの学習・生活支援事業」として強化。

支援のイメージ

➢ 将来の自立に向けた包括的な支援：単に勉強を教えるだけではなく、居場所づくり、日常生活の支援、親への養育支援などを通じて、子どもの将来の自立に向けたきめ細かで包括的な支援を行う。
➢ 世帯全体への支援：子どもの学習・生活支援事業を入口として、必要に応じて自立相談支援事業等と連携することで世帯全体への支援を行う。

＜子どもの課題とその対応＞

生活困窮世帯の子ども等を取り巻く主な課題

学習面	生活面	親の養育
・高校進学のための学習希望 ・勉強、高校卒業、就労等の意義を感じられない	・家庭に居場所がない ・生活習慣や社会性が身についていない	・子どもとの関わりが少ない ・子育てに対する関心の薄さ

上記課題に対し、総合的に対応

子どもの学習・生活支援事業

学習支援 （高校中退防止の取組を含む）	生活習慣・育成環境の改善	教育及び就労（進路選択等）に関する支援
・日々の学習習慣の習慣づけ、授業等のフォローアップ ・高校進学支援 ・高校中退防止（定期面談等による細やかなフォロー等）　等	・学校・家庭以外の居場所づくり ・生活習慣の形成・改善支援 ・小学生等の家庭に対する巡回支援の強化等親への養育支援を通じた家庭全体への支援　等	高校生世代等に対する以下の支援を強化 ・進路を考えるきっかけづくりに資する情報提供 ・関係機関との連携による、多様な進路の選択に向けた助言　等

子どもの学習・生活支援を通じて、子ども本人と世帯の双方にアプローチし、子どもの将来の自立を後押し（貧困の連鎖防止）

出典：厚生労働省資料による。

（3）警察における非行少年に対する支援【施策番号60】

　警察は、非行少年を生まない社会づくり（資4-60-1参照）の一環として、非行少年の立ち直りを支援する活動に取り組んでおり、修学に課題を抱えた少年に対し、少年サポートセンターが主体となって、少年警察ボランティアや、少年と年齢が近く少年の心情や行動を理解しやすい大学生ボランティア、関係機関と連携して修学に向けた支援を行っている。具体的な支援内容については【施策番号78】を参照。

資4-60-1　非行少年を生まない社会づくりの概要

非行少年を生まない社会づくりの推進について

非行少年を生まない社会づくり

　少年非行情勢については、依然として、社会の耳目を集める凶悪な事案が後を絶たないほか、大麻事犯の少年の検挙人員は増加傾向であり、受け子として特殊詐欺に関与する少年の検挙人員は高水準で推移している。また、刑法犯少年の再犯者率についても、依然として３割を超えている実態がある。

　そこで、次代を担う少年の健全育成を図るため、問題を抱えた個々の少年に対し積極的に手を差し伸べ、地域社会とのきずなの強化を図る中でその立ち直りを支援し、再び非行に走ることを防止するとともに、少年を厳しくも温かい目で見守る社会機運を向上するなど、非行少年を生まない社会づくりを推進する。

少年に手を差し伸べる立ち直り支援活動

支援を必要としている少年及び保護者に対して、積極的に連絡をとり、立ち直りを支援を推進

○　少年及び保護者に対する継続的な助言・指導の実施
○　少年警察ボランティア、地域住民、関係機関等と協働し、修学・就労に向けた支援、社会奉仕体験活動等への参加機会の確保等、個々の少年の状況に応じた支援活動の実施

学習支援　　　　　　　　農業体験

少年を見守る社会気運の向上

少年を取り巻く地域社会のきずなの強化と少年の規範意識の向上

○　少年警察ボランティア等の協力による通学時の積極的な声掛け・あいさつ運動や街頭補導活動、社会奉仕体験活動等大人と触れ合う機会の確保
○　非行防止教室の開催等

非行防止教室　　　　　社会奉仕体験活動

出典：警察庁資料による。

❷ 非行等による学校教育の中断の防止等

（1）学校等と保護観察所が連携した支援等【施策番号61】

　法務省は、保護観察所において、学校に在籍している保護観察対象者等について、類型別処遇（【施策番号83】参照）における「就学」類型として把握した上で、必要に応じて、学校と連携の上、修学に関する助言等を行っている。

　文部科学省は、児童生徒が非行問題を身近に考えることができるよう、外部講師として保護観察官や保護司、BBS会員を招いて講話を実施するなど、非行防止教室を積極的に実施するよう学校関係者に対し依頼している。

　また、保護司会においては、犯罪予防活動の一環として行っている非行防止教室や薬物乱用防止教室、生徒指導担当教員との座談会等の開催を促進するなどして、保護司と学校との連携強化に努めている。

　法務省及び文部科学省は、2019年（令和元年）６月に、矯正施設における復学手続等の円滑化や高等学校等の入学者選抜及び編入学における配慮を促進するため、相互の連携事例を取りまとめ、矯正施設、保護観察所及び学校関係者に対して周知している（資4-61-1参照）。

資4-61-1　就学支援の充実に向けた文部科学省との連携状況について

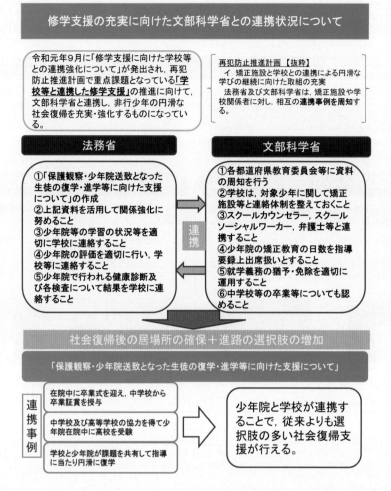

修学支援の充実に向けた文部科学省との連携状況について

令和元年9月に「修学支援に向けた学校等との連携強化について」が発出され，再犯防止推進計画で重点課題となっている「**学校等と連携した修学支援**」の推進に向けて，文部科学省と連携し，非行少年の円滑な社会復帰を充実・強化するものになっている。

再犯防止推進計画【抜粋】
　イ　矯正施設と学校との連携による円滑な学びの継続に向けた取組の充実
　法務省及び文部科学省は，矯正施設や学校関係者に対し，相互の**連携事例**を周知する。

法務省

①「保護観察・少年院送致となった生徒の復学・進学等に向けた支援について」の作成
②上記資料を活用して関係強化に努めること
③少年院等の学習の状況等を適切に学校に連絡すること
④少年院の評価を適切に行い，学校等に連絡すること
⑤少年院で行われる健康診断及び各検査について結果を学校に連絡すること

連携

文部科学省

①各都道府県教育委員会等に資料の周知を行う
②学校は，対象少年に関して矯正施設等と連絡体制を整えておくこと
③スクールカウンセラー，スクールソーシャルワーカー，弁護士等と連携すること
④少年院の矯正教育の日数を指導要録上出席扱いとすること
⑤就学義務の猶予・免除を適切に運用すること
⑥中学校等の卒業等についても認めること

社会復帰後の居場所の確保＋進路の選択肢の増加

「保護観察・少年院送致となった生徒の復学・進学等に向けた支援について」

連携事例

在院中に卒業式を迎え，中学校から卒業証書を授与

中学校及び高等学校の協力を得て少年院在院中に高校を受験

学校と少年院が課題を共有して指導に当たり円滑に復学

少年院と学校が連携することで，従来よりも選択肢の多い社会復帰支援が行える。

出典：法務省資料による。

（2）矯正施設と学校との連携による円滑な学びの継続に向けた取組の充実【施策番号62】

　法務省は、刑事施設において、社会生活の基礎となる学力を欠くことにより改善更生及び円滑な社会復帰に支障があると認められる受刑者に対し、教科指導を実施しており、2021年度（令和3年度）の受講開始人員は補習教科指導[※11]が734人（前年度：732人）、特別教科指導[※12]が314人（前年度：264人）であった。松本少年刑務所には、我が国において唯一、公立中学校の分校が刑事施設内に設置されており、全国の刑事施設に収容されている義務教育未修了者等のうち希望者を中学3年生に編入させ、地元中学校教諭及び職員等が、文部科学省が定める学習指導要領を踏まえた指導を行っている。また、松本少年刑務所及び盛岡少年刑務所では近隣の高等学校の協力の下、当該高等学校の通信制課程で受刑者に指導を行う取組を実施しており、そのうち松本少年刑務所では全国の刑事施設から希望者を募集して、高等学校教育を実施しており、所定の課程を修了したと認められた者には、高等学校の卒業証書が授与されている。

　少年院では、義務教育未修了者に対する学校教育の内容に準ずる内容の指導のほか、学力の向上を図ることが円滑な社会復帰に特に資すると認められる在院者に対して教科指導を実施している。また、在院者が出院後に円滑に復学・進学等ができるよう、矯正施設や学校関係者の研修等の際には講

※11　補習教科指導
　　　学校教育法（昭和22年法律第26号）による小学校又は中学校の教科の内容に準ずる内容の指導
※12　特別教科指導
　　　学校教育法による高等学校又は大学の教科の内容に準ずる内容の指導

師を相互に派遣するなどして、相互理解に努め、通学していた学校との連携や、進学予定である学校の受験機会の付与等を行っている。さらに、広域通信制高等学校（以下「通信制高校」という。）と連携し、当該通信制高校に入学した在院者に対する院内での学習支援等を試行している。なお、2021年（令和3年）には、102人（前年：113人）が復学又は進学が決定した上で出院した。

少年鑑別所において、在所者に対する健全な育成のための支援として、学習用教材を整備しており、在所者への貸与を積極的に行うとともに、学習図書の差入れ等についても配慮している。また、小・中学校等に在学中の在所者が、在籍校の教員等と面会する際には、希望に応じて、教員等による在所者の学習進度の確認、学習上の個別指導の実施が可能となるよう、面会の時間等に配慮している。

（3）矯正施設における高等学校卒業程度認定試験の指導体制の充実【施策番号63】

法務省及び文部科学省は、受刑者及び少年院在院者の改善更生と円滑な社会復帰を促す手段の一つとして、刑事施設及び少年院内で高等学校卒業程度認定試験を実施している。

法務省は、4庁（川越少年刑務所、笠松刑務所、加古川刑務所及び姫路少年刑務所）の刑事施設を特別指導施設に指定し、同試験の受験に向けた指導を積極的かつ計画的に実施している。全国の刑事施設における2021年度（令和3年度）の高等学校卒業程度認定試験受験者数は354人（前年度：309人）であり、高等学校卒業程度認定試験合格者（高等学校卒業程度認定試験の合格に必要な全ての科目に合格し、大学入学資格を取得した者）が147人（前年度：136人）、一部科目合格者（高等学校卒業程度認定試験の合格に必要な科目のうち一部の科目に合格した者）が200人（前年度：160人）であった。

少年院では、在院者の出院後の修学又は就労に資するため、高等学校卒業程度認定試験の重点的な受験指導を行うコースを13庁に設置し、外部講師を招へいするなどの体制を整備している。全国の少年院における2021年度（令和3年度）の高等学校卒業程度認定試験受験者数は443人（前年度：484人）であり、高等学校卒業程度認定試験合格者が169人（前年度：220人）、一部科目合格者が260人（前年度：246人）であった（【指標番号14】参照）。

❸ 学校や地域社会において再び学ぶための支援

（1）矯正施設からの進学・復学の支援【施策番号64】

法務省は、2018年度（平成30年度）から、少年鑑別所在所者が希望した場合には「修学支援ハンドブック」を配付し、自分の将来について考え、学ぶ意欲を持つことができるよう配意している。また、少年院では、少年院出院後に中学校等への復学が見込まれる者や高等学校等への復学・進学を希望している者等を修学支援対象者として選定し、重点的に修学に向けた支援を行っている。特に、修学支援対象者等については、修学支援ハンドブック等を活用して、出院後の学びについて動機付けを図っているほか、少年院内で実施した修学に向けた支援に関する情報を保護観察所等と共有することで、出院後も本人の状況等に応じた学びが継続できるよう配意している。さらに、民間の事業者に対して、少年院在院者が希望する修学に関する情報の収集と提供を委託する修学支援情報提供等請負業務（修学支援デスク）を開始し、修学支援対象者に対し進学等のための情報を提供している（2021年度（令和3年度）は延べ235人（前年：254人）が利用）。加えて、2021年度（令和3年度）から、在院者が高等学校教育についての学びを継続するための方策として、少年院在院中から通信制高校に入学し、インターネット等を活用した学習を可能にするとともに、少年院の矯正教育で高等学校学習指導要領に準じて行うものを通信制高校での単位として認定するなどの措置を講じることを一部モデル施設（北海少年院、多摩少年院、浪速少年院、交野女子学院、和泉学園、広島少年院、貴船原少女苑及び四国少年院）において実施している。

　法務省及び文部科学省は、2019年（令和元年）6月に、矯正施設における復学手続等の円滑化を図るため相互の事例を取りまとめ、矯正施設・保護観察所及び学校関係者に対して周知している（【施策番号61】参照）。併せて、文部科学省は、学校関係者に対して、出院後の復学を円滑に行う観点から、学齢児童生徒が少年院及び少年鑑別所に入・出院（所）した際の保護者の就学義務や当該児童生徒の学籍、指導要録の取扱い等に関し、少年院における矯正教育や少年鑑別所における学習等の援助に係る日数について、学校は一定の要件下で指導要録上出席扱いにできることとするなど、適切な対応を行うよう各都道府県教育委員会等へ周知した。

　また、矯正施設・保護観察所の職員と学校関係者との相互理解を深めるため、学校関係者に対し、矯正施設・保護観察所の職員を講師とした研修を積極的に実施するよう周知した。

（2）高等学校中退者等に対する地域社会における支援【施策番号65】

　法務省は、保護観察対象者に対し、保護司やBBS会等の民間ボランティアと連携し、例えばBBS会員による「ともだち活動」としての学習支援、保護司による学習相談や進路に関する助言を実施している。また、類型別処遇（【施策番号83】参照）における「就学」類型に該当する高校中退者等の保護観察対象者に対しては、処遇指針である「類型別処遇ガイドライン」を踏まえ、就学意欲の喚起や就学に向けた学校等の関係機関との連携、学習支援等の処遇を実施している。さらに、2021年度（令和3年度）からは、保護観察対象者に対し、個々の抱える課題や実情等に応じた様々な修学支援を複合的に実施する「修学支援パッケージ」を試行的に実施している（資4-65-1参照）。

　文部科学省は、2017年度（平成29年度）から、学力格差の解消及び高校中退者等の進学・就労に資するよう、高校中退者等を対象に、高等学校卒業程度の学力を身に付けさせるための学習相談及び学習支援のモデルとなる取組について実践研究を行うとともに、2020年度（令和2年度）からその研究成果の全国展開を図るための事業を実施しており、2021年度（令和3年度）においては、6つの地方公共団体（群馬県、愛知県、高知県、大分県、北海道札幌市及び島根県益田町）において同事業を実施した（資4-65-2参照）。

資4-65-1　保護観察所における修学支援パッケージの試行の概要

保護観察所における修学支援パッケージの試行について

【目的】
修学の継続のために支援が必要と認められる保護観察対象者に対し、個々の対象者の抱える課題や実情等に応じた様々な修学支援を複合的に実施することで、今後、保護観察対象者の進学・復学に向けた支援を充実させていくに当たっての課題等を把握する。

修学支援パッケージ

効果的に実施するため、あらかじめ対象者の意欲の程度等に応じたチラシを複数準備し、対象者ごとに適当なチラシを選んで活用

【修学に係る意向及びニーズ把握】
◆ 支援内容の説明を行い、修学の継続に関する意向及びそのための支援ニーズを把握

把握した支援ニーズ等を踏まえ、必要な支援を組み合わせて実施

【支援内容】
◆ 学習支援の実施
　BBS会員や保護司等の「学習支援サポーター」を指導者として、教科指導や進路相談を行う

◆ 学校等の関係機関とのケース会議の実施
　修学の継続に向け、対象者が在籍している学校や教育委員会等の関係機関とケース会議を行う

◆ キャリア教育講演会等の実施
　若年層の対象者に対し、キャリア教育に資する個別相談会や講演会を行う

◆ 必要な情報の提供
　自治体において実施している学習支援に関する情報や教育に係る経済的負担の軽減に関する情報等を提供する（※）
　※「地域における学びを通じたステップアップ支援促進事業（文部科学省補助事業）」等の地方公共団体等が行う学習相談及び学習支援とも積極的に連携

出典：法務省資料による。

資4-65-2　学びを通じたステップアップ支援促進事業等の概要

高校中退者等に対する学習相談・学習支援の促進

現状・課題

現状
20〜39歳のうち最終学歴が中卒の者は約143万人（平成22年国勢調査より）。学校卒業者の約5％に相当する。
高校卒業資格がないことにより、求人や進学機会が限られ、将来のキャリア形成にも影響が生じる可能性があり、高卒資格が必要であると認識している者が多い。（約8割）

課題
高校を中退した者や未進学者に対しては、都道府県も市町村も、十分な対象者の捕捉が行われておらず、支援体制も組めていない。
また、令和元年度に都道府県・指定都市に行った意向調査では、高校中退者等への学習支援等を実施していない理由として、「予算や人員の確保が困難」という回答が多い。

○経済財政運営と改革の基本方針2019
（令和元年6月21日 閣議決定）
「中途退学の未然防止の観点からの体制整備を図るとともに、中退者に対する切れ目ない支援を推進する。」
（第2章2.人づくり革命、働き方改革、所得向上策の推進 ③初等中等教育改革等）

■ニッポン一億総活躍プラン
（平成28年6月2日閣議決定）
③高校・高等専修学校とサポステ等の連携による中退者・若年無業者・ひきこもりの若者等へのアウトリーチ型の就労支援や高卒資格の取得に向けた学びの支援を実施。

事業概要

高校中退者等を対象に、地域資源を活用しながら高等学校卒業程度の学力を身に付けさせるための学習相談及び学習支援を実施する地方公共団体の取組を支援する。

【実施主体】主に市町村
件数・単価（国庫補助額）：5箇所×約100万円（予定）

①支援体制の構築
● 地域住民・企業・民間団体等との連携体制構築など、各地域の抱える課題や資源などに応じた支援体制の基盤構築を支援するとともに、全国的な取組の推進・強化を図る。

②学習相談の提供
● 教育委員会事務局OBや退職教員等による①学びに応じた教科書や副教材の紹介、②高卒認定試験の紹介、③教育機関や修学のための経済的支援の紹介など、学習に関する相談・助言をアウトリーチの手法を含めて行う。

③学習支援の実施
● 図書館、公民館等の地域の学習施設等を活用し、学習者に対して学習の場を提供するとともに、ICTの活用も含めた学習支援を退職教員、学生等のボランティア、NPO等の協力を得て、実施する。

出典：文部科学省資料による。

第5章

犯罪をした者等の特性に応じた
効果的な指導の実施等のための取組

植物のドレス

第5章 犯罪をした者等の特性に応じた効果的な指導の実施等のための取組

第1節 特性に応じた効果的な指導の実施

❶ 適切なアセスメントの実施

(1) 刑事司法関係機関におけるアセスメント機能の強化【施策番号66】

　法務省は、刑事施設において、犯罪者処遇の基本理念となっている「RNR原則※1」にのっとった処遇を実施するため、2017年（平成29年）11月から「受刑者用一般リスクアセスメントツール」（以下「Gツール」という。）（**資5-66-1**参照）を活用している。現段階におけるGツールは、原則として、入所時等に実施する刑執行開始時調査において全受刑者を対象としており、これまでの受刑回数や犯罪の内容等、主に処遇によって変化しない要因（静的リスク要因）から、出所後2年以内に再び刑務所に入所する確率を推定するものである。Gツールの実施結果については、犯罪傾向の進度の判定や各種改善指導プログラム（【施策番号83】参照）の対象者選定の際の基礎資料として活用している。

　少年鑑別所では法務省式ケースアセスメントツール（以下「MJCA※2」という。）（**資5-66-2**参照）を用いて、鑑別対象少年の再非行の可能性及び教育上の必要性を定量的に把握し、その情報を少年院や保護観察所等の関係機関へと引き継いでいる。非行名や動機から、性非行に係る再非行の可能性及び教育上の必要性を定量的に把握する必要があると判断した場合には、MJCAに加え、性非行に特化した法務省式ケースアセスメントツール（性非行）（MJCA（S））を実施している。

　また、少年院在院者のうち薬物非行を防止するための指導等、特定のプログラムを受講する在院者には、原則として、少年鑑別所が処遇鑑別を行い、面接や各種心理検査、行動観察等によって、少年院における教育や指導等に必要な情報を得たり、その変化を把握したりして、少年院送致後の処遇による変化等を把握・分析し、その後の処遇指針を提案している。加えて、少年院在院者を、1週間程度、一時的に少年鑑別所に移して生活させ、集中的にアセスメントを行う収容処遇鑑別を実施している。さらに、児童自立支援施設※3や児童養護施設※4の求めによりアセスメントを実施するなど、少年保護手続のあらゆる場面・段階において、必要なアセスメントを行う取組を推進している。

　保護観察所において、保護観察対象者に対して効果的な指導・支援を行うためのアセスメントツール（CFP※5）（**資5-66-3**参照）を開発し、2021年（令和3年）1月から実施している。同アセスメントツールは、保護観察対象者の特性等の情報について、犯罪や非行に結び付く要因又は改善更生を促進する事項を抽出し、それぞれの事項の相互作用、因果関係等について分析して図示することなどにより、犯罪や非行に至る過程等を検討し、再犯リスクを踏まえた適切な処遇方針の決定に活用する

※1　RNR原則
　　　リスク原則（Risk）、ニーズ原則（Needs）、レスポンシビティ原則（Responsivity）から成り立っており、再犯防止に寄与する処遇をするためには、対象者の再犯リスクの高低に応じて、改善が可能な部分について、対象者に合った方法によって実施する必要があるという考え方のこと。
※2　MJCA
　　　Ministry of Justice Case Assessment toolの略称。
※3　児童自立支援施設
　　　非行問題を始めとした子供の行動上の問題や、家庭環境等の理由により生活指導等を要する児童に対応する児童福祉法に基づく施設。
※4　児童養護施設
　　　保護者のない児童や保護者に監護させることが適当でない児童に対し、安定した生活環境を整えるとともに、生活指導、学習指導、家庭環境の調整等を行いつつ養育を行い、児童の心身の健やかな成長とその自立を支援する児童福祉法に基づく施設。
※5　CFP
　　　Case Formulation in Probation/Paroleの略称。

ものである。今後は、保護観察所における活用状況をモニタリングしつつ、刑事司法関係機関や医療・保健・福祉機関等との連携にも資するものとすることを目指している。

資5-66-1 受刑者用一般リスクアセスメントツール（Gツール）の概要

受刑者用一般リスクアセスメントツール（Gツール）の概要

Gツールの概要・構成
※Gは「General」（一般の）の頭文字

【概要】
- ➢ 受刑者の再犯の可能性等を客観的、定量的に把握することを目的に開発
- ➢ 実施結果は、犯罪傾向の進度の判定及び処遇要領の策定等の際の基礎資料等として活用
- ➢ 受刑者の特性に応じた指導、支援の実施をより一層強化

【調査項目の構成】

男子受刑者版（6領域、18項目）

| 1 本件 | 2 前歴 | 3 家族・パートナー |
| 4 地域 | 5 学歴・仕事 | 6 飲酒 |

女子受刑者版（6領域、16項目）

| 1 本件 | 2 前歴 | 3 家族・パートナー |
| 4 学歴・仕事 | 5 精神障害 | 6 飲酒 |

Gツールの実施・結果の活用

【実施要領】
- ✓ 対象者‥原則として、刑事施設に収容された全受刑者
- ✓ 実施時期‥原則として、確定施設等（男子）・処遇施設（女子）における刑執行開始時調査時
- ✓ 実施及び解釈上の留意点‥実施手引に従い、他の情報と合わせ総合的に実施

【結果の活用】
- ✓ 犯罪傾向の進度の判定
- ✓ 処遇要領における矯正処遇の目標、内容等の設定
- ✓ 特定の改善指導プログラム（R1、アルコール、暴力）の対象者等の選定

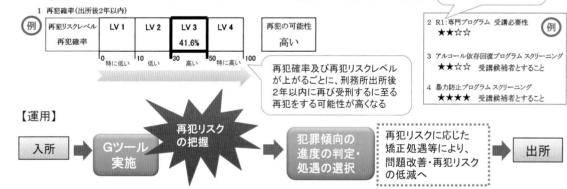

開発の経緯・今後の開発予定

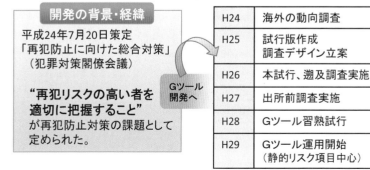

開発の背景・経緯

平成24年7月20日策定
「再犯防止に向けた総合対策」
（犯罪対策閣僚会議）

"再犯リスクの高い者を適切に把握すること"
が再犯防止対策の課題として定められた。

Gツール開発へ

H24	海外の動向調査
H25	試行版作成 調査デザイン立案
H26	本試行、遡及調査実施
H27	出所前調査実施
H28	Gツール習熟試行
H29	Gツール運用開始（静的リスク項目中心）

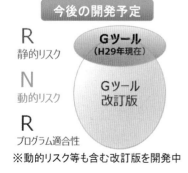

今後の開発予定

R 静的リスク
N 動的リスク
R プログラム適合性

Gツール（H29年現在）
Gツール改訂版

※動的リスク等も含む改訂版を開発中

出典：法務省資料による。

資5-66-2　法務省式ケースアセスメントツール（MJCA）の概要

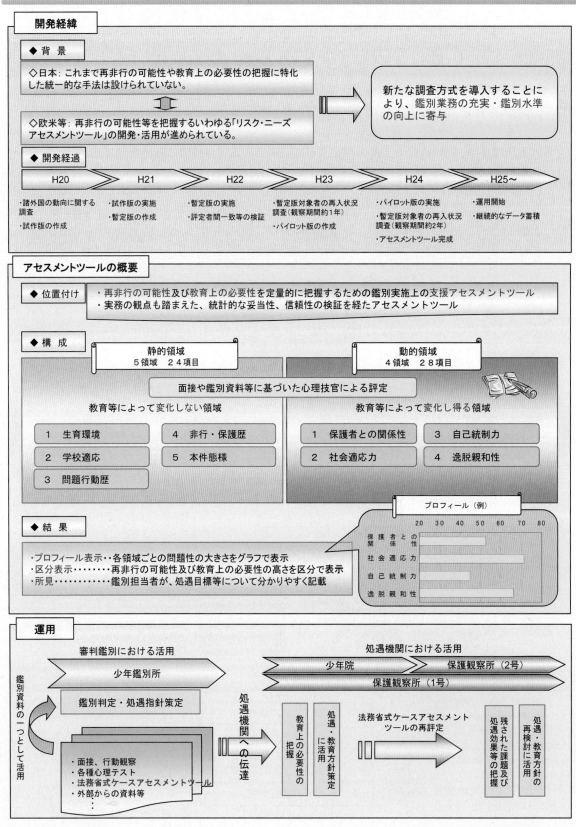

法務省式ケースアセスメントツール（MJCA）の概要

開発経緯

◆ 背　景

◇日本：これまで再非行の可能性や教育上の必要性の把握に特化した統一的な手法は設けられていない。

◇欧米等：再非行の可能性等を把握するいわゆる「リスク・ニーズアセスメントツール」の開発・活用が進められている。

新たな調査方式を導入することにより、鑑別業務の充実・鑑別水準の向上に寄与

◆ 開発経過

H20	H21	H22	H23	H24	H25〜
・諸外国の動向に関する調査 ・試作版の作成	・試作版の実施 ・暫定版の作成	・暫定版の実施 ・評定者間一致等の検証	・暫定版対象者の再入状況調査（観察期間約1年） ・パイロット版の作成	・パイロット版の実施 ・暫定版対象者の再入状況調査（観察期間約2年） ・アセスメントツール完成	・運用開始 ・継続的なデータ蓄積

アセスメントツールの概要

◆ 位置付け

・再非行の可能性及び教育上の必要性を定量的に把握するための鑑別実施上の支援アセスメントツール
・実務の観点も踏まえた、統計的な妥当性、信頼性の検証を経たアセスメントツール

◆ 構　成

静的領域 5領域　24項目	動的領域 4領域　28項目

面接や鑑別資料等に基づいた心理技官による評定

教育等によって変化しない領域

1　生育環境	4　非行・保護歴
2　学校適応	5　本件態様
3　問題行動歴	

教育等によって変化し得る領域

1　保護者との関係性	3　自己統制力
2　社会適応力	4　逸脱親和性

プロフィール（例）

	20	30	40	50	60	70	80
保護者との関係性							
社会適応力							
自己統制力							
逸脱親和性							

◆ 結　果

・プロフィール表示‥‥各領域ごとの問題性の大きさをグラフで表示
・区分表示‥‥‥‥‥再非行の可能性及び教育上の必要性の高さを区分で表示
・所見‥‥‥‥‥‥‥鑑別担当者が、処遇目標等について分かりやすく記載

運用

審判鑑別における活用

少年鑑別所

処遇機関における活用

少年院	保護観察所（2号）

保護観察所（1号）

鑑別判定・処遇指針策定

鑑別資料の一つとして活用

・面接、行動観察
・各種心理テスト
・法務省式ケースアセスメントツール
・外部からの資料等

処遇機関への伝達

教育上の必要性の把握

処遇・教育方針策定に活用

法務省式ケースアセスメントツールの再評定

残された課題及び処遇効果等の把握

処遇・教育方針の再検討に活用

出典：法務省資料による。

資5-66-3 Case Formulation for Probation／Parole（CFP）の概要

ＣＦＰを活用した保護観察

1 CFP（Case Formulation in Probation/Parole）とは

○保護観察官が保護観察対象者の**アセスメント（見立て）**を行うためのツール

> この人の再犯（再非行）を防ぐためには・・・
> ・どれくらい手厚く関わる必要がある？
> ・何を指導（支援）する必要がある？
> ・どのような関わり方をする必要がある？

○**令和３年１月から**本格導入（試行は平成３０年１０月から実施）

2 CFPの目的

これまで	保護観察官がアセスメント（見立て）を行う体系的な手法が確立されていない ⇒アセスメントや，アセスメントを踏まえた処遇方針の決定が，個々の保護観察官の経験や力量に左右されてしまうことがあった

CFPの導入	保護観察官は，ＣＦＰを活用した体系的なアセスメントを実施 ⇒より適切に処遇方針を決定 ⇒より効果的に再犯防止・改善更生を実現	ＣＦＰは，犯罪者の再犯防止等に関する理論的・実証的根拠を踏まえて開発されている

3 CFPの内容

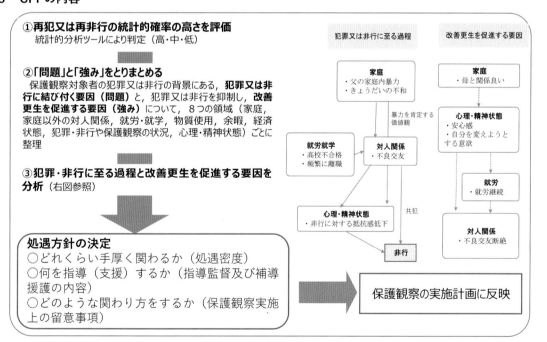

①再犯又は再非行の統計的確率の高さを評価
統計的分析ツールにより判定（高・中・低）

②「問題」と「強み」をとりまとめる
保護観察対象者の犯罪又は非行の背景にある，**犯罪又は非行に結び付く要因（問題）**と，犯罪又は非行を抑制し，**改善更生を促進する要因（強み）**について，８つの領域（家庭，家庭以外の対人関係，就労・就学，物質使用，余暇，経済状態，犯罪・非行や保護観察の状況，心理・精神状態）ごとに整理

③犯罪・非行に至る過程と改善更生を促進する要因を**分析**（右図参照）

処遇方針の決定
○どれくらい手厚く関わるか（処遇密度）
○何を指導（支援）するか（指導監督及び補導援護の内容）
○どのような関わり方をするか（保護観察実施上の留意事項）

保護観察の実施計画に反映

出典：法務省資料による。

（2）関係機関等が保有する処遇に資する情報の適切な活用【施策番号67】

　法務省は、一部の刑事施設及び保護観察所において、多角的な視点から適切にアセスメントを行い、それに基づく効果的な指導等を実施するため、必要に応じて、刑が確定した場合に弁護人から提供される更生支援計画書※6等の処遇に資する情報を活用する取組（試行）を2018年度（平成30年

度）から開始している。今後は、全国的な実施を検討することとしている。

　また、少年院や保護観察所では、家庭裁判所の少年調査記録や少年鑑別所の少年簿に記載された情報を引き継ぎ、必要に応じて、在籍していた学校や、児童相談所等の福祉関係機関等からも情報を収集し、これらの情報を踏まえた処遇を実施している。

❷　性犯罪者・性非行少年に対する指導等

（1）性犯罪者等に対する専門的処遇【施策番号68】

　法務省は、刑事施設において、特別改善指導（【施策番号83】参照）として、認知行動療法に基づくグループワークによる性犯罪再犯防止指導（**資5-68-1**参照）を実施し、性犯罪につながる自己の問題性を認識させるとともに、再犯に至らないための具体的な対処方法を考えさせたり、習得させたりするなどしている（2021年度（令和3年度）の受講開始人員は433人（前年度：424人））。

　同指導では、知的能力に制約がある者を対象とした「調整プログラム※7」や、刑期が短いこと等により受講期間を十分確保できない者を対象とした「集中プログラム※8」を開発し、指導の充実を図っている。また、同指導については、2019年度（令和元年度）に効果検証の結果を公表しており、プログラム受講群の方が、非受講群よりも再犯率が10.7ポイント低いことが示され、一定の再犯抑止効果が認められた。2022年度（令和4年度）からは、対象者の達成したい目標や強みをより一層活用するとともに、特定の問題性や特性を有する者にも対応した内容にプログラムを改訂するなど、刑事施設収容中から出所後までの一貫性のある効果的な指導の充実を図っている。さらに、グループワーク指導担当者が効果的な指導を行うことができるよう、集合研修の充実化、指導担当者による事例検討会の定期的な開催、外部の専門家による指導担当者への助言等による指導者育成を行っている。

　少年院では、強制性交等、強制わいせつや痴漢といった性犯罪を始め、例えば、下着の窃盗等、性的な動機により非行をした在院者に対し、特定生活指導として性非行防止指導を実施しており、2021年（令和3年）は、126人（前年：134人）が修了した。また、男子少年院2庁（北海少年院及び福岡少年院）において、他の少年院から在院者を一定期間受け入れ、認知行動療法等の技法に通じた外部の専門家等の協力を得て、グループワークを中心とした指導を行うなど、特に重点的かつ集中的な指導を実施しており、2021年度（令和3年度）は、28人（前年度：19人）が同指導を修了した。これらの指導の結果は、少年院仮退院後の継続的な指導の実施に向け、保護観察所に引き継いでいる。

　保護観察所では、自己の性的欲求を満たすことを目的とした犯罪行為を繰り返すなどの問題傾向を有する保護観察対象者に対して、その問題性を改善するため、認知行動療法に基づく性犯罪者処遇プログラムを実施してきた。2019年度（令和元年度）に実施した効果検証の結果においては、プログラム受講群の方が非受講群よりも性犯罪の再犯率が11.1ポイント低く、一定の再犯抑止効果が示唆された。2022年度（令和4年度）からは、対象者の達成したい目標や強みをより一層活用することや性的な興味関心・問題への対処状況等の継続的な点検等を目的として、従前のプログラムの改訂を行い、性犯罪再犯防止プログラム（**資5-68-2**）を実施することとしている。

　なお、2022年度（令和4年度）以降の刑事施設及び保護観察所における性犯罪者等に対する専門

※6　更生支援計画書
　　　弁護人が社会福祉士等に依頼して作成する、個々の被疑者・被告人に必要な福祉的支援策等について取りまとめた書面。
※7　調整プログラム
　　　知的能力に制約がある者を対象としたプログラムであり、イラスト等の視覚情報やSST等の補助科目を効果的に取り入れるなどして実施する。
※8　集中プログラム
　　　刑期が短いこと等の理由で通常の実施期間を確保できない者を対象としたプログラムであり、通常のプログラムの内容を凝縮し、短期間で実施する。

的処遇の具体的な運用等については「特集第1節-②-(3)-ア」を参照。

資5-68-1 性犯罪再犯防止指導の概要

刑事施設における特別改善指導

性犯罪再犯防止指導

地域社会とともに
開かれた矯正へ

- **指導の目標**
  強制わいせつ、強制性交等その他これに類する犯罪又は自己の性的好奇心を満たす目的をもって人の生命若しくは身体を害する犯罪につながる自己の問題性を認識させ、その改善を図るとともに、再犯しないための具体的な方法を習得させる。
- **対象者** 性犯罪の要因となる認知の偏り、自己統制力の不足等がある者
- **指導者** 刑事施設の職員（法務教官、法務技官、刑務官）、処遇カウンセラー（性犯担当。認知行動療法等の技法に通じた臨床心理士等）
- **指導方法** グループワーク及び個別に取り組む課題を中心とし、必要に応じカウンセリングその他の個別対応を行う。
- **実施頻度等** 1単元100分、週1回又は2回、標準実施期間： 4～9か月※

  ※ 再犯リスク、問題性の程度、プログラムとの適合性等に応じて、高密度（9か月）・中密度（7か月）・低密度（4か月）のいずれかのプログラムを実施

  《認知行動療法》
  問題行動（性犯罪）の背景にある自らの認知（物事の考え方、とらえ方）の歪みに気付かせ、これを変化させること等によって、問題行動を改善させようとする方法

カリキュラム

項目		方法	指導内容	高密度	中密度	低密度
オリエンテーション		講義	・指導の構造、実施目的について理解させる。 ・性犯罪につながる問題性を助長するおそれがある行動について説明し、自己規制するよう方向付ける。 ・対象者の不安の軽減を図る。			
準備プログラム		グループワーク	・受講の心構えを養い、参加の動機付けを高めさせる。	必修	必修	―
本科						
	第1科 自己統制	グループワーク 個別課題	・事件につながった要因について幅広く検討し、特定させる。 ・事件につながった要因が再発することを防ぐための介入計画（自己統制計画）を作成させる。 ・効果的な介入に必要なスキルを身に付けさせる。	必修	必修	必修 （凝縮版）
	第2科 認知の歪みと 変容方法	グループワーク 個別課題	・認知が行動に与える影響について理解させる。 ・偏った認知を修正し、適応的な思考スタイルを身に付けさせる。 ・認知の再構成の過程を自己統制計画に組み込ませる。	必修	選択	―
	第3科 対人関係と 親密性	グループワーク 個別課題	・望ましい対人関係について理解させる。 ・対人関係に係る本人の問題性を改善させ、必要なスキルを身に付けさせる。	必修	選択	―
	第4科 感情統制	グループワーク 個別課題	・感情が行動に与える影響について理解させる。 ・感情統制の機制を理解させ、必要なスキルを身に付けさせる。	必修	選択	―
	第5科 共感と 被害者理解	グループワーク 個別課題	・他者への共感性を高めさせる。 ・共感性の出現を促す。	必修	選択	―
メンテナンス		個別指導 グループワーク	・知識やスキルを復習させ、再犯しない生活を続ける決意を再確認させる。 ・作成した自己統制計画の見直しをさせる。 ・社会内処遇への円滑な導入を図る。			

出典：法務省資料による。

資5-68-2 性犯罪再犯防止プログラムの概要

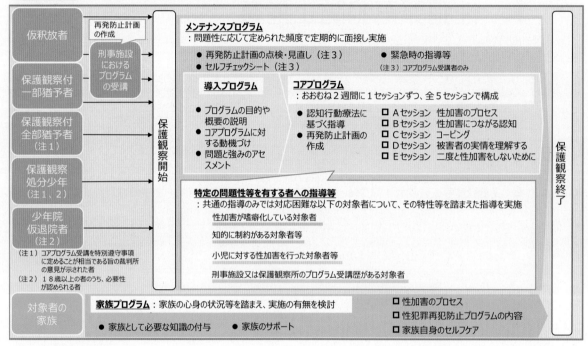

出典：法務省資料による。

(2) 子供を対象とする暴力的性犯罪をした者の再犯防止【施策番号69】

警察は、13歳未満の子供に対して強制わいせつ等の暴力的性犯罪をした刑事施設出所者について、法務省から情報提供を受け、各都道府県警察において、当該出所者と連絡を取り、同意を得て面談を行うなど、再犯防止に向けた措置を講じている。

❸ ストーカー加害者に対する指導等

(1) 被害者への接触防止のための措置【施策番号70】

警察及び法務省は、2013年（平成25年）4月から、ストーカー事案を始めとする恋愛感情等のもつれに起因する暴力的事案に係る仮釈放者及び保護観察付執行猶予者について、被害者等に接触しようとしているなどの問題行動等の情報を共有するなど、緊密かつ継続的な連携によって、こうした者の特異動向等を双方で迅速に把握することができるようにしている。

また、保護観察所では、警察から得た情報等を基にして、必要に応じ再加害を防止するための指導を徹底するなどしており、遵守事項※9違反の事実が確認されたときは、仮釈放の取消しの申出又は刑の執行猶予の言渡しの取消しの申出を行うなど、ストーカー加害者に対する適切な措置を実施している。

※9 遵守事項
　　保護観察対象者が保護観察期間中に守らなければならない事項。全ての保護観察対象者に共通して定められる一般遵守事項と、個々の保護観察対象者ごとに定められる特別遵守事項がある。遵守事項に違反した場合には、仮釈放の取消しや刑の執行猶予の言渡しの取消し等のいわゆる不良措置がとられることがある。

（2）ストーカー加害者に対するカウンセリング等【施策番号71】

　警察は、加害者への対応方法や治療・カウンセリングの必要性について精神科医等の助言を受け、加害者に治療・カウンセリングの受診を勧めるなど、地域の精神科医療機関等との連携を推進している。また、ストーカー加害者への対応を担当する警察職員に、精神医学的・心理学的アプローチに関する技能や知識の向上に係る研修を受講させている。

（3）ストーカー加害者に対する指導等に係る調査研究【施策番号72】

　警察庁及び法務省は、2017年度（平成29年度）に、ストーカー加害者が抱える問題等や、効果的な指導方策、処遇等について、一定期間におけるストーカー加害者の再犯の状況等に関する調査研究を実施した。本調査研究では、2014年（平成26年）に警察においてストーカー事案として相談等受理された経緯のある受刑者や保護観察対象者について、その実態の把握を行っており、これを踏まえ、より効果的な処遇を実施するためのアセスメント方法等について2021年度（令和3年度）に刑事施設向けの執務参考資料を作成したほか、保護観察所においては、2021年（令和3年）1月から類型別処遇（【施策番号83】参照）に新たに「ストーカー類型」を位置付け、類型ごとの処遇の指針である「類型別処遇ガイドライン」を踏まえた処遇を実施している。また、警察庁では、2022年度（令和4年度）にストーカー加害者に対する再犯防止のための効果的な精神医学的・心理学的アプローチに関する調査研究を実施する。

❹　暴力団関係者等再犯リスクが高い者に対する指導等

（1）暴力団からの離脱に向けた指導等【施策番号73】

　法務省は、刑事施設において、警察等と協力しながら、暴力団の反社会性を認識させる指導を行い、離脱意志の醸成を図るため、特別改善指導（【施策番号83】参照）として暴力団離脱指導（**資5-73-1**参照）を実施している（2021年度（令和3年度）の受講開始人員は383人（前年度：551人）であった。）。

　また、保護観察所では、暴力団関係者の暴力団からの離脱に向けた働き掛けを充実させるため、警察、暴力追放運動推進センター※10及び矯正施設との連携を強化しており、暴力団関係者の離脱の意志等の情報を把握・共有して必要な指導等をしている。

　さらに、警察及び暴力追放運動推進センターでは、矯正施設及び保護観察所と連携し、離脱に係る情報を適切に共有するとともに、矯正施設に職員が出向いて、暴力団員の離脱意志を喚起するための講演を実施するなど暴力団離脱に向けた働き掛けを行っている（同働き掛けによる暴力団離脱人員については、**資5-73-2**参照）。

※10　暴力追放運動推進センター
　　　暴力団員による不当な行為の防止と被害の救済を目的として、市民の暴力団排除活動を支援する組織であり、各都道府県公安委員会又は国家公安委員会に指定される。

資5-73-1　暴力団離脱指導の概要

地域社会とともに
開かれた矯正へ

刑事施設における特別改善指導

暴力団離脱指導

■　指導の目標
　　暴力団からの離脱に向けた働き掛けを行い、本人の有する具体的な問題性の除去及び離脱意志の醸成を図る。
●　対象者　　　　暴力団員による不当な行為の防止等に関する法律第2条第6号に規定する暴力団員である者
●　指導者　　　・刑事施設の職員（法務教官、法務技官、刑務官）、関係機関（警察、都道府県暴力追放運動推進センター、職業安定所職員）等
●　指導方法　　・講義、討議、個別面接、課題作文、視聴覚教材の視聴
　　　　　　　　・離脱意志の程度に応じた集団編成　等
●　実施頻度等　1単元50分　9単元、標準実施期間：2〜4か月

カリキュラム

項目	指導内容	方法
オリエンテーション	受講の目的と意義を理解させる。	講義
加入動機と自己の問題点	加入の動機を振り返らせ、自己の問題点について考えさせる。	討議、課題作文、面接
金銭感覚の是正	暴力団に加入したことにより、金銭感覚がそれまでの生活と一転し、考え方も変化したことについて考えさせる。	課題作文、面接
周囲（家族、社会等）に与えた影響	家族を始めとする周囲の人々に及ぼした影響について考えさせる。	討議、課題作文、面接、役割交換書簡法
暴力団の現状と反社会性	暴力団の現状及びその反社会的性質について認識させ、暴力団に加入したことが誤りであったことに気付かせる。	講義（警察関係者等）、視聴覚教材の視聴
暴力団を取り巻く環境	いわゆる暴対法等の講義を実施し、暴力団に加入していることによって、これからも犯罪に関わってしまう可能性が高いことに気付かせる。	講義、視聴覚教材の視聴
自己の問題点の改善	自己の問題点を改善するための、具体的な方法について考えさせる。	討議、課題作文、面接
離脱の具体的な方法	離脱のための具体的な手続及び方法について理解させた上で、自分自身の対応について考えさせる。	講義（警察関係者等）、討議、面接
釈放後の就職	求職状況及び求人状況の現状を認識させた上で、健全な職業観を身に付けさせ、出所後の就職への心構えをさせる。	講義（公共職業安定所職員等）、課題作文
離脱の決意と生活設計	離脱の決意を固めさせ、出所後の具体的な生活設計を立てさせる。	講義、討議、面接、課題作文

出典：法務省資料による。

資5-73-2 離脱者数の推移（概数）

（平成29年〜令和3年）

年　次	離脱者数（概数）
平成29年	640
30	640
令和元年	570
2	510
3	430

注　1　警察庁調査による。
　　2　離脱者数は、警察、暴追センターが離脱支援をしたことで暴力団から離脱した者の数である。

（2）暴力団員の社会復帰対策の推進【施策番号74】

　警察は、暴力団からの離脱及び暴力団離脱者の社会復帰・定着を促進するため、都道府県単位で、警察のほか、暴力追放運動推進センター、職業安定機関、矯正施設、保護観察所、協賛企業等で構成される社会復帰対策協議会の枠組みを活用して、暴力団離脱者のための安定した雇用の場を確保し、社会復帰の促進に取り組んでいる。

❺ 少年・若年者に対する可塑性に着目した指導等

（1）刑事司法関係機関における指導体制の充実【施策番号75】

　法務省は、少年院において、適正な処遇（**資5-75-1**参照）を展開するため、生活の場である集団寮における指導を複数職員で行う体制の充実を図っている（2021年度（令和3年度）は、20庁（前年度：18庁）で複数指導体制を実施）。

資5-75-1 少年院における処遇の概要

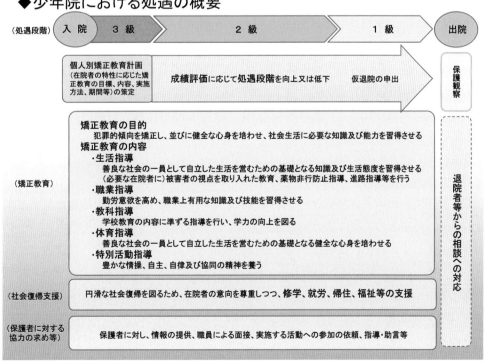

◆少年院における処遇の概要

出典：法務省資料による。

（2）関係機関と連携したきめ細かな支援等【施策番号76】

　法務省は、少年院において、家庭裁判所や保護観察所、少年鑑別所、児童相談所等の関係機関の担当者が一堂に会して、少年院在院者を対象とした処遇ケース検討会を実施し、処遇の一層の充実を図るとともに、関係機関との実質的な連携・協力体制を強化している（2021年度（令和3年度）は、全少年院において、合計209回（前年度：174回）の処遇ケース検討会を実施）。

　少年鑑別所では、地域援助を通じて、地域における関係機関との連携に係るネットワークの構築に努めている。特に、児童相談所や児童福祉施設、福祉事務所等を含む福祉・保健機関からの心理相談等の依頼は増加しており、依頼内容も、問題行動への対応や、その背景に知的な問題や発達障害等が疑われる者への支援等、幅広く寄せられている。2021年（令和3年）におけるこれら福祉・保健機関等からの心理相談等の依頼件数は、2,533件（前年：2,308件）であった。また、少年鑑別所が、所在する地域の警察と少年の立ち直り支援活動に関する協定書を結ぶなど、県警少年サポートセンター等との連携を強化している。そのほか、2020年度（令和2年度）から、法務省児童虐待防止プランに基づき、全国の少年鑑別所が、法務省の児童虐待担当窓口の一つとして位置付けられたことを踏まえ、児童相談所等関係機関とより一層緊密に連携し、児童虐待の早期発見・早期対応に協力できる体制の維持・構築を推進している。

　保護観察所では、被虐待経験を有していたり、心身の障害を有しているなどして何らかの支援を必要とする保護観察対象者について、児童相談所等の関係機関の担当者との情報共有や協議を行うなど、必要に応じて関係機関との連携を行い、きめ細やかな支援等を実施している。

（3）少年鑑別所における観護処遇の充実【施策番号77】

　法務省は、少年鑑別所において、在所者の自主性を尊重しつつ、職員が相談に応じたり助言を行ったりしている。また、在所者の情操を豊かにし、健全な社会生活を営むために必要な知識及び能力を向上させることができるよう、地域の関係機関や民間ボランティア等の協力を得ながら、在所者に対して、学習、文化活動その他の活動の機会を与えている。

（4）非行少年に対する社会奉仕体験活動等への参加の促進【施策番号78】

　警察は、非行少年を生まない社会づくり（【施策番号60】参照）の一環として、少年サポートセンターが主体となって、少年警察ボランティア（【施策番号59】参照）や、少年と年齢が近く少年の心情や行動を理解しやすい大学生ボランティア、関係機関と連携して、非行少年の立ち直りを支援する活動に取り組んでいる。この活動では、個々の少年の状況に応じて指導・助言を実施しているほか、周囲の人々とのつながりの中で少年に自己肯定感や達成感を感じさせ、また、他人から感謝される体験を通じてきずなを実感させることを目的として、社会奉仕体験活動、農業体験等の生産体験活動、スポーツ活動等への参加の促進を図っている。

（5）保護者との関係を踏まえた指導等の充実【施策番号79】

　法務省は、少年院において、在院者とその保護者との関係改善や在院者の処遇に対する保護者の理解・協力の促進、保護者の監護能力の向上等を図るため、保護者に対して、保護者ハンドブックの提供や面接等を実施している上、在院者が受ける矯正教育を共に体験してもらう保護者参加型プログラムを実施している（【施策番号25】参照）。

　保護観察所では、保護観察対象少年に対し、保護者との関係改善に向けた指導・支援を行うとともに、保護者に対する措置として、対象者の処遇に対する理解・協力の促進や保護者の監護能力の向上を図るための指導・助言を行っている。具体的には、「保護者のためのハンドブック」[11]の提供や、講習会、保護者会を実施しており、2021年度（令和3年度）の保護者会等の実施回数は20回（前年度：23回）であった。また、保護者による適切な監護が得られない場合には、児童相談所等の関

係機関や民間団体等と連携し、本人の状況に応じて、社会での自立した生活に向けた指導・支援を行っている。

（6）非行少年を含む犯罪者に対する処遇を充実させるための刑事法の整備等【施策番号80】

少年法における「少年」の上限年齢の在り方及び非行少年を含む犯罪者に対する処遇を一層充実させるための刑事法の整備の在り方については、2020年（令和2年）10月、法制審議会から法務大臣に対し答申[12]がなされた。

法務省においては、同答申のうち、まず、罪を犯した18歳及び19歳の者に対する処分及び刑事事件の特例等に関する法整備を行うこととし、2021年（令和3年）2月、少年法等の一部を改正する法律案を第204回国会に提出した。その後、同年5月、少年法等の一部を改正する法律（令和3年法律第47号）が成立し、2022年（令和4年）4月1日から施行された。

この改正により、18歳及び19歳の者について、引き続き少年法の適用対象としつつ、17歳以下の少年とは異なる特例として、①いわゆる原則逆送対象事件に、死刑又は無期若しくは短期1年以上の懲役・禁錮に当たる罪の事件を加えること、②保護処分は、犯情の軽重を考慮して相当な限度を超えない範囲内においてしなければならないとするとともに、ぐ犯をその対象から除外すること、③検察官送致決定後の刑事事件の特例に関する規定は、原則として適用しないこと、④18歳又は19歳の時に犯した罪により公判請求された場合には、いわゆる推知報道の禁止に関する規定を適用しないことが定められた。

同法律の施行に合わせて、少年法第64条第1項第2号の「2年の保護観察」の期間中に遵守事項違反のあった特定少年を一定期間収容し[13]、その特性に応じた処遇を行う少年院として、新たに第5種少年院が設けられた。同少年院では、「保護観察復帰プログラム」（**資5-80-1**参照）を導入し、保護観察所と連携して実施することとした。さらに、全ての少年院では、民法上の成年となる特定少年に対して、大人としての自覚を高めるための特定生活指導「成年社会参画指導」（**資5-80-2**参照）の導入等、矯正教育の一層の充実を図っている。

少年鑑別所では、特定少年について原則逆送事件の対象拡大等の特例が設けられたことを踏まえ、鑑別実施体制の強化を図ることとした。さらに、矯正教育等の充実に資するため、全ての少年院在院者を対象として、原則として在院中に処遇鑑別（収容処遇鑑別を含む。）を実施し、個人別矯正教育目標の達成状況等を調査・分析し、その結果を少年院に通知することとした。

また、法務省においては、法制審議会からの前記答申に基づき、犯罪者に対する処遇を一層充実させるための法整備を行うこととし、2022年（令和4年）3月、刑法等の一部を改正する法律案を第208回国会に提出した。その後、同年6月、刑法等の一部を改正する法律（令和4年法律第67号）が成立し、同月17日に公布された。

同法では、①懲役及び禁錮を廃止し、これらに代えて拘禁刑を創設すること、②再度の刑の全部の執行猶予の言渡しをすることができる対象者の範囲を拡大すること、③猶予の期間内に更に犯した罪について公訴の提起がされている場合には、当該罪についての有罪判決の確定が猶予の期間の経過後となったときにおいても、猶予された当初の刑を執行することができるようにすること、④再び保護

※11 保護観察所における「保護者のためのハンドブック」
https://www.moj.go.jp/hogo1/soumu/hogo02_00049.html

※12 法制審議会の議事録及び関係資料は、法務省ホームページ（https://www.moj.go.jp/shingi1/shingi035000 38.html）に掲載されている。

※13 少年法等の一部を改正する法律（令和3年法律第47号）による改正後の少年法第64条第1項第2号の規定に基づく保護処分の保護観察期間は2年であり、期間中、家庭裁判所は、保護観察所の長の申請があった場合において、この保護処分を受けた特定少年が、その遵守すべき事項を遵守しなかったと認められる事由があり、その程度が重く、かつ、少年院において処遇を行わなければ本人の改善及び更生を図ることができないと認めるときは、本保護処分を受けた特定少年を少年院に収容する旨の決定をしなければならない。

観察付全部執行猶予を言い渡された者については、少年鑑別所による鑑別を行うなどして再犯の要因を的確に把握し保護観察を実施すること、⑤受刑者に対する社会復帰支援を刑事施設の長の責務として明記すること、⑥刑事施設の長等の依頼による鑑別の対象者を20歳以上の受刑者等にも拡大すること、⑦申出のあった被害者等から心情等を聴取することとし、これを矯正処遇や保護観察に生かすこととするほか、申出により保護観察対象者にその心情等を伝達する現行法上の措置に加えて、受刑者に対してもその心情等を伝達できるようにすること、⑧刑の執行を終えた者等に対する援助を拡充すること等が定められた。

　①から④までは公布日から起算して3年を、⑤から⑧までは公布日から起算して1年6月を、それぞれ超えない範囲内において政令で定める日から施行することとされた。

| 資5-80-1 | 保護観察復帰プログラムの概要 |

第5種少年院の処遇〜保護観察所との連携強化

矯正局と保護局が協働で開発し、少年院と保護観察所が連携して実施するプログラム

＜第5種少年院とは＞
　2年の保護観察処分を受けた少年が保護観察中に重大な遵守事項違反があった場合に、1年の範囲内で少年院に収容し、保護観察への復帰に向けた各種働き掛けを行います。

保護観察復帰プログラム（第5種少年院に対するプログラム）

指導目的
　保護観察の指導監督等により改善更生を図ることができる状態になるよう、更生への動機づけを高めること

指導形式
　教材「RISE（Roadmap to Ideal Self with Engaging）」を用いた集団指導、個別指導等

単元	単元名	内容
1	今の自分	今の気持ち・状況を見つめる
2	2つの気持ち	保護観察中の生活を振り返る
3	私の大切なもの	自分の価値を探る
4	ありたい自分	「ありたい自分」を明確化する
5	保護観察を受けるのはなぜ？ ★	保護観察の意義を学ぶ
6	強みと資源	自分の強みや資源を明確化する
7	「ありたい自分」へのステップ	ありたい自分を実現するための生活・行動を考える
8	ハードルを越える	保護観察再開後の危機場面への対処法を考える
9	私のロードマップ	出院後の行動計画を作成
10	新たな出発 ★	更生への決意を固める

★　保護観察官又は保護司の参加単元

出典：法務省資料による。

資5-80-2 成年社会参画指導の概要

矯正教育の充実～成年社会参画指導の導入

★ 指導目標
　成年であることの自覚及び責任の喚起並びに社会参加に必要な知識の付与等

| 対象者 | 成年に達した者について、自らの責任に基づき自律的に社会生活を営むために必要な自覚が欠如し、又は必要な知識及び行動様式が身に付いていない者 |

| 指導内容 | ①受講者全員に対して統一的に行う中核プログラム
②受講者の個々の必要性に応じて選択的に行う周辺プログラム
③中核プログラム終了後に個別に行うフォローアップ指導を組み合わせて実施 |

| 実施結果 | 更生保護官署（保護観察所等）へ情報提供 |

指導内容の概要（中核プログラム）

単元	指導科目
第1回	大人になる①
第2回	非行・犯罪について①
第3回	ルールについて
第4回	契約について
第5回	契約トラブルについて
第6回	訴訟について
第7回	家族について
第8回	結婚について
第9回	仕事について
第10回	友人について
第11回	非行・犯罪について②
第12回	大人になる②

※ 短期社会適応課程及び保護観察復帰指導課程においては、6単元の短縮版を標準とする。

出典：法務省資料による。

❻ 女性の抱える問題に応じた指導等【施策番号81】

　法務省は、全国の女性刑事施設11庁のうち、PFI手法を活用した刑事施設[14]である美祢社会復帰

※14 PFI手法を活用した刑事施設
　　刑事施設の整備・運営にPFI（Private Finance Initiative）手法（公共施設等の建築、維持管理、運営等を民間の資金・ノウハウを活用して行う手法）の活用が図られている施設。美祢社会復帰促進センターにおいても、民間のノウハウとアイデアを活用し、女性受刑者特有の問題に着目した指導・支援を行っている。

促進センター以外の10庁の女性刑事施設において、女性受刑者特有の問題に対処するため、看護師、助産師、介護福祉士等、医療・福祉等の地域の専門家の協力・支援を得て、女性受刑者に対する助言・指導や職員に対する研修等を行う、「女子施設地域連携事業」を実施している。さらに、医療専門施設である東日本成人矯正医療センター、大阪医療刑務所及び北九州医療刑務所に、臨床心理士を配置し、全国の摂食障害女性受刑者を収容することで、より効果的な治療が受けられる体制の整備を行っており、全国の女性刑事施設に収容中の摂食障害女性受刑者を当該医療専門施設に移送し、治療を実施している。また、2019年度（令和元年度）には、摂食障害治療・処遇体制の統一を図るため、これら医療専門施設に加え、全国の女性刑事施設の摂食障害治療・処遇に携わる職員（医師、看護師、臨床心理士、刑務官等）に対する集合研修を実施している。

少年院では、女子の少年院入院者の多くが虐待等の被害体験や性被害による心的外傷等の精神的な問題を抱えていることを踏まえ、2016年度（平成28年度）から、女子少年院在院者の特性に配慮した処遇プログラム（資5-81-1参照）を試行しているほか、同プログラムの効果検証を進めつつ、プログラムの一部の見直しを行っている。

さらに、地域社会の中でも女性の特性に配慮した指導・支援を推進するため、2017年度（平成29年度）から、女性や女子少年を受け入れる各更生保護施設において職員を1人増配置している。

資5-81-1　女子少年院在院者の特性に配慮した処遇プログラムの概要

出典：法務省資料による。

⑦　発達上の課題を有する犯罪をした者等に対する指導等【施策番号82】

法務省は、少年院において、在院者の年齢や犯罪的傾向の程度等に着目し、一定の共通する類型ごとに矯正教育課程[※15]を定め、発達上の課題を有する者については、その特性に応じて、支援教育課程[※16] I ～ V のいずれかを履修するよう指定している（2021年（令和3年）、支援教育課程 I ～ V の

いずれかを指定された在院者は411人（前年：433人））。また、発達上の課題を有する在院者の処遇に当たっては、「発達上の課題を有する在院者に対する処遇プログラム実施ガイドライン」（**資5-82-1**参照）を活用しているほか、2018年度（平成30年度）からは、身体機能の向上に着目した指導を導入し、その充実に努めている。

保護観察所では、類型別処遇（【施策番号83】参照）における「発達障害」類型に該当する、又はその他発達上の課題を有する保護観察対象者について、必要に応じて、児童相談所や発達障害者支援センター等と連携するなどして、個別の課題や特性に応じた指導等を実施している。また、更生保護官署職員及び保護司に対し、発達障害に関する理解を深め、障害特性を理解した上で的確な支援を行うための研修や教材の整備を実施している。

資5-82-1 発達上の課題を有する在院者に対する処遇プログラム実施ガイドラインの概要

発達上の課題を有する在院者に対する処遇プログラム実施ガイドライン

ガイドラインの概要

I 総論
・処遇上・保護環境調整上の課題
　→効果的な処遇のためには、非行や問題行動が起きるプロセスの理解が重要
・職員の基本姿勢
　① 本人の話を聴く
　② 安全安心な環境をつくる
　③ 職員が専門的な知識を身に付け連携する
　④ ストレングスモデルに基づく指導を行う
　⑤ 移行支援を行う

II 発達上の課題の理解
・AD／HD（注意欠如・多動症）の特徴
・ASD（自閉スペクトラム症）の特徴 等

III 少年院における発達上の課題を有する在院者に対する処遇
・個人別矯正教育計画策定上の留意点
　→感覚の過敏・鈍麻を含む特性の把握が重要
・処遇上の配慮 等

IV 保護者に対する働き掛け
・保護者自身の悩みの理解 等

V 移行支援
・相談・支援体制の構築の必要性
・利用可能な社会資源 等

二次障害が出現するメカニズム

発達障害の症状・気質
（衝動性の高さ、こだわりの強さ、感覚過敏等）

扱いにくさ・誤解

周囲の否定的な反応 ← 悪循環 → 周囲の否定的反応が更に増加

本人の心のうっ積 → 問題視される行動の増加

二次障害（反抗、暴力等）の出現

悪循環からの脱却を図る

「身体感覚に関するチェックリスト」の活用

在院者の個別の身体感覚を理解することで、適切な指導や支援を行い、在院者の不安やストレスの軽減を図る。

チェック項目の例

☐ 頑張った後は思考が停止してしまう。
☐ 大きな音は耳の側でしばらく残ってしまう。
☐ よく他人にぶつかったり、つまずいたりする。

（自記式全178項目／面接式全85項目）

出典：法務省資料による。

※15 矯正教育課程
　在院者の年齢、心身の障害の状況及び犯罪的傾向の程度、社会生活への適応に必要な能力等の特性について、一定の類型に分け、その類型ごとに在院者に対して行う矯正教育の重点的な内容及び標準的な期間を定めたもの。
※16 支援教育課程
　障害又はその疑い等のため処遇上の配慮が必要な者に対して指定する矯正教育課程をいう。支援教育課程のうち、Iは知的障害、IIは情緒障害若しくは発達障害、IIIは義務教育終了者で知的能力の制約や非社会的行動傾向のある者等に対して指定する。また、IVは知的障害、Vは情緒障害若しくは発達障害のある者等で、犯罪的傾向が進んだ者に対して指定する。

⑧ その他の効果的な指導等の実施に向けた取組の充実

(1) 各種指導プログラムの充実【施策番号83】

法務省は、刑事施設において、性犯罪再犯防止指導（【施策番号68】参照）や薬物依存離脱指導（【施策番号44】参照）等の特別改善指導（**資**5-83-1参照、同指導の受講開始人員は**資**5-83-2参照）のほか、一般改善指導（**資**5-83-1参照）としてアルコール依存回復プログラム（**資**5-83-3参照）や暴力防止プログラム（**資**5-83-4参照）等を実施している。

特に、児童等に対する虐待行為をした受刑者に対しては、暴力防止プログラムの中で、再加害防止に向けて、本人の責任を自覚させ、暴力を振るうことなく生活するための具体的なスキルを身に付け、実践できるようにするため、家族を始めとした親密な相手に対する暴力に関するカリキュラムを実施しているほか、必要に応じて、犯した罪の大きさや被害者の心情等を認識させ、再び罪を犯さない決意を固めさせるための被害者の視点を取り入れた教育（【施策番号86】参照）も実施している。

少年院では、2018年（平成30年）から、特殊詐欺の問題性を理解させ、再犯・再非行を防止するための指導を一層充実・強化するための教材整備を行っており、2021年度（令和3年度）から、振り込め詐欺等の特殊詐欺に関与した少年院在院者を対象に、ワークブックに加え、被害に関する理解等を深めるための視聴覚教材を作成し、これらを用いて特殊詐欺非行防止指導を体系的に実施している。

保護観察所では、保護観察対象者に対し、認知行動療法に基づく専門的処遇プログラムを実施している（同プログラムの開始人員は**資**5-83-5参照）。専門的処遇プログラムには、性犯罪再犯防止プログラム（【施策番号68】参照）、薬物再乱用防止プログラム（【施策番号44】参照）、暴力防止プログラム（**資**5-83-6参照）及び飲酒運転防止プログラム（**資**5-83-7参照）の4種類がある。保護観察対象者の問題性に応じて、各プログラムを受けることを特別遵守事項として義務付けるほか、必要に応じて生活行動指針[※17]として設定するなどして実施している。なお、2022年度（令和4年度）からは、少年法等の一部を改正する法律（令和3年法律第47号）の施行に伴い、18歳以上の保護観察処分少年及び少年院仮退院者に対する処遇の充実を図ることを目的として、各プログラムを特別遵守事項として義務付けて実施することを可能とする対象者の範囲を、従来の仮釈放者及び保護観察付執行猶予者のみならず、18歳以上の保護観察処分少年及び少年院仮退院者にまで拡大し、特定の犯罪的傾向の改善のため、各プログラムを実施することとしている。

2019年（令和元年）から、児童に対する虐待行為をした保護観察対象者に対しては、暴力防止プログラム（児童虐待防止版）（**資**5-83-8参照）を試行的に実施し、身体的虐待につながりやすい考え方の変容、養育態度の振り返り、児童との適切な関わり方の習得、身体的虐待を防止するために必要な知識の習得を図っている。

また、2020年（令和2年）3月から、保護観察対象者のうち嗜癖的な窃盗事犯者に対しては、「窃盗事犯者指導ワークブック」や、自立更生促進センターが作成した処遇プログラムを活用し、窃盗の背景要因や問題を分析し、窃盗を止める意欲を高め、具体的な行動計画を考えさせることなどを通じて、その問題性に応じた保護観察処遇も実施している。

さらに、保護観察対象者の問題性その他の特性を、その犯罪・非行の態様等によって類型化して把握し、各類型ごとに共通する問題性等に焦点を当てた処遇として「類型別処遇」を実施しているところ、保護観察の実効性を一層高めることを目的として、2021年（令和3年）1月から新たな「保護観察類型別処遇要領」を定め、同要領に基づき類型別処遇を実施している（**資**5-83-9参照）。昨今

※17　生活行動指針
　　　保護観察における指導監督を適切に行うため必要があると認めるときに保護観察所の長が定める保護観察対象者の改善更生に資する生活又は行動の指針である。保護観察対象者は、生活行動指針に即して生活し、行動するよう努めることを求められるが、これに違反した場合に、直ちに不良措置をとられるものではない点で、特別遵守事項とは異なる。

の犯罪・非行情勢等を踏まえ、「ストーカー」、「特殊詐欺」、「嗜癖的窃盗」、「就学」類型を新設したほか、「精神障害」類型の下位類型として「発達障害」、「知的障害」類型を定めるなど、類型の区分を見直すとともに、保護観察対象者に対する各類型ごとの処遇指針として、「類型別処遇ガイドライン」を新たに定め、同ガイドラインをアセスメント、保護観察の実施計画の作成及び処遇の実施等に活用した処遇を実施している。例えば、「特殊詐欺」類型の保護観察対象者については、特殊詐欺グループ以外の居場所をもてるよう、就労や就学を中心とした健全な生活を送るための指導等を行うとともに、特殊詐欺が被害者に与えた影響について理解させ、罪しょう感を深めさせることにより、謝罪や被害弁済等の今後行うべきことを考えさせている。

資5-83-1 刑事施設入所から出所までの矯正指導の流れ（一般改善指導及び特別改善指導の概要）

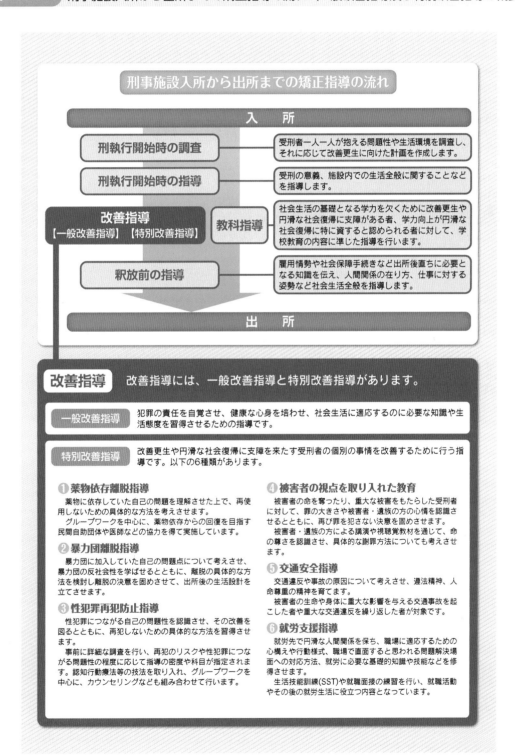

出典：法務省資料による。

資5-83-2　刑事施設における特別改善指導の受講開始人員

（平成29年度〜令和3年度）

プログラムの種類	平成29年度	平成30年度	令和元年度	令和2年度	令和3年度
薬 物 依 存 離 脱 指 導	10,989	9,728	8,751	7,707	7,493
暴 力 団 離 脱 指 導	553	694	557	551	383
性 犯 罪 再 犯 防 止 指 導	504	797	563	424	433
被害者の視点を取り入れた教育	804	793	696	538	468
交 通 安 全 指 導	1,703	1,863	1,804	1,659	1,583
就 労 支 援 指 導	3,638	3,526	3,664	2,952	2,900

注　法務省資料による。

資5-83-3　刑事施設におけるアルコール依存回復プログラムの概要

刑事施設における一般改善指導

アルコール依存回復プログラム

地域社会とともに
開かれた矯正へ

■　指導の目標
　　自己の飲酒の問題性を理解させ、その改善を図るとともに、再飲酒しないための具体的な方法を習得させる。
● 　対象者　　　　1　飲酒運転などの交通事犯者
　　　　　　　　　2　飲酒の問題が犯罪や本人の心身の健康に影響を与えている者
● 　指導者　　　　刑事施設の職員（法務教官、法務技官、刑務官）、民間協力者（民間自助団体）等
● 　指導方法　　　認知行動療法に基づき、グループワークの手法を用いる。

● 　実施頻度等　　1単元60分から90分、12単元、標準実施期間：3〜6か月

カリキュラム

単元	項目	指導内容
1	オリエンテーション	プログラムの目的とルールを理解し、全体の流れをつかむ。
2	サイクルを止める	飲酒のサイクルについて認識を深め、断酒を実現するための方法について知る。
3	外的引き金	外的引き金の知識を身につけ、自分の外的引き金は何かを知り、回避する方法を学ぶ。
4	内的引き金	内的引き金の知識を身につけ、自分の外的引き金は何かを知り、回避する方法を学ぶ。
5	断酒生活	断酒生活の経過イメージと各過程に生じる心身の特徴的な状態を理解する。
6	再飲酒の兆候（1）	再飲酒の兆候の知識を身につけ、自分の思考的兆候は何かを知り、対処方法を学ぶ。
7	再飲酒の兆候（2）	自分の行動的兆候は何かを知り、対処方法を学ぶ。
8	ストレスへの対処方法	ストレスと再飲酒の関係を理解し、自分のストレスの受け止め方の幅を広げる。
9	スケジュール	断酒生活の実現に向けたスケジュールを立てる。断酒生活を続ける心構えをつくる。
10	断酒生活の維持（1）	断酒生活を継続するための要点を整理し、今後の人間関係について見直す。
11	断酒生活の維持（2）	断酒生活を維持する対人関係の問題点について理解し、飲酒を断る対処方法や飲酒問題の解決方法を学ぶ。
12	まとめ	これまで学習した対処方法などを整理し、断酒生活を実現させるための心構えを確立する。

出典：法務省資料による。

刑事施設における暴力防止プログラムの概要

地域社会とともに
開かれた矯正へ

刑事施設における一般改善指導

暴力防止プログラム

■ 指導の目標
1 暴力を振るうことなく施設内・社会内で生活できるよう、非暴力への動機付けを高めさせる。
2 暴力へと至る自己のパターンを認識させるとともに、そこから抜け出し、暴力以外の手段により将来の望ましい生活を達成するための方法をあらかじめ準備させる。
3 暴力を振るうことなく生活するための具体的なスキルについて、施設在所中から実践を通じて身に付けさせる。
● 対象者　本件が暴力事犯の者又は過去に暴力の問題を有する者
● 指導方法　認知行動療法の手法を取り入れたグループワーク、ロールプレイ、課題学習、討議、個別面接等
● 実施頻度等　1回60〜90分、全18回、おおむね4〜6か月間で実施

カリキュラム

単元	項　目	概　要
1	オリエンテーション	自己紹介・ルール作り・流れの説明・暴力で得たもの、失ったものについて考える。
2	危ない場面での対処法	簡単にできる対処法を理解・修得する。
3	間を取って落ち着く	リラックス方法や間の取り方を理解・修得する。
4	暴力の道筋ときっかけ	暴力に至る道筋ときっかけに気づき、そうならないための方法を考える。
5	暴力と身体的反応（体の変化）	暴力と自己の身体的反応を理解する。
6	暴力と感情（気持ち）	暴力と感情の関係を理解する。
7	暴力と思考（心のつぶやき）	暴力と思考の関係を理解する。
8	思考チェンジ〜「MCC法」について〜	暴力につながらない思考ができるようにするための方法を理解・修得する。
9	親密な相手への暴力（理解①）	DVや児童虐待等について理解する。
10	親密な相手への暴力（理解②）	
11	親密な相手への暴力（対処法）	親密な相手へ暴力を振るわないよう、対等な人間関係について考える。
12	理想のライフスタイル	理想のライフスタイルを考え、その実現のための段取りを考える。
13	暴力に近づかないためのコミュニケーション	暴力に近づかないためのコミュニケーション方法を理解・修得する。
14	アサーション〜適切な自己主張〜	適切な自己主張を行うためのコミュニケーション方法を理解・修得する。
15	問題を解決する（計画）	問題を解決する手段を理解するとともに、ロールプレイを通した実践を行う。
16	問題を解決する（実践）	
17	これまでを振り返る	プログラムを振り返り、自分の変化を確認する。

出典：法務省資料による。

資5-83-5　保護観察所における専門的処遇プログラムによる処遇の開始人員

①仮釈放者

プログラムの種類	平成29年	平成30年	令和元年	令和2年	令和3年
性犯罪者処遇プログラム	618	589	542	510	442
薬物再乱用防止プログラム	1,230	1,811	1,823	1,797	1,661
暴力防止プログラム	164	167	174	153	118
飲酒運転防止プログラム	170	186	169	173	177

②保護観察付全部執行猶予者

プログラムの種類	平成29年	平成30年	令和元年	令和2年	令和3年
性犯罪者処遇プログラム	321	299	286	256	273
薬物再乱用防止プログラム	418	418	330	298	323
暴力防止プログラム	105	103	112	103	92
飲酒運転防止プログラム	73	75	83	51	53

③保護観察付一部執行猶予者

プログラムの種類	平成29年	平成30年	令和元年	令和2年	令和3年
性犯罪者処遇プログラム	11	20	28	25	16
薬物再乱用防止プログラム	224	892	1,345	1,407	1,255
暴力防止プログラム	2	9	2	4	7
飲酒運転防止プログラム	3	6	3	3	1

注　1　法務省資料による。
　　2　「暴力防止プログラム」及び「飲酒運転防止プログラム」については、プログラムによる処遇を特別遵守事項によらずに受けた者を含む。
　　3　仮釈放期間満了後、一部執行猶予期間を開始した保護観察付一部執行猶予者については、「仮釈放者」及び「保護観察付一部執行猶予者」の両方に計上している。

資5-83-6　保護観察所における暴力防止プログラムの概要

出典：法務省資料による。

資5-83-7 保護観察所における飲酒運転防止プログラムの概要

飲酒運転防止プログラム

対象

特別遵守事項によって受講を義務付けられる者
- 保護観察に付される理由となった犯罪事実中に以下の罪に当たる事実が含まれる仮釈放者、保護観察付執行猶予者、保護観察処分少年又は少年院仮退院者
  - ➢ 保護観察付全部猶予者及び保護観察処分少年について、プログラム受講を特別遵守事項に定めることが相当である旨の裁判所の意見が示された者
  - ➢ 保護観察処分少年及び少年院仮退院者について、18歳以上の者のうち、必要性が認められる者

① 危険運転致死傷（自動車等の運転により人を死傷させる行為等の処罰に関する法律第2条（第1号に限る。）及び第3条第1項）※
② 酒酔い運転（道路交通法第117号の2第1号）
③ 酒気帯び運転（道路交通法第117号の2の2第3号）
④ 過失運転致死傷アルコール等影響発覚免脱（自動車の運転により人を死傷させる行為等の処罰に関する法律第4条）※
※アルコールの影響による行為に係るものに限る。同法第6条第1項から第3項により無免許運転による刑の加重を受ける場合を含む。

保護観察開始

プログラムの内容
- ワークブックを用いて、アルコールに関する正しい知識を得るとともに、自己の飲酒状況について振り返りを行い、再び飲酒運転を繰り返さないための対処方法等を考えさせる。
- アルコールに関する専門医療機関や自助グループに関する知識を付与することによって、適切な措置を受けるよう働き掛ける。
- 保護観察官が個別処遇又は集団処遇によりおおむね2週間に1回実施し、受講者とともに個別具体的な再発防止計画を作成する。

保護観察終了

ワークブックの課題内容

課程	学習内容
導入	**オリエンテーション**
	プログラムの目的及び概要を説明した上でアセスメントを実施し、処遇につながる情報を入手する。
1	**飲酒運転の影響について考える**
	飲酒運転の結果を振り返らせ、飲酒運転を繰り返さないことへの動機付けをする。
2	**アルコールが運転や心身に及ぼす影響について学ぶ**
	アルコールが運転や心身に及ぼす影響について学ばせ、自分とアルコールとの関係について振り返らせる。
3	**アルコールのもたらす悪影響について学ぶ**
	アルコールやアルコール依存症について理解を深めさせ、一般的な問題解決手段についての知識を習得させる。
4	**飲酒運転につながる危険な状況を知る**
	飲酒運転のひきがねとなることがらを特定し、そのひきがねに出会った場合及び出会わないための対処方法を考えさせる。
5	**飲酒運転をしないための対処方法を考える**
	飲酒運転をしないための再発防止計画を作成し、これから実行していくことへの動機を高めさせる。

出典：法務省資料による。

資5-83-8 保護観察所における暴力防止プログラム（児童虐待防止版）の概要

暴力防止プログラム（児童虐待防止版）

暴力防止プログラム（児童虐待防止版）の試行の実施について

児童相談所への児童虐待相談対応件数が平成28年度に12万件を超え、虐待により年間約80人もの子供の命が失われている現状に鑑み、平成30年7月20日に「児童虐待防止対策の強化に向けた緊急総合対策」が閣議決定された。

保護観察所においても、「関係機関と連携しつつ，適切な指導や支援に取り組む」こととされており，児童虐待により保護観察となった者の再犯防止を図ることが急務となっていることから，児童虐待加害者に特化した暴力防止プログラムを作成し，内容の適正化を測るため，一定期間，試行的に実施するものである。

受講対象者

特別遵守事項によって受講を義務付けられる者
① 保護観察に付される理由となった犯罪事実中に児童虐待防止法第2条第1項第1号（身体的虐待）が含まれる仮釈放者及び保護観察付執行猶予者

② ①に該当しない者のうち，従前の暴力防止プログラムの受講が義務付けられる者であり，身体的虐待行為を反復する傾向が認められ，本プログラムによる実施が適切であると認められる者

※保護観察付全部猶予者の場合は，プログラム受講を特別遵守事項に定めることが相当である旨の裁判所の意見が示された者

内容

○ ワークブックを用いて，自己の暴力について分析させ，暴力につながりやすい考え方の変容や，暴力の防止に必要な知識のほか，養育態度の振り返り，子供との適切な関わり，子供の発達についての知識の習得を促す。

○ 暴力を起こしそうな危険場面での対処法，対人関係の技術，暴力につながらない生活態度を習得させる。

○ 対処方法として，子供に対して本当にしたかったことへの気付きや，子供に対して気持ちが伝わりやすい言動等を，ロールプレイなどを通じて体験的に習得させる。

○ 保護観察官が個別処遇により，おおむね2週間に1回実施し，受講者とともに個別具体的な再発防止計画を作成する。

ワークブックの課題内容について

課程	学習内容
1	**暴力をふるうということ**
	事件当時の生活状況を振り返り，事件に至ったきっかけや考え方を整理する。
2	**子供の気持ち・暴力につながりやすい考え方**
	子供の気持ちを考え，暴力につながりやすい考え方の癖を知り，柔軟な考え方を考える。
3	**危険信号と対処**
	暴力をふるいそうな場面，身体の状況などを把握させ，危機場面での具体的な対処方法を習得する。
4	**暴力をふるわないための取組**
	気持ちが伝わりにくい言動や伝わりやすい言動を知り，ロールプレイを通して適切な方法を実践的に学ぶ。
5	**二度と暴力をふるわないために**
	対処方法を整理し，二度と暴力をふるわないための具体的な再発防止計画を立てる。

出典：法務省資料による。

| 資5-83-9 | 保護観察所における類型別処遇の概要 |

類型別処遇

類型別処遇の目的

保護観察対象者の問題性その他の特性を、その犯罪・非行の態様等によって類型化して把握し、各類型ごとに共通する問題性等に焦点を当てた処遇の方法等に関する知見を活用した保護観察を実施するための指針（※）を定め、犯罪又は非行の要因及び改善更生に資する事項に関する分析、保護観察の実施計画の作成並びにその実施等に活用することにより、保護観察の実効性を高めることを目的とするもの。

※類型別処遇ガイドライン

類型別処遇を実施するための指針として作成したものであり、右記4領域16類型について、その定義を述べた上で、見立てをするための視点を提示し、そのための情報収集の留意事項を記載したほか、各類型に適合した処遇の方法の例を記載している。

類型の区分	
関係性領域	児童虐待
	配偶者暴力
	家庭内暴力
	ストーカー
不良集団領域	暴力団等
	暴走族
	特殊詐欺
社会適応領域	就労困難
	就学（中学生）
	精神障害（発達障害，知的障害）
	高齢
嗜癖領域	薬物
	アルコール
	性犯罪
	ギャンブル
	嗜癖的窃盗

出典：法務省資料による。

（2）社会貢献活動等の充実【施策番号84】

法務省は、刑事施設において、受刑者に社会に貢献していることを実感させることで、その改善更生、社会復帰を図ることを目的として、2011年度（平成23年度）から公園の清掃作業を行うなどの社会貢献作業を実施している（2021年度（令和3年度）は、刑事施設31庁が（前年度：25庁）、45か所の事業主体（前年度：26か所）との協定の下、社会貢献作業を実施）。

少年院では、全庁で特別活動指導[18]として社会貢献活動を実施しており、公園や道路の清掃等、在院者の特性や地域社会の実情等に応じた活動を行っている（**写真5-84-1**参照）。

保護観察所では、保護観察対象者に対し、自己有用感のかん養、規範意識や社会性の向上を図る

| 写真5-84-1 | 少年院における社会貢献活動の様子 |

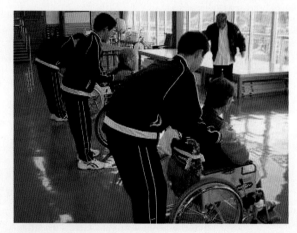

写真提供：法務省

ため、公園や河川敷等公共の場所での清掃活動や、福祉施設での介護補助活動といった地域社会の利益の増進に寄与する社会的活動を継続的に行う社会貢献活動（**資5-84-1**参照）を、特別遵守事項として義務付けたり、必要に応じて生活行動指針として設定したりして実施している。

また、保護観察所における社会貢献活動について、より効果的な運用を図ることを目的として、全国8ブロックにおいて地方別協議会を開催し、社会貢献活動の実施状況等について情報交換を行うほか、効果が認められた実践や当面している課題等に関する協議を行っている。

2021年度（令和3年度）末現在、社会貢献活動場所として2,069か所（前年度：2,059か所）が登録されており、その内訳は、福祉施設が1,027か所（前年度：1,029か所）、公共の場所が806か

※18 特別活動指導
　　特別活動指導とは、少年院法第29条に規定される、在院者に対し、その情緒を豊かにし、自主、自律及び協同の精神を養わせることを目的とした指導で、社会貢献活動、野外活動、運動競技、音楽、演劇等に関する指導を行っている。

所（前年度：800か所）、その他が236か所（前年度：230か所）となっている。2021年度（令和3年度）においては322回（前年度：379回）の社会貢献活動を実施し、延べ544人（前年度：665人）が参加した。

資5-84-1 保護観察所における社会貢献活動の概要

保護観察における社会貢献活動

！Point　社会貢献活動とは

保護観察対象者に地域社会の利益の増進に寄与する社会的活動を行わせ、善良な社会の一員としての意識の涵養及び規範意識の向上を図るもの　[特別遵守事項で設定]

ねらい（処遇効果）

社会性
社会経験を積み、コミュニケーション能力が向上することなどにより、社会性が向上する

自己有用感
達成感を得たり、感謝される体験をしたりすることにより、自己有用感が高まる

心理的安定
社会的孤立が改善されることにより、心理的に安定する

規範意識
しょく罪の意識が高まることなどにより、規範意識が強化される

社会貢献活動の在り方を考える検討会　H30.9〜H31.2
法学、教育、福祉、心理等の有識者がH27.6の運用開始以降の実施状況について検証し、今後の運用の在り方を検討

実施対象者
個々の特性を見極めた上で、処遇効果が見込まれる保護観察対象者を幅広く選定することが可能に

実施回数
一律5回とされていた活動の標準回数を3回（上限5回）に変更し、より弾力的な運用が可能に

等、運用を見直し

活動内容（イメージ）
ありがとう。
保護観察官・保護司による指導
ゴミを捨てちゃダメだよね。
福祉施設での補助活動
更生保護女性会・BBS会員、活動場所スタッフ等の協力
公共の場所の清掃・美化

出典：法務省資料による。

（3）関係機関や地域の社会資源の一層の活用【施策番号85】

　法務省では、刑事施設や少年院、保護観察所において、ダルク[19]や自助グループ[20]をはじめとする民間団体や関係機関、地域社会などと連携し、処遇等を行っている。

　また、法務省及び厚生労働省は、「薬物依存のある刑務所出所者等の支援に関する地域連携ガイドライン」（【施策番号52】参照）を策定し、保護観察付一部執行猶予者等の薬物依存者を支援対象として、都道府県や医療機関等を含めた関係機関や民間支援団体が緊密に連携し、その機能や役割に応じた支援を効果的に実施している。

⑨　犯罪被害者等の視点を取り入れた指導等【施策番号86】

　法務省は、刑事施設において、罪の大きさや犯罪被害者等の心情等を認識させるとともに、犯罪被害者等に誠意を持って対応するための方法を考えさせるため、特別改善指導（【施策番号83】参照）として被害者の視点を取り入れた教育（**資5-86-1**参照）を実施している（2021年度（令和3年度）の受講開始人員は468人（前年度：538人）であった）。

※19　ダルク
　　Drug Addiction Rehabilitation Centerの略称。薬物依存症者の回復を支援する民間のリハビリ施設。
※20　自助グループ
　　同じ問題を抱える仲間同士が集まり、互いに悩みを打ち明け、助け合って問題を乗り越えることを目的として、ミーティングが行われている。具体的には、薬物依存症者の回復を支援するNA（Narcotics Anonymous）、アルコール依存者の回復を支援するAA（Alcoholics Anonymous）、ギャンブル等依存者等の回復を支援するGA（Gamblers Anonymous）などがある。

　少年院では、全在院者に対し、被害者心情理解指導を実施している。また、特に被害者を死亡させ、又は被害者の心身に重大な影響を与えた事件を起こし、犯罪被害者や遺族に対する謝罪等について考える必要がある者に対しては、特定生活指導として、被害者の視点を取り入れた教育を実施しており、2021年（令和3年）は、48名（前年：43人）が修了した。これらの指導の結果は、継続的な指導の実施に向け、更生保護官署に引き継いでいる。

　なお、矯正施設及び保護観察所では、家庭裁判所や検察庁等から送付される処遇上の参考事項調査票等に記載されている犯罪被害者等の心情等の情報について、被収容者等に対する指導に活用している。

　保護観察所では、犯罪被害者等の申出に応じ、犯罪被害者等から被害に関する心情、犯罪被害者等の置かれている状況等を聴取し、保護観察対象者に伝達する制度（心情等伝達制度）を実施しており、当該対象者に対して、被害の実情を直視させ、反省や悔悟の情を深めさせるような指導監督を徹底している（2021年（令和3年）中に、心情等を伝達した件数は182件（前年：155件））。また、被害者を死亡させ、又は重大な傷害を負わせた保護観察対象者に対し、しょく罪指導プログラム（**資5-86-2**参照）による処遇を行うとともに、犯罪被害者等の意向にも配慮して、誠実に慰謝等の措置に努めるよう指導している（2021年（令和3年）に、しょく罪指導プログラムの実施が終了した人員は371人（前年：390人））。

　さらに、「第4次犯罪被害者等基本計画」（令和3年3月30日閣議決定）、「更生保護の犯罪被害者等施策の在り方を考える検討会」[21]報告書、法制審議会からの諮問第103号に対する答申（【施策番号80】参照）を踏まえ、しょく罪指導プログラムを充実させることをはじめ、犯罪被害者等の視点に立った保護観察処遇の充実等に向けて必要となる施策を検討し、実施することとしている。

　加えて、一定の条件に該当する保護観察対象者を日本司法支援センター（法テラス）[22]に紹介し、法テラスにおいて被害弁償等を行うための法律相談を受けさせ、又は弁護士、司法書士等を利用して犯罪被害者等との示談交渉を行うなどの法的支援を受けさせており、保護観察対象者が、犯罪被害者等の意向に配慮しながら、被害弁償等を実行するよう指導・助言を行っている。

※21　更生保護の犯罪被害者等施策の在り方を考える検討会
　　　犯罪被害者等の心情等を踏まえた保護観察処遇を実現させるための方策等を検討することを目的に、2019年（平成31年）に法務省保護局長が設置した検討会であり、2020年（令和2年）に提言内容を含む報告書を取りまとめた。
※22　日本司法支援センター（法テラス）
　　　日本司法支援センター（通称：「法テラス」）は、国により設立された、法による紛争解決に必要な情報やサービスを提供する公的な法人。

資5-86-1 刑事施設における被害者の視点を取り入れた教育の概要

地域社会とともに
開かれた矯正へ

刑事施設における特別改善指導

被害者の視点を取り入れた教育

- **指導の目標**
  自らの犯罪と向き合うことで、犯した罪の大きさや被害者やその遺族等の心情等を認識させ、被害者やその遺族等に誠意を持って対応していくとともに、再び罪を犯さない決意を固めさせる。
- **対象者** 被害者の命を奪い、又はその身体に重大な被害をもたらす犯罪を犯し、被害者やその遺族等に対する謝罪や賠償等について特に考えさせる必要がある者
- **指導者** 刑事施設の職員（法務教官、法務技官、刑務官）、民間協力者（被害者やその遺族等、被害者支援団体のメンバー、被害者問題に関する研究者、警察及び法曹関係者等の専門家）
- **指導方法** ゲストスピーカー等による講話、グループワーク、課題図書（被害者の手記等）、役割交換書簡法　等
- **実施頻度等** 1単元50分　12単元　標準実施期間：3～6か月

カリキュラム

項目	指導内容	方法
オリエンテーション	受講の目的と意義を理解させる。（カリキュラムの説明、動機付け）	講義
命の尊さの認識	命の尊さや生死の意味について、具体的に考えさせる。	講話、グループワーク、課題読書指導
被害者（その遺族等）の実情の理解	被害者及びその遺族等の気持ちや置かれた立場、被害の状況について、様々な観点から多角的に理解させる。①精神的側面②身体的側面③生活全般	講話（ゲストスピーカー等）、視聴覚教材の視聴、講義、課題読書指導（被害者の手記等）
罪の重さの認識	犯罪行為を振り返らせ、客観的に自分が犯した罪の重さ、大きさを認識させる。	課題作文、グループワーク
謝罪及び弁償についての責任の自覚	被害者及びその遺族等に対して、謝罪や弁償の責任があるということについて自覚させる。	グループワーク、役割交換書簡法、講話（ゲストスピーカー等）
具体的な謝罪方法	具体的な謝罪の方法について自分の事件に沿って考えさせる。	グループワーク、課題作文
加害を繰り返さない決意	再加害を起こさないための具体的方策を考えさせるとともに、実行することの難しさを自覚させる。	グループワーク、視聴覚教材の視聴講義

ゲストスピーカー

被害者について十分な知識と理解を持ち、受刑者の社会復帰に賛同している、犯罪被害者支援団体のメンバーや犯罪被害者（その家族等）を刑事施設に招へいし、受刑者に対し、被害者（その家族等）の苦しみや心の傷について話していただいている。

出典：法務省資料による。

資5-86-2　保護観察所におけるしょく罪指導プログラムの概要

しょく罪指導プログラム

対象	○被害者を死亡させ又はその身体に重大な傷害を負わせた事件により保護観察に付された者（短期保護観察及び交通短期保護観察を受けている者を除く。） ○その他，指導プログラムを実施することが必要と判断された者
目的	対象者に，犯した罪の大きさを認識させ，悔悟の情を深めさせることを通じ，再び罪を犯さない決意を固めさせるとともに，被害者及びその家族又は遺族（以下「被害者等」という。）に対し，その意向に配慮しながら誠実に対応するよう促す。
実施方法	保護観察官及び保護司による個別指導

内容	導入 保護観察開始当初の面接において，指導プログラムの内容，方法等必要な事項を説示する。 課題指導 次の課題を履行させ，保護観察官又は保護司が毎回課題の内容について実施対象者と話し合う。

第1課題　自己の犯罪行為を振り返らせ，犯した罪の重さを認識させる。

第2課題　犯罪被害者等の実情（気持ちや置かれた立場，被害の状況など）を理解させる。

第3課題　被害者等の立場で物事を考えさせ，また，犯罪被害者等に対して，謝罪，被害弁償等の責任があることを自覚させる。

第4課題　具体的なしょく罪計画を策定させる。

しょく罪計画の実行に向けた指導

出典：法務省資料による。

❿ 再犯の実態把握や指導等の効果検証及び効果的な処遇の在り方等に関する調査研究【施策番号87】

　法務省は、検察庁、矯正施設及び更生保護官署がそれぞれのシステムで保有する対象者情報のうち、相互利用に適する情報について、対象者ごとにひも付けることにより、情報の相互利用を可能とする刑事情報連携データベースシステム（SCRP[23]）を運用している。その上で、他の機関が個々の対象者に実施した処遇等の内容の詳細を把握できるデータ参照機能や、多数のデータを用いた再犯等の実態把握や施策の効果検証等を容易にするデータ分析機能を整備・運用することにより、再犯防止施策の実施状況等の迅速かつ効率的な把握やそれぞれの機関における処遇の充実、施策の効果検証、再犯要因の調査研究等への利活用を可能とし、再犯防止施策の推進を図っている。

　また、効果検証センター（【コラム6】参照）においては、矯正処遇、矯正教育、社会復帰支援、鑑別・観護処遇等に係る効果検証に加え、アセスメントツール（例えば、受刑者用一般リスクアセスメントツール（Gツール）【施策番号66】参照）、法務省式ケースアセスメントツール（MJCA）（【施策番号66】参照））や処遇プログラムの開発及び維持管理に資する研究等を体系的に実施している[24]。そのほか、有為な人材の育成や職員の職務能力向上に資するため、外部専門家を講師に招いて、拡大研修会を計画的に企画・実施しており、2021年度（令和3年度）には、知能検査の活用方

※23 System for Crime and Recidivism Preventionの略称。システムの機能と実績、活用例等については、令和3年度法務省行政事業レビュー公開プロセス資料参照。
（https://www.moj.go.jp/content/001350629.pdf）

法、認知行動療法、アルコールやギャンブルによる依存症の理解等をテーマとして取り上げた。

なお、2020年（令和2年）6月に性犯罪・性暴力対策強化のための関係府省会議において取りまとめられた「性犯罪・性暴力対策の強化の方針」を踏まえ、仮釈放中の性犯罪者等にGPS機器の装着を義務付けること等について、2022年（令和4年）中を目途に、法務省において諸外国の調査結果を取りまとめることとしている。

法務総合研究所では、国立研究開発法人国立精神・神経医療研究センターと共同で、2022年（令和4年）3月、覚醒剤事犯者に関する研究で得られた知見をまとめた冊子「覚醒剤事犯者の理解とサポート2021」[※25]を発刊し、関係機関に配布した（【施策番号47】参照）。

Column 06 エビデンスに基づく再犯防止施策の実現に向けて ～データと実践をつなぐ～

矯正研修所効果検証センター

【効果検証センターとは】

近年、我が国全体の政策の動向として、証拠に基づく政策立案（EBPM[※26]）が推進されています。矯正施設においても、受刑者や非行少年の再犯防止に向けて、対象者個々の特性を把握した上で、効果的な処遇プログラムを実施する必要があります。そのためには、プログラムによる再犯防止効果を適切に測定し、エビデンスを明らかにした上で、プログラムの内容を改善することや、新たな処遇手法を開発することが不可欠です。

効果検証センターは、矯正行政におけるEBPMの担い手として、刑事施設や少年院における処遇プログラムの開発やその再犯防止効果の検証、受刑者や非行少年の再犯可能性や指導・教育上の必要性を把握するアセスメントツールの開発・維持管理等を行っています。

効果検証のテーマは、法務省矯正局から施策の企画・立案に必要な課題として提示されます。2022年度（令和4年度）は、刑事施設における薬物依存離脱指導（【施策番号44】参照）の改訂作業、大麻使用歴を有する少年院在院者に対する指導教材の作成、受刑者用一般リスクアセスメントツール（Gツール）（【施策番号66】参照）改訂試行版の作成、法務省式ケースアセスメントツール（MJCA）（【施策番号66】参照）の対象者の拡大に関する検討など、数多くの課題に取り組んでいます。いずれも矯正の再犯防止施策に直結する重要な課題です。

【効果検証の進め方】

効果検証センターでは、一つ一つの課題にチームを組んで取り組みます。各職員は、勤務歴や専門領域の垣根を越えて複数のチームに属しており、それぞれの知識や経験を持ち寄って検討を重ね、矯正施設への調査の依頼やデータの収集、分析、資料の作成等を進めます。

具体的な業務の進め方は課題によって様々ですが、例えば、刑事施設の出所者を対象とした効果検証においては、刑事情報連携データベースシステム（SCRP）（【施策番号87】参照）から過去の出所者の情報を抽出し、数十万行に及ぶ大規模なデータを分析可能な形に整理し、出所者の全体的な傾向や再犯に影響する要因を分析しました。こうしたデータ分析においては、データの正確性が非常に重要であり、データに誤りや矛盾がないかを何重にも確認することも大切な業務の一つです。

効果検証で得られた調査や分析の結果は、法務省矯正局に報告し、施策の提案等を行います。効果検証の結果が施策の方向性に大きな影響を与えることもあり、その注目度や期待も年々高まっていると感じています。

※24 効果検証センターにおける研究結果
刑事施設における性犯罪者処遇プログラム受講者の再犯等に関する分析結果（URL：https://www.moj.go.jp/kyousei1/kyousei05_00005.html）
※25 「覚醒剤事犯者の理解とサポート2021」
https://www.ncnp.go.jp/nimh/yakubutsu/reference/pdf/2022_0418KJ.pdf

※26 EBPM
Evidence Baced Policy Making の略称。

【効果検証センターの職員】

　効果検証センターは、センター長以下、20名の職員で構成されており、いずれも刑事施設や少年院、少年鑑別所の第一線で、対象者の処遇やアセスメントに携わってきた法務技官（心理）や法務教官です。

　アセスメントツールの開発や処遇プログラムの効果検証には、精密な調査計画の立案や高度な統計的分析が必要となりますが、初めから統計に詳しい職員ばかりというわけではありません。大学教授などの多数の外部専門家からの定期的な助言・指導や外部の研修への参加、豊富な蔵書による自己研鑽等により、効果検証に必要な知識や技術を身に付けながら勤務しています。

【効果検証センターが大切にしていること】

　適切な効果検証を行い、その結果をより効果的な矯正処遇につなげていくには、統計的な知識や技術はもちろん、矯正施設で積み重ねられてきた処遇の実績や矯正施設での実現可能性を踏まえた新たな提案を行い、処遇に反映させていくことが大切です。効果検証センターは、調査から得られるデータと矯正施設で日夜行われている実践をつなぎ、再犯防止施策の推進に寄与していくことを目指しています。

効果検証の流れ

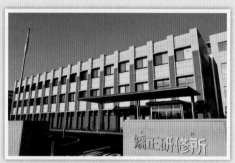

矯正研修所外観

第6章

令和4年版
再犯防止推進白書

民間協力者の活動の促進等、広報・啓発活動の推進等のための取組

令和4年度再犯防止啓発ポスター

❶ 民間ボランティアの確保

(1) 民間ボランティアの活動に関する広報の充実【施策番号88】

　警察は、2022年（令和4年）4月現在、少年警察ボランティアとして、少年補導員約4万8,000人、少年警察協助員約220人及び少年指導委員約6,200人を委嘱しているほか、2022年（令和4年）3月現在、大学生ボランティア約7,300人が全国で活動している。これらのボランティアの活動への理解や協力を促進するため、啓発資材の作成・配布、警察のウェブサイト[※1]等を通じて、ボランティア活動に関する広報を行っている。

　法務省は、"社会を明るくする運動"（【施策番号101】参照）の広報・啓発行事や、ツイッター等のソーシャルネットワーキングサービス[※2]を通じて更生保護ボランティア（【コラム7】参照）の活動を紹介したり、啓発資材を作成・配布したりすることによって、更生保護ボランティアの活動に関する広報の充実を図っている。

　また、2021年（令和3年）7月、総務省及び法務省は、連名により、地方公共団体に対し、保護司の人材確保等の保護司活動に対する一層の理解と協力について依頼を行った。

(2) 更生保護ボランティアの活動を体験する機会の提供【施策番号89】

　法務省は、地域の実情に応じ、保護司活動インターンシップ[※3]を実施している。具体的には、保護司会が実施する自主研修や犯罪予防活動に地域住民等が参加することで、保護司活動に対する理解が深まり、実際の保護司の委嘱にもつながるなど一定の成果が見られている。

(3) 保護司候補者検討協議会の効果的な実施等【施策番号90】

　法務省は、保護司会と協力し、保護司候補者検討協議会[※4]において保護司適任者に関する有益な情報が得られるよう、地方公共団体の職員等、地域の実情をよく把握した人を協議会委員として選定したり、特に保護司が必要な区域を対象に同協議会を開催したりするなどの取組を行っている。地方公共団体に対して、保護司活動の意義についてより一層の理解と協力を要請している。

※1　警察庁ウェブサイト「少年非行防止対策」URL
　　（https://www.npa.go.jp/bureau/safetylife/syonen/index.html）

※2　更生保護ボランティアの活動を紹介するソーシャルネットワーキングサービス
　　法務省ツイッター（https://twitter.com/MOJ_HOUMU）
　　法務省保護局ツイッター（https://twitter.com/MOJ_HOGO）
　　法務省保護局インスタグラム（https://www.instagram.com/moj_kouseihogo/）

※3　保護司活動インターンシップ
　　保護司活動インターンシップとは、地域住民等の保護司活動に対する理解と関心を高め、保護司の確保に資することを目的として、保護司会が地域住民又は関係機関・団体に所属する方々に保護司活動を体験する機会を提供するもの。
※4　保護司候補者検討協議会
　　保護司候補者検討協議会は、保護区内の保護司候補者を広く求め、必要な情報の収集及び交換を行うことを目的として、保護観察所と保護司会が共同で設置するもの。保護司のほか、町内会又は自治会関係者、社会福祉事業関係者、教育関係者、地方公共団体関係者、地域の事情に通じた学識経験者等に参加の協力を得て開催されている。

② 民間ボランティアの活動に対する支援の充実

(1) 少年警察ボランティア等の活動に対する支援の充実【施策番号91】

　警察は、少年を見守る社会気運を一層高めるため、自治会、企業、各種地域の保護者の会等に対して幅広く情報発信するとともに、少年警察ボランティア等の協力を得て、通学時の積極的な声掛け・あいさつ運動や街頭補導の実施、社会奉仕体験活動等を通じて大人と触れ合う機会の確保に努めている（【施策番号60、78、88】参照）。こうした少年警察ボランティア等の活動を促進するため、当該活動に関する広報の充実を図るとともに、謝金や交通費等を必要に応じて支給するほか、研修の実施や民間団体等が実施する研修への協力を推進するなど、支援の充実を図っている。

(2) 更生保護ボランティアの活動に対する支援の充実【施策番号92】

　法務省は、保護司、更生保護女性会員、BBS会員等の更生保護ボランティアが、それぞれの特性をいかして活動することを促進するため、各種研修の実施を始めとする支援を行っている。また、保護観察所は、各都道府県等に置かれた更生保護協会等の連絡助成事業者（2022年（令和4年）4月現在、全国で67事業者）と連携し、同事業者が行う保護司等の更生保護ボランティアの円滑な活動を支えるための助成、研修等のほか、犯罪予防や更生保護に関する広報活動等を推進している。さらに、民間協力者による更生保護の諸活動を一層充実したものとするため、保護司会、更生保護女性会及びBBS会の相互の連携を強化することに焦点を当て、各地で三団体合同の研修を実施し、各団体の取組を共有するとともに、新たな連携方策を検討するための講義やグループワークなどを行っている。

　また、保護司については、その減少傾向と高齢化に歯止めを掛けるため、保護司の活動支援及び担い手の確保の取組を進めてきたところ、2021年（令和3年）1月には、総務大臣から法務大臣に対して、これらの取組をより一層推進するための必要な措置を講ずるよう勧告もなされた。こうした経過を踏まえ、情報技術が利用できる環境を整備するため、保護司活動の一部をウェブサイト上で行うための保護司専用ホームページ"H＠（はあと）"を開発し、運用を開始し、一部の保護司会にタブレット端末等を配備するとともに、面接場所の確保や保護司適任者の情報提供等について、法務大臣から、都道府県知事及び市区町村長宛てに協力を求める書簡を送付したほか、法務省と総務省の連名による地方公共団体宛て協力要請文書を発出するなどし、保護司の活動支援及び担い手の確保についての取組を進めた。これらに加え、複数担当制（【施策番号98】参照）や地域処遇会議（複数の保護司が集まり、処遇や地域活動に関して情報の交換や共有を行うための会議や打合せ会）等、保護司相互の相談・研修機能を促進する取組を行っている。

　BBS会については、令和4年2月、新たに福島大学の学生有志による「福島大学BBS会」が発足した（写真6-92-1）。今後、更生保護施設や児童養護施設などを訪問し、行き場のない人の心の居場所づくりや悩みを抱える子どもたちの非行防止に取り組むこととしている。

写真6-92-1　新たに発足した福島大学BBS会

写真提供：法務省

（3）更生保護サポートセンターの設置の推進【施策番号93】

　更生保護サポートセンター（**資6-93-1**参照）※5は、保護司会活動の活発化や地域のネットワークの構築の拠点として、2019年度（令和元年度）末までに全国全ての保護司会に設置された。同センターは、地方公共団体との連携の下、市役所、福祉センター、公民館等に設置されており、保護司が保護観察対象者等との面接場所の確保が困難な場合に利用できるよう面接室も備えている場合も多い。

資6-93-1　更生保護サポートセンターの概要

更生保護サポートセンターによる保護司活動の推進

○保護司・保護司会の地域における活動拠点
○保護司会が市町村や公的機関の施設の一部を借用するなどし，経験豊富な「企画調整保護司」が常駐
○地域の関係機関・団体との連携推進や保護司の行う処遇活動に対する支援を実施
○平成20年度から整備し，令和元年度末までに全国の保護司会に整備

更生保護サポートセンターの機能・効果

保護司の行う処遇活動への支援
・保護観察対象者やその家族との面接場所の提供
・保護司の行う処遇活動に関する相談への対応
・保護司同士の処遇協議や情報交換等

地域に根ざした犯罪・非行予防活動の推進
・地域のニーズ等を踏まえた犯罪予防活動の企画・実施
・一般住民からの非行相談の実施

地域支援ネットワークの構築
・地域の様々な機関・団体との処遇協議等の連携
例　地方公共団体，教育委員会・学校，児童相談所，
　　福祉事務所・社会福祉協議会
　　警察・少年センター，ハローワーク

地域への更生保護活動の情報発信
・更生保護や保護司会活動に関する情報の発信
・保護司適任者の確保
　（保護司候補者検討協議会の企画・実施，
　　保護司活動インターンシップの企画・実施）

保護司会における関係機関との協議会実施回数

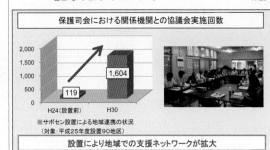

2,000
1,500
1,000
500
0
119　H24（設置前）
1,604　H30
※サポセン設置による地域連携の状況
　（対象：平成25年度設置90地区）

設置により地域での支援ネットワークが拡大

保護司会活動の活性化について

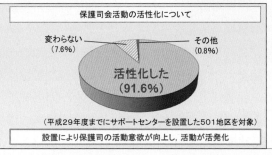

変わらない（7.6%）
その他（0.8%）
活性化した（91.6%）

（平成29年度までにサポートセンターを設置した501地区を対象）

設置により保護司の活動意欲が向上し，活動が活発化

出典：法務省資料による。

※5　更生保護サポートセンター
　　更生保護サポートセンターは、保護司会を始めとする更生保護関係団体と、地域の関係機関・団体及び地域住民との連携を強化し、更生保護活動の一層の充実強化を図ることを目的とした更生保護ボランティアの活動拠点である。

Column 07　再犯防止を支える民間協力者の方々

1　篤志面接委員[6]

岐阜刑務所篤志面接委員　田川　裕子

① 篤志面接委員として活動するまでの経緯について教えてください。

　イベントや式典、TV・ラジオ等の司会業と、ピアノ講師、音楽療法士、メンタル心理カウンセラーを仕事としています。何足ものわらじですが、どれも関連性のあることとして勉強しながら活動しています。

　音楽療法の受講時代、大変感銘を受けた先生が岐阜刑務所の篤志面接委員をされていて、お声をかけてくださったのがきっかけです。「刑務所内ラジオ放送を立ち上げるにあたり、パーソナリティをやってみませんか。」とのお話でした。このような施設においても誰かのお役に立てるのならと、ありがたく篤志面接委員の仲間に入れていただきました。歌謡ショーの司会として、いくつかの刑務所慰問にお邪魔した時以来のご縁です。

② 篤志面接委員の活動内容について、教えてください。

　刑務所内ラジオリクエスト放送のパーソナリティと、高齢者指導分野の音楽療法を実施させていただいています。ラジオは収録で、ひと月に一度、リスナーである受刑者からのリクエスト曲をかけながら、メッセージを読んだり四季折々の話題を提供したりしています。高齢者指導の音楽療法は月に一回、10人前後の人数設定で、歌うことを主として、時代背景をひもときながらの回想や身体を動かすストレッチ、ゲーム感覚でできる脳のトレーニングなどを行っています。

③ 篤志面接委員の活動のやりがいを教えてください。

　どちらの活動にも共通して願うのは、受刑者の心の安定です。二度と同じ過ちを犯さないために、受刑者の中にある良心や感情を思い起こしてもらうことができたときはとても嬉しいです。メッセージで家族のことを思い出して涙する人も、懐かしい歌を歌って子どもの頃の純粋な自分を思い返している人も、音楽に合わせたトレーニングゲームで苦戦している人もみんな素敵な笑顔になります。笑うことは心の安定につながり、満たされていくので、言葉も顔つきも変わっていきます。そして、この人いい人なんだなと感じたとき、ありのままの心の声を話してもらえたときに、この人も更生できると信じる気持ちが湧いてきて、私自身も喜びと感動を頂いています。

④ 音楽療法セッションで発見したことを教えてください。

　音楽療法では参加者に自由に話をしてもらうようにしていますが、最初は慣れないせいか、自発的に発言をすることがありませんでした。そんなスタートでしたが今は入退室の時に、身体の不自由な人に手を貸しながら動く人の姿があります。セッション中は物知りな人を頼りにしたり、故郷を思い出す歌でポロポロ涙を流す人がいたり、優しい感情を素直に出し、協調しあって参加してくださいます。障害により震えの止まらなかった参加者の身体が、楽器活動中に止まっていたときは本当に驚きました。毎回発見がいっぱいです。

岐阜刑務所での音楽療法風景

※6　篤志面接委員
　　　【施策番号98】参照。

2　教誨師[※7]

東京拘置所教誨師　川上　宗勇

①　教誨師として活動するまでの経緯について教えてください。

私は寺で生まれて、僧侶として生きていくと、幼少の頃より決めていました。その中で中学3年の時に読んだ「やさしい刑法入門」という本の中に、極刑の場面で、僧侶が被収容者の隣に立っている、そんな挿絵があり、受刑者に寄り添う宗教者の存在を知り、そのような活動をしてみたいと考え始めました。

前任者が高齢で施設教誨師をお辞めになることになった際、若い人にも教誨師になってほしいとの要望もあり、35歳で教誨師を拝命しました。

②　教誨師の活動内容について、教えてください。

教誨には、被収容者が教誨受講の希望を施設に願い出て、グループで教誨を受講する「集合教誨」や、個人と対話をする「個人教誨」があります。この二つの教誨では「いのち」を見つめながら、被収容者が自己の生き方を調える道を共に模索します。

また、私自身が被害者支援都民センターで被害者支援ボランティアのプログラムを受講した経験から、一般改善指導[※8]のグループワークにおいて、外部講師として指導に参加したこともありました。

さらに、花まつりや盆法要等の仏教行事や、施設内での運動会をはじめとした各種行事、全国矯正展等のお手伝いをさせていただいております。

③　教誨師の活動のやりがいを教えてください。

被収容者に寄り添っていると、どうしても「情」が移ってしまいます。しかし、彼らの後ろには必ず、悲惨な状況に追い込まれている被害者が存在します。被害者に想いをめぐらせ続けながら活動することは、民間のボランティアとしては、非常に責任の重い活動であると思います。そんな教誨師を根底から常に支えて下さっている、矯正施設の職員の皆さんの存在があります。職員の皆さんの活躍が、社会の表に出ることは稀でありますが、社会の「縁の下の力持ち」といえる職員の皆さんと一緒に、被収容者の教育指導、社会復帰のお手伝いをさせていただける、そのような部分にやりがいを感じています。

④　教誨師として活動する中で、特に印象に残ったエピソードを教えてください。

出所者から一度だけ手紙を頂いたことがあります。内容は、社会復帰を果たしたことと、それまでの粒粒辛苦の日々がつづられていました。「履歴書を200通から書いて仕事を探しました。もうだめだと諦めかけた時に、先生の、生きているという事は可能性がある。絶対に諦めるな！という言葉が響き、最後の一通と思って書いた履歴書が今の会社です。ありがとうございました。」ゼロと1パーセントは違う。可能性を信じて、相手を信じる。これが教誨師であると思います。このお礼の手紙は、私への、激励の手紙となりました。

東京拘置所での教誨の様子

※7　教誨師
　　　【施策番号98】参照。
※8　一般改善指導
　　　【施策番号83】参照。

3 矯正施設で活動するその他の民間協力者

ショートショート作家　田丸　雅智

① 少年院において活動するまでの経緯について教えてください。

短くて不思議な「ショートショート」を専門に書く「ショートショート作家」として活動を行っているのですが、自身の執筆活動と並行して全国各地でショートショートの書き方講座を開催しています。オリジナルのメソッドに従いながら90分ほどの時間内でアイデア出しから作品完成、発表までを行うというもので、対象は小学1年生くらいからシニアの方までと幅広く、企業等でも開催していたりします。

その講座を少年院で開催させていただくようになったのは、出院者らの就労支援等を行う一般社団法人チーム太陽の故・北村啓一さんとの出会いがきっかけでした。2017年（平成29年）2月に群馬の赤城少年院で初開催をして以来、これまでおよそ2か月に1度のペースで活動を行ってきています。

② 少年院での活動内容について、教えてください。

ワークシートに従いながら、1人1作品、「ショートショート」の創作を自由に行っていただいています。最初は「無理」「できない」と言っていた少年たちも、最後には「雑草を食べて身体の色が緑になった犬の話」や「海水浴が好きなパソコンの話」等の作品を執筆、発表してくれます。

創作を通じて、文章力はさることながら、アイデアを考える発想力や、それをまとめる論理的思考等を磨くきっかけにしていただければと願っています。また、「最初は無理だと思ったことが意外とできた」というプチ成功体験を通して、挑戦することの大切さ等もお伝えしています。

③ 少年院での活動のやりがいを教えてください。

少年たちの反応や変化を目の当たりにできたときに、特にやりがいを感じます。少年院での講座の場合は、特にワークの初期段階で、取り組む前から「分かりません」「できません」という少年がとても多いのですが、「大丈夫」「いいですね」と声をかけるにつれて、少年たちは不安そうな顔をしながらも「こんなのでいいんですか……？」と筆を動かし始めてくれ、いつしか自分の力で進み始めます。そして、作品ができあがると、達成感に包まれた素敵な表情を見せてくれます。

この瞬間に立ち会うたびに、言いようのない喜びを覚えます。それと同時に、少年犯罪の難しさにも改めて思いをはせます。

④ 活動を行う上で心掛けていることを教えてください。

何よりも、創作を自由に楽しんでいただくことを心掛けています。想像力はネガティブな反応に対して委縮しやすく、一度そうなると再び膨らませるのがとても困難になるため、少年たちが書いてくれたことを絶対に否定しないことも大切です。また、少年たちがたとえワークの途中で詰まっていても、こちら側から「答え」を押し付けたりせず、いかに少年たちの中から引き出すことができるかを大事にしています。少年たちには自分の頭で考えて、講師がいなくとも自走していける力を身につけていただきたいと願っています。

駿府学園での講座風景

4　保護司※9

和歌山保護司会　会　長　小川　史乘
副会長　得津　壽美代

① 貴会において、どのような経緯で保護司になる方が多いか、保護司となるまでにどのような背景をお持ちの方が多いか、保護司のやりがいを教えてください。

当保護司会では、退任予定の保護司から誘われて保護司になっている人が多いと思います。

「私は、夫の父親が保護司だったこともあり、保護司になりました。一番最初に薬物事件を担当した時は、最初の面接まで不安があったのですが、実際に会ってみると、どこにでもいるような普通の方で、安心しました。ケースごとに感心させられることも多く、いろいろな人の人生から学ぶこともあります。」（得津保護司）

「保護司になって、はや35年が過ぎました。いろいろな出来事、いろいろな人との出会いがあり、その度に私の人生は豊かなものになっていきました。保護司になって本当によかったと思います。」（小川保護司）

② SNSやホームページ等のICTを活用した広報活動内容について、教えてください。

和歌山保護司会の
SNS (Instagram)

当保護司会では、ホームページやSNSを活用して広報活動を行っています。

ホームページには、当保護司会の成り立ちや各支部の概要、更生保護サポートセンター和歌山の案内を掲載しているほか、広報誌のデータファイルもダウンロードできます。SNSでは、"社会を明るくする運動"などの地域活動の様子について発信していますので、是非ご覧ください。

また、コロナ禍で集まって会議をすることができなくなったため、パソコンを操作することができる保護司に教わりながら、オンライン会議を行うようになりました。最初は分からないことだらけでしたが、最近は少しずつ慣れてきました。やればできるものです。画面越しの相手にわかりやすいよう、保護司会・更生保護女性会・BBS会の名前が入った"幸福の黄色いバックパネル"を作成したり、みんなで知恵を出し合いながら頑張っています。

③ 貴会で取り組んでいることについて、教えてください。

当保護司会では、新任保護司を計画的に育成する取組として、「新任さんいらっしゃ〜い」と題して、経験の浅い保護司とベテラン保護司による座談会を開催しています。

更生保護サポートセンター※10に集まり、ベテラン保護司がこれまでの様々な体験を紐解きながら保護司としての心構えを伝え、悩んだり迷ったりしがちな新任保護司のサポートを行っています。

こうした活動を通じて、更生保護サポートセンターを「処遇活動を支えてくれる心強い場所」、「いつでも気軽に立ち寄れる身近な場所」として知ってもらうことで、保護司同士のつながりづくりに取り組んでいます。

2021年度（令和3年度）はコロナ禍の影響を受け中止になりましたが、今年度こそはと意気込んでいます。

④ 今後の活動について教えてください。

コロナ禍以前は、保護司・更生保護女性会・協力雇用主会が合同の研修を行っていたのですが、今後は、BBS会を含めて四者連携を進めていく予定です。行動制限の状況を見ながら、「新任さんいらっしゃ〜い」などの取組を少しずつ再開して、保護司同士のつながりを深めていきたいと考えています。

また、「更生保護サポートセンター和歌山」が2012年（平成24年）6月の開所から10周年になります。これまでの歩みを地域の皆様と共に振り返り、今後の和歌山保護司会の発展に向けて気持ちをひとつにできるような記念行事についても検討しています。

幸福の黄色いバックパネル

※9　保護司
　　【指標番号15】参照。
※10　更生保護サポートセンター
　　【施策番号93】参照。

5 更生保護女性会※11

釧路更生保護女性会会長　穂積　貴美子

① 更生保護女性会員として活動するまでのことについて教えてください。

　釧路更生保護女性会は、1999年（平成11年）に子育て支援地域活動のモデル地区に指定され、地域の小学校や児童館等で、保護者や住民を対象としたミニ集会を積極的に開催していました。ミニ集会では、子供のしつけなど「子育て」をテーマに話し合っていて、当時、小学校の教員として働いていた私は、「活発な活動をしている婦人会があるな」と思っていました。ある日、釧路更生保護女性会で熱心に活動していた同僚から、「一緒に活動しましょう」と誘われたのがきっかけで、入会しました。教員の仕事と同じで、子供たちの幸せを願う活動を行っている団体であることを知り、力になりたいと考えたのです。

② 釧路更生保護女性会の活動内容について教えてください。

　釧路市内にある更生保護法人釧路慈徳会、釧路刑務支所、釧路少年鑑別支所、児童養護施設等で生活する方々への支援を行っています。特に、釧路慈徳会へは、寄付金や生活必需品の提供を長年続けています。また、他の更生保護団体との連携にも力を入れています。1977年（昭和52年）、釧路地区保護司会、釧路BBS会、釧路更生保護女性会の三者で「木もれ陽協議会」を立ち上げ、お互いの活動で不足しているところを補い合うことを目的とし、定期的に集まって情報交換を行う場を設けています。

③ 更生保護女性会の活動のやりがいを教えてください。

　現在、不織布マスクの着用が呼び掛けられていますが、それ以前に釧路慈徳会に届いた新品の布マスクが、使われないまま倉庫にしまわれていました。使い道がなく、施設側も困っていたところ、会員の提案で、布マスクの糸を全部ほどいてから手洗いし、アイロンをかけ、縫い直し、ガーゼハンカチを作ることになりました。出来上がったハンカチには、手書きのメッセージカードを一枚ずつ付けて、退所する人たちにプレゼントしています。一人一人ができることは小さいですが、みんなで力を合わせて社会に貢献する活動に参加し、役割をいただくことで、誰かの役に立っているという「成就感」が生きがいにつながっています。

④ 力を入れて取り組んでいる活動について教えてください。

　毎年、"社会を明るくする運動"の一環として、当会主催で「名士職域かくし芸芸能大会」を実施しています。コロナの影響を受け、ここ数年開催できなかったものの、2022年（令和4年）1月に2年ぶり66回目の開催にこぎつけました。当日は、検温や消毒はもちろん、出来る限りのコロナ対策を行う中、子供たちのミュージカルや日本太鼓演奏等の出し物で大いに賑わいました。保護観察所、保護司会、BBS会を始め、市内の多くの団体の御協力の下、開催することができ、人と人とが繋がることの大切さを再認識することができました。

名士職域かくし芸芸能大会にて

※11 更生保護女性会
　　【施策番号59】参照。

6　BBS会※12

横浜市西区BBS会　会長　橋本　夏希

①　BBS会員になったきっかけについて教えてください。

　大学3年生の時に、他大学の「犯罪心理学」の授業を受講した際、講師の先生からBBS会というボランティア団体があることを聞き、興味を持ったのがきっかけです。思い返せば、中学生の時に非行には至っていないものの、生きづらさを抱えている同級生に対して何もできなかったことが心残りで、いつか悩んでいる子供たちの力になりたいという思いが根底にあったのだと思います。BBS会では、ともだち活動やグループワークを通して少年と直接関わることができ、また、自分と同じくらいの若い世代の会員が中心となって活動をしているところに魅力を感じ、入会しました。

②　BBSの活動内容について、教えてください。

　1つ目はともだち活動です。保護観察中の少年とBBS会員が主に1対1で関わる活動です。少年と一緒に遊びに出掛けたり、勉強をしたりする中で、少年の自立を支援することを目的としています。2つ目はグループワークです。少年とBBS会員が複数名で各種レクリエーションを通して交流します。3つ目は自己研鑽活動です。更生保護の基礎的な知識の習得、ともだち活動の事例研究などを通してスキル向上を図っています。

③　BBSの活動のやりがいを教えてください。

　やりがいを感じる点として、様々な人と関わることができるところがあります。少年はもちろん、保護司会、更生保護女性会など関係団体の方々や、BBS会の仲間たちとのつながりを通して、多くの学びがあると日々感じています。入会当初は、少年に対して力になりたい、でもどのような声掛けをしたら良いのか分からなく、自分に何ができるのかという漠然とした不安がありました。でも実際にともだち活動等の経験をしてみると、少年から教わることがたくさんあり、自分自身の成長にもつながっていることに気付かされました。これがBBS活動のやりがいなのだと思います。BBS会員の皆さんには、あまり気負わず少年と楽しくコミュニケーションを取ってこの楽しさを実感してほしいです。

④　所属地区会で実施している主な活動（学習支援等）について教えてください。

　ともだち活動はもちろんですが、グループワークと自己研鑽に注力しています。ここ数年のグループワークでは、バーベキュー、横浜の街散策、ビーチボールバレー、お好み焼き作りを実施しました。グループワークに少年が参加してくれたことがきっかけで、ともだち活動が始まったケースもあり、継続的に少年と関わる機会を作り続けることが重要だと考えています。ともだち活動は、年間数名の少年を途切れることなく担当しており、毎月開催している定例会の中で進捗を報告し、会員や保護司の方から様々な角度でアドバイスをもらい、定例会が研鑽活動の場にもなっています。また、新たな活動として、横浜市西区内にある児童家庭支援センター「らいく」への訪問活動を開始し、地域に根ざした活動も行っています。

グループワークの一環でお好み焼き作りをする様子

※12 BBS会
　　【施策番号59】参照。

7 協力雇用主[13]

有限会社芦名商会　芦名　鉄雄

① 協力雇用主として活動するまでについて教えてください。

　幼い頃、父と一緒にリヤカーを引いて廃品回収をしていましたが、会社組織にしてだんだん規模を拡大し、現在、一般・医療系廃棄物処理業を営んでいます。

　1993年（平成5年）頃、刑務所を出所した人の雇用を保護観察官から依頼されたことが協力雇用主として活動するきっかけでした。初めは刑務所や少年院を出所した人を"雇用してあげる"という気持ちでしたが、彼らの雇用を続けていくにつれ、すぐに辞めていく人、とても手がかかる人、立ち直るために真剣に頑張っている人など様々な人に出会い、そのうちに情が湧いてきて、気がつけば長年協力雇用主として活動していました。

② 協力雇用主の活動内容について、教えてください。

　協力雇用主として刑務所や少年院を出所した人を雇用するとともに、1995年（平成7年）に岩手県で立ち上がった協力雇用主の組織である、岩手県更生保護協力事業主連絡協議会の事務局長を長年務め、昨年度からは会長を務めています。

　岩手県更生保護協力事業主連絡協議会は、岩手県下14地区の更生保護事業主会の連合会ですが、NPO法人岩手県就労支援事業者機構とも手を携え、各地区更生保護事業主会の総会に合わせて研修会や親睦会を開催するなど、岩手県における刑務所や少年院を出所した人に対する就労支援の充実のために活動しています。私も、岩手県更生保護協力事業主連絡協議会の会長として、各地区の総会・研修会に出席させてもらっています。

③ 協力雇用主の活動のやりがいを教えてください。

　親元に帰れず、私がアパートの保証人となって預かった人のことが心に強く残っています。

　彼の将来のために必要だと思い、運転免許を取得させることにしましたが、本人も頑張ったものの学科試験に合格することができずにいました。朝出社してこないのでアパートまで訪ねていったら、本人は恥ずかしくて合わす顔がないなどと言うので、説得して納得させて出社させ、また、学科試験に受かるために一緒に勉強しました。

　ついに本人が運転免許を取得した時の喜びはひとしおで、このことを通じて、彼らと一緒に喜んだり、悲しんだり、悩んだりして、一緒に取り組むことの大切さを学びました。

④ 非行や犯罪をした人を雇用する上で工夫していることを教えてください。

　これまでに刑務所や少年院を出所した人を20名程雇用し、失敗もありましたが、今心掛けていることは、「自分はこの会社に必要な存在である」と思ってもらえるように接すること、話をしてくれた際には丁寧に聞くこと、どのような仕事がしたいかを確認し、できるだけ希望に添う仕事を与えること、一般社員と区別をしないで平等に接することです。そして、彼らには、我が社で働くことで再犯をしないことはもちろんですが、社会の一員としてやりがいを持って仕事に取り組み、幸せな人生を送ってもらいたいと思います。

業務の様子

※13 協力雇用主
　　【施策番号1、2】参照。

8　更生保護協会※14

更生保護法人岐阜県更生保護事業協会事務局長　廣瀬　等

①　岐阜県更生保護事業協会の組織概要を教えてください。

当協会は、1951年（昭和26年）9月8日に設立され、1984年（昭和59年）3月に財団法人の認可を受け、1996年（平成8年）に更生保護法人となりました。現在、正会員760名、賛助会員470名、理事20名、監事2名、評議員は22名で、事務局は、岐阜県更生保護会館内にあります。同会館は、県下の保護司等の有志により1958年（昭和33年）に「保護司会館」として建設されたのが起源で、その後、1994年（平成6年）に岐阜市役所西別館1階部分に移転、2021年（令和3年）には同別館2階・3階部分と土地を岐阜市から購入し、全館が「岐阜県更生保護会館」となり、これまで入居していた当協会、岐阜県保護司会連合会、岐阜山県保護区保護司会、岐阜山県更生保護サポートセンターのほか、岐阜県更生保護女性連盟、岐阜県BBS連盟、岐阜県就労支援事業者機構が入居しています。

②　活動内容について、教えてください。

更生保護事業法に定められた届出事業者（更生保護法人）で、地方公共団体からの補助金、篤志者からの寄附、賛助会員からの会費等を原資として、一時保護事業と連絡助成事業を行っています。一時保護事業として、犯罪をした人や非行のある少年に対して金品の給与、就職の援助等を行っています。また、連絡助成事業として、保護司（会）、更生保護女性会、BBS会、協力雇用主及び更生保護施設等更生保護関係団体への助成や、犯罪予防活動等を行っています。

③　活動のやりがいや困難であったことを教えてください。

基本財産の一部として国債を所有し、利子を果実収入として活動の原資の一部としていましたが、ゼロ金利政策等により果実収入は見込めず、また、不景気やコロナ禍における経済活動の低下が続いている現況において、更生保護を支援いただいている賛助会員が減少傾向にあります。それに伴って収入が減少し、関係団体への助成を一部制限せざるを得ない状況が続いています。当協会の活動を支えてくださっているのは社会の方々であり、より一層、更生保護活動に理解と支援が得られるよう、更生保護会館に入居する各団体とこれまで以上に連携しながら、広報等にも力を入れていかなければと考えています。

④　岐阜県更生保護事業協会として今後の展望、新たに取り組みたいこと等について、教えてください。

前記のとおり、更生保護会館に各団体が集まったことにより、「更生保護センター」として、各団体の相互連携や活動拠点としての機能を効果的に発揮できる環境が整えられました。今後、県下の再犯防止の支援機関・団体のハブとしての機能の充実を図っていくことになります。

また、県下各保護司会に設置された更生保護サポートセンター（【施策番号93】参照）をサテライトとして、「更生保護センター」とインターネットでつなぐことにより、保護を必要とする人にとって身近な地域の更生保護サポートセンターを通所・訪問場所とし、必要な保護を、必要な場所で受けられる環境を構築したいと考えています。

岐阜県更生保護会館の外観

※14 更生保護協会
　　保護司、協力雇用主、更生保護女性会、BBS会、更生保護法人等更生保護に協力する民間人・団体に対して助成、研修会の実施、顕彰等を行い、その活動を支援する団体。全国組織である日本更生保護協会と、各地方更生保護委員会や保護観察所に対応する形で更生保護協会がある。

❸ 更生保護施設による再犯防止活動の促進等

（1）更生保護施設の地域拠点機能の強化【施策番号94】

　法務省は、更生保護施設退所者等が地域生活に定着するまでの間の継続的な支援として、生活相談支援や薬物依存回復訓練の実施を更生保護施設（【施策番号26】参照）に委託する取組を行っている。2017年度（平成29年度）からは、更生保護施設退所者等が更生保護施設に通所して支援を受ける「フォローアップ事業」（資6-94-1参照）を実施しており、2021年度（令和3年度）の委託実人員は400人（前年度：208人）、延べ人員は2,701人（前年度：1,239人）であった。さらに、自発的に更生保護施設に通所できないなど、従来の通所型のフォローアップ事業では支援の手が届かない者に対しても必要な支援を行うため、2021年（令和3年）10月から全国8施設において訪問支援事業（資6-94-2参照）を開始し、更生保護施設職員が更生保護施設退所者等の自宅等を訪問するなどして継続的な支援を行う取組を実施している（2021年（令和3年）10月から2022年（令和4年）3月までの半年間の委託実人員は104人、延べ人員は627人である。）。

> **資6-94-1** 　更生保護施設におけるフォローアップ事業の概要

更生保護施設に対する「通所処遇」の委託
（フォローアップ事業：平成２９年度～）

目的	（更生保護施設を退所するなどして）地域に居住している者の自立更生のため、更生保護施設の有する処遇の知見等を基にした**継続的な支援**を実施するもの。
内容	○ **生活相談支援** 　更生保護施設職員の面接等による**生活相談への対応**（自立更生に向けた**助言・支援**） ○ **薬物依存回復支援** 　①更生保護施設職員等が実施する**薬物依存回復プログラム** 　②更生保護施設職員等が実施する**グループミーティング**（※） 　（※）依存性薬物の使用経験がある者が自らの体験を話し合い、依存からの回復を目指す集団処遇

内容の下の欄：

保護観察対象者及び**更生緊急保護対象者**のうち、**支援内容に応じて**、次の者が対象

対象
①生活相談支援
　原則として**更生保護施設を退所した者**のうち、更生保護施設への**通所が可能**であり、自立更生に向けた生活上の課題解決に向けて生活相談支援が有用であると認められる者
②薬物依存回復支援
　更生保護施設への**通所が可能**であり、依存性薬物への依存が認められる者

法制上の位置付け
○ 一時保護事業（更生保護事業法第２条第３項）
○ 補導援護及び更生緊急保護における「**社会生活に適応させるために必要な生活指導**」（更生保護法第５８条第６号、第８５条第１項）の委託

出典：法務省資料による。

資6-94-2　更生保護施設における訪問支援事業の概要

訪問支援事業について

背景・導入の経緯

○ 更生保護施設を退所するなどしてその生活基盤を地域に移行した者に対する継続的な支援を実施するため**「フォローアップ事業」を開始**（H29年度～）

○ 満期釈放者の再入率を減少させるため、**更生保護施設退所者等に対する"息の長い支援"の充実が必要**（R1.12「再犯防止推進計画加速化プラン」）

○ 更生保護施設退所者や満期釈放者の中には、自発的に更生保護施設に通所できないなど**援助希求能力が低く、従来の通所を中心とした「フォローアップ事業」によっては支援の手が届かない者が存在**

➡ アウトリーチ型の「**訪問支援事業**」開始（R3.10～）

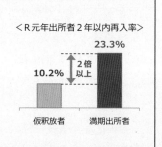

＜R元年出所者2年以内再入率＞

仮釈放者	満期出所者
10.2%	23.3%

2倍以上

概　　要

実施施設	**全国8施設を訪問支援実施施設として指定し、訪問支援職員を配置** ［さいたま、東京、京都、大阪、広島、福岡、熊本］
対象者	保護観察対象者または更生緊急保護対象者であって、実施施設を退所する等し、**現に実施施設に収容保護されていない者**
支援の方法・内容	訪問支援職員が、<u>更生保護施設退所者等の自宅等を定期的に訪問</u>するなどにより生活相談、同行支援、関係機関との協議等を実施

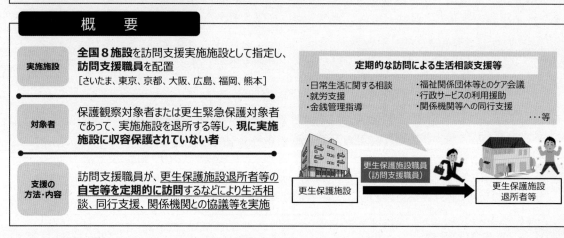

定期的な訪問による生活相談支援等

・日常生活に関する相談　　・福祉関係団体等とのケア会議
・就労支援　　　　　　　　・行政サービスの利用援助
・金銭管理指導　　　　　　・関係機関等への同行支援
　　　　　　　　　　　　　　　　　　　　　…等

更生保護施設

更生保護施設職員（訪問支援職員）

更生保護施設退所者等

出典：法務省資料による。

(2) 更生保護事業の在り方の見直し【施策番号95】

　更生保護施設は、一時的な居場所の提供を行うだけでなく、犯罪をした者等の処遇の専門施設として一層多様かつ高度な機能が求められるようになっている。そのため、法務省は、2018年度（平成30年度）以降、有識者検討会及び実務者等による意見交換会を開催し、2019年（平成31年）3月、有識者検討会から「これからの更生保護事業に関する提言」を得た。同提言においては、更生保護施設退所者へのフォローアップの重要性についてなど、更生保護事業の在り方に関する幅広い指摘がなされた。これを踏まえ、2021年（令和3年）10月から、全国8施設において訪問支援事業を開始するなど事業の見直しに取り組んでいる（【施策番号27、94】参照）。

Column 08 更生保護施設による訪問支援事業

更生保護施設熊本自営会　訪問支援職員　前畑哲朗

　当会では、2017年度（平成29年度）に施行されたフォローアップ事業（【施策番号94】参照。更生保護施設の退所者に対しての継続的な支援制度）を通じ、社会で孤立しがちな更生保護施設退所者への寄り添いを行ってきました。しかし、従来の支援は退所者からの相談に基づく、いわば「受け身」の制度であり、そもそも人に頼ること、相談することが苦手な対象者が多いことから、退所後の暮らしぶりを把握することは非常に難しい状況でした。

　そうした中、退所者の更生と自立のためのより積極的な支援を行うため、2021年（令和3年）10月に訪問支援事業（【施策番号94】参照）がスタートしました。当会は先行実施施設に指定され、これまで約8か月活動してきましたので、具体的な事例や、その中で感じたことをご紹介したいと思います。

【事例1】50代男性。無銭飲食、建造物侵入等。

　知的障害があり適切な金銭管理ができないケース。ギャンブル嗜好から、貯蓄を含めた現金を全て使い切ってしまうこともあった様子。所持金がなくなると、先のことも考えず安易に金を借りたり、犯罪に走ってしまう傾向あり。累犯。

　当会退所後は生活保護を受給し一人暮らしを始めたが、保護費が支給されると数日で使い切ってしまい、飲まず食わずに近い状態となってしまう。小遣い帳程度の家計簿を付けることから始め、月々の支出を自身で管理できることを目標に、訪問して生活指導を続けている。訪問支援事業としての委託期間終了後も、再犯防止のためには引き続き見守りが必要と考えている。

【事例2】60代男性。覚醒剤取締法違反。

　刑務所入所5回。仮釈放となって当会に入所。仮釈放期間満了とともに当会を退所し、現在は自営業で生計を立てている。

　訪問支援の開始当初は月に数回の往信と訪問のみであったが、次第に来信と通所も始まり、一方通行的だったコンタクトが双方向になっていった。4か月が経過したある日の未明、携帯電話に着信があったが気付かず応答できなかった。その後再度着信があり応答すると、「覚醒剤を打った夢を見てしまった。朝からぞわぞわして気持ちが抑えきれない。話がしたくて電話をした。」という。最初の電話に出られなかったことを詫び、しばらく話を聞いていると次第に落ち着いてきたようで、「これまで出所した時も、もう薬は止めようと思っていたができなかった。しばらく止められていても突然薬のことが頭から離れなくなり、また打ってしまうことの繰り返しだった。正直な気持ちを聞いてほしくて電話した。話したら落ち着いてきた。もう大丈夫だと思う。」と話してくれた。現在、薬の引き金となるからと酒も断ち、断薬の努力を続けている。

　薬物依存についての知識は書籍やセミナーで得ていたつもりでいましたが、退所者への支援等を通じて、断薬の苦しみは想像以上であることを改めて知らされました。数度の刑務所生活を経た後建設会社をおこし、今では協力雇用主として立派な経営者となった薬物関係の元受刑者が、「70歳を過ぎた今でも、覚醒剤の誘惑と一生戦い続けないといけない。」と話してくれた事も忘れられません。

　薬物に限らず、様々な問題を抱え、誘惑と闘いながら日々生活している退所者が大勢います。社会で生きてゆくスキルを身に付けていない人も少なくありません。施設を退所し、一月がたった今でも、週に何回も早朝から施設に来所し、施設の清掃を手伝ってくれる退所者もいます。

　そうした事例を見ていると、更生のために最低限不可欠な住居や収入といった要素に加え、大きな支えとなるのは身近で寄り添う人の存在であり、一緒に考え、悩み、歩んでくれる誰かなのだと感じます。彼らの家族の代わりはできないかもしれませんが、訪問支援職員として、目の前の一人一人と向き合ってゆきたいと思います。

（本稿は2022年（令和4年）6月時点の状況に基づきます。）

退所者の家を訪ねる訪問支援職員　　　早朝から施設の清掃を手伝ってくれる退所者

❹　民間の団体等の創意と工夫による再犯防止活動の促進

（1）再犯防止活動への民間資金の活用の検討【施策番号96】

　法務省は、2021年度（令和3年度）から、成果連動型民間委託契約方式※15の一類型であるソーシャル・インパクト・ボンド（SIB）※16を活用し、少年院に在院している少年のうち、学習意欲のある者について、少年院在院中に学習支援計画を策定し、その出院後に継続的な学習支援を行う事業（**資6-96-1**参照）を実施している。

　また、更生保護女性会やBBS会を始めとする更生保護関係団体による犯罪予防・再犯防止活動等の継続を支援するため、法務省は、クラウドファンディングを活用した民間資金調達に関する実践研究を行い、更生保護関係団体による効果的な民間資金の活用、更には更生保護や再犯防止の取組に対する国民の理解促進を図ることを目的とした実践マニュアルを作成した（**資6-96-2**参照）。さらに、BBS会の各種研修用教材として、クラウドファンディングの実践方法を紹介する動画を作成した。その結果、2021年（令和3年）3月末までに、8つの更生保護関係団体がクラウドファンディングによる資金調達に成功し、犯罪予防・再犯防止活動等の原資として活用した。

　さらに、2020年（令和2年）8月には、更生保護法人日本更生保護協会において、「立ち直り応援基金」※17が創設され、2021年（令和3年）12月末までに、130名以上からの寄付を得ている。

※15　成果連動型民間委託契約方式（Pay For Success、PFS）
　　　国又は地方公共団体が、民間事業者に委託等して実施する事業のうち、その事業により解決を目指す行政課題に対応した成果指標が設定され、地方公共団体等が当該行政課題の解決のためにその事業を民間事業者に委託等した際に支払う額等が、当該成果指標の改善状況に連動する方式。
※16　ソーシャル・インパクト・ボンド（Social Impact Bond、SIB）
　　　成果連動型民間委託契約方式（Pay For Success、PFS、成果目標の達成度合に応じて支払額が変動する委託契約方式）の一類型であり、PFS事業を受託した民間事業者が当該事業に係る資金調達を金融機関等の資金提供者から行うもの。
※17　立ち直り応援基金
　　　民間資金を活用する方策の一つとして、犯罪や非行からの立ち直り支援に賛同する個人・企業・団体等から、インターネット等を通じて広く寄附を集め、集められた寄附金を、全国で行われている草の根の立ち直り支援活動に助成する仕組みであり、法務省がその広報を担っている。

資6-96-1 SIBによる非行少年への学習支援事業

再犯防止分野におけるソーシャル・インパクト・ボンド（ＳＩＢ）事業について

ソーシャル・インパクト・ボンド（SIB）とは
あらかじめ合意した成果目標の達成度合いに応じて支払額が変わる**成果連動型民間委託契約方式（ＰＦＳ）**の一類型であり、**外部の民間資金を活用**した官民連携による社会課題解決の仕組み

ソーシャル・インパクト・ボンド（SIB）のスキームとメリット

行 政 → ①業務委託契約 → 事業者 → ③サービス提供 → 受益者
④成果に応じた委託費支払
②資金提供
⑤配当・償還
資金提供者

▶ 委託費は事業の成果に応じて支払うため、**効率的な財政拠出が可能**

▶ 外部の民間資金を活用することにより、**小規模な事業者であっても参入可能**

▶ 成果創出のためのインセンティブが働き、**民間のノウハウによる質の高いサービスの提供や事業の工夫・改善が実現**

再犯防止分野におけるSIB事業（非行少年への学習支援（令和３年度から））
官民連携の柔軟かつきめ細やかな学習支援により、学びの継続と充実を図る

少年院在院中	少年院出院後
学習支援計画の策定	学習環境の整備
在院者との関係構築	寄り添い型の学習支援
将来の可能性の広がり	学習相談の実施

▶ 少年院在院中から学習支援計画の策定等を開始し、**出院後最長1年間の継続的な学習支援**を実施

▶ 対象者の学習継続率や再処分率等を成果指標とし、事業の成果を評価

出典：法務省資料による。

資6-96-2 更生保護関係団体のためのクラウドファンディング実践マニュアルの概要

更生保護関係団体のためのクラウドファンディング実践マニュアル

○ 更生保護関係団体（保護司、更生保護女性会、BBS会、協力雇用主、更生保護施設、更生保護協会）が**クラウドファンディング**を行うために必要なノウハウを分かりやすく掲載したもの。

※**クラウドファンディング**とは、インターネットを活用し多くの人々に協力を呼びかけ、活動資金を募ることを言う。

本マニュアルの内容
※クラファンとは、クラウドファンディングの略。

第1章	第2章	第3章	第4章	第5章
更生保護をふりかえろう	資金調達について学ぼう	クラウドファンディングを理解しよう	クラウドファンディングに挑戦してみよう	各更生保護関係団体による挑戦事例
クラファンを始める前に、更生保護について改めて理解する。	クラファンのベースとなる「資金調達」（ファンドレイジング）の現状を理解する。	「資金調達」の手法の一つであるクラファンの基礎を理解する。	クラファンの実施に向けた手順を知る。	令和元年度中にクラファンに挑戦した**8つの団体**の事例を知る。

更生保護関係団体がクラウドファンディングを行うメリット

○ 資金の問題から、これまでやりたくてもできなかった活動を実施することができる。
○ クラウドファンディングを通じて、**これまで更生保護に関わりのなかった人たちに活動を知ってもらうことに繋がる**。
○ 活動の趣旨に共感する人たちが、**会員や支援者として仲間に加わってくれる**。

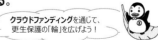
クラウドファンディングを通じて、更生保護の「輪」を広げよう！

出典：法務省資料による。

（2）社会的成果（インパクト）評価に関する調査研究【施策番号97】

　法務省は、2019年度（令和元年度）に社会的成果（インパクト）[18]を含む成果指標やその評価方法についても検討を行い、その調査研究結果の報告を公表した[19]。

　また、「成果連動型民間委託契約方式の推進に関するアクションプラン」（令和2年3月27日成果連動型民間委託契約方式の推進に関する関係府省庁連絡会議決定）（資6-97-1参照）において、再犯防止を含む3分野が重点分野とされたことも踏まえ、法務省では、ソーシャル・インパクト・ボンド（SIB）を活用した再犯防止事業（【施策番号96】参照）を実施するとともに、地方公共団体が再犯防止分野で同様のスキームを活用する際にいかすことができるよう、前記事業を通じて得られる知見を蓄積・共有することとしている。

資6-97-1　成果連動型民間委託契約方式アクションプランの概要

成果連動型民間委託契約方式（PFS：Pay For Success）アクションプラン（令和2年度～4年度）の概要

PFSとは	・地方公共団体等が、民間事業者に委託等して実施させる事業のうち、 ・その事業により解決を目指す行政課題に対応した成果指標が設定され、 ・地方公共団体等が当該行政課題の解決のためにその事業を民間事業者に委託等した際に支払う額等が、当該成果指標の改善状況に連動するもの
方針	・国内外の取組を参考に分野横断的なガイドラインを作成する。また、重点3分野（医療・健康、介護、再犯防止）については具体的な成果指標の例示等を行う事業実施の手引きを作成するなど、案件形成に向けた情報面での支援等を行う。 ・これにより、重点3分野を中心にPFSの活用事例の蓄積を進めつつ、地方公共団体等のニーズ等を踏まえながら、まちづくりなど重点3分野以外にも横展開を進める。

分野	主な取組事項
共通	➢共通的ガイドラインの作成【成果指標の設定やその評価の方法、支払条件等についての考え方の整理　等】 ➢PFSを活用する地方公共団体等に向けた支援【地方公共団体における導入可能性の検討支援　等】 ➢PFS事業の横展開に向けた理解促進等【PFSポータルサイトを通じた情報提供（https://www8.cao.go.jp/pfs/index.html）　等】 ➢PFSの補助制度の検討
医療・健康 介護	➢分野別のPFS事業実施のための手引きの作成【PFS事業の実施手順、成果指標、実施体制等の例示　等】 ➢支払額等や成果指標の評価の根拠となるエビデンス環境の整備 　【地方公共団体が保有するデータの活用方法に関する情報提供　等】 ➢横展開を進めるための支援事業等の実施 ➢PFSの普及啓発【セミナー等の実施、各種会議の場における情報提供　等】 ➢交付金・補助金等の既存の制度枠組みにおけるPFS事業の普及促進策の実施 　【保険者努力支援交付金においてPFS事業に対する支援を行うほか、保険者機能強化推進交付金において、PFSの活用を評価】
再犯防止	➢分野別のPFS事業実施のための手引きの作成【PFS事業の実施手順、成果指標、実施体制等の例示　等】 ➢支払額等や成果指標の評価の根拠となるエビデンス環境の整備 　【成果指標が改善した場合の政策効果について、先進的な事例等をもとに参考となる情報を集約】 ➢事例構築を進めるためのモデル事業の実施に向けた検討 ➢PFSの普及啓発【地方公共団体に対する各種会議等の場における情報提供等の実施　等】

目標	令和4年度末において、重点3分野でのPFS事業を実施した地方公共団体等の数を100団体以上とする。

出典：内閣府資料による。

❺　民間協力者との連携の強化

（1）適切な役割分担による効果的な連携体制の構築【施策番号98】

　法務省は、矯正施設では、受刑者や少年院在院者等に対し、篤志面接委員[20]や教誨師[21]等、多くの民間協力者（【コラム7】参照）の協力を得て、犯罪をした者等の処遇を行っている。

※18　社会的成果（インパクト）
　　　事業や活動の結果として生じた、社会的・環境的な変化や効果。
※19　「再犯防止活動における民間資金を活用した成果連動型民間委託契約方式の案件組成のための調査研究に係るコンサルティング業務調査等結果報告書」URL（http://www.moj.go.jp/content/001318667.pdf）

※20　篤志面接委員
　　　矯正施設において、受刑者や少年院在院者等に対して、専門的知識や経験に基づいて相談、助言及び指導等を行うボランティアであり、2021年（令和3年）12月現在の篤志面接委員は1,387人（前年：1,396人）である。

　2021年（令和3年）は、矯正施設において、篤志面接委員が1万1,156件（前年：1万2,534件）の面接・指導を、教誨師が1万1,745件（前年：1万3,536件）の教誨を実施した。

　保護観察所では、保護観察及び生活環境の調整を行うに当たり、保護観察官及び保護司の協働態勢を基本としているところ、保護司に過度な負担がかからないよう、保護観察官は医学、心理学、教育学、社会学、その他の更生保護に関する専門的知識をいかし、保護観察の実施計画の策定、保護観察対象者の動機付け、処遇困難な保護観察対象者に対する直接的な指導監督や専門的処遇プログラム等を実施し、保護司は地域事情に通じているといった特色をいかし保護観察対象者と定期的に面接し、生活状況の把握や日常的な指導・助言を行うなど適切な役割分担を行っている。また、保護司の負担を軽減するため、保護観察又は生活環境の調整の実施上特に必要な場合には、複数の保護司で事件を担当する保護司の複数担当制を導入している。2021年度（令和3年度）は、保護観察で1,267件（前年：674件）、生活環境の調整で1,089件（前年：533件）の複数担当を実施した。

　検察庁において、地域の実情に応じて、弁護士会との間で協議会等を開催するなどし、再犯の防止等のための連携体制を強化している。

（2）犯罪をした者等に関する情報提供【施策番号99】

　法務省及び検察庁は、民間協力者に対し、犯罪をした者等に対して実施した指導・支援等に関する情報その他民間協力者が行う支援等に有益と思われる情報について、個人情報等の取扱いに十分配慮しつつ、適切に提供を行っている。

　保護観察所では、継続的に保護観察対象者等の指導や支援を行う保護司や更生保護施設職員、自立準備ホームの職員等に対し、生活環境の調整の段階から保護観察期間を通して、個人情報の適切な取扱いに十分配慮しつつ、保護観察対象者等に関する必要な情報を提供している。

　また、BBS会員に保護観察対象者に対する「ともだち活動」を依頼するなど、民間協力者に一時的な支援を依頼するときも、保護観察対象者等の情報を提供することが必要と認められる場合には、当該情報の取扱いに十分配慮しつつ、必要かつ相当な範囲で適切に提供している。さらに、民間協力者に対する研修等を通じて、保護観察対象者等の個人情報が適切に取り扱われるよう周知徹底を図っている。

（3）犯罪をした者等の支援に関する知見等の提供・共有【施策番号100】

　法務省及び検察庁は、民間協力者を対象に実施する研修等（【施策番号38、110】参照）において、犯罪をした者等の支援に関する知見等を提供している。

　少年鑑別所では、地域援助として、地域における関係機関・団体からの依頼に応じて、臨床心理学等の専門的な知識を有する職員を学校、各種機関・団体の主催する研修会、講演会等に派遣し、非行や子育てについての講話や、青少年に対する教育・指導方法についての助言を行っている。主な内容としては、「最近の少年非行の特徴」、「思春期の子どもの心理と接し方」、「非行防止のための家庭の役割」等で、2021年（令和3年）は905件（前年：745件）の講演・研修会を実施した。また、少年院では、教育委員会等からの依頼に基づき、学校教員等に対して、児童・生徒の行動理解及び指導方法に関する内容の講演、研修講義等を実施している。

　矯正施設職員及び更生保護官署職員は、篤志面接委員、教誨師、保護司、更生保護女性会員、BBS会員、更生保護施設職員、社会福祉法人等の民間協力者に対して、研修や講演の機会を通じて、犯罪をした者等への処遇や支援に関する知見を提供している。特に、2021年度（令和3年度）においては、少年法等の一部を改正する法律（令和3年法律第47号）が2022年度（令和4年度）から施行

※21 教誨師
　　矯正施設において、受刑者や少年院在院者等の希望に基づき宗教上の儀式行事及び教誨を行うボランティアであり、2021年（令和3年）12月現在の教誨師は2,008人（前年：1,925人）である。

されることを見据え、改正後の少年法に基づく特定少年に係る新たな保護処分の枠組みに関する説明資料を作成して保護司等に配布するなどし、制度の内容を含む少年保護観察対象者等の処遇に関する知見等を提供している。

なお、法務総合研究所は、毎年の犯罪白書において、再犯・再非行の概況を基礎的データとして示すとともに、2021年（令和3年）版犯罪白書[22]においては、「詐欺事犯者の実態と処遇」を特集とし、詐欺事犯者の処遇や再犯防止に向けた取組を進めるための基礎資料を提供した。

⑥ 再犯防止に関する広報・啓発活動の推進

（1）啓発事業等の実施【施策番号101】

法務省は、国民の間に広く再犯の防止等についての関心と理解を深めるため、再犯防止啓発月間である7月を中心に、広報・啓発活動を積極的に展開している。2021年度（令和3年度）は、ポスター（**資6-101-1**参照）等の広報媒体やSNSを活用した広報啓発のほか、「再犯防止4コマ&1ページ漫画大賞」[23]を実施した。また、2022年（令和4年）3月には、広報・啓発番組「広がっています。#再犯防止〜みんなで描く、誰ひとり取り残さない社会〜」をYouTube法務省チャンネルで配信した。同番組では、トラウデン直美氏（モデル・タレント）、安東弘樹氏（フリーアナウンサー）が進行を行い、検察庁、少年院、地域社会における先進的な取組や、実際に犯罪や非行から立ち直った当事者の方々の対談など、合計4つの短編動画を放映した。

さらに、法務省は、「"社会を明るくする運動"〜犯罪や非行を防止し、立ち直りを支える地域のチカラ〜」を主唱している。この運動は、全ての国民が、犯罪や非行の防止と罪を犯した人たちの更生について理解を深め、それぞれの立場において力を合わせ、犯罪や非行のない安全で安心な明るい地域社会を築くための全国的な運動である。2014年（平成26年）12月に犯罪対策閣僚会議において決定した「宣言：犯罪に戻らない・戻さない」において、全ての省庁を本運動の中央推進委員会の構成員にするとともに、2015年（平成27年）からは、毎年、国民の理解を求める内閣総理大臣メッセージを発出するなど、政府全体の取組としてその重要性が高まっている。再犯防止啓発月間である7月は、本運動の強調月間でもあり、全国各地において、運動の推進に当たっての内閣総理大臣メッセージや、ポスター等の広報啓発資材を活用し、地方公共団体や関係機関・団体と連携して、国民に対して広く広報啓発を行っている。

2021年（令和3年）に実施した第71回"社会を明るくする運動"では、「#生きづらさを、生きていく。」をテーマ（**資6-101-2**参照）に、全国で3万3,495回（前年：2万7,256回）の行事が実施され、延べ86万7,395人（前年：57万7,047人）が参加した（【指標番号16】参照）。同運動で

資6-101-1　令和3年度再犯防止啓発月間ポスター

出典：法務省資料による。

※22 犯罪白書
　　各年の犯罪白書の全文を公表している
　　（https://hakusyo1.moj.go.jp/jp/68/nfm/mokuji.html）

※23 「再犯防止4コマ&1ページ漫画大賞」
　　再犯防止をテーマとした印象的な4コマ漫画及び1ページ漫画（1ページ内で完結する漫画をいう。）を広く募集し、優秀作品を法務大臣、法務副大臣及び法務大臣政務官から表彰するもの。
　　同大賞など、再犯防止啓発月間に関する取組は、法務省ホームページ「7月は「再犯防止啓発月間」です」
　　（https://www.moj.go.JP/hisho/seisakuhyouka/hisho04_00051.html）を参照。

は、新型コロナウイルス感染症の拡大防止の観点から、デジタルサイネージ等を活用した非接触型の広報や、SNS等の多様な媒体を用いた広報等が行われた（**写真6-101-1**参照）。また、若年層を始めとする幅広い年齢層の方々にとって身近で親しみの持てるような広報を展開するため、更生保護マスコットキャラクターである「ホゴちゃん」の活用、吉本興業株式会社と連携した広報・啓発活動が行われた。

法務省の人権擁護機関では、刑を終えて出所した人の社会復帰に資するよう、「刑を終えて出所した人に対する偏見や差別をなくそう」を強調事項の一つとして掲げ、啓発冊子の配布等、各種人権啓発活動を実施している。

なお、全国の法務局や特設の人権相談所において人権相談に応じている。人権相談等を通じて、刑を終えた人に対する差別等の人権侵害の疑いのある事案を認知した場合は、人権侵犯事件として調査を行い、事案に応じた適切な措置を講じている。2021年（令和3年）における刑を終えた人に対する差別待遇に関する人権侵犯事件の件数は4件であった。

検察庁においては、学生や一般の方々を対象に実施する広報活動等において、検察庁における再犯防止・社会復帰支援に関する取組を説明するなど、再犯防止に関する広報・啓発活動を推進している。

（2）法教育の充実【施策番号102】

法務省は、学習指導要領を踏まえた学校教育における法教育[24]の実践の在り方及び教育関係者と法曹関係者による連携・協働の在り方等、法教育に関する取組について多角的な視点から検討するため、法教育推進協議会及び部会を開催（2021年度（令和3年度）：8回）している。

2021年度（令和3年度）は、2022年（令和4年）4月からの成年年齢引下げを踏まえて、契約や私法の基本的な考え方を学ぶことができる高校生向けのリーフレットを全国の高等学校、教育委員会等に配布したほか、リーフレットの内容に関する専門家の解説動画等を法務省ウェブサイトで公開するなどした[25]。

資6-101-2 第71回 "社会を明るくする運動" ポスター

出典：法務省資料による。

写真6-101-1 サッカースタジアムでのCM上映の様子

写真提供：法務省

※24 法教育
　　法教育とは、法律専門家ではない一般の人々が、法や司法制度、これらの基礎となっている価値を理解し、法的なものの考え方を身に付けるための教育であり、法教育の実践は自他の権利・自由の相互尊重のルールである法の意義やこれを守る重要性を理解させ、規範意識をかん養することを通じて再犯防止に寄与するものである。
※25 成年年齢引下げに向けた高校生向けリーフレット
　　https://www.moj.go.jp/housei/shihouseido/houkyouiku_koukouseimukeleaflet.html

　また、発達段階に応じた法教育教材を作成し、全国の小中学校、高等学校、教育委員会等に配布するとともに、これらの教材の利用促進を図るため、同教材を活用したモデル授業例を法務省ウェブサイトで公開しているほか、法教育の具体的な実践方法を習得してもらうため、教員向け法教育セミナーを実施している。

　さらに、学校現場等に法教育情報を提供することによって、法教育の積極的な実践を後押しするため、法教育に関するリーフレット※26 を作成し、全国の教育委員会等に配布しているほか、学校や各種団体からの要請に応じて、法務省の職員を講師として派遣し、教員、児童・生徒や、一般の人々に対して法的なものの考え方等について説明する法教育授業を実施している。

　特に、少年鑑別所では、地域援助として、教員研修において少年院・少年鑑別所に関する内容を始めとする少年保護手続等について講義を行うほか、参観の機会等を利用して少年鑑別所の業務等について説明を行うなどの法教育を行っている。主な内容としては、「少年保護手続の仕組み」、「特定の非行・犯罪の防止（薬物・窃盗・暴力等）」、「生活態度・友達づきあい」、「児童・生徒の行動理解及び指導方法」等であり、2021年度（令和3年度）には、約600回、延べ約4万5,000人に対して法教育を実施した。

　また、保護観察所において、学校との連携を進める中で又は広報の一環として、保護観察官や保護司が学校等に赴いて、更生保護制度等に関する説明を行うなどの法教育を実施しており、2021年度（令和3年度）中には、約250回、延べ約1万7,500人に対して法教育を実施した。

　検察庁において、学生や一般の方々に対し、刑事司法制度等に関する講義や説明等を実施するなどし、法教育を推進している。

Column 09　「カベ」を通じたつながり ～少年院跡地における鋼板プロジェクト～

相模原市立小山中学校・小原町自治会・TOKYO SOCIAL DESIGN・法務省矯正局

　2019年（平成31年）に閉庁した神奈川医療少年院（神奈川県相模原市）の跡地には、現在、新施設の整備に向けて、敷地を囲う鋼板である「カベ」が設置されています。今回紹介するのは、この「カベ」を通じて、近隣の相模原市立小山中学校、跡地が属する小原町自治会、情報発信やコミュニケーションデザインを手掛けるTOKYO SOCIAL DESIGNと法務省矯正局が協働したプロジェクトです。

　このプロジェクトは、法務省矯正局が、小原町自治会から「敷地周囲の鋼板が殺風景で圧迫感がある。絵を飾ったりできないか。」との相談を受けたことに始まります。小原町自治会は小山中学校にもお声掛けをされており、同校と引き合わせていただいたことから、少年院在院者と中学校の生徒がコラボした作品を展示できないか、というアイディアが生まれました。

　プロジェクトは、小山中学校生徒会の皆さんが中心となって進められましたが、まずは法務省矯正局から少年院のことを知ってもらう機会を設けました。そして、少年院の在院者や職員の思いに触れていただいた上で検討していただき、学校の仲間や地域の方々、家族を大切にしていきたいという気持ちを込めて、「つながり」という一つのテーマに沿った絵を描いて「カベ」に展示することが決まりました。

　その後、絵の募集を行ったところ、中学校から46点、東京矯正管区管内の少年院14庁の在院者から128点もの絵が集まりました。これらの絵を展示する上で、デザインについて御協力をいただい

※26 法教育リーフレット
https://www.moj.go.jp/housei/shihouhousei/index2.html

たのがTOKYO SOCIAL DESIGNです。

　TOKYO SOCIAL DESIGNは、物質的・心理的な「カベ」について、デザインを通じてメッセージを発信するため、まず、小山中学校において「ことばのワークショップ」を企画し、「つながり」というテーマを多角的に捉え、広がりを持たせる機会を設けました。そして、絵だけでなく、このワークショップで引き出された言葉も「カベ」に施すことで、より「つながり」というメッセージが地域の方に伝わるようにしたのです。また、「なにとつながる？」という問いかけをデザインに組み込み、絵を見た人が「つながり」というメッセージを自分に寄せて感じられるような仕掛けを設けました。

　このように多くの方々の思いが結集し、2021年（令和3年）11月、展示が完成しました。小山中学校からは、「活動を通じて、生徒たちは、少年院がどのような施設であるかはもちろん、そこで勤務する職員の願いを知り、また、地域はどのように支えていくべきなのかを理解することができた。」との声をいただき、生徒の皆さんからは「自分たちの努力や、絵を描いてくれたたくさんの人たちの協力がとても素敵な形で完成したこと、そして、地域の人たちにも見てもらうことができて、とてもうれしかった。」との感想をいただきました。地域の方からは、「いい企画だね。」「上手な絵だ。」「鋼板の絵や文で辺りの雰囲気が柔らかく変わった。」「少年院はあちこちにあると分かったよ」等の声が自治会へ届いているそうです。

鋼板に展示された生徒・在院者の絵

メッセージ「なにとつながる？」

　「カベ」とは、物理的又は心理的なつながりを断つ最も象徴的なものですが、その「カベ」を通じてこのように多くのつながりが生まれたことの意義は大きいと考えています。今後もこうしたつながりを大切にし、新施設が地域と共生していけるよう、そして、将来ここで学ぶ在院者たちが、多くの方のお力添えを受け、心の壁を乗り越えて未来につながっていけるよう、準備を進めていきたいと思います。

❼ 民間協力者に対する表彰【施策番号103】

内閣官房及び法務省は、2018年度（平成30年度）から、内閣総理大臣が顕彰する「安全安心なまちづくり関係功労者表彰」において、再犯の防止等に関する活動の推進において特に顕著な功績又は功労のあった個人又は団体を表彰している。2021年度（令和3年度）には、法務省を含む関係省庁や地方公共団体から推薦を得て、再犯を防止する社会づくりについて功績・功労があった合計8の個人及び団体を表彰した[27]（**資6-103-1**参照。特定非営利活動法人くらし応援ネットワークについては、【コラム4】参照。）。

| 資6-103-1 | 令和3年安全安心なまちづくり関係功労者表彰の受賞者・受賞団体と活動概要 |

受賞者・受賞団体	活動概要
谷村　新司 （音楽家／シンガーソングライター）	・“社会を明るくする運動”のフラッグアーティストとして、同運動の展開に尽力 ・「こころをつなぐプロジェクト」として、地域の更生保護施設等を訪問
堂本　暁子 （団体役員）	・「女子刑務所のあり方研究委員会」を設立し、女子刑事施設の運営改善に向けた取組に尽力 ・「再犯防止推進計画等検討会」の有識者構成員として、再犯防止施策の推進に寄与
野田　豊秋 （会社役員）	・「少年補導員」として、見守り活動等を行い、地域の少年の非行・再非行の防止に尽力 ・「九州少年警察ボランティア協会役員」として九州各県と共同した活動を実現
更生保護法人 　滋賀県更生保護事業協会（滋賀県大津市）	・県からの受託により「再犯防止地域支援員設置事業」を実施し、刑事施設出所者等の円滑な社会復帰を促進 ・休眠預金活用制度を利用し、保護観察終了者などへの支援活動を行う更生保護団体を支援
新宿区保護司会（東京都新宿区）	・「新宿区広報パレード・式典」を開催し、再犯防止等に向けた大規模な啓発活動を実施 ・保護観察終了者に対する定期的な生活相談の機会を設けるなど、息の長い支援を実施
特定非営利活動法人 　いのちのミュージアム（東京都日野市）	・「メッセンジャー」と呼ばれる、交通犯罪等の犠牲者の等身大人型パネル等を展示する「生命（いのち）のメッセージ展」や犯罪被害者の支援を実施 ・矯正施設での「被害者の視点を取り入れた教育」等に協力し、全国の矯正施設で「生命（いのち）のメッセージ展」を開催
特定非営利活動法人 　くらし応援ネットワーク（愛知県名古屋市）	・刑事施設出所後に自立した生活が難しい高齢者や障害者への支援を実施 ・名古屋地方検察庁と連携し、釈放予定の被疑者を必要な福祉的支援につなぐ協力体制を構築
西区BBS会（神奈川県横浜市）	・非行少年の相談相手となる「ともだち活動」を行うなど、非行少年に対する継続的な支援を実施 ・非行少年の実情と地域の受け入れの重要性を若者の立場から訴えかける啓発活動を実施

※　個人、団体の順に50音順。敬称略。

※27 令和3年安全安心なまちづくり関係功労者表彰の受賞者及び功績実績（https://www.moj.go.jp/content/001357813.pdf）

第7章

令和4年版
再犯防止推進白書

地方公共団体との連携強化等のための取組

一輪のダリア

第7章 地方公共団体との連携強化等のための取組

① 地方公共団体による再犯の防止等の推進に向けた取組の支援

（1）再犯防止担当部署の明確化【施策番号104】

法務省は、都道府県及び指定都市については全て、市町村（特別区を含む。以下この章において同じ。）については、市町村再犯防止等推進会議（【施策番号110】参照）の構成員となった市町村（2022年（令和4年）4月1日現在で306市町村）についてそれぞれの再犯防止等を担当する部署の連絡窓口を把握し、再犯防止等に関する必要な情報提供を行っている。

（2）地域社会における再犯の防止等に関する実態把握のための支援【施策番号105】

法務省は、国と地方公共団体が連携して再犯防止施策の推進を図るため、2018年度（平成30年度）から2020年度（令和2年度）までを事業期間として、地域再犯防止推進モデル事業（資7-105-1参照）を実施した（資7-105-2参照）。2021年度（令和3年度）には、その成果等を共有し、地方公共団体における再犯防止の取組を促進するための協議会として、「全国会議」[※1]、「ブロック協議会」[※2] 及び「地域連携協議会」[※3] を開催した。

資7-105-1 地域再犯防止推進モデル事業の概要

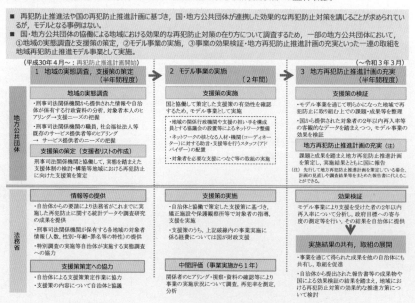

出典：法務省資料による。

※1 全国会議
モデル事業において蓄積された成果や課題などを共有するため、都道府県、政令指定都市及びモデル事業実施団体を対象に実施したもの。
※2 ブロック協議会
全国会議の開催を受け、全国6ブロックにおいて、再犯防止の取組を進める意欲を持つ地方公共団体に対し、情報提供や意見交換等を実施したもの。
※3 地域連携協議会
都道府県と市町村の連携モデルの検討を行うため実施したもの。令和3年度は愛知県、滋賀県及び鳥取県で開催。

資7-105-2 地域再犯防止推進モデル事業における取組状況等

【平成30年度開始分】（令和3年3月現在）

	自治体名	担当部署	再委託先	主な取組内容	取組の主な類型
1	北海道	環境生活部 道民生活課	（株）ピーアールセンター	①テレビ、ラジオ等多様な媒体を活用し、広く道民に、再犯防止に係る現状と課題、取組の必要性などについて周知。 ②道内市町村での再犯防止、更生支援への取組状況を調査し、その結果や昨年度実施した道内実態調査の結果を取りまとめ市町村等に送付。 ③道内4ブロックで、保護司等を対象として、就労や地域生活支援に関する課題や取組例などの知識の習得や他の支援者等との情報交換を目的とした研修会を実施。 ④道内4ブロックで、地域の更生支援者等を対象に、地域社会全体として更生を支えるネットワーク形成を目指した勉強会、意見交換会を実施。 ⑤犯罪をした者等に対する支援の必要性を周知するための道民向けのリーフレットを配布。	広報・啓発 その他
2	北海道 旭川市	福祉保険部 福祉保険課	（一社）道北地方物質使用障害研究会	物質使用障害者に対する支援策として、 ①薬物依存症者への直接的な支援としてのリカバリーセミナー ②薬物依存に関する市民の理解促進を目的としたフォーラム ③物質使用障害に対して支援を行う者の知識やスキルの向上を目的とした学習会・スーパービジョン等を実施。	薬物 広報・啓発
3	岩手県	保健福祉部 地域福祉課	（社福）岩手県社会福祉事業団	①保護観察所等の依頼に基づき、満期釈放予定者のうち、特別調整の対象とならなかった者に対し、出口支援として、矯正施設入所中から出所後の生活環境調整を開始し、円滑に地域社会に移行できるようにするための支援を実施。 ②弁護士、検察庁、保護観察所等からの依頼に基づき、起訴前段階、不起訴処分及び執行猶予となった者のうち、高齢者又は障害のある福祉的支援が必要な者に対して、入口支援として、福祉サービス等につなげるための支援を実施。	高齢・障害 その他
			—	③関係機関によるネットワーク構築を目的とした協議会の開催。個々のケースについての支援会議も随時開催し、情報共有、意見交換を実施。	
4	岩手県 盛岡市	保健福祉部 地域福祉課	—	①市民向けフォーラムの開催。 ②満期釈放、起訴猶予等となった者のうち、就労場所以外の居場所づくりが本人の更生に資すると判断できる者について、本人が「必要とされている」と感じることのできる居場所等のマッチングを実施。また、犯罪をした者をボランティアとして受け入れてくれる社会福祉法人の開拓を目的とした福祉関係者向けの研修会を開催。 ③モデル事業の円滑な推進及び再犯防止推進計画への助言を目的とした関係機関による協議会を開催。 ④公営住宅の活用を含めた既存の制度による住宅確保策を検討、実施。	住居支援 広報・啓発
5	茨城県	保健福祉部 福祉指導課 人権施策推進室	（特非）茨城県就労支援事業者機構	水戸更生保護サポートセンター内にコーディネーターを配置し、水戸刑務所を満期出所して茨城県内に帰住する見込みの者を対象に、出口支援として、就労先の紹介・面談手続、居住先の確保・手続、生活保護等の申請手続など就労・居住に係る支援を実施。	就労支援 住居支援
6	栃木県	保健福祉部 薬務課	—	①モデル事業の効果的な実施のため、関係機関による連絡会議（栃木県薬物再犯防止推進会議）を開催。 ②薬物依存症に関する正しい知識の普及を目的として、関係機関を対象に研修会を開催。	薬物 就労支援 住居支援 広報・啓発
			（特非）栃木ダルク	③矯正施設及び保護観察所からの依頼に基づき、満期出所者及び保護観察期間終了者を対象に、各種支援窓口の紹介等を含めた伴走型の支援（コーディネート）を実施。また、認知行動療法を活用した再犯防止教育プログラムを提供。 ④薬物依存症者の家族を対象に、認知行動療法を活用したグループミーティング等を提供（家族会）。	
			（特非）栃木県就労支援事業者機構	⑤上記のモデル事業対象者のうち、就労支援が必要と認められる者に対して、支援を実施。	
			更生保護法人尚徳有隣会	⑥上記のモデル事業対象者のうち、住居確保支援が必要と認められる者（男性）に対して、支援を実施。	
			更生保護法人栃木明徳会	⑦上記のモデル事業対象者のうち、住居確保支援が必要と認められる者（女性）に対して、支援を実施。	

	自治体名	担当部署	再委託先	主な取組内容	取組の主な類型
7	埼玉県	福祉部 社会福祉課	（社福）親愛会	①保護観察所からの依頼に基づき、高齢・障害がある者等で更生緊急保護が適用になった起訴猶予、執行猶予者等に対し、入口支援として、福祉・年金等の各種手続、福祉支援、医療、就労、住居の確保等の調整を実施。また、戻る場所のない支援対象者に対し、更生保護施設、自立準備ホームと連携・協働して地域生活が定着するための息の長い支援を実施。 ②弁護士、福祉事務所、地方公共団体等の支援者から相談があった場合、必要に応じて、各種相談窓口の紹介等のコーディネート業務を実施。	高齢・障害
8	千葉県	健康福祉部 健康福祉指導課	—	①「生活支援調整関係機関会議」（ケース会議）において、保護観察所、矯正施設等からの依頼に基づき、保護観察対象者、満期出所者等のうち、地域生活上何らかの支援を必要とする者を対象に、支援方針の検討や支援の利用調整、千葉県が設置している総合相談支援機関「中核地域生活支援センター」へのつなぎ支援を実施。 ②支援対象者に県の取組を周知するため、パンフレットを配布。 ③県の取組を周知することや犯罪をした者等の社会復帰支援についての理解促進を目的に、関係者、支援機関を対象にフォーラムを開催。	広報・啓発 その他
9	東京都	都民安全推進本部総合推進部都民安全推進課	（一社）社会支援ネット・早稲田すぱいく	万引きなどの犯罪をしてしまう高齢者やその家族等を対象に、社会福祉士や精神保健福祉士等が電話相談を受け付け、本人の状況や生活環境等についてアセスメントを行うことで、適切な支援につなげる。	高齢・障害 その他
10	神奈川県	福祉子どもみらい局福祉部地域福祉課	（公社）神奈川県社会福祉士会	①犯罪をした高齢者や障がい者等への更生支援に係るスキルアップと理解促進を図ることを目的として、市町村職員や社会福祉協議会職員等の福祉関係者を対象に、研修会を開催。	高齢・障害 広報・啓発 その他
			（特非）全国万引犯罪防止機構	②高齢者万引きの再犯防止に関する啓発を内容として作成した冊子を対象者に配付し、効果検証を実施。 ③高齢者万引きの再犯防止に関する啓発を内容とした動画を作成。	
11	長野県	健康福祉部地域福祉課	（公社）長野県社会福祉士会	①県再犯防止推進計画の策定進捗状況の報告やモデル事業等の内容を共有することを目的とした関係機関協議会を開催。 ②圏域ごとに、制度周知や福祉関係者と司法関係者との相互理解のための研修会を開催。 ③関係機関を対象に、対象者の支援方法等に関する相談支援を実施。	広報・啓発 その他
			長野県保護司会連合会	④更生保護サポートセンターに、犯罪をした者や地域住民を対象とした犯罪・非行に関する相談窓口を設置。	
12	愛知県	防災安全局県民安全課	愛知県弁護士会	①弁護士が、犯罪をした者等に対して、入口支援及び出口支援として、刑事司法の各段階（検察・裁判・矯正・保護）において、面会等を通じて社会復帰に向けた支援の聞き取りを行うとともに、居住手続や就労支援窓口、医療・福祉等関係機関への引継などを実施。	就労支援 広報・啓発 その他
		労働局就業促進課	（特非）愛知県就労支援事業者機構	②刑務所出所者等の職場定着のため、面談を通して、就労継続に向けた助言や意欲喚起等のフォローアップ支援を実施。また、出所者等を雇用する協力雇用主に対しても、出所者等の問題行動に対する対処方法等の助言等のフォローアップ支援を実施。 ③出所者等の雇用に係る情報や経験を共有することを目的に、協力雇用主を対象とした研修会を開催。	
13	名古屋市	市民経済局企画経理課	（特非）くらし応援ネットワーク	①検察庁、保護観察所の依頼に基づき、起訴猶予となった者のうち、福祉的な支援を必要とする高齢者・障害者・若者（39歳以下）に対して、入口支援として、福祉サービス等につなげるため、支援プランを作成の上、窓口同行や申請書類の作成支援等を実施するとともに、一定期間寄り添いながら支援を行う伴走支援を実施。	高齢・障害 広報・啓発
			（学）日本福祉大学	②上記①の支援の中間調査を実施し、伴走支援の意義及び課題等を考察し調査報告書に取りまとめ、事業終了後に効果検証を実施。	
			—	③モデル事業実施結果に関する市民報告会を開催。	

	自治体名	担当部署	再委託先	主な取組内容	取組の主な類型
14	滋賀県	健康医療福祉部 健康福祉政策課	（社福）グロー	①弁護士、検察庁等の依頼に基づき、刑事手続段階にある高齢者又は障害のある者に対し、入口支援として、必要な支援のアセスメント及びコーディネートを実施。 ②支援を実施する上で、関係機関による連携会議を開催。困難事例と判断したケースでは、医療・福祉・司法の専門家による調査委員会において、医療的・福祉的アセスメントを実施。 ③地域におけるコーディネート体制構築のため、連携会議や調査委員会において、情報交換・意見交換を実施。 ④司法・福祉・医療機関等に対して、本事業の周知を目的に、講師を派遣し、説明を実施。	高齢・障害 広報・啓発 その他
			更生保護法人滋賀県更生保護事業協会	⑤再犯防止地域支援員を設置し、協力雇用主及び医療機関の理解促進のため、個別訪問やアンケート調査を実施。 ⑥協力雇用主を対象に、制度紹介等を目的とした研修会を実施。	
			（公社）滋賀県社会福祉士会	⑦雇用主や福祉事業所を対象とした相談窓口を設置し、対象者への対応等に関する助言を実施。 ⑧電話・訪問相談の結果、更なる支援が必要と判断したケースについては、事例検討会を開催し、支援プランを作成。アドバイザーが支援プランに即して、当事者を支援する方法の助言や支援者が開催するケース会議への参加、必要に応じて当事者との直接面談を実施。 ⑨地域の支援者や相談員を対象に、対象者の支援方法や先進事例を学ぶことを目的とした研修会を開催。	
15	京都府	健康福祉部 家庭支援課	—	①学校、児童相談所等の依頼に基づき、非行問題を抱える小学生及び中学1、2年生の少年と保護者を対象に、相談支援や学習支援等を実施。	少年
			更生保護法人 西本願寺白光荘	②週1回、非行をした少女を対象とした居場所を開設し、少女特有の悩み等に対する相談支援や自立に向けた生活訓練等を実施。	
16	京都市	保健福祉局 保健福祉部 保健福祉総務課	京都わかくさねっと	①矯正施設を出所した若年女性等を対象に、支援計画を作成した上で、相談支援や関係機関の紹介・同行支援等を実施することによって、生活課題の解決・就労の確保等つなげていく「寄り添い支援」を実施。	広報・啓発 その他
			—	②犯罪をした人等が刑務所等の施設出所後に困難や悩みを抱えた時の相談窓口や支援機関等を紹介したハンドブック「つなぐつながる」を作成。 ③地方再犯防止推進計画の策定に当たって、広く意見・助言等をもらうため、刑事司法機関及び民間団体等で構成する京都市再犯防止推進会議を開催予定。	
17	大阪府	青少年・地域安全室 治安対策課	—	①性犯罪（痴漢、盗撮、公然わいせつ、児童ポルノ関係）を行った起訴猶予者等のうち、支援を申し込んだ者に対し、臨床心理士による全5回の心理カウンセリングプログラムを提供。	性犯罪 高齢・障害 就労支援
		福祉部 障がい福祉室 自立支援課	—	②検察庁や弁護士等からの依頼に基づき、障がいのある起訴猶予等となった者等に対し、入口支援として、福祉サービスや支援機関等へのつなぎ支援を実施。	
18	兵庫県	健康福祉部 障害福祉局 障害福祉課	（社福）みつみ福祉会	①弁護士会の依頼に基づき、起訴猶予等となる見込みのある者のうち、高齢者又は障害のある福祉的支援が必要な者に対して、入口支援として、福祉サービス等へのつなぎ支援を実施。	高齢・障害 就労支援
		産業労働部 政策労働局 労政福祉課	ヒューマンアカデミー（株）	②保護観察対象者等と1か月間の雇用契約を締結の上、対象者に対し、ビジネス基礎研修や職場体験を提供。また、マッチング支援や定着フォローアップなどの就職活動支援を最大4か月間実施。	
19	兵庫県 明石市	福祉局地域共生社会室	（社福）明石市社会福祉協議会	①警察署、検察庁、保護観察所等からの依頼に基づき、不起訴処分及び執行猶予等により釈放されることが見込まれる者のうち、高齢又は障害のある福祉的支援の必要な者に対して、入口支援として、窓口への手続同行や申請書類の作成支援など福祉サービス等へのつなぎ支援を実施。 ②刑務所等からの依頼に基づき、刑務所等の出所時期が概ね半年以内となっている者のうち、高齢又は障害のある福祉的支援の必要な者に対して、出口支援として、生活保護受給申請の支援や担当保護司の帰住先調査への同行など円滑な地域帰住促進のための支援を実施。	高齢・障害 広報・啓発
			—	③市民の更生支援・再犯防止に対する理解促進を目的として、市民向けイベント（あかし更生支援フェア）を開催し、再犯防止等に関する法務省や市の取組報告及び講演会（更生支援フォーラム）を実施するとともに、18の関係機関・団体の出展の下、刑務作業製品の展示・即売やパネル展示等を実施。	

	自治体名	担当部署	再委託先	主な取組内容	取組の主な類型
20	奈良県	福祉医療部 地域福祉課	—	①再犯防止等の機運醸成を目的として、一般県民を対象としたシンポジウムを実施。シンポジウム終了後は、非行予防及び就労支援に係る個別相談会を開催。②犯罪をした者等を雇用する際の不安を解消するため、協力雇用主を対象としたセミナーを実施。③保護観察期間中の少年を対象に、専門家による社会技能訓練（SST）を月1回程度実施。④協力雇用主が出所者等を雇用した際の不安解消を図るノウハウや、保護観察対象者等が職業的自立を図る際に活用できる相談窓口等を紹介するハンドブックを作成。⑤有識者等を構成員として、「更生支援のあり方」についての検討会を開催。	就労支援 広報・啓発 その他
21	鳥取県	福祉保健部 福祉保健課	（一社）とっとり東部権利擁護支援センター	①弁護士、検察庁、保護観察所等の依頼に基づき、不起訴処分及び執行猶予等となった者のうち、高齢又は障がいのある福祉的支援の必要な者に対して、入口支援として、窓口同行、申請書類の作成支援、生活環境の整備（住居確保、成年後見人の確保等）などの福祉サービス等へのつなぎ支援を実施。	高齢・障害
			—	②鳥取県再犯防止推進計画の進捗管理や課題・情報共有のため、関係機関による推進会議を開催。	
22	島根県	健康福祉部 地域福祉課	—	①再犯防止推進計画の内容や更生支援関係機関の取組等を周知することを目的に、市町村担当者・県の関係機関担当者による会議を開催。②更生支援計画作成の技能を習得することを目的として、社会福祉士や精神保健福祉士などを対象に研修会を開催。③刑事司法関係機関や支援者等からの依頼に基づき、②の研修会の修了者（更生支援コーディネーター）を派遣し、福祉的支援が必要な罪を犯した者等の更生支援計画を作成。④更生支援に関する理解促進を目的に、広報資材（ポスター、リーフレット等）を作成。	広報・啓発 その他
23	広島県	環境県民局 県民活動課	—	①県内の関係機関・団体が非行少年等の立ち直りに向けて実施する支援の内容や実施に係る課題等を整理し、今後の取組について協議することを目的とした連絡会議等の実施を踏まえて、「支援ガイド（仮）」等を作成。	少年 就労支援
			（特非）広島県就労支援事業者機構	②保護観察を終了した少年をはじめとした、立ち直りに向けた支援を必要としているのにも関わらず、公的な支援を受けることができない非行や罪を犯した無職等の少年に対し、支援コーディネートを行い、就労準備支援、就労体験や学習支援等、立ち直りに向けた総合的支援を実施。	
24	山口県	健康福祉部 厚政課	（社福）山口県社会福祉協議会	①検察庁からの依頼に基づき、不起訴処分及び執行猶予となった者のうち、高齢又は障害のある福祉的支援の必要な者に対して、入口支援として、帰住先確保等の福祉的支援や相談窓口への同行等の福祉サービス等へのつなぎ支援を実施。②保護観察所からの依頼に基づき、刑務所出所予定者等のうち、特別調整の対象とならない者に対して、特別調整に準ずる者への出口支援として、帰住先確保等の福祉的支援を実施。③保護観察所からの依頼に基づき、保護観察期間終了者のうち、福祉的支援の必要な者に対して、出口支援として、保護観察期間終了前から帰住先確保等の福祉的支援及び福祉サービス等へのつなぎ支援を実施。④再犯防止の取組等に関する普及啓発等を目的として、再犯防止に関するポータルサイトを作成。	高齢・障害 広報・啓発
25	香川県	健康福祉部 障害福祉課	（社福）竜雲学園	①検察庁、保護観察所からの依頼に基づき、不起訴処分及び執行猶予となった者のうち、高齢又は障害のある福祉的支援の必要なものに対して、入口支援として、窓口同行や申請書類作成支援など福祉的サービス等へのつなぎ支援を実施。②入口支援の意義や取組内容等を周知することを目的に、関係機関を対象とした研修会等を開催。	高齢・障害 広報・啓発
26	北九州市	保健福祉局 障害福祉部 障害者支援課	（公社）北九州市障害者相談支援事業協会	①65歳未満で知的障害等のある窃盗・無銭飲食などの罪を犯した者に対して、入口支援として、自立に向けた支援計画の作成や継続的な見守りを実施。②上記の者を受け入れることが見込まれる協力雇用主や障害福祉サービス事業者等に対して、支援対象者の行動の理解や対応の方法について研修を実施。③支援対象者の就職や就労の定着に向けた個別支援会議を開催。	高齢・障害 就労支援 広報・啓発
27	長崎県	福祉保健部 福祉保健課	（社福）南高愛隣会	①高齢者又は障害のある犯罪をした者等に対して、入口支援として、検察庁・弁護士等の依頼に基づき、相談支援専門員協会や障害者自立支援協議会等と連携した支援を実施。②薬物依存のある犯罪をした者等に対して、入口支援として、精神保健福祉センターやダルク等と連携した支援を実施。③身寄りのない犯罪をした者等に対して、入口支援として、県居住支援協議会等と連携して居場所の確保に向けた支援を実施。	薬物 高齢・障害 住居支援

	自治体名	担当部署	再委託先	主な取組内容	取組の主な類型
28	熊本県	環境生活部県民生活局くらしの安全推進課	(社福) 恩賜財団済生会支部熊本県済生会	①検察庁や更生保護施設等からの依頼に基づき、微罪処分、不起訴処分及び執行猶予等となった者のうち、高齢又は障害のある福祉的支援を必要とする者に対し、入口支援として、申請書類作成支援、相談窓口同行等の福祉サービス等へのつなぎ支援を実施。②犯罪をした者等の受入れへの理解促進を目的として、福祉施設等支援関係者を対象に、講習会を開催。	高齢・障害広報・啓発
29	熊本市	市民局市民生活部生活安全課	職業訓練法人熊本市職業訓練センター	①雇用ニーズの高い介護分野の資格を取得することを目的として、保護観察対象者等を対象に、資格取得訓練を実施。	就労支援広報・啓発
			(株) あつまるホールディングス	②犯罪をした者等向けの求人誌を作成。③犯罪をした者等を雇用する事業者を増やすことを目的とした企業向けセミナーや、保護観察対象者等の就職を目的とした合同就職説明会を開催。	
30	鹿児島県奄美市	保健福祉部福祉政策課	(特非) 奄美青少年支援センターゆずり葉の郷	①再委託先施設の元入所者宅を訪問し、家族・本人に対して相談支援を実施。必要に応じて、修学支援や就労支援を併せて実施。	高齢・障害少年就労支援その他
			—	②上記再委託先の入所者・元入所者やその家族のうち、必要な者に対して市役所相談室でカウンセリングを実施。③上記再委託先の入所者・元入所者のうち、障がい者に対して、障がい者支援施策を活用しながら一般就労、就労支援A型・B型につなげる。	

【令和元年度開始分】(令和3年3月現在)

	自治体名	担当部署	再委託先	主な取組内容	取組の主な類型
1	宮城県	保健福祉部社会福祉課	(特非) ワンファミリー仙台	①刑務所出所者等やその関係者を対象とした相談窓口を週3回程度開設し、住居確保に関する相談を実施。②刑務所出所者等のうち、就労等の日中活動に結びついてない者を対象に、週3回程度、軽作業等を実施する日中活動の場を提供。	就労支援住居支援
2	秋田県	健康福祉部地域・家庭福祉課	令和2年度からは更生保護支援ボランティアふれあいサークルに委託	①次のいずれかに該当し、かつ支援を受けることに同意している者に対し、定期的な訪問による見守り支援を実施する。・地域生活定着支援事業による特別調整の対象として支援を受けた又は受けていること。・更生保護施設又は自立準備ホームを退所した又は退所予定であること。	高齢・障害住居支援広報・啓発
			令和2年度からは (株) ディーノに委託	②再犯防止施策への理解促進を目的に、啓発パンフレット及びポスターを作成。	
			—	③秋田地方検察庁の所管で起訴猶予、執行猶予、罰金・科料となったこと又は秋田保護観察所の所管で保護観察対象又は更生緊急保護対象であること又は東北管内の矯正施設を退所予定の者のうち、秋田県横手市に帰住を希望している者について、横手市居住支援協議会が秋田地方検察庁や秋田保護観察所、東北管内の矯正施設からの依頼に基づき、宅地建物取引業者への住居調整依頼を行うなどして住居確保に向けた支援を行う。④モデル事業の取組紹介や、支援関係者の素養向上を目的に、県民や支援関係者を対象とした研修会を実施。⑤罪を犯した人の見守り支援に従事するボランティア会員や行政などの関係団体が、再犯防止推進と罪を犯した人の見守り支援への理解と協力を広く県民に呼びかける広報活動を実施。	
3	山形県	健康福祉部地域福祉推進課	(社福) 山形県社会福祉事業団	①矯正施設等からの依頼に基づき、特別調整とならなかった満期釈放者等を対象として、出口支援として、住居や就労先の確保に向けた支援を実施。②性犯罪や入口支援等の理解促進を目的として、関係者を対象にセミナーを開催。	薬物高齢・障害就労支援住居支援広報・啓発
			(特非) 鶴岡ダルク	③ダルクに入所した者や依存症者の家族を対象に、認知行動療法等を活用したプログラムを提供。	
			令和2年度からは更生保護法人山形県更生保護事業協会に委託	④県民、事業者等を対象としたパンフレットを作成。	
4	茨城県牛久市	保健福祉部こども家庭課	(株) キズキ	①茨城農芸学院在院中の発達上の課題を有する少年を対象に、学習支援の専門家と地域の学習指導員による学習支援を実施。②発達上の課題を有する児童・生徒を含む市内の児童・生徒に対し、放課後カッパ塾において学習支援を実施。また、地域の学習指導員に対し、学習支援の専門家による研修会を実施。	高齢・障害少年広報・啓発その他
			(株) LITALICO	③発達上の課題を持った少年・少女、非行のある少年・少女、性非行及び性に関して問題行動のあった少年・少女等の現状やニーズ等を把握するため、放課後カッパ塾指導員、特別支援教育コーディネーターにニーズ調査を実施。	

	自治体名	担当部署	再委託先	主な取組内容	取組の主な類型
5	愛媛県	県民環境部 県民生活局 県民生活課	（特非）愛媛県就労支援事業者機構	①刑務所出所者や保護観察対象者等を対象（令和2年度は起訴猶予者等も対象）に、ビジネスマナー等のセミナーの受講調整、臨床心理士によるメンタルチェック・ケアや協力雇用主の協力のもと複数の職場を順次巡る方法での就労体験等の就労支援を実施。 ②性犯罪者を対象に臨床心理士等によるカウンセリングなどを実施。 ③協力雇用主の不安軽減等を目的とした研修会等を開催。	性犯罪 就労支援 広報・啓発 その他
			―	④再犯の現状、犯罪をした者等が抱える課題や支援実例を共有することを目的に、関係機関等による地域別会議を開催。 ⑤県民の理解促進を目的としたリーフレットを作成。 ⑥性犯罪を犯した者への対応ノウハウの獲得を目的に、関係機関等を対象者した研修会を開催。 ⑦モデル事業の成果等を周知することを目的に、県民向け報告会を開催。	
6	福岡県	福祉労働部 福祉総務課	（特非）抱樸	①「立ち直りサポートセンター」を設置し、高齢者・障害者・住居不定者・依存症者・薬物事犯者・性犯罪者に対する入口支援（性犯罪者については出所後の支援（出口支援）も含む。）を実施。	薬物 性犯罪 高齢・障害 その他
			（公社）福岡県社会福祉士会	②①において、ケース会議を開催し、個別支援計画の策定や支援業務に対する支援を実施。	
			（特非）抱樸【再掲】	③支援対象者の就労先、入所先、地域での見守り等の担い手に対する研修の実施。	
			―	④福岡県再犯防止推進会議の設置・開催	

出典：法務省資料による。

<table>
<tr><td>Column
10</td><td>滋賀県における再犯防止の取組</td></tr>
</table>

滋賀県

　本県では、更生保護や再犯防止の分野において、比較的早い段階から福祉分野と連携した取組を進めてきました。こうした取組は、県だけで行えるものではなく、刑事司法関係機関、更生保護・福祉の支援等を行う民間団体、保護司、企業、市町および地域住民など地域のあらゆる主体の参画のもと公私協働で実施してきました。一人の生活課題を地域の課題として捉え、生きづらさを抱えた人に寄り添いながら、繰り返し犯罪に手を染めることがないような社会環境を作るとともに、それが被害者を生み出さない社会になることを目指して、2018年度（平成30年度）から2020年度（令和2年度）までの3年間、法務省の「地域再犯防止推進モデル事業」（【施策番号105】参照）に取り組み、2019年（平成31年）3月に「滋賀県再犯防止推進計画」を策定しました。

　地域再犯防止推進モデル事業では、①刑事司法手続段階にある高齢者・障害者に対し、刑事司法関係者と福祉関係者、地方公共団体等が連携して、包括的な社会復帰および再犯防止の体制整備を図る「入口支援事業」、②犯罪歴のある人等の受入先の雇用主や福祉事務所等の地域の支援者が本人の特性等について対応に行き詰まった時に、支援者に寄り添った専門相談やアドバイスを行う「事業所等相談アドバイス事業」、③犯罪や非行をした者等の円滑な社会復帰を促進するため、地域の更生保護関係者が連携して身近な相談窓口を設置するとともに、地域の関係者が一丸となって対応できるよう連携体制を構築する「再犯防止地域支援員設置事業」に取り組みました。

　こうしたモデル事業で実施した再犯防止施策の成果の共有と、県と市町の連携の在り方について検討を進めることを目的に法務省と共催で実施したのが「滋賀県地域連携協議会」です。

　地域連携協議会（【施策番号105】参照）は、法務省との共催で、2021年（令和3年）11月から2022年（令和4年）2月までの間に3回開催し、県内市町や国関係機関の他、保護司会連合会や更生保護女性連盟、更生保護事業協会、県社会福祉協議会、県社会福祉士会、滋賀弁護士会等の民間協力者の方々との間で、県の主な取組や民間協力者における取組の他、他府県における取組について情報共有を行うとともに、再犯防止を推進していくにあたっての課題等について協議・意見交換を行いました。このような取組もあって、県内19市町のうち、地方再犯防止推進計画を策定済の市町が2020年度（令和2年度）末の4市町から2021年度（令和3年度）末は12市町となるなど、再犯防止の取組は裾野が広がり始めたところです。本県ではモデル事業終了後もその取組を継続するととも

に、県民向けフォーラムの開催や顕彰制度の創設などを行いました。また、保護司を対象としたアンケート調査を実施し、保護司の多くが、保護観察終了後も生活や仕事の継続に不安を感じているとの結果から、2022年度（令和4年度）は、保護観察終了後も支援対象者の希望があれば、引き続き保護司会に相談支援を行っていただく事業を予定しています。

犯罪をした者等の中には生活困窮者や障害のある人など、本来、支援を必要としている人がいます。昨今のコロナ禍における家庭や地域社会とのつながりの希薄化・孤立化などにより、様々な困りごとを抱えて生活する人々が増加していくことが予測され、今後ますます再犯防止の取組は重要となってくると考えられます。

犯罪をした者等が地域社会で孤立することがないよう、引き続き、国、都道府県、市町、民間協力者等と一丸となって「息の長い」支援を行っていきたいと考えています。

滋賀県更生保護事業関係者顕彰式典での様子

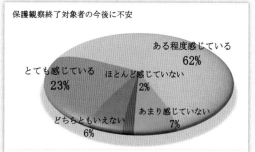

保護司を対象としたアンケート結果（令和3年度）

（3）地域のネットワークにおける取組の支援【施策番号106】

一部の地方公共団体においては、刑事司法関係機関の職員、支援等を行う民間団体等の職員等を構成員とする会議体を設置し、再犯防止に係る取組の実施状況・課題の把握や対策の検討等を行っている。

法務省は、こうした会議への職員の参画や必要な情報提供等を通じて、公的機関や保健医療・福祉関係機関、各種の民間団体等の地域の多様な機関・団体におけるネットワークの構築や連携を支援している。2021年度（令和3年度）は、これらの取組を更に促進するため、ブロック協議会や地域連携協議会（【施策番号105】参照）を開催した。

（4）資金調達手段の検討の促進【施策番号107】

法務省は、2019年度（令和元年度）、「再犯防止活動における民間資金を活用した成果連動型民間委託契約方式の案件組成のための調査研究」を実施し、公表している（【施策番号97】参照）。また、ソーシャル・インパクト・ボンド（SIB）が、民間団体等の創意と工夫を最大限に引き出すこと等が期待される仕組みであることを踏まえ、地方公共団体に対し、2021年度（令和3年度）から実施しているSIBを活用した再犯防止事業（【施策番号96】参照）の実施状況も含め、再犯の防止等に関する施策や民間の団体等の活動を推進するための資金調達手段の検討を働き掛けることとしている。

内閣府は、2021年（令和3年）2月に、SIBを含む成果連動型民間委託契約方式（PFS）事業を実施しようとする国又は地方公共団体等が当該事業を円滑に実施できるよう、PFS事業の実施に関する一連の手続の概説等を示した「成果連動型民間委託契約方式（PFS：Pay For Success）共通的ガイドライン」※4を作成、公表した。また、2021年度（令和3年度）からSIBを含むPFS事業を実施

※4　成果連動型民間委託契約方式（PFS：Pay For Success）共通的ガイドライン
　　https://www.8.cao.go.jp/pfs/guidelines.pdf

する地方公共団体を対象として、より高い成果創出時に必要となる委託費の成果連動部分等について複数年にわたる補助を行うとともに、評価の専門機関が当該PFS事業に必要な成果評価を支援する事業「成果連動型民間委託契約方式推進交付金」等（**資7-107-1**）の取組を開始している。

資7-107-1　成果連動型民間委託契約方式推進交付金等について

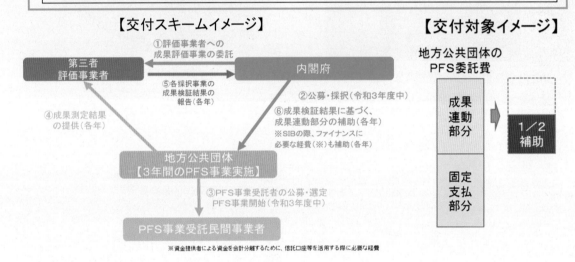

成果連動型民間委託契約方式推進交付金等

- 令和3年度からPFS事業を実施する地方公共団体を対象に、より高い成果創出時に必要となる委託費の成果連動部分等についての複数年にわたる補助を行います。
- その際、当該PFS事業に必要な成果評価については、評価の専門機関による支援を実施します。

補助率・補助限度額等
【成果連動部分】
・補助率：2分の1（上限額：1,000万円（ただし、SIBの場合、2,000万円））
【ファイナンス部分】
・補助率：10分の10（上限額：500万円）

出典：内閣府資料による。

❷ 地方再犯防止推進計画の策定等の促進【施策番号108】

　法務省は、「地方再犯防止推進計画策定の手引き」[5]（**資7-108-1**参照）を作成し、全国の地方公共団体に配布するとともに、検察庁、矯正施設、保護観察所等の刑事司法関係機関が連携し、保護司等民間協力者の協力を得て、地方公共団体に対し、再犯防止対策に関する説明や協議を実施している。

　さらに、地方公共団体に対して、再犯防止推進計画（平成29年12月15日閣議決定）において設定された再犯の防止等に関する施策の指標（出所受刑者の2年以内再入率等）に関する都道府県別データの提供を行っているほか、警察庁からデータの提供を受け、警察署管轄別の犯罪統計に係る情報についても提供している。

　加えて、地方公共団体における再犯防止の取組を促進するための協議会（【施策番号105】参照）等の開催などを通じて、引き続き、都道府県や市町村に対して、上述の情報提供等を行うとともに、地方再犯防止推進計画の策定に向けた支援等を行っている（地方再犯防止推進計画の策定数は【指標

※5　地方再犯防止推進計画策定の手引き（改定版）
　　https://www.moj.go.jp/content/001345510.pdf

番号17】参照）。

「地方再犯防止推進計画策定の手引き」について

概要	● 「地方再犯防止推進計画」とは，地方公共団体が再犯防止等に関する施策について定める計画。再犯防止推進法においては，その策定が努力義務とされている。 ● 「地方再犯防止推進計画策定の手引き」は，特に市町村における地方再犯防止推進計画の策定を促進するため，計画策定に至るまでの事務手続例や，計画に盛り込む施策の具体例などをまとめたもの。
手引きの構成	**第1章 計画策定の意義等** 1 法的根拠 2 計画策定の意義 3 計画策定の流れ **第2章 計画に盛り込むことが考えられる主な内容とその考え方について** 1 計画策定の趣旨等 2 地域における再犯防止を取り巻く状況 3 重点課題・成果指標 4 取組内容 5 推進体制 **第3章 具体的な取組の記載例等** 1 就労・住居の確保等のための取組 2 保健医療・福祉サービスの利用の促進等のための取組 3 学校等と連携した修学支援の実施等のための取組 4 犯罪をした者等の特性に応じた効果的な指導の実施等のための取組 5 民間協力者の活動の促進等，広報・啓発活動の推進等のための取組 6 国・民間団体等との連携強化等のための取組

出典：法務省資料による。

❸ 地方公共団体との連携の強化

（1）犯罪をした者等の支援等に必要な情報の提供【施策番号109】

　法務省は、地方公共団体が犯罪をした者等の支援を円滑に実施できるよう、矯正施設及び保護観察所において、地方公共団体の求めに応じ、当該団体が犯罪をした者等の支援等を行うために必要な情報について、個人情報等の取扱いに十分配慮しつつ、適切に提供している。

　例えば、大阪府や福岡県においては、条例により一定の性犯罪者に住所の届出義務を課し、それを通じて性犯罪者の存在を把握した上で、性犯罪者に対する社会復帰支援等を行うという再犯防止の取組が進められており、法務省としても、それらの府県が、条例で定める対象者であることを確認できるようにするため、情報提供を始めとする必要な協力を行っている（【特集第1節-②-(3)-イ】参照）。

　また、「性犯罪・性暴力対策の強化の方針」（令和2年6月11日性犯罪・性暴力対策強化のための関係府省会議決定）においては、性犯罪者に対する再犯防止施策の充実強化方策の一つとして、こうした地方公共団体における取組の促進を図る観点から、国から地方公共団体に対して出所者に係る情報を提供できる場合等を明示することとされた。これを受けて、法務省は、2021年（令和3年）3月、地方公共団体に対して出所者情報を提供する場合の留意点等を整理した執務資料を作成・配布した。

(2) 犯罪をした者等の支援に関する知見等の提供・共有【施策番号110】

　法務省は、2018年度（平成30年度）及び2019年度（令和元年度）、再犯防止の取組における国及び市町村間のネットワークの構築等を目的として、市町村再犯防止等推進会議を開催するとともに、都道府県の施策担当者を対象に、再犯防止の取組等の情報共有を目的とした都道府県再犯防止等推進会議を開催した。

　2020年度（令和2年度）については、新型コロナウイルス感染症の影響を踏まえ、市町村再犯防止等推進会議は中止、都道府県再犯防止等推進会議はオンラインによる開催とした。

　2021年度（令和3年度）も、市町村再犯防止等推進会議は中止したが、同会議の登録団体には、「ブロック協議会」（【施策番号105】参照）への参加を案内した。また、都道府県再犯防止等推進会議については、「全国会議」（【施策番号105】参照）に名称を変更し、オンラインにて実施した。

　また、職員を地方公共団体、司法関係団体等が開催する研修やシンポジウム等に講師として派遣するなどし、地方公共団体の職員や犯罪をした者等の支援関係者等に対して、法務省における取組や支援に関する知見等を提供している。

　加えて、法務総合研究所において、毎年、犯罪白書や研究部報告として、犯罪をした者等に関する調査研究等の成果を取りまとめ、公表している（【施策番号47、87、100】参照）。

(3) 国・地方協働による施策の推進【施策番号111】

　法務省は、国と地方公共団体が連携して施策の推進を図るため、2018年度（平成30年度）から、2020年度（令和2年度）までを事業期間として、地域再犯防止推進モデル事業を実施してきた（【施策番号105】参照）。また、国と地方公共団体において、総合的かつ効果的な再犯防止施策の実施を推進するため、再犯防止啓発月間である7月に合わせて再犯防止広報・啓発ポスター等を作成し、2017年（平成29年）以降、全国の都道府県警察本部、都道府県及び市町村等に送付の上、ポスター掲示等による広報・啓発活動への協力を依頼している（【施策番号101】参照）。

　また、市町村における再犯の防止等に関する取組として、2018年（平成30年）6月、矯正施設所在自治体会議の趣旨に賛同し、設立発起人となった29の市町の首長を構成員とする矯正施設所在自治体会議設立発起人会議が開催され、2019年（令和元年）6月には、90の市町村の首長を会員として、矯正施設所在自治体会議の設立総会が開催された（2022年（令和4年）4月時点で99の市町村が参加）。なお、2021年度（令和3年度）は新型コロナウイルス感染症対策のため、総会は書面開催とされたものの、会員自治体による広報動画の作成及び公開など、新型コロナウイルス感染症の拡大状況下においても実施可能な取組が実施された。

(4) 国の施策に対する理解・協力の促進【施策番号112】

　法務省は、2018年度（平成30年度）以降、毎年、各種会議【施策番号105、110】や、広報・啓発イベント（【施策番号101】参照）等を開催し、国の施策について地方公共団体に周知を図り、必要な協力が得られるよう働き掛けを行っている。

　警察庁は都道府県警察に対し、文部科学省は各都道府県・指定都市教育委員会等に対し、厚生労働省は各都道府県等の民生主管部局や各都道府県労働局に対し、それぞれ文書や会議等を通じて、推進計画について周知するとともに、計画に基づく施策の実施について協力等を依頼している。

第8章

令和4年版
再犯防止推進白書

関係機関の人的・物的体制の
整備等のための取組

私のバラ

第8章 関係機関の人的・物的体制の整備等のための取組

第1節 関係機関の人的・物的体制の整備等

❶ 関係機関における人的体制の整備【施策番号113】

　警察庁は、ストーカー事案を始めとする人身安全関連事案への迅速・的確な対応、少年非行の未然防止、暴力団員の社会復帰対策に係る体制整備を推進している。

　法務省は、高齢者や障害を有する者をはじめとして、出所後に福祉的支援を要する受刑者等に対して的確な支援を行うため、矯正施設に福祉専門官を配置（【施策番号34】参照）している。

　また、地方更生保護委員会及び保護観察所には受刑者に対する重点的・継続的な生活環境の調整、満期釈放者に対する社会復帰支援の充実強化等のため、保護観察官を増配置するとともに、地方更生保護委員会に調整指導官を設置したほか、2021年度（令和3年度）からは、一部の保護観察所に社会復帰対策官を設置するなど、必要な人的体制の整備を進めている。

　検察庁は、起訴猶予者等のうち入口支援が必要である者について、社会福祉事務所や病院、特定非営利活動法人等に受入れを依頼したりするなどの社会復帰支援業務等を担当する検察事務官の配置を進めている。

　厚生労働省は、刑務所出所者等に対して就労支援を行う就職支援ナビゲーターをハローワークに配置しており、必要な人的体制を整備している。

❷ 関係機関の職員等に対する研修の充実等【施策番号114】

　警察庁は、都道府県警察において、ストーカー加害者への対応、非行少年に対する支援、暴力団からの離脱に向けた指導等を担当する警察職員に対し、実務に必要な専門的知識を習得させるための教育・研修を行っている。

　法務省における研修については【施策番号38】を参照。

　法務省及び検察庁職員の研修等への派遣については【施策番号100、110】を参照。

　厚生労働省は、刑務所出所者等に対する就労支援を担当する労働局やハローワークの職員等に対して、必要な研修等を実施している。

❸ 矯正施設の環境整備【施策番号115】

　法務省は、矯正施設において、医療体制の充実、バリアフリー化や各種矯正処遇の充実等のための環境整備を行うほか、老朽化した矯正施設の建替えを始め、物的体制の整備を進めている。2021年度（令和3年度）は、円滑な職業訓練・指導環境の整備に資する改修・修繕を行ったほか、新潟刑務所及び長野刑務所等の再犯防止施策に資する施設の整備を行っている。しかしながら、矯正施設281庁（農場及び婦人補導院を含む。）のうち、113庁が現行の耐震基準制定以前に建築された施設であり、老朽化により整備が必要な施設も多く残る。今後も、各種施策に合わせた改修・修繕を行うとともに、現行の耐震基準制定以前に建築された老朽施設の建替え・長寿命化改修等を実施することとしている。

再犯防止等施策に関する基礎資料

1. 再犯の防止等の推進に関する法律（平成28年法律第104号）

第一章　総則

（目的）

第一条　この法律は、国民の理解と協力を得つつ、犯罪をした者等の円滑な社会復帰を促進すること等による再犯の防止等が犯罪対策において重要であることに鑑み、再犯の防止等に関する施策に関し、基本理念を定め、国及び地方公共団体の責務を明らかにするとともに、再犯の防止等に関する施策の基本となる事項を定めることにより、再犯の防止等に関する施策を総合的かつ計画的に推進し、もって国民が犯罪による被害を受けることを防止し、安全で安心して暮らせる社会の実現に寄与することを目的とする。

（定義）

第二条　この法律において「犯罪をした者等」とは、犯罪をした者又は非行少年（非行のある少年をいう。以下同じ。）若しくは非行少年であった者をいう。

2　この法律において「再犯の防止等」とは、犯罪をした者等が犯罪をすることを防ぐこと（非行少年の非行をなくすこと及び非行少年であった者が再び非行少年となることを防ぐことを含む。）をいう。

（基本理念）

第三条　再犯の防止等に関する施策は、犯罪をした者等の多くが安定した職業に就くこと及び住居を確保することができないこと等のために円滑な社会復帰をすることが困難な状況にあることを踏まえ、犯罪をした者等が、社会において孤立することなく、国民の理解と協力を得て再び社会を構成する一員となることを支援することにより、犯罪をした者等が円滑に社会に復帰することができるようにすることを旨として、講ぜられるものとする。

2　再犯の防止等に関する施策は、犯罪をした者等が、その特性に応じ、矯正施設（刑務所、少年刑務所、拘置所、少年院、少年鑑別所及び婦人補導院をいう。以下同じ。）に収容されている間のみならず、社会に復帰した後も途切れることなく、必要な指導及び支援を受けられるよう、矯正施設における適切な収容及び処遇のための施策と職業及び住居の確保に係る支援をはじめとする円滑な社会復帰のための施策との有機的な連携を図りつつ、関係行政機関の相互の密接な連携の下に、総合的に講ぜられるものとする。

3　再犯の防止等に関する施策は、犯罪をした者等が、犯罪の責任等を自覚すること及び被害者等の心情を理解すること並びに自ら社会復帰のために努力することが、再犯の防止等に重要であるとの認識の下に、講ぜられるものとする。

4　再犯の防止等に関する施策は、犯罪及び非行の実態、再犯の防止等に関する各般の施策の有効性等に関する調査研究の成果等を踏まえ、効果的に講ぜられるものとする。

（国等の責務）

第四条　国は、前条の基本理念（次項において「基本理念」という。）にのっとり、再犯の防止等に関する施策を総合的に策定し、及び実施する責務を有する。

2　地方公共団体は、基本理念にのっとり、再犯の防止等に関し、国との適切な役割分担を踏まえて、その地方公共団体の地域の状況に応じた施策を策定し、及び実施する責務を有する。

（連携、情報の提供等）

第五条　国及び地方公共団体は、再犯の防止等に関する施策が円滑に実施されるよう、相互に連携を図らなければならない。

2　国及び地方公共団体は、再犯の防止等に関する施策の実施に当たっては、再犯の防止等に関する活動を行う民間の団体その他の関係者との緊密な連携協力の確保に努めなければならない。

3　国及び地方公共団体は、再犯の防止等に関する施策の実施に当たっては、再犯の防止等に関する

活動を行う民間の団体その他の関係者に対して必要な情報を適切に提供するものとする。

4　再犯の防止等に関する活動を行う民間の団体その他の関係者は、前項の規定により提供を受けた犯罪をした者等の個人情報その他の犯罪をした者等の個人情報を適切に取り扱わなければならない。

　　（再犯防止啓発月間）

第六条　国民の間に広く再犯の防止等についての関心と理解を深めるため、再犯防止啓発月間を設ける。

2　再犯防止啓発月間は、七月とする。

3　国及び地方公共団体は、再犯防止啓発月間の趣旨にふさわしい事業が実施されるよう努めなければならない。

　　（再犯防止推進計画）

第七条　政府は、再犯の防止等に関する施策の総合的かつ計画的な推進を図るため、再犯の防止等に関する施策の推進に関する計画（以下「再犯防止推進計画」という。）を定めなければならない。

2　再犯防止推進計画は、次に掲げる事項について定めるものとする。

　一　再犯の防止等に関する施策の推進に関する基本的な事項

　二　再犯の防止等に向けた教育及び職業訓練の充実に関する事項

　三　犯罪をした者等の社会における職業及び住居の確保並びに保健医療サービス及び福祉サービスの利用に係る支援に関する事項

　四　矯正施設における収容及び処遇並びに保護観察に関する体制その他の関係機関における体制の整備に関する事項

　五　その他再犯の防止等に関する施策の推進に関する重要事項

3　法務大臣は、再犯防止推進計画の案を作成し、閣議の決定を求めなければならない。

4　法務大臣は、再犯防止推進計画の案を作成しようとするときは、あらかじめ、関係行政機関の長と協議しなければならない。

5　法務大臣は、第三項の規定による閣議の決定があったときは、遅滞なく、再犯防止推進計画を公表しなければならない。

6　政府は、少なくとも五年ごとに、再犯防止推進計画に検討を加え、必要があると認めるときは、これを変更しなければならない。

7　第三項から第五項までの規定は、再犯防止推進計画の変更について準用する。

　　（地方再犯防止推進計画）

第八条　都道府県及び市町村は、再犯防止推進計画を勘案して、当該都道府県又は市町村における再犯の防止等に関する施策の推進に関する計画（次項において「地方再犯防止推進計画」という。）を定めるよう努めなければならない。

2　都道府県及び市町村は、地方再犯防止推進計画を定め、又は変更したときは、遅滞なく、これを公表するよう努めなければならない。

　　（法制上の措置等）

第九条　政府は、この法律の目的を達成するため、必要な法制上、財政上又は税制上の措置その他の措置を講じなければならない。

　　（年次報告）

第十条　政府は、毎年、国会に、政府が講じた再犯の防止等に関する施策についての報告を提出しなければならない。

　　第二章　基本的施策

第一節　国の施策

　　（特性に応じた指導及び支援等）

第十一条　国は、犯罪をした者等に対する指導及び支援については、矯正施設内及び社会内を通じ、指導及び支援の内容に応じ、犯罪をした者等の犯罪又は非行の内容、犯罪及び非行の経歴その他の経歴、性格、年齢、心身の状況、家庭環境、交友関係、経済的な状況その他の特性を踏まえて行うものとする。

2　国は、犯罪をした者等に対する指導については、犯罪の責任等の自覚及び被害者等の心情の理解を促すとともに、円滑な社会復帰に資するものとなるように留意しなければならない。

　　（就労の支援）

第十二条　国は、犯罪をした者等が自立した生活を営むことができるよう、その就労を支援するため、犯罪をした者等に対し、その勤労意欲を高め、これに職業上有用な知識及び技能を習得させる作業の矯正施設における実施、矯正施設内及び社会内を通じた職業に関する免許又は資格の取得を目的とする訓練その他の効果的な職業訓練等の実施、就職のあっせん並びに就労及びその継続に関する相談及び助言等必要な施策を講ずるものとする。

　　（非行少年等に対する支援）

第十三条　国は、少年が可塑性に富む等の特性を有することに鑑み、非行少年及び非行少年であった者が、早期に立ち直り、善良な社会の一員として自立し、改善更生することを助けるため、少年院、少年鑑別所、保護観察所等の関係機関と学校、家庭、地域社会及び民間の団体等が連携した指導及び支援、それらの者の能力に応じた教育を受けられるようにするための教育上必要な支援等必要な施策を講ずるものとする。

　　（就業の機会の確保等）

第十四条　国は、国を当事者の一方とする契約で国以外の者のする工事の完成若しくは作業その他の役務の給付又は物品の納入に対し国が対価の支払をすべきものを締結するに当たって予算の適正な使用に留意しつつ協力雇用主（犯罪をした者等の自立及び社会復帰に協力することを目的として、犯罪をした者等を雇用し、又は雇用しようとする事業主をいう。第二十三条において同じ。）の受注の機会の増大を図るよう配慮すること、犯罪をした者等の国による雇用の推進その他犯罪をした者等の就業の機会の確保及び就業の継続を図るために必要な施策を講ずるものとする。

　　（住居の確保等）

第十五条　国は、犯罪をした者等のうち適切な住居、食事その他の健全な社会生活を営むために必要な手段を確保することができないことによりその改善更生が妨げられるおそれのある者の自立を支援するため、その自助の責任を踏まえつつ、宿泊場所の供与、食事の提供等必要な施策を講ずるとともに、犯罪をした者等が地域において生活を営むための住居を確保することを支援するため、公営住宅（公営住宅法（昭和二十六年法律第百九十三号）第二条第二号に規定する公営住宅をいう。）への入居における犯罪をした者等への特別の配慮等必要な施策を講ずるものとする。

　　（更生保護施設に対する援助）

第十六条　国は、犯罪をした者等の宿泊場所の確保及びその改善更生に資するよう、更生保護施設の整備及び運営に関し、財政上の措置、情報の提供等必要な施策を講ずるものとする。

　　（保健医療サービス及び福祉サービスの提供）

第十七条　国は、犯罪をした者等のうち高齢者、障害者等であって自立した生活を営む上での困難を有するもの及び薬物等に対する依存がある者等について、その心身の状況に応じた適切な保健医療サービス及び福祉サービスが提供されるよう、医療、保健、福祉等に関する業務を行う関係機関における体制の整備及び充実を図るために必要な施策を講ずるとともに、当該関係機関と矯正施設、保護観察所及び民間の団体との連携の強化に必要な施策を講ずるものとする。

　　（関係機関における体制の整備等）

第十八条　国は、犯罪をした者等に対し充実した指導及び支援を行うため、関係機関における体制を整備するとともに、再犯の防止等に係る人材の確保、養成及び資質の向上のために必要な施策を講

ずるものとする。

　（再犯防止関係施設の整備）

第十九条　国は、再犯防止関係施設（矯正施設その他再犯の防止等に関する施策を実施する施設をいう。以下この条において同じ。）が再犯の防止等に関する施策の推進のための重要な基盤であることに鑑み、再犯防止関係施設の整備を推進するために必要な施策を講ずるものとする。

　（情報の共有、検証、調査研究の推進等）

第二十条　国は、再犯の防止等に関する施策の効果的な実施に資するよう、関係機関が保有する再犯の防止等に資する情報を共有し、再犯の防止等に関する施策の実施状況及びその効果を検証し、並びに犯罪をした者等の再犯の防止等を図る上で効果的な処遇の在り方等に関する調査及び研究を推進するとともに、それらの結果等を踏まえて再犯の防止等に関する施策の在り方について検討する等必要な施策を講ずるものとする。

　（社会内における適切な指導及び支援）

第二十一条　国は、犯罪をした者等のうち社会内において適切な指導及び支援を受けることが再犯の防止等に有効であると認められる者について、矯正施設における処遇を経ないで、又は一定期間の矯正施設における処遇に引き続き、社会内において指導及び支援を早期かつ効果的に受けることができるよう、必要な施策を講ずるものとする。

　（国民の理解の増進及び表彰）

第二十二条　国は、再犯の防止等に関する施策の重要性について、国民の理解を深め、その協力を得られるよう必要な施策を講ずるものとする。

２　国は、再犯の防止等の推進に寄与した民間の団体及び個人の表彰に努めるものとする。

　（民間の団体等に対する援助）

第二十三条　国は、保護司会及び協力雇用主その他民間の団体又は個人の再犯の防止等に関する活動の促進を図るため、財政上又は税制上の措置等必要な施策を講ずるものとする。

第二節　地方公共団体の施策

第二十四条　地方公共団体は、国との適切な役割分担を踏まえて、その地方公共団体の地域の状況に応じ、前節に規定する施策を講ずるように努めなければならない。

　　附　則

　（施行期日）

１　この法律は、公布の日から施行する。

　（検討）

２　国は、この法律の施行後五年を目途として、この法律の施行の状況について検討を加え、その結果に基づいて必要な措置を講ずるものとする。

　　附　則　（令和四年五月二五日法律第五二号）　抄

　（施行期日）

第一条　この法律は、令和六年四月一日から施行する。ただし、次の各号に掲げる規定は、当該各号に定める日から施行する。

一　次条並びに附則第三条、第五条及び第三十八条の規定　公布の日

　（政令への委任）

第三十八条　この附則に定めるもののほか、この法律の施行に関し必要な経過措置は、政令で定める。

再犯の防止等の推進に関する法律　概要

1. 目的（第1条）

国民の理解と協力を得つつ、犯罪をした者等の円滑な社会復帰を促進すること等による再犯の防止等が犯罪対策において重要であることに鑑み、再犯の防止等に関する施策に関し、基本理念を定め、国及び地方公共団体の責務を明らかにするとともに、再犯の防止等に関する施策の基本となる事項を定めることにより、再犯の防止等に関する施策を総合的かつ計画的に推進し、もって国民が犯罪による被害を受けることを防止し、安全で安心して暮らせる社会の実現に寄与することを目的とする

2. 定義（第2条）

1　犯罪をした者等　犯罪をした者又は非行少年（非行のある少年をいう。）若しくは非行少年であった者
2　再犯の防止等　犯罪をした者等が犯罪をすることを防ぐこと（非行少年の非行をなくすこと及び非行少年であった者が再び非行少年となることを防ぐことを含む。）

3. 基本理念（第3条）

1　犯罪をした者等の多くが、定職・住居を確保できない等のため、社会復帰が困難なことを踏まえ、犯罪をした者等が、社会において孤立することなく、国民の理解と協力を得て再び社会を構成する一員となることを支援する
2　犯罪をした者等が、その特性に応じ、矯正施設に収容されている間のみならず、社会復帰後も途切れることなく、必要な指導及び支援を受けられるようにする
3　犯罪をした者等が、犯罪の責任等を自覚すること及び被害者等の心情を理解すること並びに自ら社会復帰のために努力することが、再犯の防止等に重要である
4　調査研究の成果等を踏まえ、効果的に施策を講ずる

4. 国等の責務（第4条）

1　国は、再犯の防止等に関する施策を総合的に策定・実施する責務
2　地方公共団体は、再犯の防止等に関し、国との適切な役割分担を踏まえて、その地域の状況に応じた施策を策定・実施する責務

5. 連携、情報の提供等（第5条）

1　国及び地方公共団体の相互の連携
2　国及び地方公共団体と民間団体その他の関係者との緊密な連携協力の確保
3　国及び地方公共団体から民間団体その他の関係者への情報提供
4　民間の団体その他の関係者は、犯罪をした者等の個人情報を適切に取り扱う義務

6. 再犯防止啓発月間（第6条）

国民の関心と理解を深めるため、再犯防止啓発月間（7月）を設ける

7. 再犯防止推進計画（第7条）

1　政府は、再犯の防止等に関する施策の推進に関する計画(再犯防止推進計画)を策定(閣議決定)
2　再犯防止推進計画において定める事項
　(1)　再犯の防止等に関する施策の推進に関する基本的な事項
　(2)　再犯の防止等に向けた教育・職業訓練の充実に関する事項
　(3)　犯罪をした者等の社会における職業・住居の確保、保健医療・福祉サービスの利用に係る支援に関する事項
　(4)　矯正施設における収容・処遇、保護観察に関する体制の整備等に関する事項
　(5)　その他再犯の防止等に関する施策の推進に関する重要事項
3　法務大臣は、関係大臣と協議して、再犯防止推進計画の案を作成し、閣議請議
4　少なくとも5年ごとに、再犯防止推進計画に検討を加え、必要に応じ変更

8. 地方再犯防止推進計画（第8条）

都道府県及び市町村は、再犯防止推進計画を勘案して、地方再犯防止推進計画を定める努力義務

9. 法制上の措置等（第9条）

政府は、必要な法制上、財政上又は税制上の措置その他の措置を講ずる

10. 年次報告（第10条）

政府は、毎年、政府が講じた施策について、国会に報告

11. 基本的施策

【国の施策】

再犯防止に向けた教育・職業訓練の充実等

1　特性に応じた指導及び支援等（第11条）
2　就労の支援　　　　　　　　（第12条）
3　非行少年等に対する支援　　（第13条）

再犯防止推進の人的・物的基盤の整備

8　関係機関における体制の整備等
　　　　　　　　　　　　　　（第18条）
9　再犯防止関係施設の整備　（第19条）

社会における職業・住居の確保等

4　就業の機会の確保等　　　　（第14条）
5　住居の確保等　　　　　　　（第15条）
6　更生保護施設に対する援助（第16条）
7　保健医療サービス及び福祉サービスの
　提供　　　　　　　　　　　（第17条）

再犯防止施策推進に関する重要事項

10　情報の共有、検証、調査研究の推進等
　　　　　　　　　　　　　　（第20条）
11　社会内における適切な指導及び支援
　　　　　　　　　　　　　　（第21条）
12　国民の理解の増進及び表彰（第22条）
13　民間の団体等に対する援助（第23条）

【地方公共団体の施策】（第24条）
国との適切な役割分担を踏まえて、その地方公共団体の地域の状況に応じ、上記の施策を講ずる
努力義務

12. 施行期日等（附則）

1　公布の日から施行
2　国は、この法律の施行後5年を目途として、この法律の施行の状況について検討を加え、その
　結果に基づいて必要な措置を講ずるものとする

2. 再犯防止推進計画（平成29年12月15日閣議決定）

Ⅰ　再犯防止推進計画策定の目的

第1　再犯防止のための諸施策における再犯防止推進計画の位置付け

〔再犯の現状と再犯防止対策の必要性・重要性〕

　我が国の刑法犯の認知件数は平成8年以降毎年戦後最多を記録し、平成14年にピークを迎えた。これを受け、政府は国民の安全・安心な暮らしを守るべく、平成15年に犯罪対策閣僚会議を設置し、主に犯罪の抑止を喫緊の課題として様々な取組を進めた。その結果、平成15年以降刑法犯の認知件数は14年連続で減少し、平成28年は戦後最少となった。

　他方で、刑法犯により検挙された再犯者については、平成18年をピークとして、その後は漸減状態にあるものの、それを上回るペースで初犯者の人員も減少し続けているため、検挙人員に占める再犯者の人員の比率（以下「再犯者率」という。）は一貫して上昇し続け、平成28年には現在と同様の統計を取り始めた昭和47年以降最も高い48.7パーセントとなった。

　平成19年版犯罪白書は、戦後約60年間にわたる犯歴記録の分析結果等を基に、全検挙者のうちの約3割に当たる再犯者によって約6割の犯罪が行われていること、再犯者による罪は窃盗、傷害及び覚せい剤取締法違反が多いこと、刑事司法関係機関がそれぞれ再犯防止という刑事政策上の目的を強く意識し、相互に連携して職務を遂行することはもとより、就労、教育、保健医療・福祉等関係機関や民間団体等とも密接に連携する必要があること、犯罪者の更生に対する国民や地域社会の理解を促進していく必要があることを示し、国民が安全・安心に暮らすことができる社会の実現の観点から、再犯防止対策を推進する必要性と重要性を指摘した。

〔政府におけるこれまでの再犯防止に向けた取組〕

　再犯防止対策の必要性・重要性が認識されるようになったことを受け、平成24年7月には、再犯の防止は政府一丸となって取り組むべき喫緊の課題という認識の下、犯罪対策閣僚会議において、我が国の刑事政策に初めて数値目標を盛り込んだ「再犯防止に向けた総合対策」（以下「総合対策」という。）を決定した。総合対策においては、「出所等した年を含む2年間における刑務所等に再入所する者の割合（以下「2年以内再入率」という。）を平成33年までに20パーセント以上減少させる。」という数値目標を設定した。

　平成25年12月には、平成32年（2020年）のオリンピック・パラリンピック東京大会の開催に向け、犯罪の繰り返しを食い止める再犯防止対策の推進も盛り込んだ「「世界一安全な日本」創造戦略」を閣議決定した。

　平成26年12月には、犯罪対策閣僚会議において、「宣言：犯罪に戻らない・戻さない〜立ち直りをみんなで支える明るい社会へ〜」（以下「宣言」という。）を決定した。宣言においては、「平成32年（2020年）までに、犯罪や非行をした者の事情を理解した上で雇用している企業の数を現在（平成26年）の3倍にする。」、「平成32年（2020年）までに、帰るべき場所がないまま刑務所から社会に戻る者の数を3割以上減少させる。」という数値目標を設定した。

　平成28年7月には、犯罪対策閣僚会議において、薬物依存者や犯罪をした高齢者又は障害のある者等に対して刑事司法のあらゆる段階のみならず、刑事司法手続終了後を含めた「息の長い」支援の実施を盛り込んだ「薬物依存者・高齢犯罪者等の再犯防止緊急対策〜立ち直りに向けた"息の長い"支援につながるネットワーク構築〜」（以下「緊急対策」という。）を決定した。

　さらに、国民の安全と安心を確保することは、我が国の経済活性化の基盤であるとの観点から、平成17年6月に閣議決定した「経済財政運営と構造改革に関する基本方針2005」（いわゆる「骨太の方針」）に、初めて「再犯の防止」を盛り込んで以降、「骨太の方針2017」まで継続して「再犯防止対策」を盛り込んできた。

こうした取組により、「総合対策」及び「宣言」において設定された各数値目標の達成は道半ばではあるものの、2年以内再入率が減少するなど、相当の成果が認められた。

〔再犯防止に向けた取組の課題〕

再犯の防止等のためには、犯罪等を未然に防止する取組を着実に実施することに加え、捜査・公判を適切に運用することを通じて適正な科刑を実現することはもとより、犯罪をした者等が、犯罪の責任等を自覚すること及び犯罪被害者の心情等を理解すること並びに自ら社会復帰のために努力することが重要であることはいうまでもない。刑事司法関係機関はこれらを支える取組を実施してきたが、刑事司法関係機関による取組のみではその内容や範囲に限界が生じている。こうした中、貧困や疾病、嗜癖、障害、厳しい生育環境、不十分な学歴など様々な生きづらさを抱える犯罪をした者等が地域社会で孤立しないための「息の長い」支援等刑事司法関係機関のみによる取組を超えた政府・地方公共団体・民間協力者が一丸となった取組を実施する必要性が指摘されるようになった。これを受け、最良の刑事政策としての最良の社会政策を実施すべく、これまでの刑事司法関係機関による取組を真摯に見直すことはもとより、国、地方公共団体、再犯の防止等に関する活動を行う民間の団体その他の関係者が緊密に連携協力して総合的に施策を講じることが課題として認識されるようになった。また、再犯の防止等に関する取組は、平成32年（2020年）に我が国において開催される第14回国際連合犯罪防止刑事司法会議（コングレス）の重要論点の一つとして位置付けられるなど、国際社会においても重要な課題として認識されている。

〔再犯の防止等の推進に関する法律の制定と再犯防止推進計画の策定〕

そのような中、平成28年12月、再犯の防止等に関する国及び地方公共団体の責務を明らかにするとともに、再犯の防止等に関する施策を総合的かつ計画的に推進していく基本事項を示した「再犯の防止等の推進に関する法律」（平成28年法律第104号、以下「推進法」という。）が制定され、同月に施行された。推進法において、政府は、再犯の防止等に関する施策の総合的かつ計画的な推進を図るため、再犯防止推進計画（以下「推進計画」という。）を策定するとされた。

政府は、推進法の施行を受け、平成28年12月に犯罪対策閣僚会議の下に新たに法務大臣が議長を務め、関係省庁の局長等を構成員とする「再犯防止対策推進会議」を閣議口頭了解により設置した。また、平成29年2月には、推進計画案の具体的内容を検討する場として、法務副大臣を議長とし、関係省庁の課長等や外部有識者を構成員とする「再犯防止推進計画等検討会」（以下「検討会」という。）を設置し、検討会における計9回にわたる議論等を経て、推進計画の案を取りまとめ、ここに推進計画を定めるに至った。

第2 基本方針

基本方針は、犯罪をした者等が、円滑に社会の一員として復帰することができるようにすることで、国民が犯罪による被害を受けることを防止し、安全で安心して暮らせる社会の実現に寄与するという目的を達成するために、個々の施策の策定・実施や連携に際し、実施者が目指すべき方向・視点を示すものである。

推進法は、第3条において「基本理念」を掲げているところであり、施策の実施者が目指すべき方向・視点は、この基本理念を踏まえて設定すべきである。

そこで、推進法第3条に掲げられた基本理念を基に、以下の5つの基本方針を設定する。

〔5つの基本方針〕

① 犯罪をした者等が、多様化が進む社会において孤立することなく、再び社会を構成する一員となることができるよう、あらゆる者と共に歩む「誰一人取り残さない」社会の実現に向け、関係行政

機関が相互に緊密な連携をしつつ、地方公共団体・民間の団体その他の関係者との緊密な連携協力をも確保し、再犯の防止等に関する施策を総合的に推進すること。

② 犯罪をした者等が、その特性に応じ、刑事司法手続のあらゆる段階において、切れ目なく、再犯を防止するために必要な指導及び支援を受けられるようにすること。

③ 再犯の防止等に関する施策は、生命を奪われる、身体的・精神的苦痛を負わされる、あるいは財産的被害を負わされるといった被害に加え、それらに劣らぬ事後的な精神的苦痛・不安にさいなまれる犯罪被害者等が存在することを十分に認識して行うとともに、犯罪をした者等が、犯罪の責任等を自覚し、犯罪被害者の心情等を理解し、自ら社会復帰のために努力することの重要性を踏まえて行うこと。

④ 再犯の防止等に関する施策は、犯罪及び非行の実態、効果検証及び調査研究の成果等を踏まえ、必要に応じて再犯の防止等に関する活動を行う民間の団体その他の関係者から意見聴取するなどして見直しを行い、社会情勢等に応じた効果的なものとすること。

⑤ 国民にとって再犯の防止等に関する施策は身近なものではないという現状を十分に認識し、更生の意欲を有する犯罪をした者等が、責任ある社会の構成員として受け入れられるよう、再犯の防止等に関する取組を、分かりやすく効果的に広報するなどして、広く国民の関心と理解が得られるものとしていくこと。

第3 重点課題

再犯防止施策は、極めて多岐にわたるが、推進法第2章が規定する基本的施策に基づき、以下に掲げる7つの課題に整理した。これらの課題は相互に密接に関係していることから、関係府省庁が施策を実施するに当たっては、各課題に対する当該施策の位置付けを明確に認識することはもとより、施策間の有機的関連を意識しつつ総合的な視点で取り組んでいく必要がある。

〔7つの重点課題〕

① 就労・住居の確保等
② 保健医療・福祉サービスの利用の促進等
③ 学校等と連携した修学支援の実施等
④ 犯罪をした者等の特性に応じた効果的な指導の実施等
⑤ 民間協力者の活動の促進等、広報・啓発活動の推進等
⑥ 地方公共団体との連携強化等
⑦ 関係機関の人的・物的体制の整備等

第4 計画期間と迅速な実施

推進法第7条第6項が、少なくとも5年ごとに、再犯防止推進計画に検討を加えることとしていることから、計画期間は、平成30年度から平成34年度末までの5年間とする。

推進計画に盛り込まれた個々の施策のうち、実施可能なものは速やかに実施することとする。これらの施策のうち、実施のための検討を要するものについては、本推進計画において検討の方向性を明示しているので、単独の省庁で行うものについては原則1年以内に、複数省庁にまたがるものや大きな制度改正を必要とするものは原則2年以内に結論を出し、それぞれ、その結論に基づき施策を実施することとする。

推進計画に盛り込まれた施策については、犯罪対策閣僚会議の下に設置された再犯防止対策推進会議において、定期的に施策の進捗状況を確認するとともに、施策の実施の推進を図ることとする。

また、「総合対策」及び「宣言」において設定された各数値目標については、推進計画に盛り込まれた施策の速やかな実施により、その確実な達成を図る。

Ⅱ　今後取り組んでいく施策

第1　再犯の防止等に関する施策の指標

1．再犯の防止等に関する施策の成果指標

○　刑法犯検挙者中の再犯者数及び再犯者率【指標番号1】

（出典：警察庁・犯罪統計）

基準値　110,306人・48.7%（平成28年）

○　新受刑者中の再入者数及び再入者率【指標番号2】

（出典：法務省・矯正統計年報）

基準値　12,179人・59.5%（平成28年）

○　出所受刑者の2年以内再入者数及び2年以内再入率【指標番号3】

（出典：法務省調査）

基準値　4,225人・18.0%（平成27年出所受刑者）

○　主な罪名（覚せい剤取締法違反、性犯罪（強制性交等・強姦・強制わいせつ）、傷害・暴行、窃盗）・特性（高齢（65歳以上）、女性、少年）別2年以内再入率【指標番号4】

（出典：法務省調査）

基準値（覚せい剤取締法違反、性犯罪、傷害・暴行、窃盗）

19.2%・6.3%・16.2%・23.2%（平成27年出所受刑者）

基準値（高齢、女性）

23.2%・12.6%（平成27年出所受刑者）

基準値（少年）

11.0%（平成27年少年院出院者）

2．再犯の防止等に関する施策の動向を把握するための参考指標

（1）就労・住居の確保等関係

○　刑務所出所者等総合的就労支援対策の対象者のうち、就職した者の数及びその割合【指標番号5】

（出典：厚生労働省調査）

基準値　2,790人・37.4%（平成28年度）

○　協力雇用主数、実際に雇用している協力雇用主数及び協力雇用主に雇用されている刑務所出所者等数【指標番号6】

（出典：法務省調査）

基準値　18,555社・774社・1,204人（平成29年4月1日現在）

○　保護観察終了時に無職である者の数及びその割合【指標番号7】

（出典：法務省・保護統計年報）

基準値　6,866人・22.1%（平成28年）

○　刑務所出所時に帰住先がない者の数及びその割合【指標番号8】

（出典：法務省・矯正統計年報）

基準値　4,739人・20.7%（平成28年）

○　更生保護施設及び自立準備ホームにおいて一時的に居場所を確保した者の数【指標番号9】

（出典：法務省調査）

基準値　11,132人（平成28年）

（2）保健医療・福祉サービスの利用の促進等関係

○ 特別調整により福祉サービス等の利用に向けた調整を行った者の数【指標番号10】

（出典：法務省調査）

基準値　704人（平成28年度）

○ 薬物事犯保護観察対象者のうち、保健医療機関等による治療・支援を受けた者の数及びその割合【指標番号11】

（出典：法務省調査）

基準値　333人・4.4%（平成28年度）

（3）学校等と連携した修学支援の実施等関係

○ 少年院において修学支援を実施し、出院時点で復学・進学を希望する者のうち、出院時又は保護観察中に復学・進学決定した者の数及び復学・進学決定率【指標番号12】

（出典：法務省調査）

基準値　―

○ 上記により復学・進学決定した者のうち、保護観察期間中に高等学校等を卒業した者又は保護観察終了時に高等学校等に在学している者の数及びその割合【指標番号13】

（出典：法務省調査）

基準値　―

○ 矯正施設における高等学校卒業程度認定試験の受験者数、合格者数及び合格率【指標番号14】

（出典：文部科学省調査）

基準値（受験者数・合格者数・合格率）

1,049人・375人・35.7%（平成28年度）

基準値（受験者数・1以上の科目に合格した者の数・合格率）

1,049人・990人・94.4%（平成28年度）

（4）民間協力者の活動の促進等、広報・啓発活動の推進等関係

○ 保護司数及び保護司充足率【指標番号15】

（出典：法務省調査）

基準値　47,909人・91.3%（平成29年1月1日）

○ "社会を明るくする運動"行事参加人数【指標番号16】

（出典：法務省調査）

基準値　2,833,914人（平成28年）

（5）地方公共団体との連携強化等関係

○ 地方再犯防止推進計画を策定している地方公共団体の数及びその割合【指標番号17】

（出典：法務省調査）

基準値　―

第2　就労・住居の確保等のための取組（推進法第12条、第14条、第15条、第16条、第21条関係）

1．就労の確保等

（1）現状認識と課題等

　刑務所に再び入所した者のうち約7割が、再犯時に無職であった者となっている。また、仕事に就いていない者の再犯率は、仕事に就いている者の再犯率と比べて約3倍と高く、不安定な就労が再犯リスクとなっていることが明らかになっている。

　政府においては、「宣言」に基づき、矯正施設における社会のニーズに合った職業訓練・指導の実施、矯正就労支援情報センター室（通称「コレワーク」）の設置を始めとする矯正施設・保護観察所・ハローワークが連携した求人・求職のマッチングの強化、協力雇用主の開拓・拡大、刑務所出所

者等就労奨励金制度の導入、国による保護観察対象者の雇用等の様々な施策に取り組んできた。

しかしながら、前科等があることに加え、求職活動を行う上で必要な知識・資格等を有していないなどのために求職活動が円滑に進まない場合があること、社会人としてのマナーや対人関係の形成や維持のために必要な能力を身に付けていないなどのために職場での人間関係を十分に構築できない、あるいは自らの能力に応じた適切な職業選択ができないなどにより、一旦就職しても離職してしまう場合があること、協力雇用主となりながらも実際の雇用に結びついていない企業等が多いこと、犯罪をした者等の中には、障害の程度が福祉的支援を受けられる程度ではないものの、一般就労をすることも難しい者が少なからず存在することなどの課題がある。

（2）具体的施策

①　職業適性の把握と就労につながる知識・技能等の習得

ア　職業適性等の把握【施策番号1】

法務省は、厚生労働省の協力を得て、就労意欲や職業適性等を把握するためのアセスメントを適切に実施する。【法務省、厚生労働省】

イ　就労に必要な基礎的能力等の習得に向けた指導・支援【施策番号2】

法務省は、厚生労働省の協力を得て、矯正施設における協力雇用主、生活困窮者自立支援法における就労準備支援事業や認定就労訓練事業を行う者等と連携した職業講話、社会貢献作業等を実施する。また、矯正施設及び保護観察所において、コミュニケーションスキルの付与やビジネスマナーの体得を目的とした指導・訓練を行うなど、犯罪をした者等の勤労意欲の喚起及び就職に必要な知識・技能等の習得を図るための指導及び支援の充実を図る。【法務省、厚生労働省】

ウ　矯正施設における職業訓練等の充実【施策番号3】

法務省は、各矯正施設において、需要が見込まれる分野に必要な技能の習得を意識した効果的な職業訓練等を行うため、総務省及び厚生労働省の協力を得て、矯正施設、保護観察所のほか、地方公共団体、都道府県労働局、地域の経済団体、協力雇用主、各種職業能力開発施設、専門教育機関等が参画する協議会等を開催し、各矯正施設における職業訓練等の方針、訓練科目、訓練方法等について検討する。その結論を踏まえ、矯正施設職員に対する研修を充実させること、矯正施設における職業訓練等に上記の関係機関等が参画することを推進すること等を通じて、矯正施設における職業訓練等の実施体制の強化を図るとともに、矯正施設が所在する地域の理解・支援を得て、外部通勤制度や外出・外泊等を積極的に活用し、受刑者等に矯正施設の外で実施される職業訓練を受講させたり、協力雇用主等を訪問させたりすることを可能とする取組を推進する。【総務省、法務省、厚生労働省】

エ　資格制限等の見直し【施策番号4】

法務省は、犯罪をした者等の就労の促進の観点から需要が見込まれる業種に関し、前科があることによる就業や資格取得の制限の在り方について検討を行い、2年以内を目途に結論を出し、その結論に基づき、各府省は、所管の該当する資格制限等について、当該制限の見直しの要否を検討し、必要に応じた措置を実施する。【各府省】

②　就職に向けた相談・支援等の充実

ア　刑務所出所者等総合的就労支援を中心とした就労支援の充実【施策番号5】

法務省及び厚生労働省は、適切な就労先の確保に向けた生活環境の調整、ハローワーク相談

員の矯正施設への駐在や更生保護施設への協力の拡大、更生保護就労支援事業の活用など、矯正施設、保護観察所及びハローワークの連携による一貫した就労支援対策の一層の充実を図る。また、法務省及び国土交通省は、矯正施設及び地方運輸局等の連携による就労支援対策についても、一層の充実を図る。【法務省、厚生労働省、国土交通省】

イ　非行少年に対する就労支援【施策番号6】

警察庁は、非行少年を生まない社会づくりの活動の一環として少年サポートセンター（都道府県警察に設置し、少年補導職員を中心に非行防止に向けた取組を実施）等が行う就労を希望する少年に対する立ち直り支援について、都道府県警察に対する指導や好事例の紹介等を通じ、少年の就職や就労継続に向けた支援の充実を図る。【警察庁】

③　新たな協力雇用主の開拓・確保

ア　企業等に対する働き掛けの強化【施策番号7】

法務省は、警察庁及び厚生労働省の協力を得て、協力雇用主の要件や登録の在り方を整理するとともに、矯正施設及び保護観察所において、企業等に対し、協力雇用主の意義や、コレワークの機能、刑務所出所者等就労奨励金制度等の協力雇用主に対する支援制度に関する説明を行うなど、適切な協力雇用主の確保に向けた企業等への働き掛けを強化する。【警察庁、法務省、厚生労働省】

イ　各種事業者団体に対する広報・啓発【施策番号8】

総務省、厚生労働省、農林水産省、経済産業省及び国土交通省は、法務省の協力を得て、関係する各種事業者団体に対し、所属する企業等に対する広報・啓発を依頼するなどして、協力雇用主の拡大に向け、協力雇用主の活動の意義や協力雇用主に対する支援制度についての積極的な広報・啓発活動を推進する。【総務省、法務省、厚生労働省、農林水産省、経済産業省、国土交通省】

ウ　多様な業種の協力雇用主の確保【施策番号9】

法務省は、総務省、厚生労働省、農林水産省、経済産業省及び国土交通省の協力を得て、協力雇用主として活動している企業等の業種に大きな偏りがあることを踏まえ、これまで協力雇用主のいない業種を含め多様な業種の協力雇用主の確保に努める。また、刑務所出所者等を農業の担い手に育成する就業支援センター等の取組が成果を挙げていることを踏まえ、農業を始め刑務所出所者等の改善更生に有用と考えられる業種の協力雇用主の確保に向けた取組の強化を図る。【総務省、法務省、厚生労働省、農林水産省、経済産業省、国土交通省】

④　協力雇用主の活動に対する支援の充実

ア　協力雇用主等に対する情報提供【施策番号10】

法務省は、コレワークにおいて、協力雇用主等に対して、受刑者等が矯正施設在所中に習得・取得可能な技能・資格を紹介するとともに、協力雇用主等の雇用ニーズに合う受刑者等が在所する矯正施設の紹介や、職業訓練等の見学会の案内をするほか、総務省、厚生労働省、農林水産省、経済産業省及び国土交通省の協力を得て、協力雇用主の活動を支援する施策の周知を図るなど、協力雇用主等に対する情報提供の充実を図る。また、個人情報等の適切な取扱いに十分配慮しつつ、犯罪をした者等の就労に必要な個人情報を適切に提供していく。【総務省、法務省、厚生労働省、農林水産省、経済産業省、国土交通省】

イ　協力雇用主の不安・負担の軽減【施策番号11】

　　法務省は、身元保証制度や刑務所出所者等就労奨励金制度の活用、協力雇用主に対する助言など、犯罪をした者等を雇用しようとする協力雇用主の不安や負担を軽減するための支援の充実を図る。【法務省】

ウ　住居を確保できない者を雇用しようとする協力雇用主に対する支援【施策番号12】

　　法務省は、住込就労が可能な協力雇用主に対する支援の充実を図るとともに、犯罪をした者等を雇用しようとする協力雇用主がいても、犯罪をした者等が、その通勤圏内に住居を確保できず、就職できない場合があることを踏まえ、就労・住居の確保等のための取組を一体的に実施するなど、通勤圏内に住居を確保できない犯罪をした者等を雇用しようとする協力雇用主に対する支援の充実を図る。【法務省】

エ　協力雇用主に関する情報の適切な共有【施策番号13】

　　法務省は、各府省における協力雇用主に対する支援の円滑かつ適切な実施に資するよう、各府省に対して、協力雇用主に関する情報を適時適切に提供する。【法務省】

⑤　犯罪をした者等を雇用する企業等の社会的評価の向上等

ア　国による雇用等【施策番号14】

　　法務省は、保護観察対象者を非常勤職員として雇用する取組事例を踏まえ、犯罪をした者等の国による雇用等を更に推進するための指針について検討を行い、2年以内を目途に結論を出し、その結論に基づき、各府省は、各府省における業務の特性や実情等を勘案し、その雇用等に努める。【各府省】

イ　協力雇用主の受注の機会の増大【施策番号15】

　　法務省は、公共調達において、協力雇用主の受注の機会の増大を図る指針について検討を行い、2年以内を目途に結論を出し、その結論に基づき、各府省は、対象となる公共調達の本来達成すべき目的が阻害されないよう留意しつつ、協力雇用主の受注の機会の増大を図るための取組の推進に配慮する。【各府省】

ウ　補助金の活用【施策番号16】

　　法務省は、補助金の本来達成すべき目的を阻害しない範囲内で、協力雇用主の活動に資する補助金の活用指針について検討を行い、2年以内を目途に結論を出し、各府省は、その結論に基づく取組の推進に配慮する。【各府省】

エ　協力雇用主に対する栄典【施策番号17】

　　内閣府は、協力雇用主に対する栄典の授与に係る検討を行い、1年以内を目途に結論を出し、その結論に基づき施策を実施する。【内閣府】

⑥　就職後の職場定着に向けたフォローアップの充実

ア　就労した者の離職の防止【施策番号18】

　　法務省及び厚生労働省は、矯正施設、保護観察所、更生保護施設、ハローワーク等において、就職した犯罪をした者等に対し、仕事や職場の人間関係の悩みなどを細かに把握し、適切な助言を行うなど、離職を防止するための支援の充実を図る。【法務省、厚生労働省】

イ　雇用した協力雇用主に対する継続的支援【施策番号19】

　　法務省及び厚生労働省は、犯罪をした者等を雇用した協力雇用主の雇用に伴う不安や負担を細かに把握し、その協力雇用主に対し、雇用継続に向けた助言を行うなど、継続的な支援の充実を図る。【法務省、厚生労働省】

ウ　離職した者の再就職支援【施策番号20】

　　法務省は、離職した犯罪をした者等を、積極的に雇用する協力雇用主のネットワークの構築を図る。また、法務省及び厚生労働省は、上記協力雇用主のネットワークとハローワークが連携するなどし、離職後の速やかな再就職に向けた犯罪をした者等と協力雇用主との円滑なマッチングを推進する。【法務省、厚生労働省】

⑦　一般就労と福祉的支援の狭間にある者の就労の確保

ア　受刑者等の特性に応じた刑務作業等の充実【施策番号21】

　　法務省は、障害の程度が福祉的支援を受けられる程度ではないものの、一般就労をすることも難しい者や、就労に向けた訓練等が必要な者など、一般就労と福祉的支援の狭間にある者への対応が課題となっていることを踏まえ、受刑者等の特性に応じて刑務作業等の内容の一層の充実を図る。【法務省】

イ　障害者・生活困窮者等に対する就労支援の活用【施策番号22】

　　法務省及び厚生労働省は、障害を有している犯罪をした者等が、その就労意欲や障害の程度等に応じて、障害者支援施策も活用しながら、一般の企業等への就労や、就労継続支援A型（雇用契約に基づく就労が可能である者に対して、雇用契約の締結等による就労の機会の提供等を行うもの）又は同B型（雇用契約に基づく就労が困難である者に対して、就労の機会の提供等を行うもの）事業における就労を実現できるよう取り組んでいく。また、生活が困窮していたり、軽度の障害を有しているなど、一般の企業等への就労が困難な犯罪をした者等に対しては、生活困窮者自立支援法（平成25年法律第105号）に基づく生活困窮者就労準備支援事業や生活困窮者就労訓練事業の積極的活用を図る。【法務省、厚生労働省】

ウ　ソーシャルビジネスとの連携【施策番号23】

　　法務省は、障害者雇用における農福連携の取組等を参考に、厚生労働省、農林水産省及び経済産業省の協力を得て、高齢者・障害者の介護・福祉やホームレス支援、ニート等の若者支援といった社会的・地域的課題の解消に取り組む企業・団体等に、犯罪をした者等の雇用を働き掛けるなど、ソーシャルビジネスとの連携を推進する。【法務省、厚生労働省、農林水産省、経済産業省】

2．住居の確保等
（1）現状認識と課題等

　刑務所満期出所者のうち約5割が適当な帰住先が確保されないまま刑務所を出所していること、これらの者の再犯に至るまでの期間が帰住先の確保されている者と比較して短くなっていることが明らかとなっている。適切な帰住先の確保は、地域社会において安定した生活を送るための大前提であって、再犯防止の上で最も重要であるといっても過言ではない。

　政府においては、「宣言」に基づき、受刑者等の釈放後の生活環境の調整の充実や、親族等のもとに帰住することができない者の一時的な居場所となる更生保護施設の受入れ機能の強化、自立準備ホーム（あらかじめ保護観察所に登録した民間法人・団体等の事業者に、保護観察所が、宿泊場所の

供与と自立のための生活指導のほか、必要に応じて食事の給与を委託する際の宿泊場所）の確保など、矯正施設出所後の帰住先の確保に向けた取組を進めてきた。

しかしながら、親族等のもとへ帰住できない者の割合も増加傾向にあることから、引き続き更生保護施設や自立準備ホームでの受入れを進める必要がある。また、更生保護施設には、かつての宿泊提供支援だけでなく、薬物依存症者その他の処遇困難者に対する処遇及び地域生活への移行支援が求められるなど、その役割が急激に拡大しており、更生保護施設における受入れ・処遇機能の強化の必要性が指摘されている。

加えて、更生保護施設や自立準備ホームはあくまで一時的な居場所であり、更生保護施設等退所後は地域に生活基盤を確保する必要があるが、身元保証人を得ることが困難であったり、家賃滞納歴等により民間家賃保証会社が利用できなかったりすることなどにより、適切な定住先を確保できないまま更生保護施設等から退所し、再犯等に至る者が存在することなどの課題がある。

（2）具体的施策

① 矯正施設在所中の生活環境の調整の充実

ア 帰住先確保に向けた迅速な調整【施策番号24】

法務省は、平成28年6月に施行された更生保護法（平成19年法律第88号）の一部改正に基づき、保護観察所が実施する受刑者等の釈放後の生活環境の調整における地方更生保護委員会の関与を強化し、受刑者等が必要とする保健医療・福祉サービスを受けることができる地域への帰住を調整するなど、適切な帰住先を迅速に確保するための取組の充実を図る。【法務省】

イ 受刑者等の親族等に対する支援【施策番号25】

法務省は、受刑者等とその親族等の交流において、必要のある者については、その関係の改善という点についても配慮するとともに、受刑者等の親族等に対して、受刑者等の出所に向けた相談支援等を実施する引受人会・保護者会を開催するなど、受刑者等の親族等に対する支援の充実を図る。【法務省】

② 更生保護施設等の一時的な居場所の充実

ア 更生保護施設における受入れ・処遇機能の充実【施策番号26】

法務省は、社会福祉法人等といった更生保護法人以外の者による整備を含め、更生保護施設の整備及び受入れ定員の拡大を着実に推進するほか、罪名、嗜癖等本人が抱える問題性や地域との関係により特に受入れが進みにくい者や処遇困難な者を更生保護施設で受け入れて、それぞれの問題に応じた処遇を行うための体制の整備を推進し、更生保護施設における受入れ及び処遇機能の充実を図る。【法務省】

イ 更生保護施設における処遇の基準等の見直し【施策番号27】

法務省は、高齢者又は障害のある者や薬物依存症者等を含めた更生保護施設入所者の自立を促進するため、更生保護事業の在り方の見直し（Ⅱ第6.1（2）③イ）と併せ、更生保護施設における処遇の基準等の見直しに向けた検討を行い、2年以内を目途に結論を出し、その結論に基づき所要の措置を講じる。【法務省】

ウ 自立準備ホームの確保と活用【施策番号28】

法務省は、厚生労働省及び国土交通省の協力を得て、専門性を有する社会福祉法人やNPO法人などに対する委託により一時的な居場所の確保等を推進するほか、空き家等の既存の住宅ストック等を活用するなどして多様な居場所である自立準備ホームの更なる確保を進めるとと

もに、各施設の特色に応じた活用を図る。【法務省、厚生労働省、国土交通省】

③ 地域社会における定住先の確保

ア 住居の確保を困難にしている要因の調査等【施策番号29】

法務省は、犯罪をした者等の住居の確保を困難にしている要因について調査を行い、1年以内を目途に結論を出し、その調査結果に基づき、身元保証制度の在り方の見直しを含め、必要に応じ、所要の施策を実施する。【法務省】

イ 住居の提供者に対する継続的支援の実施【施策番号30】

法務省は、保護観察対象者等であることを承知して住居を提供する者に対し、住居の提供に伴う不安や負担を細かに把握した上で、身元保証制度の活用を含めた必要な助言等を行うとともに、個人情報等の適切な取扱いに十分配慮しつつ、保護観察対象者等についての必要な個人情報を提供する。併せて、保護観察対象者等に対し、必要な指導等を行うなど、保護観察対象者等であることを承知して住居を提供する者に対する継続的支援を実施する。【法務省】

ウ 公営住宅への入居における特別な配慮【施策番号31】

国土交通省は、保護観察対象者等であることを承知して住居を提供する場合は、上記イの法務省による継続的支援が受けられることを踏まえ、保護観察対象者等が住居に困窮している状況や、地域の実情等に応じて、保護観察対象者等の公営住宅への入居を困難としている要件を緩和すること等について検討を行うよう、地方公共団体に要請する。また、矯正施設出所者については、通常、著しく所得の低い者として、公営住宅への優先入居の取扱いの対象に該当する旨を地方公共団体に周知・徹底する。【国土交通省】

エ 賃貸住宅の供給の促進【施策番号32】

法務省は、国土交通省の協力を得て、住宅確保要配慮者に対する賃貸住宅の供給の促進に関する法律（平成19年法律第112号）に基づき、犯罪をした者等のうち、同法第2条第1項が規定する住宅確保要配慮者に該当する者に対して、賃貸住宅に関する情報の提供及び相談の実施に努めるとともに、保護観察対象者等であることを承知して住居を提供する場合は、上記イの法務省による継続的支援が受けられることを周知するなどして、その入居を拒まない賃貸人の開拓・確保に努める。【法務省、国土交通省】

オ 満期出所者に対する支援情報の提供等の充実【施策番号33】

法務省は、帰住先を確保できないまま満期出所となる受刑者の再犯を防止するため、刑事施設において、受刑者に対し、更生緊急保護の制度や希望する地域の相談機関に関する情報を提供するとともに、保護観察所においては、更生緊急保護対象者に対し、地域の支援機関等についての適切かつ充実した情報の提供を行うとともに、必要に応じ、更生保護施設等の一時的な居場所の提供や定住先確保のための支援を行う。【法務省】

第3 保健医療・福祉サービスの利用の促進等のための取組（推進法第17条、第21条関係）

1．高齢者又は障害のある者等への支援等

（1）現状認識と課題等

高齢者（65歳以上の者）が、出所後2年以内に刑務所に再び入所する割合は、全世代の中で最も高いほか、出所後5年以内に再び刑務所に入所した高齢者のうち、約4割の者が出所後6か月未満という極めて短期間で再犯に至っている。また、知的障害のある受刑者についても、全般的に再犯に至

るまでの期間が短いことが明らかとなっている。

　政府においては、矯正施設出所者等に対する支援（出口支援）の一つとして、受刑者等のうち、適当な帰住先が確保されていない高齢者又は障害のある者等が、矯正施設出所後に、社会福祉施設への入所等の福祉サービスを円滑に利用できるようにするため、地域生活定着支援センターの設置や、矯正施設及び更生保護施設への社会福祉士等の配置を進め、矯正施設や保護観察所、更生保護施設、地域生活定着支援センターその他の福祉関係機関が連携して必要な調整を行う取組（特別調整）を実施してきた。

　また、犯罪をした高齢者又は障害のある者等の再犯防止のためには、出口支援だけでなく、起訴猶予者等についても、必要な福祉的支援に結び付けることなどが、犯罪等の常習化を防ぐために重要である場合があることを踏まえ、検察庁において、知的障害のある被疑者や高齢の被疑者等福祉的支援を必要とする者について、弁護士や福祉専門職、保護観察所等関係機関・団体等と連携し、身柄釈放時等に福祉サービスに橋渡しするなどの取組（入口支援）を実施してきた。

　しかしながら、「緊急対策」で指摘された事項に加えて、福祉的支援が必要であるにもかかわらず、本人が希望しないなどの理由から特別調整の対象とならない場合があること、地方公共団体や社会福祉施設等の取組状況等に差があり、必要な協力が得られない場合があること、刑事司法手続の各段階を通じた高齢又は障害の状況の把握とそれを踏まえたきめ細かな支援を実施するための体制が不十分であることなどの課題がある。

（2）具体的施策
①　関係機関における福祉的支援の実施体制等の充実
ア　刑事司法関係機関におけるアセスメント機能等の強化【施策番号34】

　法務省は、犯罪をした者等について、これまで見落とされがちであった福祉サービスのニーズを早期に把握して福祉サービスの利用に向けた支援等を実施することにより円滑に福祉サービスを利用できるようにするため、少年鑑別所におけるアセスメント機能の充実を図るとともに、矯正施設における社会福祉士等の活用や、保護観察所における福祉サービス利用に向けた調査・調整機能の強化を図る。【法務省】

イ　高齢者又は障害のある者等である受刑者等に対する指導【施策番号35】

　法務省は、歩行や食事等の日常的な動作全般にわたって介助やリハビリを必要とする受刑者等が増加していることを踏まえ、高齢者又は障害のある者等である受刑者等の円滑な社会復帰のため、体力の維持・向上のための健康運動指導や福祉サービスに関する知識及び社会適応能力等の習得を図るための指導について、福祉関係機関等の協力を得ながら、その指導内容や実施体制等の充実を図る。【法務省】

ウ　矯正施設、保護観察所及び地域生活定着支援センター等の多機関連携の強化等【施策番号36】

　法務省及び厚生労働省は、矯正施設、保護観察所及び地域生活定着支援センター等の多機関連携により、釈放後速やかに適切な福祉サービスに結び付ける特別調整の取組について、その運用状況等を踏まえ、一層着実な実施を図る。また、高齢者又は障害のある者等であって自立した生活を営む上での困難を有する者等に必要な保健医療・福祉サービスが提供されるようにするため、矯正施設、保護観察所及び地域の保健医療・福祉関係機関等との連携が重要であることを踏まえ、矯正施設、保護観察所及び地域生活定着支援センターなどの関係機関との連携機能の充実強化を図る。【法務省、厚生労働省】

エ　更生保護施設における支援の充実【施策番号37】

　　法務省は、「宣言」において設定された目標を踏まえつつ、犯罪をした高齢者又は障害のある者等の更生保護施設における受入れやその特性に応じた必要な支援の実施を充実させるための施設・体制の整備を図る。【法務省】

オ　刑事司法関係機関の職員に対する研修の実施【施策番号38】

　　法務省は、刑事司法の各段階において、犯罪をした者等の福祉的支援の必要性を的確に把握することができるよう、刑事司法関係機関の職員に対して、高齢者及び障害のある者等の特性等について必要な研修を実施する。【法務省】

②　保健医療・福祉サービスの利用に関する地方公共団体等との連携の強化

ア　地域福祉計画・地域医療計画における位置付け【施策番号39】

　　厚生労働省は、地方公共団体が、地域福祉計画や地域医療計画を策定するに当たり、再犯防止の観点から、高齢者又は障害のある者等を始め、保健医療・福祉等の支援を必要とする犯罪をした者等に対し、保健医療・福祉サービス、住まい、就労、その他生活困窮への支援などの地域での生活を可能とするための施策を総合的に推進するよう、必要な助言を行う。法務省及び厚生労働省は、地方公共団体が地方再犯防止推進計画を策定するに当たり、地域福祉計画を積極的に活用していくことも考えられることから、関係部局と連携を図るよう、必要な周知を行う。【法務省、厚生労働省】

イ　社会福祉施設等の協力の促進【施策番号40】

　　厚生労働省は、高齢者又は障害のある者等に福祉サービスを提供する社会福祉施設等に支給する委託費等の加算措置の充実を含め、社会福祉施設等全体の取組に対する評価について更に検討を行うなど、社会福祉施設等による高齢者又は障害のある者等への福祉サービスの提供の促進を図る。【厚生労働省】

ウ　保健医療・福祉サービスの利用に向けた手続の円滑化【施策番号41】

　　法務省及び厚生労働省は、犯罪をした高齢者又は障害のある者等が、速やかに、障害者手帳の交付、保健医療・福祉サービスの利用の必要性の認定等を受け、これを利用することができるよう、総務省の協力を得て実施責任を有する地方公共団体の明確化を含む指針等を作成し、地方公共団体に対してその周知徹底を図る。また、法務省は、住民票が消除されるなどした受刑者等が、矯正施設出所後速やかに保健医療・福祉サービスを利用することができるよう、総務省の協力を得て矯正施設・保護観察所の職員に対して住民票に関する手続等の周知徹底を図るなどし、矯正施設在所中から必要な支援を実施する。【総務省、法務省、厚生労働省】

③　高齢者又は障害のある者等への効果的な入口支援の実施

ア　刑事司法関係機関の体制整備【施策番号42】

　　法務省は、検察庁において社会復帰支援を担当する検察事務官や社会福祉士の配置を充実させるなど、検察庁における社会復帰支援の実施体制の充実を図るとともに、保護観察所において福祉的支援や更生緊急保護を担当する保護観察官の配置を充実させるなど、保護観察所における実施体制の充実を図り、入口支援が必要な者に対する適切な支援が行われる体制を確保する。【法務省】

イ　刑事司法関係機関と保健医療・福祉関係機関等との連携の在り方の検討【施策番号43】

　　　法務省及び厚生労働省は、Ⅱ第7.1（2）①ウに記載の地域のネットワークにおける取組状況も参考としつつ、一層効果的な入口支援の実施方策を含む刑事司法関係機関と保健医療・福祉関係機関等との連携の在り方についての検討を行い、2年以内を目途に結論を出し、その結論に基づき施策を実施する。【法務省、厚生労働省】

2．薬物依存を有する者への支援等

（1）現状認識と課題等

　覚せい剤取締法違反による検挙者数は毎年1万人を超え、引き続き高い水準にあるほか、新たに刑務所に入所する者の罪名の約3割が覚せい剤取締法違反となっている。また、平成27年に出所した者全体の2年以内再入率は18.0パーセントであるのと比較して、覚せい剤取締法違反により受刑した者の2年以内再入率は19.2パーセントと高くなっている。

　薬物事犯者は、犯罪をした者等であると同時に、薬物依存症の患者である場合もあるため、薬物を使用しないよう指導するだけではなく、薬物依存症は適切な治療・支援により回復することができる病気であるという認識を持たせ、薬物依存症からの回復に向けた治療・支援を継続的に受けさせることが必要である。

　政府においては、矯正施設・保護観察所における一貫した専門的プログラムの開発・実施、「薬物依存のある刑務所出所者等の支援に関する地域連携ガイドライン」の作成、地域において薬物依存症治療の拠点となる医療機関の整備等の施策に取り組むとともに、「緊急対策」に基づき、薬物依存からの回復に向けた矯正施設・保護観察所による指導と医療機関による治療、回復支援施設や民間団体等による支援等を一貫して行うための体制を整備するほか、平成28年6月から施行された刑の一部の執行猶予制度の適切な運用を図ることとしている。

　しかしながら、矯正施設、保護観察所、地域の保健医療・福祉関係機関、回復支援施設や民間団体等について効果的な支援等を行う体制が不十分であること、そもそも薬物依存症治療を施すことができる専門医療機関や薬物依存症からの回復支援を行う自助グループ等がない地域もあるなど一貫性のある支援等を行うための関係機関等の連携が不十分であること、海外において薬物依存症からの効果的な回復措置として実施されている刑事司法と保健医療・福祉との連携の在り方について調査研究する必要があること、薬物事犯者の再犯の防止等の重要性・緊急性に鑑み、刑事司法関係機関、保健医療・福祉関係機関、自助グループを含めた民間団体等各種関係機関・団体が、薬物依存からの回復を一貫して支援する新たな取組を試行的に実施する必要があることなどが指摘されている。

（2）具体的施策

①　刑事司法関係機関等における効果的な指導の実施等

ア　再犯リスクを踏まえた効果的な指導の実施【施策番号44】

　　　法務省は、厚生労働省の協力を得て、矯正施設及び保護観察所において、薬物事犯者ごとに、その再犯リスクを適切に把握した上で、そのリスクに応じた専門的指導プログラムを一貫して実施するとともに、そのための処遇情報の確実な引継ぎを図る。【法務省、厚生労働省】

イ　矯正施設・保護観察所における薬物指導等体制の整備【施策番号45】

　　　法務省は、厚生労働省の協力を得て、指導に当たる職員の知識・技能の向上や、保護観察所における薬物処遇の専門性を有する管理職員の育成・配置など、薬物事犯者に対する指導体制の充実を図る。【法務省、厚生労働省】

ウ　更生保護施設による薬物依存回復処遇の充実【施策番号46】

　法務省は、薬物事犯者の中には、地域において薬物乱用を繰り返していたことにより、あるいは、薬物密売者等からの接触を避けるため、従前の住居に戻ることが適当でない者が多く存在することを踏まえ、更生保護施設における薬物事犯者の受入れ、薬物依存からの回復に資する処遇を可能とする施設や体制の整備を推進し、更生保護施設による薬物依存回復処遇の充実を図る。【法務省】

エ　薬物事犯者の再犯防止対策の在り方の検討【施策番号47】

　法務省及び厚生労働省は、薬物事犯者の再犯の防止等に向け、刑の一部の執行猶予制度の運用状況や、薬物依存症の治療を施すことのできる医療機関や相談支援等を行う関係機関の整備、連携の状況、自助グループ等の活動状況等を踏まえ、海外において薬物依存症からの効果的な回復措置として実施されている各種拘禁刑に代わる措置も参考にしつつ、新たな取組を試行的に実施することを含め、我が国における薬物事犯者の再犯の防止等において効果的な方策について検討を行う。【法務省、厚生労働省】

②　治療・支援等を提供する保健・医療機関等の充実

ア　薬物依存症治療の専門医療機関の拡大【施策番号48】

　厚生労働省は、薬物依存症の治療を提供できる医療機関が限られており、薬物依存症者の中には、遠方の医療機関への通院が困難であるため、治療を受けない者や治療を中断してしまう者が存在することを踏まえ、薬物依存症を含む依存症治療の専門医療機関の更なる充実を図るとともに、一般の医療機関における薬物依存症者に対する適切な対応を促進する。【厚生労働省】

イ　薬物依存症に関する相談支援窓口の充実【施策番号49】

　厚生労働省は、薬物依存症からの回復には、薬物依存症者本人が地域において相談支援を受けられることに加え、その親族等が薬物依存症者の対応方法等について相談支援を受けられることが重要であることを踏まえ、全国の精神保健福祉センター等に、薬物依存症を含む依存症対策の専門員である依存症相談員を配置するなど、保健行政機関における薬物依存症に関する相談支援窓口の充実を図る。【厚生労働省】

ウ　自助グループを含めた民間団体の活動の促進【施策番号50】

　厚生労働省は、薬物依存症者に対して、薬物依存症からの回復に向けた就労と住居の一体的支援活動を行う民間団体の活動の援助など、自助グループを含めた民間団体の活動を促進するための支援の充実を図る。【厚生労働省】

エ　薬物依存症者の親族等の知識等の向上【施策番号51】

　厚生労働省は、一般国民に向けた講習会の開催や、冊子の配布等を通じ、薬物依存症についての一般国民、取り分け、薬物依存症者の親族等の意識・知識の向上を図る。【厚生労働省】

オ　薬物依存症対策関係機関の連携強化【施策番号52】

　警察庁、法務省及び厚生労働省は、薬物依存症者の回復には、医療機関による治療だけでなく、自助グループを含めた民間団体等と連携した継続的な支援が重要であることを踏まえ、各地域において、薬物依存症者の治療・支援等を行うこれらの関係機関の職員等による連絡協議会等を開催し、地域における薬物依存症に関する課題を共有し、協働してその課題に対応する

ための方法を検討するなど、薬物依存症の対策に当たる各関係機関の連携強化を図る。【警察庁、法務省、厚生労働省】

カ　薬物依存症治療の充実に資する診療報酬の検討【施策番号53】

厚生労働省は、次回の診療報酬改定に向けて、薬物依存症治療の診療報酬上の評価の在り方について、関係者の意見も踏まえて検討する。【厚生労働省】

③　薬物依存症の治療・支援等ができる人材の育成

ア　薬物依存症に関する知見を有する医療関係者の育成【施策番号54】

厚生労働省は、薬物依存症の回復に向けた保健医療・福祉サービスの実施体制を充実させるために、薬物依存症者の治療・支援等に知識を有する医療関係者が必要であることを踏まえ、医師の臨床研修の内容や、保健師、助産師、看護師の国家試験出題基準の見直しに向けた検討を行う。【厚生労働省】

イ　薬物依存症に関する知見を有する福祉専門職の育成【施策番号55】

厚生労働省は、薬物依存症者への相談支援体制を充実させるために、薬物依存症に関する専門的知識を有し、薬物依存症者が抱える支援ニーズを適切に把握し、関係機関につなげるなどの相談援助を実施する福祉専門職が必要であることを踏まえ、精神保健福祉士及び社会福祉士の養成カリキュラムの見直しに向けた検討を行う。【厚生労働省】

ウ　薬物依存症に関する知見を有する心理専門職の育成【施策番号56】

厚生労働省は、薬物依存症からの回復に向けて効果が認められている治療・支援が、認知行動療法に基づくものであり、薬物依存症に関する知識と経験を有する心理学の専門職が必要となることを踏まえ、新たに創設される公認心理師の国家資格の養成カリキュラムや国家試験の出題基準について、薬物依存症を含む依存症対策への対応という観点からも検討を行う。【厚生労働省】

エ　薬物依存症に関する知見を有する支援者の育成【施策番号57】

法務省は、薬物依存症のある保護観察対象者については、その症状や治療の状況に応じた支援が重要であることを踏まえ、その指導・支援に当たる者に対する研修等の充実を図る。また、厚生労働省は、薬物依存症からの回復に向けて、地域における継続した支援が必要であることを踏まえ、薬物依存症者への生活支援を担う支援者に対する研修の充実を図る。【法務省、厚生労働省】

第4　学校等と連携した修学支援の実施等のための取組（推進法第11条、第13条関係）
1．学校等と連携した修学支援の実施等
（1）現状認識と課題等

我が国の高等学校進学率は、98.5パーセントであり、ほとんどの者が高等学校に進学する状況にあるが、その一方で、少年院入院者の28.9パーセント、入所受刑者の37.4パーセントが、中学校卒業後に高等学校に進学していない。また、非行等に至る過程で、又は非行等を原因として、高等学校を中退する者も多く、少年院入院者の36.8パーセント、入所受刑者の24.6パーセントが高等学校を中退している状況にある。

政府においては、高等学校の中退防止のための取組や、中学校卒業後に高等学校等へ進学しない者及び高等学校等を中退する者に対する就労等支援を実施するとともに、矯正施設内における高等学校

卒業程度認定試験の実施、少年院における教科指導の充実、少年院出院後の修学に向けた相談支援・情報提供、少年院在院中の高等学校等の受験に係る調整、BBS会（Big Brothers and Sistersの略であり、非行少年の自立を支援するとともに、非行防止活動を行う青年ボランティア団体）等の民間ボランティアの協力による学習支援等を実施してきた。

しかしながら、学校や地域における非行の未然防止に向けた取組が十分でないこと、犯罪をした者等の継続した学びや進学・復学のための支援等が十分でないことなどの課題がある。

（2）具体的施策

① 児童生徒の非行の未然防止等

ア 学校における適切な指導等の実施【施策番号58】

文部科学省は、警察庁及び法務省の協力を得て、弁護士会等の民間団体にも協力を求めるなどし、いじめ防止対策推進法（平成25年法律第71号）等の趣旨を踏まえたいじめ防止のための教育や、人権啓発のための教育と併せ、再非行の防止の観点も含め、学校における非行防止のための教育、薬物乱用未然防止のための教育及び薬物再乱用防止のための相談・指導体制の充実を図る。また、厚生労働省の協力を得て、学校生活を継続させるための本人及び家族等に対する支援や、やむを得ず中退する場合の就労等の支援の充実を図る。【警察庁、法務省、文部科学省、厚生労働省】

イ 地域における非行の未然防止等のための支援【施策番号59】

内閣府、警察庁、法務省、文部科学省及び厚生労働省は、非行等を理由とする児童生徒の修学の中断を防ぐため、貧困や虐待等の被害体験などが非行等の一因になることも踏まえ、地域社会における子供の居場所作りや子供、保護者及び学校関係者等に対する相談支援の充実、民間ボランティア等による犯罪予防活動の促進、高等学校卒業程度資格の取得を目指す者への学習相談・学習支援など、児童生徒の非行の未然防止や深刻化の防止に向けた取組を推進する。また、同取組を効果的に実施するために、子ども・若者育成支援推進法に基づき、社会生活を円滑に営む上での困難を有する子供・若者の支援を行うことを目的として、地方公共団体に「子ども・若者支援地域協議会」の設置及び「子ども・若者総合相談センター」としての機能を担う体制の確保について努力義務が課されていることなどについて、非行の未然防止等の観点も踏まえ、関係機関等に周知し、連携の強化を図る。【内閣府、警察庁、法務省、文部科学省、厚生労働省】

ウ 警察における非行少年に対する支援【施策番号60】

警察庁は、非行少年を生まない社会づくり活動の一環として、少年サポートセンター等が少年警察ボランティア等（少年指導委員、少年補導員、少年警察協助員及び大学生ボランティア）の民間ボランティアや関係機関と連携して行う、修学に課題を抱えた少年に対する立ち直り支援について、都道府県警察に対する指導や好事例の紹介等を通じ、その充実を図る。【警察庁】

② 非行等による学校教育の中断の防止等

ア 学校等と保護観察所が連携した支援等【施策番号61】

法務省及び文部科学省は、保護司による非行防止教室の実施等保護司と学校等が連携して行う犯罪予防活動を促進し、保護司と学校等の日常的な連携・協力体制の構築を図るとともに、保護観察所、保護司、学校関係者等に対し、連携事例を周知するなどして、学校に在籍している保護観察対象者に対する生活支援等の充実を図る。【法務省、文部科学省】

イ 矯正施設と学校との連携による円滑な学びの継続に向けた取組の充実【施策番号62】

法務省は、矯正施設において、民間の学力試験の活用や適切な教材の整備を進めるなどして、対象者の能力に応じた教科指導が実施できるようにする。また、法務省及び文部科学省は、矯正施設や学校関係者に対し、相互の連携事例を周知することに加え、矯正施設や学校関係者への職員研修等の実施に当たっては、相互に職員を講師として派遣するなど、矯正施設と学校関係者との相互理解・協力の促進を図る。さらに、法務省は、通信制高校に在籍し、又は入学を希望する矯正施設在所者が、在所中も学習を継続しやすくなるよう、文部科学省の協力を得て、在所中の面接指導（高等学校通信教育規程（昭和37年文部省令32号）第2条に定める面接指導をいう。）の実施手続等を関係者に周知するなど、通信制高校からの中退を防止し、又は在所中の入学を促進するための取組の充実を図る。【法務省、文部科学省】

ウ 矯正施設における高等学校卒業程度認定試験の指導体制の充実【施策番号63】

法務省及び文部科学省は、矯正施設における高等学校卒業程度認定試験を引き続き実施する。また、法務省は、同試験の受験コースを設け、外部講師の招へい、教材の整備等を集中的に実施している施設の取組状況を踏まえ、他施設についても指導体制の充実を図る。【法務省、文部科学省】

③ 学校や地域社会において再び学ぶための支援

ア 矯正施設からの進学・復学の支援【施策番号64】

法務省は、矯正施設において、個々の対象者の希望や事情を踏まえつつ、就労や資格取得と関連付けた修学の意義を理解させるとともに、学校の種類、就学援助や高等学校等就学支援金制度等の教育費負担軽減策に関する情報の提供を行うなどして、修学に対する動機付けを図る。また、法務省及び文部科学省は、矯正施設における復学手続等の円滑化や高等学校等入学者選抜・編入学における配慮を促進するため、矯正施設・保護観察所、学校関係者に対し、相互の連携事例を周知する。加えて、法務省及び文部科学省は、矯正施設・保護観察所の職員と学校関係者との相互理解を深めるため、矯正施設・保護観察所における研修や学校関係者への研修等の実施に当たって相互に職員を講師として派遣するなどの取組を推進する。【法務省、文部科学省】

イ 高等学校中退者等に対する地域社会における支援【施策番号65】

法務省は、保護司、更生保護女性会、BBS会、少年友の会等の民間ボランティアや協力雇用主と連携して、学校に在籍していない非行少年等が安心して修学することができる場所の確保を含めた修学支援を実施する。特に、矯正施設において修学支援等を受けた者については、施設内処遇の内容を踏まえ、矯正施設、保護観察所及び民間ボランティアが協働して、本人の状況に応じた学びの継続に向けた効果的な支援を実施する。また、法務省及び文部科学省は、矯正施設在所者・保護観察対象者のうち、高等学校卒業程度資格の取得を目指す者に対し、地方公共団体における学習相談・学習支援の取組の利用を促す。【法務省、文部科学省】

第5 犯罪をした者等の特性に応じた効果的な指導の実施等のための取組（推進法第11条、第13条、第21条関係）

1．特性に応じた効果的な指導の実施等

（1）現状認識と課題等

再犯防止のための指導等を効果的に行うためには、犯罪や非行の内容はもとより、対象者一人一人の経歴、性別、性格、年齢、心身の状況、家庭環境、交友関係、経済的な状況等の特性を適切に把握

した上で、その者にとって適切な指導等を選択し、一貫性を持って継続的に働き掛けることが重要である。また、指導等の効果を検証し、より効果的な取組につなげる必要がある。

　政府においては、「総合対策」に基づき、性犯罪者、暴力団関係者等再犯リスクが高い者、可塑性に富む少年・若年者、被虐待体験や摂食障害等の問題を抱える女性など、それぞれの対象者の特性に応じた指導及び支援の充実を図るとともに、犯罪被害者の視点を取り入れた指導及び支援等の実施を図ってきた。

　しかしながら、対象者の特性や処遇ニーズを的確に把握するためのアセスメント機能や、刑事司法関係機関や民間団体等における指導・支援の一貫性・継続性が不十分であるなどの課題があり、これらを強化するとともに、指導・支援の効果の検証を更に推進していく必要がある。

（2）具体的施策

①　適切なアセスメントの実施

ア　刑事司法関係機関におけるアセスメント機能の強化【施策番号66】

　法務省は、少年鑑別所において、「法務省式ケースアセスメントツール（MJCA）」の活用等により、鑑別の精度の一層の向上を図るとともに、処遇過程においてもそのアセスメント機能を発揮し、少年保護手続を縦貫した継続的な鑑別の実施を推進する。また、刑事施設・保護観察所において、再犯リスクや処遇指針の決定に資する情報を的確に把握し、受刑者や保護観察対象者に対する効果的な処遇を実施するため、アセスメント機能の強化を図る。【法務省】

イ　関係機関等が保有する処遇に資する情報の適切な活用【施策番号67】

　法務省は、多角的な視点から適切にアセスメントを行い、それに基づく効果的な指導等を実施するため、必要に応じ、更生支援計画（主として弁護人が社会福祉士などの協力を得て作成する、個々の被疑者・被告人に必要な福祉的支援策等について取りまとめた書面）等の処遇に資する情報を活用した処遇協議を実施するなど、刑事司法関係機関を始めとする公的機関や再犯の防止等に関する活動を行う民間団体等が保有する処遇に資する情報の活用を推進する。【法務省】

②　特性に応じた指導等の充実

ⅰ　性犯罪者・性非行少年に対する指導等

ア　性犯罪者等に対する専門的処遇【施策番号68】

　法務省は、厚生労働省の協力を得て、海外における取組などを参考にしつつ、刑事施設における性犯罪再犯防止指導や少年院における性非行防止指導、保護観察所における性犯罪者処遇プログラム等の性犯罪者等に対する指導等について、効果検証の結果を踏まえた指導内容・方法の見直しや指導者育成を進めるなどして、一層の充実を図るとともに、医療・福祉関係機関等との連携を強化し、性犯罪者等に対する矯正施設収容中から出所後まで一貫性のある効果的な指導の実施を図る。【法務省、厚生労働省】

イ　子供を対象とする暴力的性犯罪をした者の再犯防止【施策番号69】

　警察庁は、法務省の協力を得て、子供を対象とする暴力的性犯罪をした者について、刑事施設出所後の所在確認を実施するとともに、その者の同意を得て面談を実施し、必要に応じて、関係機関・団体等による支援等に結び付けるなど、再犯の防止に向けた措置の充実を図る。【警察庁、法務省】

ii ストーカー加害者に対する指導等

ア 被害者への接触防止のための措置【施策番号70】

警察庁及び法務省は、ストーカー加害者による重大な事案が発生していることを踏まえ、当該加害者の保護観察実施上の特別遵守事項や問題行動等の情報を共有し、被害者への接触の防止のための指導等を徹底するとともに、必要に応じ、仮釈放の取消しの申出又は刑の執行猶予の言渡しの取消しの申出を行うなど、ストーカー加害者に対する適切な措置を実施する。【警察庁、法務省】

イ ストーカー加害者に対するカウンセリング等【施策番号71】

警察庁は、ストーカー加害者への対応を担当する警察職員について、研修の受講を促進するなどして、精神医学的・心理学的アプローチに関する技能や知識の向上を図るとともに、ストーカー加害者に対し、医療機関等の協力を得て、医療機関等によるカウンセリング等の受診に向けた働き掛けを行うなど、ストーカー加害者に対する精神医学的・心理学的なアプローチを推進する。【警察庁】

ウ ストーカー加害者に対する指導等に係る調査研究【施策番号72】

警察庁及び法務省は、ストーカー加害者が抱える問題等や、効果的な指導方策等について調査研究を行い、2年以内を目途に結論を出し、その調査結果に基づき、必要な施策を実施する。【警察庁、法務省】

iii 暴力団関係者等再犯リスクが高い者に対する指導等

ア 暴力団からの離脱に向けた指導等【施策番号73】

警察庁及び法務省は、警察・暴力追放運動推進センターと矯正施設・保護観察所との連携を強化するなどして、暴力団関係者に対する暴力団離脱に向けた働き掛けの充実を図るとともに、離脱に係る情報を適切に共有する。【警察庁、法務省】

イ 暴力団員の社会復帰対策の推進【施策番号74】

警察庁は、暴力団からの離脱及び暴力団離脱者の社会への復帰・定着を促進するため、離脱・就労や社会復帰に必要な社会環境・フォローアップ体制の充実に関する効果的な施策を検討の上、可能なものから順次実施する。【警察庁】

iv 少年・若年者に対する可塑性に着目した指導等

ア 刑事司法関係機関における指導体制の充実【施策番号75】

法務省は、少年院において複数職員で指導を行う体制の充実を図るなどして、少年・若年者の特性に応じたきめ細かな指導等を実施するための体制の充実を図る。【法務省】

イ 関係機関と連携したきめ細かな支援等【施策番号76】

法務省は、支援が必要な少年・若年者については、児童福祉関係機関に係属歴がある者や発達障害等の障害を有している者が少なくないなどの実情を踏まえ、少年院・保護観察所におけるケース検討会を適時適切に実施するなど、学校、児童相談所、児童福祉施設、福祉事務所、少年サポートセンター、子ども・若者総合支援センター（地方公共団体が子ども・若者育成支援に関する相談窓口の拠点として設置するもの）等関係機関との連携を強化し、きめ細かな支援等を実施する。【法務省】

ウ　少年鑑別所における観護処遇の充実【施策番号77】

　　法務省は、少年鑑別所在所中の少年に対し、学校等の関係機関や民間ボランティアの協力を得て、学習や文化活動等に触れる機会を付与するなど、少年の健全育成のために必要な知識及び能力の向上を図る。【法務省】

エ　非行少年に対する社会奉仕体験活動等への参加の促進【施策番号78】

　　警察庁は、非行少年を生まない社会づくり活動の一環として、少年サポートセンター等が民間ボランティアや関係機関と連携して行う、非行少年の状況に応じた社会奉仕体験活動等への参加の促進等の立ち直り支援について、都道府県警察に対する指導や好事例の紹介等を通じ、その充実を図る。【警察庁】

オ　保護者との関係を踏まえた指導等の充実【施策番号79】

　　法務省は、保護観察対象少年及び少年院在院者に対し、その保護者との関係改善に向けた指導・支援の充実を図るとともに、保護者に対し、対象者の処遇に対する理解・協力の促進や保護者の監護能力の向上を図るための指導・助言、保護者会への参加依頼、保護者自身が福祉的支援等を要する場合の助言等を行うなど、保護者に対する働き掛けの充実を図る。また、保護者による適切な監護が得られない場合には、地方公共団体を始めとする関係機関や民間団体等と連携し、本人の状況に応じて、社会での自立した生活や未成年後見制度の利用等に向けた指導・支援を行う。【法務省】

カ　非行少年を含む犯罪者に対する処遇を充実させるための刑事法の整備等【施策番号80】

　　法務省は、少年法における「少年」の上限年齢の在り方及び非行少年を含む犯罪者に対する処遇を一層充実させるための刑事法の整備の在り方についての法制審議会の答申が得られたときには、それを踏まえて所要の措置を講じる。【法務省】

v　女性の抱える問題に応じた指導等【施策番号81】

　　法務省は、女性受刑者や女子少年等について、虐待等の被害体験や性被害による心的外傷、摂食障害等の精神的な問題を抱えている場合が多いこと、妊娠・出産等の事情を抱えている場合があることなどを踏まえ、矯正施設において、このような特性に配慮した指導・支援の実施及び実施状況に基づく指導内容等の見直し、指導者の確保・育成を行うとともに、厚生労働省の協力を得て、女性の抱える問題の解決に資する社会資源を把握し、矯正施設出所後に地域の保健医療・福祉関係機関等に相談できるようにするなど、関係機関等と連携した社会復帰支援等を行う。また、法務省は、更生保護施設においても、女性の特性に配慮した指導・支援を推進するなど、社会生活への適応のための指導・支援の充実を図る。【法務省、厚生労働省】

vi　発達上の課題を有する犯罪をした者等に対する指導等【施策番号82】

　　法務省は、犯罪をした者等の中には、発達上の課題を有し、指導等の内容の理解に時間を要したり、理解するために特別な配慮を必要とする者が存在することを踏まえ、発達上の課題を有する者のための教材の整備を図るとともに、厚生労働省の協力を得て、発達上の課題を有する者に対する指導等に関する研修等の充実、関係機関との連携強化等を図る。【法務省、厚生労働省】

vii　その他の効果的な指導等の実施に向けた取組の充実

ア　各種指導プログラムの充実【施策番号83】

法務省は、刑事施設における、アルコール依存を含む問題飲酒、ドメスティック・バイオレンス（DV）を含む対人暴力等の再犯要因を抱える者に対する改善指導プログラムの実施や、少年院における特殊詐欺等近年の非行態様に対応した指導内容の整備、保護観察所における飲酒や暴力などに関する専門的処遇プログラムの実施など、対象者の問題性に応じた指導の一層の充実を図る。【法務省】

イ　社会貢献活動等の充実【施策番号84】

法務省は、犯罪をした者等の善良な社会の一員としての意識の涵養や規範意識の向上を図るため、社会貢献活動などの取組について、実施状況に基づいて取組内容等を見直し、一層の充実を図る。【法務省】

ウ　関係機関や地域の社会資源の一層の活用【施策番号85】

法務省は、矯正施設において、地方公共団体を始めとする関係機関及び自助グループや当事者団体を含む民間団体等の改善指導等への参画の推進、外部通勤制度・院外委嘱指導等の活用による社会内での指導機会の拡大を図るとともに、保護観察所において、地方公共団体を始めとする関係機関及び自助グループや当事者団体を含む民間団体等の協力を得ながら効果的な指導等の充実を図るなど、広く関係機関や地域社会と連携した指導等を推進する。【法務省】

③　犯罪被害者等の視点を取り入れた指導等【施策番号86】

法務省は、犯罪をした者等が社会復帰する上で、自らのした犯罪等の責任を自覚し、犯罪被害者等が置かれた状況やその心情を理解することが不可欠であることを踏まえ、矯正施設において、被害者の視点を取り入れた教育を効果的に実施するほか、保護観察所において、犯罪被害者等の心情等伝達制度の一層効果的な運用に努めるとともに、しょく罪指導プログラムを実施するなど、犯罪被害者等の視点を取り入れた指導等の充実を図る。【法務省】

④　再犯の実態把握や指導等の効果検証及び効果的な処遇の在り方等に関する調査研究【施策番号87】

法務省は、検察庁・矯正施設・保護観察所等がそれぞれ保有する情報を機動的に連携するデータベースを、再犯防止対策の実施状況等を踏まえ、効果的に運用することにより、指導の一貫性・継続性を確保し、再犯の実態把握や指導等の効果検証を適切に実施するとともに、警察庁、文部科学省及び厚生労働省の協力を得て、犯罪をした者等の再犯の防止等を図る上で効果的な処遇の在り方等に関する調査研究を推進する。【警察庁、法務省、文部科学省、厚生労働省】

第6　民間協力者の活動の促進等、広報・啓発活動の推進等のための取組（推進法第5条、第22条、第23条、第24条関係）

1．民間協力者の活動の促進等

（1）現状認識と課題等

我が国における再犯の防止等に関する施策の実施は、地域において犯罪をした者等の指導・支援に当たる保護司、犯罪をした者等の社会復帰を支援するための幅広い活動を行う更生保護女性会、BBS会等の更生保護ボランティアや、矯正施設を訪問して矯正施設在所者の悩みや問題について助言・指導する篤志面接委員、矯正施設在所者の希望に応じて宗教教誨を行う教誨師、非行少年等の居場所作

りを通じた立ち直り支援に取り組む少年警察ボランティアなど、多くの民間ボランティアの協力により支えられてきた。また、更生保護法人を始めとする様々な民間団体等による、犯罪をした者等の社会復帰に向けた自発的な支援活動も行われており、こうした活動により、地域社会における「息の長い」支援が少しずつ形作られてきている。

こうした再犯の防止等に関する活動を行う民間ボランティアや民間団体等の民間協力者は、再犯の防止等に関する施策を推進する上で、欠くことのできない存在であり、まさに全国津々浦々において、「世界一安全な日本」の実現に向けて陰に陽に地道な取組を積み重ねて来た方々である。

しかしながら、保護司の高齢化が進んでいること、保護司を始めとする民間ボランティアが減少傾向となっていること、地域社会の人間関係が希薄化するなど社会環境が変化したことにより従前のような民間ボランティアの活動が難しくなっていること、民間団体等が再犯の防止等に関する活動を行おうとしても必要な体制等の確保が困難であること、刑事司法関係機関と民間協力者との連携がなお不十分であることなど、民間協力者による再犯の防止等に関する活動を促進するに当たっての課題がある。

（2）具体的施策
① 民間ボランティアの確保
ア 民間ボランティアの活動に関する広報の充実【施策番号88】

警察庁及び法務省は、国民の間に、再犯の防止等に協力する気持ちを醸成するため、少年警察ボランティアや更生保護ボランティア等の活動に関する広報の充実を図る。【警察庁、法務省】

イ 更生保護ボランティアの活動を体験する機会の提供【施策番号89】

法務省は、若年層を含む幅広い年齢層や多様な職業など様々な立場にある国民が、実際に民間協力者として活動するようになることを促進するため、保護司活動を体験する保護司活動インターンシップ制度など、更生保護ボランティアの活動を体験する機会の提供を推進する。【法務省】

ウ 保護司候補者検討協議会の効果的な実施等【施策番号90】

法務省は、保護司候補者を確保するため、総務省、文部科学省、厚生労働省及び経済産業省の協力を得て、地方公共団体、自治会、福祉・教育・経済等の各種団体と連携して、保護司候補者検討協議会における協議を効果的に実施し、若年層を含む幅広い年齢層や多様な職業分野から地域の保護司適任者に関する情報収集を促進する。また、法務省は、同協議会で得られた情報等を踏まえて、保護司適任者に対して、実際に保護司として活動してもらえるよう、積極的な働き掛けを実施する。【総務省、法務省、文部科学省、厚生労働省、経済産業省】

② 民間ボランティアの活動に対する支援の充実
ア 少年警察ボランティア等の活動に対する支援の充実【施策番号91】

警察庁は、少年警察ボランティアの活動を促進するため、少年警察ボランティアの活動に対して都道府県警察が支給する謝金等の補助や、都道府県警察や民間団体が実施する少年警察ボランティア等に対する研修への協力を推進するなどして、少年警察ボランティア等の活動に対する支援の充実を図る。【警察庁】

イ 更生保護ボランティアの活動に対する支援の充実【施策番号92】

法務省は、更生保護ボランティアの活動を促進するため、更生保護ボランティアに対する研

修の充実を図るとともに、BBS会による学習支援などの更生保護ボランティア活動に対する支援の充実を図る。また、法務省は、保護観察対象者等の指導・支援を担当している保護司が、保護司相互の相談・研修等の機会が得られるようにするとともに、保護司会の活動である保護司の適任者確保、"社会を明るくする運動"等の広報・啓発活動、地域の関係機関等と連携した再犯防止のための取組等を促進するため、保護司経験者や専門的知見を有する者からの助言等を受けられるようにすることを含めた保護司会の活動に対する支援の充実を図る。【法務省】

ウ　更生保護サポートセンターの設置の推進【施策番号93】

　　法務省は、保護司と保護観察対象者等との面接場所や保護司組織の活動拠点を確保するとともに、更生保護ボランティアと地域の関係機関等との連携を促進するため、総務省の協力を得て、地方公共団体等と連携して、地域における更生保護ボランティアの活動の拠点となる更生保護サポートセンターの設置を着実に推進する。【総務省、法務省】

③　更生保護施設による再犯防止活動の促進等

ア　更生保護施設の地域拠点機能の強化【施策番号94】

　　法務省は、更生保護施設が、更生保護施設等を退所した者にとって、地域社会に定着できるまでの間の最も身近かつ有効な支援者であることを踏まえ、更生保護施設が地域で生活する刑務所出所者等に対する支援や処遇を実施するための体制整備を図る。【法務省】

イ　更生保護事業の在り方の見直し【施策番号95】

　　法務省は、更生保護施設が、一時的な居場所の提供だけではなく、犯罪をした者等の処遇の専門施設として、高齢者又は障害のある者、薬物依存症者に対する専門的支援や地域における刑務所出所者等の支援の中核的存在としての機能が求められるなど、現行の更生保護施設の枠組が構築された頃と比較して、多様かつ高度な役割が求められるようになり、その活動は難しさを増していることを踏まえ、これまでの再犯防止に向けた取組の中で定められた目標の達成に向け、更生保護事業の在り方について検討を行い、2年以内を目途に結論を出し、その結論に基づき所要の措置を講じる。【法務省】

④　民間の団体等の創意と工夫による再犯防止活動の促進

ア　再犯防止活動への民間資金の活用の検討【施策番号96】

　　法務省は、更生保護法人のほか、NPO法人、社団法人、財団法人その他各種の団体等が、再犯の防止等に関する活動を行うための民間資金を活用した支援の在り方について検討を行い、2年以内を目途に結論を出し、その結論に基づき施策を実施する。【法務省】

イ　社会的成果（インパクト）評価に関する調査研究【施策番号97】

　　法務省は、関係府省の協力を得て、民間の団体等が行う再犯の防止等に関する活動における社会的成果（インパクト）評価に関する調査研究を行い、2年以内を目途に結論を出し、再犯の防止等に関する活動を行う民間団体等に対してその調査結果を提供し、共有を図る。【法務省】

⑤　民間協力者との連携の強化

ア　適切な役割分担による効果的な連携体制の構築【施策番号98】

　　法務省は、保護司、篤志面接委員、教誨師等民間協力者が有する特性を踏まえつつ、民間協

力者の負担が大きくならないよう留意しながら民間協力者との適切な役割分担を図り、効果的な連携体制を構築する。また、法務省は、再犯の防止等において、弁護士が果たしている役割に鑑み、弁護士との連携を強化していく。【法務省】

イ　犯罪をした者等に関する情報提供【施策番号99】

法務省は、警察庁、文部科学省及び厚生労働省の協力を得て、犯罪をした者等に対して国や地方公共団体が実施した指導・支援等に関する情報その他民間協力者が行う支援等に有益と思われる情報について、個人情報等の適切な取扱いに十分配慮しつつ、民間協力者に対して適切に情報提供を行う。【警察庁、法務省、文部科学省、厚生労働省】

ウ　犯罪をした者等の支援に関する知見等の提供・共有【施策番号100】

法務省は、警察庁、文部科学省及び厚生労働省の協力を得て、民間協力者に対し、犯罪をした者等に対する指導・支援に関する調査研究の成果を提供するほか、矯正施設、保護観察所等の刑事司法関係機関の職員を民間協力者の実施する研修等へ講師として派遣するなどし、民間協力者に対して犯罪をした者等の支援に関する知見等を提供し、共有を図る。【警察庁、法務省、文部科学省、厚生労働省】

２．広報・啓発活動の推進等
（1）現状認識と課題等

犯罪をした者等の社会復帰のためには、犯罪をした者等の自らの努力を促すだけでなく、犯罪をした者等が社会において孤立することのないよう、国民の理解と協力を得て、犯罪をした者等が再び社会を構成する一員となることを支援することが重要である。

政府においては、これまでも、全ての国民が、犯罪や非行の防止と罪を犯した人の更生について、理解を深め、それぞれの立場において力を合わせ、犯罪のない地域社会を築こうとする全国的な運動である"社会を明るくする運動"を推進するとともに、再犯の防止等に関する広報・啓発活動や法教育などを実施し、再犯の防止等について国民の関心と理解を深めるよう努めてきた。

しかしながら、再犯の防止等に関する施策は、国民にとって必ずしも身近でないため、国民の関心と理解を得にくく、"社会を明るくする運動"が十分に認知されていないなど、国民の関心と理解が十分に深まっているとは言えないこと、民間協力者による再犯の防止等に関する活動についても国民に十分に認知されているとはいえないことなどの課題がある。

（2）具体的施策
①　再犯防止に関する広報・啓発活動の推進
ア　啓発事業等の実施【施策番号101】

法務省は、各府省、地方公共団体、民間協力者と連携して、推進法第6条に規定されている再犯防止啓発月間において、国民の間に広く犯罪をした者等の再犯の防止等についての関心と理解を深めるための事業の実施を推進するとともに、検察庁、矯正施設、保護観察所等の関係機関における再犯の防止等に関する施策や、その効果についての積極的な情報発信に努める。また、"社会を明るくする運動"においても、推進法の趣旨を踏まえて、再犯の防止等についてより一層充実した広報・啓発活動が行われるよう推進するとともに、広く国民各層に関心をもってもらうきっかけとするため、効果検証を踏まえて、広報媒体や広報手法の多様化に努める。【各府省】

イ　法教育の充実【施策番号102】

　　法務省は、文部科学省の協力を得て、再犯の防止等に資するための基礎的な教育として、法や司法制度及びこれらの基礎となっている価値を理解し、法的なものの考え方を身に付けるための教育を推進する。加えて、法務省は、再犯の防止等を含めた刑事司法制度に関する教育を推進し国民の理解を深める。【法務省、文部科学省】

②　民間協力者に対する表彰【施策番号103】

　　内閣官房及び法務省は、民間協力者による優れた再犯の防止等に関する活動を広く普及し、民間の個人・団体等による再犯の防止等に関する活動を促進するため、再犯を防止する社会づくりについて功績・功労があった民間協力者に対する表彰を実施する。【内閣官房、法務省】

第7　地方公共団体との連携強化等のための取組（推進法第5条、第8条、第24条関係）

1．地方公共団体との連携強化等

（1）現状認識と課題等

　　犯罪をした者等の中には、安定した仕事や住居がない者、薬物やアルコール等の依存のある者、高齢で身寄りがない者など地域社会で生活する上での様々な課題を抱えている者が多く存在する。政府においては、犯罪をした者等の抱えている課題の解消に向けて、各種の社会復帰支援のための取組を実施してきたところであるが、その範囲は原則として刑事司法手続の中に限られるため、刑事司法手続を離れた者に対する支援は、地方公共団体が主体となって一般市民を対象として提供している各種サービスを通じて行われることが想定されている。

　　この点について、推進法においては、地方公共団体は、基本理念にのっとり、再犯の防止等に関し、国との適切な役割分担を踏まえて、その地方公共団体の地域の状況に応じた施策を策定し、実施する責務があることや、地方公共団体における再犯の防止等に関する施策の推進に関する計画（以下「地方再犯防止推進計画」という。）を定めるように努めなければならないことが明記された。

　　こうした中、一部の地方公共団体においては、自らがコーディネーターとなって、継続的な支援等を実施するためのネットワークを構築するなどソーシャル・インクルージョン（全ての人々を孤独や孤立、排除や摩擦から援護し、健康で文化的な生活の実現につなげるよう、社会の構成員として包み支え合う）のための取組が実施されつつある。

　　しかしながら、地方公共団体には、犯罪をした者等が抱える様々な課題を踏まえた対応といった支援のノウハウや知見が十分でないこと、支援を必要としている対象者に関する情報の収集が容易でないことなどの課題があり、これらのことが、地方公共団体が主体的に、再犯の防止等に関する施策を進めていく上での課題となっている。

（2）具体的施策

①　地方公共団体による再犯の防止等の推進に向けた取組の支援

ア　再犯防止担当部署の明確化【施策番号104】

　　法務省は、総務省の協力を得て、全ての地方公共団体に再犯の防止等を担当する部署を明確にするよう、必要な働き掛けを実施する。【総務省、法務省】

イ　地域社会における再犯の防止等に関する実態把握のための支援【施策番号105】

　　法務省は、地域における犯罪をした者等の実情や支援の担い手となり得る機関・団体の有無等といった、地域において再犯の防止等に関する取組を進める上で必要な実態把握に向けた調査等を行う地方公共団体の取組を支援する。【法務省】

ウ　地域のネットワークにおける取組の支援【施策番号106】

　　法務省は、刑事司法手続を離れた者を含むあらゆる犯罪をした者等が、地域において必要な支援を受けられるようにするため、警察庁、総務省、文部科学省、厚生労働省及び国土交通省の協力を得て、地域の実情に応じて、刑事司法関係機関、地方公共団体等の公的機関や保健医療・福祉関係機関、各種の民間団体等の地域の多様な機関・団体が連携した支援等の実施に向けたネットワークにおける地方公共団体の取組を支援する。【警察庁、総務省、法務省、文部科学省、厚生労働省、国土交通省】

エ　資金調達手段の検討の促進【施策番号107】

　　法務省は、関係府省の協力を得て、地方公共団体に対して、地域における再犯の防止等に関する施策や民間の団体等の活動を推進するための資金を調達する手段の検討を働き掛けていく。【法務省】

②　地方再犯防止推進計画の策定等の促進【施策番号108】

　　法務省は、地方公共団体において、再犯の防止等に関する施策の検討の場が設けられるよう、また、地域の実情を踏まえた地方再犯防止推進計画が早期に策定されるよう働き掛ける。法務省は、警察庁、総務省、文部科学省、厚生労働省、農林水産省、経済産業省及び国土交通省の協力を得て、再犯の現状や動向、推進計画に基づく施策の実施状況等に関する情報を提供するなど、地方公共団体が地方再犯防止推進計画や再犯防止に関する条例等、地域の実情に応じて再犯の防止等に関する施策を検討・実施するために必要な支援を実施する。【警察庁、総務省、法務省、文部科学省、厚生労働省、農林水産省、経済産業省、国土交通省】

③　地方公共団体との連携の強化

ア　犯罪をした者等の支援等に必要な情報の提供【施策番号109】

　　法務省は、警察庁、文部科学省、厚生労働省及び国土交通省の協力を得て、地方公共団体に対し、国が犯罪をした者等に対して実施した指導・支援等に関する情報その他地方公共団体が支援等を行うために必要な情報について、個人情報等の適切な取扱いに十分配慮しつつ、適切に情報を提供する。【警察庁、法務省、文部科学省、厚生労働省、国土交通省】

イ　犯罪をした者等の支援に関する知見等の提供・共有【施策番号110】

　　法務省は、警察庁、文部科学省及び厚生労働省の協力を得て、犯罪をした者等に対する指導・支援に関する調査研究等の成果を提供するほか、矯正施設、保護観察所等の刑事司法関係機関の職員を地方公共団体の職員研修等へ講師として派遣するなどし、地方公共団体に対して犯罪をした者等の支援に関する知見等を提供し、共有を図る。【警察庁、法務省、文部科学省、厚生労働省】

ウ　国・地方協働による施策の推進【施策番号111】

　　法務省は、警察庁、総務省、文部科学省、厚生労働省、農林水産省、経済産業省及び国土交通省の協力を得て、国と地方公共団体における再犯の防止等に関する施策を有機的に連携させ、総合的かつ効果的な再犯の防止等に関する対策を実施するため、国と地方公共団体の協働による再犯の防止等に関する施策の実施を推進する。【警察庁、総務省、法務省、文部科学省、厚生労働省、農林水産省、経済産業省、国土交通省】

エ　国の施策に対する理解・協力の促進【施策番号112】

　　警察庁、法務省、文部科学省、厚生労働省、農林水産省、経済産業省及び国土交通省は、必要に応じ総務省の協力を得て、国が実施する再犯の防止等に関する施策について、地方公共団体に対して周知を図り、必要な協力が得られるよう働き掛けていくとともに、地方公共団体においても、地域の状況に応じつつ、国が実施する再犯の防止等に関する施策と同様の取組を実施するよう働き掛けていく。【警察庁、総務省、法務省、文部科学省、厚生労働省、農林水産省、経済産業省、国土交通省】

第8　関係機関の人的・物的体制の整備等のための取組（推進法第18条、第19条関係）

1．関係機関の人的・物的体制の整備等

（1）現状認識と課題等

　犯罪をした者等が円滑に社会に復帰することができるようにするためには、犯罪をした者等が犯罪の責任等を自覚して自ら社会復帰のために努力することはもとより、社会において孤立しないよう、犯罪をした者等に対して適切な指導及び支援を行い得る人材を確保・養成し、資質の向上を図っていくことが求められている。また、矯正施設を始めとする再犯防止関係施設は、再犯の防止等に関する施策を実施するための重要な基盤であり、その整備を推進していくことが求められている。

　しかしながら、刑事司法関係機関や保健医療・福祉関係機関等は、それぞれ十分とはいえない体制の中で業務を遂行している現状にあり、様々な課題を抱えた犯罪をした者等に対して十分な指導・支援を行うことが困難な状況にあること、例えば、矯正施設については、地域住民の避難場所等災害対策の役割をも担っているにもかかわらず、現行の耐震基準制定以前に築造されたものが多く、高齢受刑者が増加している中でバリアフリー化に対応できていない施設、あるいは医療設備が十分でない施設も存在することなど、再犯の防止等に関する施策を担う人的・物的体制の整備が急務である。

（2）具体的施策

①　関係機関における人的体制の整備【施策番号113】

　　警察庁、法務省及び厚生労働省は、関係機関において、本計画に掲げる具体的施策を適切かつ効果的に実施するために必要な人的体制の整備を着実に推進する。【警察庁、法務省、厚生労働省】

②　関係機関の職員等に対する研修の充実等【施策番号114】

　　警察庁、法務省、文部科学省及び厚生労働省は、再犯の防止等に関する施策が、犯罪をした者等の円滑な社会復帰を促進するだけでなく、犯罪予防対策としても重要であり、安全で安心して暮らせる社会の実現に寄与するものであることを踏まえ、刑事司法関係機関の職員のみならず、警察、ハローワーク、福祉事務所等関係機関の職員、学校関係者等に対する教育・研修等の充実を図る。【警察庁、法務省、文部科学省、厚生労働省】

③　矯正施設の環境整備【施策番号115】

　　法務省は、矯正施設について、耐震対策を行うとともに、医療体制の充実、バリアフリー化、特性に応じた効果的な指導・支援の充実等のための環境整備を着実に推進する。【法務省】

再 犯 防 止 推 進 計 画

計画期間 平成30年度から令和4年度末までの5年間

国民が犯罪による被害を受けることを防止し、安全で安心して暮らせる社会の実現を図るため、今後5年間で政府が取り組む再犯防止に関する施策を盛り込んだ初めての計画。

再犯防止推進計画策定の経緯

〔再犯の現状〕

検挙者に占める再犯者の割合
48.7%

安全・安心な社会を実現するためには、
再犯防止対策が必要不可欠

〔再犯防止に向けた取組の課題〕

刑事司法関係機関だけでの取組には、限界がある

刑事司法関係機関による取組 ▷ 地域社会での継続的支援 ▷ 再犯防止

国・地方公共団体・民間が一丸となった取組が重要

超党派の国会議員による法案の検討

平成28年12月、再犯防止推進法が全会一致で成立

外部有識者を含む検討会において検討

再犯防止推進計画（案）を取りまとめ

5つの基本方針

① 「誰一人取り残さない」社会の実現に向け、国・地方公共団体・民間の緊密な連携協力を確保して再犯防止施策を総合的に推進

② 刑事司法手続のあらゆる段階で切れ目のない指導及び支援を実施

③ 犯罪被害者等の存在を十分に認識し、犯罪をした者等に犯罪の責任や犯罪被害者の心情等を理解させ、社会復帰のために自ら努力させることの重要性を踏まえて実施

④ 犯罪等の実態、効果検証・調査研究の成果等を踏まえ、社会情勢等に応じた効果的な施策を実施

⑤ 再犯防止の取組を広報するなどにより、広く国民の関心と理解を醸成

7つの重点課題と主な施策

① 就労・住居の確保

・ 職業訓練、就労に向けた相談・支援の充実
・ 協力雇用主の活動に対する支援の充実
・ 住居提供者に対する支援、公営住宅への入居における特別の配慮、賃貸住宅の供給の促進 等

② 保健医療・福祉サービスの利用の促進

・ 刑事司法関係機関と保健医療・福祉関係機関の連携の強化
・ 薬物依存症の治療・支援機関の整備、自助グループを含む民間団体への支援
・ 薬物指導体制の整備、海外における拘禁刑に代わる措置も参考にした再犯防止方策の検討 等

③ 学校等と連携した修学支援

・ 矯正施設内での学びの継続に向けた取組の充実
・ 矯正施設からの進学・復学の支援 等

④ 特性に応じた効果的な指導

・ アセスメント機能の強化
・ 特性に応じた効果的指導の充実
・ 効果検証・調査研究の実施 等

⑤ 民間協力者の活動促進、広報・啓発活動の推進

・ 更生保護サポートセンターの設置の推進
・ 更生保護事業の在り方の見直し 等

⑥ 地方公共団体との連携強化

・ 地域のネットワークにおける取組の支援
・ 地方再犯防止推進計画の策定等の促進 等

⑦ 関係機関の人的・物的体制の整備

政府目標（令和3年までに2年以内再入率を16%以下にする等）を確実に達成し、
国民が安全で安心して暮らせる「**世界一安全な日本**」の実現へ

3. 再犯防止推進計画等検討会関係資料

再犯防止推進計画等検討会設置要綱

平成29年2月2日
法務大臣決定
平成31年2月21日
一 部 改 正
令和2年3月30日
一 部 改 正
令和3年3月30日
一 部 改 正
令和4年1月31日
一 部 改 正
令和4年3月28日
一 部 改 正

1　名称

　再犯防止推進計画等検討会

2　目的

　　再犯防止推進計画等検討会（以下「検討会」という。）は、法務大臣が「再犯の防止等の推進に関する法律」（平成28年法律第104号）第7条第3項に基づき作成する「再犯防止推進計画の案」に掲げる事項の検討及び同条第1項に基づき定められた「再犯防止推進計画」に盛り込まれた施策の進捗状況の確認等を行うことを目的とする。

3　検討会の構成
　（1）検討会の議長は、法務副大臣とする。
　（2）検討会は、関係行政機関の職員で、法務大臣が指名した官職にある者のほか、有識者をもって構成する。
　（3）検討会の構成員となる有識者は、法務大臣が委嘱する。
　（4）検討会の構成員となる有識者の任期は、1年とする。ただし、再任を妨げない。
　（5）検討会に副議長を置く。副議長は、構成員の中から法務大臣が指名する。
　（6）議長は、必要に応じ、構成員以外の関係行政機関の職員その他関係者の出席を求めることができる。

4　検討会の庶務は、大臣官房秘書課企画再犯防止推進室において処理する。

5　前各項に定めるもののほか、検討会の運営に関する事項その他必要な事項は、議長が定める。

再犯防止推進計画等検討会構成員

議　　　長　　法務副大臣

副　議　長　　法務省大臣官房政策立案総括審議官
構　成　員　　内閣官房内閣参事官（内閣官房副長官補付）
（関係省庁）　警察庁生活安全局生活安全企画課長
　　　　　　　警察庁刑事局組織犯罪対策部暴力団対策課長
　　　　　　　総務省地域力創造グループ地域政策課長
　　　　　　　法務省大臣官房秘書課企画再犯防止推進室長
　　　　　　　法務省刑事局総務課長
　　　　　　　法務省矯正局更生支援管理官
　　　　　　　法務省保護局総務課長
　　　　　　　法務省保護局更生保護振興課長
　　　　　　　文部科学省総合教育政策局男女共同参画共生社会学習・安全課長
　　　　　　　文部科学省初等中等教育局初等中等教育企画課長
　　　　　　　文部科学省初等中等教育局児童生徒課長
　　　　　　　厚生労働省職業安定局雇用開発企画課就労支援室長
　　　　　　　厚生労働省人材開発統括官付参事官（人材開発政策担当）
　　　　　　　厚生労働省社会・援護局総務課長
　　　　　　　厚生労働省社会・援護局障害保健福祉部精神・障害保健課依存症対策推進室長
　　　　　　　農林水産省経営局就農・女性課長
　　　　　　　林野庁経営課林業労働・経営対策室長
　　　　　　　水産庁漁政部企画課長
　　　　　　　中小企業庁経営支援部経営支援課長
　　　　　　　国土交通省住宅局住宅政策課長

（有識者）　　川出　敏裕　　東京大学大学院法学政治学研究科教授
　　　　　　　清水　義憲　　更生保護法人清心寮理事長
　　　　　　　堂本　暁子　　元千葉県知事
　　　　　　　野口　義弘　　有限会社野口石油取締役会長（協力雇用主）
　　　　　　　松田美智子　　公益財団法人矯正協会特別研究員
　　　　　　　宮田　桂子　　弁護士
　　　　　　　村木　厚子　　元厚生労働事務次官
　　　　　　　森久保康男　　更生保護法人全国保護司連盟副理事長
　　　　　　　和田　　清　　昭和大学薬学部客員教授

（敬称略）

4. 再犯防止推進計画加速化プラン

～満期釈放者対策を始めとした"息の長い"支援の充実に向けて～

〔令和元年12月23日
犯罪対策閣僚会議決定〕

第1 本プランについて

　政府においては、「再犯防止推進計画」（平成29年12月15日閣議決定）の策定以降、同計画に基づき、関係省庁が連携協力して再犯防止施策を推進しているところ、政府目標である出所後2年以内に再び刑事施設に入所する者の割合（2年以内再入率）が、直近の平成29年出所者において初めて17％を下回るなど、着実な成果を上げつつある。

　その一方で、刑事施設内で刑期を終えて社会に復帰する満期釈放者は、出所受刑者の約4割に上るところ、その2年以内再入率は、直近の平成29年出所者において25.4％となっており、刑期終了前に社会に戻り、社会内で保護観察を受ける仮釈放者（10.7％）と比較すると、2倍以上高くなっている。「令和3年度までに2年以内再入率を16％以下にする」という政府目標を確実に達成するとともに、同目標を達成した後も更に2年以内再入率を低下させるためには、満期釈放者の再犯をいかに防ぐかが極めて重要である。

　また、満期釈放者はもとより、刑事司法手続の入口段階にある起訴猶予者等を含む犯罪をした者等の再犯・再非行を防ぐためには、刑事司法関係機関における取組のみでは十分でなく、それぞれの地域社会において、住民に身近な各種サービスを提供している地方公共団体による取組が不可欠である。現在、再犯防止の取組を積極的に進める地方公共団体も増えつつあり、こうした動きを更に促進するためにも、推進計画に掲げられている地方公共団体との連携強化をより一層推進していく必要がある。

　さらに、刑事司法手続終了後を含めた"息の長い"支援を実現していくためには、国・地方公共団体との連携はもとより、民間協力者との連携協力が不可欠である。しかしながら、民間協力者の財政基盤は脆弱であることが多く、財政上の問題から、本来、有意義な再犯防止活動が限定的な効果にとどまっている例も少なくないのが実情である。

　そのため、「再犯防止推進計画加速化プラン」として、現下の課題に対応するため、①満期釈放者対策の充実強化、②地方公共団体との連携強化、③民間協力者の活動の促進について、政府一丸となって、効果的な取組を積極的に進めていくこととする。

第2 再犯防止推進計画加速化プランの内容

1 満期釈放者対策の充実強化
（1）現状と課題の解決に向けた方向性

　満期釈放者の2年以内再入率が仮釈放者のそれと比較して高い背景として、刑事施設釈放後、仮釈放者は、保護観察を通じて、保護観察官等の指導監督を受けながら、個々の実情に応じた必要な支援に結びつける様々な援助を受ける機会があるのに対し、満期釈放者は、支援を受ける機会がより限定されていることが挙げられる。

　また、受刑者が満期釈放となる背景として最も多いのは、社会復帰後の適当な帰住先が確保されないことであり、刑事施設において仮釈放の申出がなされなかった理由の約4割を住居調整不良が占めている。そして、満期釈放者の約4割が出所後、ネットカフェやビジネスホテルなど不安定な居住環境に身を置かざるを得ない状況にある。

　さらに、満期釈放者の再犯率が高い背景としては、社会復帰後の安定した生活を送るために必要な支援を社会内で継続的に受けられていないことが挙げられる。

　こうした課題を解決するため、刑事施設と保護観察所が緊密な連携を図りながら、刑事施設入所早期に行うニーズ把握から出所後の各種支援に至るまで、切れ目のない"息の長い"支援体制を構築することで、社会での適当な帰住先を確保した状態で社会復帰させるための施策の強化を図るとともに、満期釈放となった場合であっても、地域の支援につなげる仕組みを構築することが必要である。

（2）成果目標

　令和4年までに、満期釈放者の2年以内再入者数を2割以上減少させる[※1]。

（3）成果目標の達成に向けた具体的な取組

ア　刑事施設入所早期からのニーズの把握と意欲の喚起

　刑執行開始時調査等により刑事施設入所早期から受刑者個々の社会復帰に向けたニーズを把握するだけでなく、刑事施設在所期間中の様々な機会において、働き掛けや指導等を行い、社会復帰に向けた意欲を高める。

　また、警察及び暴力追放運動推進センターにおいては、矯正施設と連携し、暴力団員の離脱に係る情報を適切に共有するとともに、矯正施設に職員が出向いて、暴力団員の離脱意志を喚起するための講演を実施するなど、暴力団員の離脱に向けた働き掛けを行う。【法務省、警察庁、文部科学省】

イ　生活環境の調整の充実強化と仮釈放の積極的な運用

　刑事施設と更生保護官署の連携の下、生活環境の調整を充実強化することにより、受刑者の帰住先の確保を促進するとともに、改善指導等の矯正処遇や就労支援を始めとする社会復帰支援を充実させ、悔悟の情や改善更生の意欲のある受刑者については、仮釈放を積極的に運用する。【法務省】

ウ　満期釈放者に対する受け皿等の確保

　釈放後の支援の必要性が高い満期釈放者について、生活環境の調整の結果に基づき、刑事施設、保護観察所、公共職業安定所、更生保護就労支援事業所、地域生活定着支援センター及び地方公共団体が、就労支援、職場への定着支援及び福祉サービスの利用支援等の面での連携を強化し、更生保護施設、自立準備ホーム、住込み就労が可能な協力雇用主、福祉施設、公営住宅等の居場所の確保に努める。また、居住支援法人と連携した新たな支援の在り方を検討する。さらに、暴力団離脱者については、警察のほか、暴力追放運動推進センター、職業安定機関、矯正施設、保護観察所、協賛企業等で構成される社会復帰対策協議会の枠組みを活用して、暴力団離脱者のための安定した雇用の場の確保に努める。【法務省、警察庁、厚生労働省、国土交通省】

エ　満期釈放者の相談支援等の充実

　更生保護施設を退所した者に対する継続的な相談支援によるフォローアップを強化するとともに、就労支援又は居住支援と連携した満期釈放者に対する生活相談の在り方を検討する。また、暴力団からの離脱に向けた指導等を担当する警察職員等に対し、実務に必要な専門的知識を習得させるための教育・研修の充実を図る。【法務省、警察庁、厚生労働省、国土交通省】

[※1]　直近の5年間（平成25年から平成29年まで）に出所した満期釈放者の2年以内再入者数の平均は2,726人であることを踏まえ、これを基準として、令和4年までに、その2割以上を減少させ、2,000人以下とするものである。

オ　満期釈放者対策の充実に向けた体制の整備

満期釈放者対策の充実を図るため、刑事施設、地方更生保護委員会、保護観察所、地域生活定着支援センター等の体制を強化する。【法務省、厚生労働省】

2　地方公共団体との連携強化の推進

（1）現状と課題の解決に向けた方向性

高齢、障害、生活困窮等の様々な生きづらさを抱える犯罪をした者等の再犯を防止し、その立ち直りを実現するためには、従来の刑務所等からの円滑な社会復帰を目的とした支援だけでは不十分であり、地方公共団体や民間団体等と刑事司法関係機関が分野を越えて連携する、切れ目のない“息の長い”支援が必要である。

政府においては、地域における再犯防止施策を促進するため、これまで地域再犯防止推進モデル事業を通じた地方公共団体における先進的な取組の創出・共有や、地方公共団体による再犯防止推進計画策定の参考となる各種統計データ・手引き等の基礎的資料の作成、様々な機会を捉えた説明の実施などの取組を進めてきた。

こうした中、一部の地方公共団体では、犯罪をした者等の円滑な社会復帰や再犯防止にとどまらず、誰一人取り残さない「共生のまちづくり」の一環として、住民が犯罪の被害者とならない安全・安心で活力ある共生社会を実現する「更生支援」という理念の下、条例や地方再犯防止推進計画（以下「地方計画」という。）を策定し、地方公共団体、関係機関、住民、民間団体等が主体となった取組が進められている。

また、矯正施設が所在する地方公共団体においては、矯正施設が有する人的・物的資源等を「地域の資源・強み」と捉えて、例えば、地域で担い手が減少している伝統工芸品の制作や災害発生時に地元の地方公共団体等との連絡体制の構築や避難場所の提供といった地域と連携した防災対策を推進するなど、再犯防止と地方創生を連携させながら、地域における取組を進めているところもある。

その一方で、本年10月1日現在、地方計画を策定した地方公共団体は、全国で22団体にとどまっており、再犯防止に向けた取組が全国で進んでいるとは必ずしもいいがたい状況にある。

また、地方公共団体からは、地域の取組が進みにくい事情として、複合的な課題を抱える犯罪をした者等を必要な支援につなぐコーディネーターとなる人材や必要な支援を提供できる民間団体等が地域にないこと、地域での受入れについて住民の理解を得られないなどの課題があることに加えて、再犯防止・更生支援の取組を地域で進めようとする地方公共団体に対する国からの支援が十分でないことなどが指摘されている。

犯罪をした者等の再犯防止・更生支援に不可欠な“息の長い”支援を、地域で実現するためには、国、地方公共団体、民間団体が互いの本来の役割を踏まえつつ、それぞれの分野を越えて連携するための取組が不可欠である。

この点、再犯防止推進法においては、地方公共団体は、国との適切な役割分担を踏まえて、再犯防止施策を講ずることとされている。国は、原則として刑事司法手続の範囲で、各種の社会復帰支援を実施する役割を有している。一方、地方公共団体は、刑事司法手続終了後も含め、犯罪をした者等のうち、保健医療・福祉サービスといった各種の行政サービスを必要とするもの、特に、こうしたサービスへのアクセスが困難であるものに対して適切にサービスを提供することはもとより、複合的な課題を抱えるものについては適当な行政サービスにつなぎ、地域移行を図るなど、国と連携して“息の長い”支援を実施する役割を有している。

国と地方公共団体には、こうした本来の役割を踏まえ、垣根を越えて連携し、取組を進めることが求められている。

（2）成果目標

令和３年度末までに、100以上の地方公共団体で地方計画が策定されるよう支援する。

（3）成果目標の達成に向けた具体的な取組

ア　地方公共団体が地方計画の策定や再犯防止施策を推進するために必要な各種統計情報を整備し、提供する。【法務省】

イ　地方公共団体や民間団体の好事例など、地域において再犯防止に取り組む上で参考となる情報を集約し、閲覧するなど、取組の横展開を図る仕組みを整備する。【法務省】

ウ　地方公共団体が効果的な再犯防止の実施体制を構築できるよう、必要な支援を実施する。【法務省、総務省】

3　民間協力者の活動の促進

（1）現状と課題の解決に向けた方向性

"息の長い"支援を実現するためには、更生保護ボランティアや少年警察ボランティア、更生保護法人、協力雇用主、教誨師や篤志面接委員といった、これまで長年に渡って犯罪をした者等の立ち直りを支援してきた民間協力者に加え、ダルク等の自助グループ、医療・保健・福祉関係等の民間団体、企業等は不可欠な存在であり、その活動を支援する必要がある。

取り分け、犯罪をした者等の立ち直りを支える保護司については、その活動を支援するため、地域の活動拠点である「更生保護サポートセンター」が令和元年度末までに、全ての保護司会（886か所）で設置される予定であるとともに、平成31年３月には、平成26年に全国保護司連盟と共同して策定した「保護司の安定的確保に関する基本的指針」を改訂し、保護司活動インターンシップ（地域住民等に対する保護司活動を体験する機会の提供）や保護司候補者検討協議会（地域の関係団体等が参加し、保護司候補者に関する必要な情報の収集及び交換を行うもの）を積極的に運用することとしている。

また、更生保護施設においては、被保護者の特性等を理解し信頼関係が構築されている更生保護施設職員が、退所後に生活相談等のため自ら更生保護施設を訪れて来る者に対して、その相談に応じる等の継続的な指導や援助を行うことにより、退所者の再犯を防止するフォローアップ事業を実施しているほか、更生保護女性会員、BBS会員等の更生保護ボランティアは、地域の関係団体と連携しながら、保護観察処遇への協力や矯正施設への支援はもとより、近年は、子育て中の親子や高齢者、児童生徒等の支援として、「サロン」や「子ども食堂」の運営、「学習支援」などの取組を実施している。

このように、近年、民間協力者の求められる役割や活動範囲は大きく広がっており、それに伴い、国による一層効果的な支援が強く求められている。また、民間協力者の財政基盤は脆弱であることが多く、財政上の問題から、地域における再犯防止活動が限定的な効果にとどまっていることも少なくないのが実情である。

こうした課題を解決するため、"息の長い"支援に取り組む民間協力者に対する継続的支援を強化するとともに、民間資金を活用して、民間協力者による活動のための財政基盤を整備していくことが必要である。

（2）具体的な取組

ア　幅広い年齢層や多様な職業など様々な立場にある国民から保護司の適任者を得られるよう、保護司活動インターンシップ及び保護司候補者検討協議会の取組を推進するとともに、保護司適任者確保に関する調査研究を踏まえた実効性のある対策を実施する。【法務省】

イ　更生保護就労支援事業や身元保証制度、刑務所出所者等就労奨励金等を活用した協力雇用主

への継続的支援の強化や、犯罪をした者等を受け入れる農福連携等による立ち直りの取組を推進するとともに、刑務所出所者等が地域社会に定着できるまでの間の最も身近かつ有効な支援者である更生保護施設の体制整備を図り、更生保護施設の地域拠点機能を強化する。【法務省、農林水産省、厚生労働省】

ウ　ソーシャル・インパクト・ボンド等の成果連動型民間委託契約方式（PFS）の仕組みを通じ、社会的課題に取り組むNPO、民間企業・団体等と連携した効果的な再犯防止・立ち直りに向けた活動を推進する。【法務省、内閣府】

エ　少年を見守る社会気運を一層高めるため、自治会、企業、各種地域の保護者の会等に対して幅広く情報発信するとともに、少年警察ボランティア等の協力を得て、社会奉仕体験活動等を通じて大人と触れ合う機会の確保に努めるほか、少年警察ボランティア等の活動を促進するため、研修の実施等支援の充実を図る。【警察庁】

オ　保護司、更生保護女性会員、BBS会員、協力雇用主及び少年警察ボランティア等民間協力者の活動について、国民の理解と協力を得られるよう、新聞・テレビを始め、関係機関のウェブサイトやSNS等様々な媒体を通じた広報を充実強化するとともに、民間協力者によるクラウドファンディングや基金等の活用を促進する。【法務省、警察庁】

 **再犯防止推進計画加速化プラン** 　令和元年１２月２３日　犯罪対策閣僚会議決定

「再犯防止推進計画」（平成２９年１２月閣議決定、計画期間：平成３０年度～令和４年度）に基づき政府一体となって実施している再犯防止施策に関して、より重点的に取り組むべき３つの課題に対応した各種取組を加速化させるもの。

1 満期釈放者対策の充実強化

（１）現状と課題

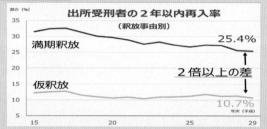

出所受刑者の２年以内再入率
（釈放事由別）

満期釈放　25.4%

２倍以上の差

仮釈放　10.7%

⇒出所受刑者の２年以内再入率について、満期釈放者は仮釈放者の２倍以上の差があり、全体を１６％以下にするという政府目標を確実に達成し、更に数値を下げるためには、満期釈放者対策は不可欠

（２）成果目標

令和４年までに、満期釈放者の２年以内再入者数を２割以上減少
※　２，７２６人（直近５年間の平均）
　→２，０００人以下に減少

（３）成果目標の達成に向けた主な具体的取組
○　出所後の帰住先の確保を始めとした生活環境の調整の充実強化と仮釈放の積極的な運用
○　満期釈放者に対する受け皿や相談支援等の充実

2 地方公共団体との連携強化の推進

（１）現状と課題
○　再犯防止の取組を進める地方公共団体が増えつつあり、こうした動きを更に促進していく必要がある。
○　再犯防止推進法に基づく地方再犯防止推進計画を策定した地方公共団体は一部にとどまっている。

（２）成果目標

令和３年度末までに、１００以上の地方公共団体で地方計画が策定されるよう支援
※　策定団体数：２２団体（Ｒ１．１０．１現在）

（３）成果目標の達成に向けた主な具体的取組
○　地方公共団体に対する各種統計や好事例等の提供
○　地方公共団体における実施体制の構築のための必要な支援

3 民間協力者の活動の促進

（１）現状と課題
○　民間協力者の求められる役割や活動範囲が広がっており、国による支援を一層強化する必要がある。
○　財政上の問題から、民間協力者による再犯防止活動が限定的な効果にとどまっていることも少なくない。

（２）現状の課題に対応した主な具体的取組
○　保護司等民間協力者に対する継続的支援の充実強化
○　民間資金等を活用した再犯防止活動の促進

5. 再犯防止に向けた総合対策

［平成24年7月20日
犯罪対策閣僚会議決定］

はじめに

　最近の我が国の犯罪情勢を見ると、刑法犯の認知件数が平成14年をピークに減少傾向にあるなど、一定の改善を見せているものの、戦後を通じて見ればなお相当高い水準にある。

　平成19年版犯罪白書によると、昭和23年以降の犯歴100万人（犯歴の件数は168万495件）を対象とした調査の結果、総犯歴数別の「人員構成比」では、初犯者が71%を占め、繰り返して犯罪を犯す再犯者は29%にとどまるのに対し、「件数構成比」では、再犯者による犯歴の件数が58%を占めており、このことは、約3割の再犯者によって、約6割の犯罪が行われているという事実を示している。

　また、平成23年版犯罪白書によると、平成22年における一般刑法犯検挙人員に占める再犯者の比率は43%、刑務所への入所受刑者人員に占める再入者の比率は56%であり、いずれも近年において上昇傾向が続いている。

　さらに、刑務所出所者や保護観察中の者による重大事犯が後を絶たないことをも考慮すると、再犯防止対策は、「世界一安全な国、日本」復活の礎ともいうべき重要な政策課題である。

　犯罪や非行の要因については、これまでにも心理学、社会学等からのアプローチがなされてきたところであり、様々な要因が複雑に関連し合っていると考えられるが、特に、刑務所出所者等については、一般に、個々の問題性が深刻であることに加え、社会とのつながりが希薄化するなどして犯罪に至る危険因子を多く抱えていると考えられる。

　このため、これらの者に対する支援は、「犯罪者を生まない社会の構築」の実現のための重要な柱の一つとされ、特に、社会生活上困難な事情を抱える刑務所出所者等が、社会における「居場所」や「出番」、すなわち、帰住先・就労先を見付けることや、薬物依存、高齢、障害等といった特定の問題を克服するための支援を行うことが急務と認識されてきた。

　政府においては、平成22年12月、犯罪対策閣僚会議の下に「再犯防止対策ワーキングチーム」を設置し、省庁横断的な検討を進め、平成23年7月、これらの喫緊の課題に対し、短期間に集中して取り組むべき施策として「刑務所出所者等の再犯防止に向けた当面の取組」を策定し、現在、これに沿って、関係省庁が連携して着実に実施しているところである。

　しかしながら、刑務所出所者等の再犯を効果的に防止するためには、長期にわたり広範な取組を社会全体の理解の下で継続することが求められることから、今後は、より総合的かつ体系的な再犯防止対策として発展的に再構築を図る必要がある。

　再構築に当たり、特に重要と考えられる点は以下のとおりである。

　第1は、「個々の対象者の特性に応じた取組の実施」である。

　犯罪や非行には様々な要因が関わっているところ、再犯防止のためには、その中から適切なものを選び効果的に働き掛けることが求められる。

　このため、現に有効性が認められている施策を着実に進めつつ、刑務所出所者等が再犯に至る要因を多面的に捉え、個々の特性に応じた効果的な取組を充実し、刑務所及び少年院（以下「刑務所等」という。）に収容中から出所及び出院（以下「出所等」という。）後まで一貫性を持って継続的に進めることが必要である。

　第2は、「再犯要因分析に基づく施策の重点実施」である。

　再犯防止対策のために投入する人的・物的資源を最大限に活用するためには、有効な施策を選択

し、そこに資源を集中する必要がある。

このため、再犯に至る要因の実証的な分析や各施策の効果検証を行い、それに基づいて効果的に人的・物的資源を投入することにより、再犯防止対策の実行を加速化すべきものは加速化し、その実現を前倒ししていくことが必要である。

第3は、「可能な限り具体的な目標設定及びその達成のための仕組みづくり」である。

刑務所出所者等が、社会の中で孤立することなく安定した生活に定着していくためには、本人の自覚や努力はもとより、対象者を受け入れる社会の理解や協力が必要不可欠である。

また、国民の安全・安心に対する期待に応えるという点において、再犯防止対策の効果等を適時適切に示すことには大きな意義がある。

このため、上記の取組や施策の目指す成果について、目標とする到達点や数値によって効果を表すことのできるものについては、具体的な数値目標等を設定し、その達成時期や達成までの工程を示した上で、定期的にその達成状況を公表していく必要がある。

これらを踏まえ、犯罪対策閣僚会議においては、この度、「再犯防止に向けた総合対策」を策定した。

今後、本対策に基づき、関係諸機関の連携の下、各施策を着実に推進していくこととする。

第1　再犯の現状と課題

1　全般的状況
（1）再犯者率の上昇

一般刑法犯により検挙された再犯者は、平成19年からは若干減少し、13万7,614人（平成22年のデータ。以下特に断りのない場合は同年のデータとする。）であったが、検挙人員に占める再犯者の割合（再犯者率）は、平成9年の28％から一貫して上昇し続け、43％に達している。

なお、一般刑法犯及び特別法犯により検挙された再犯者のうち、前に検挙されたものと同じ罪名で再び検挙された者の比率が高い順に見ると、覚せい剤取締法違反（覚せい剤に係る麻薬特例法違反も含む。）の60％、傷害の20％、窃盗の19％等となっている。

（2）再入者率の上昇

刑務所に入所した受刑者に占める、入所度数が2度以上の再入者の割合（再入者率）は、平成16年から上昇し続けており、56％に達している。

さらに、刑務所を出所した者が再度刑務所に入所する割合（再入所率）は、入所が1度の者の5年以内の再入所率が25％であるのに対し、入所が2度の者の再入所率は48％と2倍近くの高率となっている。

なお、平成18年に満期釈放により出所した者の5年以内の再入所率は53％であり、仮釈放により出所した者の30％より20ポイント以上も高い。

（3）仮釈放率の低下

出所者に占める仮釈放者の割合（仮釈放率）は、平成13年からおおむね56〜57％で安定して推移してきたところ、平成17年以降低下を続け、49％と半数を下回っている。

2　対象者の特性別に見た現状
（1）早期対策が必要な少年・若年者

少年の刑法犯検挙人員は近年減少傾向にあるものの、人口比ではなお高い水準にあり、再犯者

の占める割合も近年漸増傾向にある。また、若年者（20歳以上30歳未満）の一般刑法犯検挙人員の人口比は少年よりも低いものの、成人一般に比べると高くなっている。

　一方、20歳代に刑事処分を受け、保護観察付執行猶予となった者のうち約半数、刑務所に入所した者のうち約4割が、少年期に何らかの保護処分を受けていることから、少年期の非行傾向や要因が十分改善されずにその後の刑事処分に至っていることが推測される。

　さらに、平成23年版犯罪白書によると、18歳から19歳で少年院を出院した者を対象とした特別調査の結果、少年院出院後に刑事処分を受けた者の初回犯行時年齢では20歳が最も多く、また、約8割が20歳代の第1四半期（20歳から22歳6か月までの期間）までに初回犯行に及んでいる。

　これらの事実は、少年期から成人後数年間における再犯防止対策の重要性を示しており、他の年齢層と比べて可塑性に富み、社会復帰のための環境も整いやすいことを踏まえ、少年・若年者に焦点を当てた取組を強化する必要がある。

（2）急速に増加する高齢者

　一般刑法犯について、高齢者の検挙人員は、他の年齢層と異なり近年著しい増加傾向にあり、その勢いは高齢者人口の増加をはるかに上回っている。

　また、高齢者の入所受刑者人員は、最近20年間、ほぼ一貫して増加傾向にあり、入所受刑者全体と比べてその増加傾向は著しく、その中で、再入者の割合が高くなっている。

　さらに、平成19年版犯罪白書によると、再犯期間が1年以内の者は47％と、他の年齢層に比べて際立って短くなっている。

　一方、高齢者の仮釈放率は、出所受刑者全体と比べて20ポイント以上も低くなっており、その背景に、適当な帰住先のない者が年々増加していることがあると推測される。

　このようなことから、平成21年度から地域生活定着支援事業[1]により、高齢や障害により自立した生活が困難な者に対する福祉的支援を実施しているところ、今後は更に、関係機関の連携の下、出所等後の生活環境の調整や生活基盤の確保等について取組を強化する必要がある。

（3）精神障害等により自立が困難な者

　一般刑法犯の検挙人員のうち、知的障害者を含む精神障害者及び精神障害の疑いのある者の割合は1％で推移しているところ、入所受刑者及び少年院入院者のうち精神障害を有する者の占める割合は、入所受刑者については8％、少年院入院者については9％と、年々増加している。

　さらに、保護観察対象者のうち、「精神障害等対象者」の類型に認定された者の全体に占める割合は5％程度となっている。

　これに対し、地域生活定着支援事業が地域生活定着支援センターを各都道府県に整備することなどにより成果を上げてきているものの、支援を必要とする全ての精神障害等により自立が困難な者に受入先を確保するには至っていない。

　このため、平成24年度から開始された地域生活定着促進事業を効果的に実施するとともに、同事業の対象から漏れた者に対する支援も含め、他の自立・生活困難者を対象としたNPO法人等との連携策等を強化する必要がある。

（4）増加する女性入所受刑者

　一般刑法犯検挙人員に女性の占める割合は22％、入所受刑者に女性の占める割合は8％といずれも低いが、その一方で女性の入所受刑者人員は平成4年には914人であったのに対し、平成22

※1　高齢又は障害を有するため福祉的な支援を必要とする刑務所出所者等について、出所等後直ちに福祉サービス等（障害者手帳の交付、社会福祉施設への入所等）につなげるための事業であり、「地域生活定着支援センター」を各都道府県に整備し、社会復帰支援を推進。なお、平成24年度から「地域生活定着促進事業」として実施。

年には2,206人と増加し、平成4年の約2.4倍となっている。

また、女性の再入者は、平成12年から増加傾向にあり、再入者率も、平成17年から上昇し続けている。

女性の入所受刑者の罪名について見ると、覚せい剤取締法違反の割合が39%と最も高く、男性の23%と大きく異なる傾向にあるほか、高齢者では、窃盗が70%を超えて著しく高いことが特徴的である。

一方、女性の受刑者や少年院在院者には、過去の被虐待経験や性被害による心的外傷、摂食障害の問題等を抱える例が多いことが指摘されている。

これらのことから、女性の受刑者や少年院在院者において特徴的な問題に着目した指導・支援を充実させる必要がある。

（5）暴力団関係者

暴力団関係者の検挙人員の推移を見ると、長期にわたり漸減傾向にあり、検挙人員全体に占める割合は6％となっている。

また、暴力団関係者の入所受刑者人員の推移を見ると、近年は漸減傾向にあり、入所受刑者総数の10%となっている。

一方、暴力団関係者である入所受刑者のうち、再入者の占める割合は77%となっており、暴力団関係者でない者と比べて20ポイント以上も高くなっている。

刑務所においては、暴力団からの離脱に向けた指導を実施しているところ、その効果は限定的であり、今後更に関係省庁間の連携を強化し、情報共有の在り方や有効な暴力団離脱支援策について検討する必要がある。

3　対象者の罪名・罪種別に見た現状

（1）再犯率の高い薬物事犯

覚せい剤取締法違反による検挙人員は、平成13年以降おおむね減少傾向にあるが、入所受刑者全体に占める割合は依然として24%と高くなっている。

また、覚せい剤取締法違反による入所受刑者に占める同一罪名再入者率は、75%と極めて高くなっており、一たび依存症に陥った薬物事犯者の更生の困難性を示している。

このようなことから、刑務所等収容中から出所等後までを通じて一貫性のある専門的処遇プログラム[※2]を効果的に実施するとともに、社会内において、保護観察所、医療・保健・福祉機関、民間支援団体等との連携による継続的な指導・支援体制を確立する必要がある。

加えて、薬物依存から早期に立ち直り、再使用に陥らないためには、その家族等による適切な対応が重要であることから、指導・支援の実施において当該家族等の協力が得られるよう、働き掛けや支援を行う必要がある。

（2）国民の関心の高い性犯罪

強姦の認知件数は平成16年から減少しており、強制わいせつについても戦後最多を記録した平成15年の70%に減少している。

一方、内閣府が平成18年に実施した「治安に関する世論調査」によると、「自分や身近な人が被害に遭うかもしれないと不安になる犯罪」として、「痴漢や強制わいせつなどの性的犯罪」を挙げた者の割合が、平成16年には23%であったのに対し、平成18年には28%に増加しているな

※2　薬物依存があることや性犯罪者であることなどの事情を有することにより、改善更生及び円滑な社会復帰に支障があると認められる者について、それらの事情の改善に資することに配慮した処遇のためのプログラム

ど、性犯罪については国民の関心が高くなっている。

　また、平成19年版犯罪白書によると、70万人初犯者・再犯者混合犯歴のうち、1犯目と同種再犯を犯した者の割合は、性犯罪では5％となっており、覚せい剤取締法違反や窃盗の29％、傷害・暴行の21％等に比べて相当低くなっているが、他方、性犯罪を多数回繰り返す者が一定数存在しており、その多くが若年時に初犯を犯している。

　このため、薬物事犯と同様に、受刑者等の再犯リスクに応じた専門的処遇プログラムを実施するとともに、関係省庁の連携の下で、再犯リスクの特に高い者に対する更に効果的な施策を検討する必要がある。

4　対象者の生活環境の現状

（1）住居を含めた生活環境確保の重要性

　刑務所出所者に占める満期釈放者の割合は、平成16年以降増加しており、平成22年には半数を超えている。また、満期釈放者のうち、適当な帰住先がない者の割合が半数近くとなっており、これらのことから、適当な帰住先がないことにより仮釈放の機会を得ることができない者が相当数存在することが推測される。

　さらに、入出所を繰り返すにつれて、親族等との関係が疎遠になるなどにより帰住先の確保が困難化する状況があり、こうした支える人のいない社会内での孤立化を背景に、適当な帰住先がない者ほど出所後再犯までの期間が短く、平成16年から平成20年までの5年間において、適当な帰住先がなかった再入所者のうち、約6割が出所後1年未満で再犯に至っている。

　このため、更生保護施設を始めとする社会内における多様な帰住先の確保・開拓に努めるとともに、それぞれの機能や特性に応じた確実な受入れを推進し、刑務所出所者等の社会復帰につなげていく必要がある。

　なお、満期釈放者については、その過半数が5年以内に再入所している状況にあり、保護観察の対象とならない満期釈放者に対しても社会内での新たな支援策を検討する必要がある。

（2）就労先確保の重要性

ア　刑務所再入所者のうち、無職者が占める割合は、最近10年間において増加傾向が続いており73％となっている。

　また、平成17年から平成21年までの5年間において、無職の保護観察対象者の再犯率は有職者の再犯率の約5倍となっている。

　このように、無職者による再犯が顕著な現状からすると、再犯防止のために就労の果たす役割は大きいが、他方、刑務所出所者等の就労先の確保は、対象者の資質や前歴等の問題から、困難な状況が継続している。

　このため、平成18年度から刑務所出所者等総合的就労支援対策[※3]を実施しており、年間2,000人以上の者が就職に至るなど、一定の成果を上げているものの、職場への定着が困難な者も生じている。

　一方、刑務所出所者等であることを理解した上で雇用・就労に協力する事業主（協力雇用主）の登録数は増加傾向にあり、平成24年4月現在で個人・法人合わせて約1万となっているが、実際に刑務所出所者等を雇用している協力雇用主は登録数の一部にとどまっている状況にある。今後は、多業種にわたる新たな雇用先の創出や開拓に取り組む必要がある。

イ　受刑者等には、就労に必要な基礎学力が不足している者が多く、最終学歴が高等学校中退まで

※3　刑務所、少年院、保護観察所、公共職業安定所等が連携する仕組みを構築した上で、支援対象者の希望、適性等に応じ、計画的に就労支援を行うもの。

の者が70%近くに達しており、このことが就労先の確保を困難化する一因となっている。

これに対し、刑務所等では平成19年から施設内で高等学校卒業程度認定試験を実施しているところ、平成22年度の受験者は776人にとどまっており、更なる指導の充実や対象者の拡大を図る必要がある。

また、職場への定着に当たっては、基礎学力とともに、就労を継続するための技術や能力が求められるため、雇用ニーズに応じた職業訓練種目の導入や職場でのコミュニケーション能力を高める取組を進める必要がある。

第2 再犯防止対策の基本的考え方

1 再犯の実態を踏まえ、効果的な施策を選択し、集中的に実施する

再犯防止は刑事政策における主要テーマであり、我が国においても、これまで、対象者の更生意欲を高める指導や社会復帰に向けた教育訓練等、様々な施策が採られてきている。

一方、再犯の状況や治安に対する国民からの要請は、社会経済情勢等と共に変化しており、これに適切に対応した対策を実施するためには、再犯をめぐる状況を適切に把握し、既存の施策についてその効果を検証し、有効性や効率性を踏まえて取捨選択を行い、効果的な施策に集中的に取り組むことが求められる。

2 再犯に至る要因について更なる実態解明を進める

犯罪・非行の要因については、多面的かつ複合的であり、特定の要因と犯罪・非行発生との関係を特定することは困難である。

しかし、再犯防止を進める上では、「どのような要因が対象者に内在又は再犯に至る過程に存在しており、変えることが可能なのか」といった観点から、犯罪・非行に至る要因の実態解明に向け更に調査研究を進め、その成果を基に新たな施策を検討する必要がある。

3 犯罪による被害の回復と犯罪被害者の安全・安心な生活に配慮して進める

再犯防止対策の実施に当たっては、犯罪被害者が受けた被害の大きさやその影響を正しく理解し、犯罪被害者が被害を回復し、再び安全で安心した生活を営むことができるように配慮して取り組む必要がある。

4 国民の理解と協力の下で、中長期的な視点に立った対策を継続的に進める

再犯防止対策は、一たび犯罪に陥った人を社会内で孤立させず、望ましい社会復帰のために必要な支援を行うものであるが、同時に、犯罪被害者の置かれている状況や視点を踏まえ、国民の理解の下で進めるべきものである。

このため、刑務所出所者等の社会復帰を見守り支える社会内の仕組みを創り出しつつ、犯罪被害者を含む国民に対し、再犯の現状とその防止に向けた取組に関する情報を提供し、理解を得るなど啓発していくことが重要であり、中長期的な視点に立って継続的に取り組む必要がある。

第3 再犯防止のための重点施策

1 対象者の特性に応じた指導及び支援を強化する

対象者個々の特性に応じて、実証的研究及び根拠に基づいた、効果的な処遇を強化するとともに、刑務所等での処遇と社会内での処遇との有機的連携を確保する。

（1）少年・若年者及び初入者に対する指導及び支援

少年・若年者及び初入者に対しては、再犯の連鎖に陥ることを早期に食い止めるために、個々の犯罪・非行歴、家庭環境、交友関係、発達上の課題、生活設計等を的確に把握し、これらに応じた指導・支援を集中的に実施する。

また、関係諸機関の連携の下で、刑務所等収容中から出所等後の保護観察までの過程を通じて、家族等からの相談に応じ助言等を行う態勢を強化するなど、家族等による監督・監護の強化や、これを補完する支援者による支援の輪の拡充を図る。

さらに、関係機関・団体の協力を得つつ、地域社会に寄与する社会貢献活動を行わせることにより、自己有用感を得させて社会のルールの大切さ等を理解させるとともに、対象者の特性に応じ、創作・体験活動等の社会参加活動に参加させることにより、学校・職場等での人間関係の構築に必要なコミュニケーション能力の伸長を図る。

加えて、広く支援を必要としている少年に対しては、積極的に連絡を取り、関係機関や民間ボランティア等との連携による立ち直り支援をより一層推進し、少年の高い再非行率の原因である不良交友関係の解消や当該交友関係に代わる居場所づくり等を効果的に実施する。

（2）高齢者又は障害者に対する指導及び支援

高齢又は障害のため、自立した生活を送ることが困難な者に対しては、刑務所等、保護観察所、地域生活定着支援センター、更生保護施設、福祉関係機関等の連携の下、地域生活定着促進事業対象者の早期把握及び迅速な調整により、出所等後直ちに福祉サービスにつなげる準備を進めるとともに、帰住先の確保を強力に推進する。

また、地域生活定着促進事業の対象とならない者に対しても、個々の必要性に応じた指導・支援、医療・福祉等のサポートを、刑務所等収容中から出所等後に至るまで切れ目なく実施できるよう取組を強化する。

さらに、高齢者については、その再犯期間が短いことに注目し、刑務所から出た直後の指導・支援を強化するとともに、刑務所収容中、福祉や年金に関する基礎的知識の付与、対人スキルの向上等、出所後の生活へのスムーズな適応を目指した指導を充実する。

（3）女性特有の問題に着目した指導及び支援

近年における女性受刑者の増加に対し、薬物事犯者の占める割合の高さや高齢者における窃盗の占める割合の高さ等、女性に特徴的な傾向を分析し、更に効果的な指導・支援方策を検討する。

また、過去の被虐待体験や性被害による心的外傷、摂食障害等の精神的な問題を抱えている者に対し、社会生活への適応のための支援方策を検討する。

（4）薬物依存の問題を抱える者に対する指導及び支援

薬物依存の問題を抱える者に対しては、個々の再犯リスクを適切に把握した上で、そのリスクに応じた専門的指導プログラムや薬物依存症の治療のための医療と、帰住先・就労先の確保のための支援とを一体として実施するとともに、保護観察所、医療・保健・福祉機関、民間支援団体等との連携によって、刑務所等収容中から出所等後まで一貫した支援が行える態勢を強化する。

特に、覚せい剤事犯者にとって再使用の危険性が最も高いとされる刑務所等からの出所等後間もない時期については、密度の高い指導及び支援を実施した上、引き続き医療機関、薬物依存症に係る自助団体等と緊密に連携しつつ薬物依存に対する継続的・長期的な指導・支援の充実を図る。

また、その家族等に対し、薬物依存者への対応等に関する理解を深めさせ、適切な対応力を付与するとともに、当該家族等を疲弊、孤立させないための取組を実施する。

さらに、対象者の薬物依存に係る治療、回復段階を見据えつつ、その就労能力や適性を評価し、その時々に応じた就労支援等を実施する。

（5）性犯罪者に対する指導及び支援

性犯罪者に対しては、関係機関の情報連携や実証研究に基づく評価手法等を通じて、個々の再犯リスクを適切に把握し、刑務所等収容中から出所等後まで一貫性のある性犯罪者処遇プログラムや子どもを対象とする暴力的性犯罪の出所者に対する所在確認・面談等により、効果的な指導・支援を実施する。

特に、小児を対象した性犯罪者、性犯罪又は性犯罪と密接な関連を有する他の犯罪を累行する者等、性犯罪リスクの高い刑務所出所者等に対する再犯防止対策の在り方については、諸外国の取組事例等も参考とし、新たな対策の検討を行う。

（6）暴力団関係者等再犯リスクの高い対象者に対する指導及び支援

暴力団関係者に対しては、関係機関の情報連携の下で、個々の離脱意志の程度、暴力団との関係性、刑務所等での暴力団離脱指導の受講態度等に関する情報を的確に把握し、真摯な離脱意志を有する者に対して必要な支援を継続的に実施する。

また、再犯要因としてアルコール依存を含む問題飲酒、ドメスティック・バイオレンスを含む対人暴力等の問題性が大きい者については、その問題性を早期に把握し、適切な処遇・指導を実施する。

2　社会における「居場所」と「出番」を作る

誰もが「居場所」と「出番」のある社会において、刑務所出所者等が、健全な社会の一員としてその責任を果たすことができるよう、適切な生活環境と一定の生活基盤を確保することに加え、対象者やその家族等が、個々の問題や必要に応じた指導及び支援を受けることができる多様な機会を確保することによって、対象者の社会復帰を促進し、孤立化や社会不適応に起因する再犯を防止する。

（1）住居の確保

行き場のない者の住居を確保するため、国が運営する自立更生促進センターにおける確実な受入れの推進、更生保護施設の受入れ機能の強化、民間の自立準備ホーム等の多様な一時的帰住先の確保に努める。

また、刑務所出所者等が、地域において住居を自力で確保できるよう、保護観察における生活指導を強化するとともに、住居を借りる際の手続や契約方法等、住居の確保に資する知識・情報の提供を行う。

さらに、協力雇用主のうち、住み込みでの受入れに積極的な事業主を確保・開拓するなど、就労と結び付く住居の安定的な確保策について検討する。

（2）就労の確保

就労意欲を持ちながら就労実現に向け能力開発等の課題を抱える者を、刑務所等収容後早期に把握し、就労及び職場定着のために必要な技能及びコミュニケーションスキルの付与やビジネスマナーの体得等を目的とした指導や訓練を行うとともに、雇用主と対象者双方のニーズを踏まえ、実際の雇用に結び付ける実践的なサポートを行う。

また、就労先の確保から就労後の職場定着支援までを一貫して行う取組や刑務所出所者等総合的就労支援対策による支援策をより柔軟かつ積極的に活用し、きめ細やかな就業相談・紹介等を

一層強力に推進することにより、刑務所出所者等の就労支援・雇用確保を充実・強化する。

さらに、刑務所出所者等の雇用上のノウハウや成功事例に関する情報を広く事業主等に提供することにより、実際に刑務所出所者等の雇用先となる協力雇用主を確保する。

少年に対しては、就労や就学による生活基盤の確立が特に重要であることから、関係機関や民間ボランティア等との連携を一層強化し、助言・指導等による立ち直り支援の更なる推進を図る。

上記に加え、労働市場で不利な立場にある人々のための雇用機会の創出・提供に主眼を置いてビジネス展開を図る企業・団体等（ソーシャル・ファーム）の普及に向けた支援、国の機関の公共調達における雇用機会創出の促進等、新たな就労先確保策について検討する。

（3）社会貢献活動による善良な社会の一員としての意識のかん養

関係機関・団体等の協力を得つつ、対象者に地域社会に寄与する社会貢献活動等を行わせることにより、自己有用感を得させて改善更生の意欲を向上させ、社会の一員として他者を尊重し、社会のルールを守ることの大切さに気付かせ、また、社会における居場所づくりを図るなどの処遇効果を得るための取組を強化する。

（4）犯罪被害者の視点を取り入れた指導、支援等の実施

刑務所出所者等が社会復帰を果たす上で、自らの犯罪・非行と向き合い、犯罪被害者等の心情を理解させた上で、謝罪や被害弁償を行うことが重大な意義を持つことから、犯罪被害者の体験を聴く機会を持たせたり、その心情を対象者に伝えたりするなど、犯罪被害者の視点を取り入れた指導を着実に実施し、犯罪被害者の苦しみを理解させ、真摯な謝罪に向けた動機付けの強化を図る。

また、これらの指導の効果検証等を踏まえ、犯罪被害者との関係における修復的な取組の導入について検討する。

（5）満期釈放者等に対する支援の充実・強化

満期釈放者に対しては、更生緊急保護による支援の強化策として、出所後に必要な支援を受けられる場所や機会を拡充するとともに、出所前の指導や情報の説示等を充実する。

また、保護観察終了者等に対しても、更生保護サポートセンターを活用した相談支援等を始め、相談に訪れやすい場所や機会、相談相手を確保することにより、社会的に孤立させない取組を検討する。

さらに、少年院を出院した少年に対しては、在院中に指導を担当した法務教官が助言等を行う仕組みを整備するとともに、少年鑑別所が、地域住民や非行・犯罪に関係する諸機関・団体の求めに応じ、必要な助言や援助を行うことで、地域社会における非行及び犯罪の防止に寄与する。

3　再犯の実態や対策の効果等を調査・分析し、更に効果的な対策を検討・実施する

これまで、各機関等において、再犯の実態や対策の効果等について調査・分析されてきた成果をいかしつつ、再犯の実態や対策の効果等を、適切な指標を選定したデータ等により常に把握し、それに基づき効果的な施策を選択し、必要な資源を集中させ、総合的かつ一貫した観点から施策を実施する。

（1）再犯の実態や対策の有効性等に関する総合的な調査研究の実施

刑務所出所者等が再犯に至った経緯や住居・就労確保に至った状況等、再犯の実態把握や個別具体的な再犯防止対策の効果検証のため、対象者の罪名・罪種のみならず、特性や問題性等、複数の要素に着目した分析や研究等を継続的に実施する。

また、刑務所出所者等のうち、再犯をしなかった者について、更生することができた要因等の調査研究を検討する。

（2）再犯の実態把握や再犯の未然防止のための情報連携体制の構築

関係機関が個々の対象者に対し一貫性ある処遇を行うとともに、実施された処遇の効果を事後的に検証し、更に効果的な対策につなげるため、刑事手続等の各段階におけるデータの収集の在り方等について検討するとともに、保有している各種資料、データベース等の利活用も含め、広範かつ有機的な情報連携体制を構築する。

また、捜査力の強化や検挙の徹底を図ることによる犯罪抑止の観点から、関係省庁の連携の下、DNA型データベースの拡充や刑務所出所者情報の共有の強化等、再犯の未然防止に資する情報・データの収集の在り方やその活用方策について検討を行い、より効果的な情報連携体制を構築する。

（3）既存の制度や枠組みにとらわれない新たな施策の検討

再犯の実態や対策の効果等に関する調査研究の結果等を踏まえ、満期釈放者や保護観察終了者に有効な支援を行うための新たな枠組み等、既存の制度や枠組みにとらわれない新たな施策について、関係省庁の連携の下で、検討を行う。

4　広く国民に理解され、支えられた社会復帰を実現する

再犯防止は、一たび犯罪に陥った人を異質な存在として排除したり、社会的に孤立させたりすることなく、長期にわたり見守り、支えていくことが必要であること、また、社会の多様な分野において、相互に協力しながら一体的に取り組むことが必要であることから、広く国民に理解され、支えられた社会復帰を実現する。

（1）啓発事業等の実施

再犯の状況、再犯防止対策の実情等について、国民に分かりやすく提示又は説明する機会や方法を増加させることにより、再犯防止対策に対する国民の理解や具体的な支援・協力を促進する。

（2）刑事司法分野に関する法教育の実施

学校教育等における法や司法に関する学習機会の充実策の一環として、我が国の再犯防止対策の取組に関する広報活動等を実施する。

（3）保護司制度の基盤整備と充実・強化

保護司制度の基盤を強化し、将来にわたって有効に機能させていくため、新任保護司の確保と保護司の育成に努めるとともに、更生保護サポートセンターによる効果的な保護司活動の展開、保護司活動に伴う負担の軽減、地方公共団体との連携の充実等、保護司が地域社会の理解や協力を得て、円滑に活動できる環境を整備するための方策について検討する。

（4）弁護士及び日本弁護士連合会等との連携

刑務所出所者等が円滑な社会復帰を果たし、自立更生していくためには、弁護士等による法的支援が必要かつ有用であるところ、これを充実・強化するなどの観点から、弁護士、弁護士会及び日本弁護士連合会並びに日本司法支援センター（法テラス）等との連携方策について検討する。

（5）ボランティアやNPO法人等民間資源の参画による支援策の展開

　　社会に理解され、支えられた再犯防止対策の展開のため、更生保護女性会やBBS会等、民間協力者の活動を活用した支援メニューの多様化や、広く国民の参画を募る支援策の充実・強化を図る。

　　また、NPO法人や社会福祉法人等を自立準備ホーム等の運営主体として積極的に開拓するとともに、これら民間協力者等へのサポート体制を強化する。

第4　再犯防止対策の数値目標

　刑務所出所者等の再犯防止における本対策の効果をできる限り的確に捉えるため、出所等年を含む2年間[※4]において刑務所等に再入所等する者の割合（以下「2年以内再入率」という。）を数値目標における指標とする。

　なお、上記期間は、出所等後において最も再入所率が高い時期となっており、この期間における再犯を防止する効果は大きいと考えられる。

　そこで、過去5年における2年以内再入率の平均値（刑務所については20%、少年院については11%）を基準とし、これを平成33年までに20%以上減少させることを目標とする。

第5　推進体制

1　施策の評価及び管理

　再犯防止対策ワーキングチームにおいて、本対策に基づく施策を実現するための具体的取組についての工程表及びこれらの成果目標を策定し、各施策の実施状況及び目標等の達成状況を毎年把握するとともに、民間有識者等の意見をも反映させつつ、その改善等の検討を行うことにより、総合的な再犯防止対策の推進を図る。

2　対策の見直し

　本対策については、社会経済情勢等の犯罪をめぐる諸情勢の変化、本対策に基づく施策の推進状況や目標達成状況等を踏まえ、おおむね5年後を目途に見直しを行う。

※4　出所等した年の翌年の年末まで

「再犯防止に向けた総合対策」（概要）

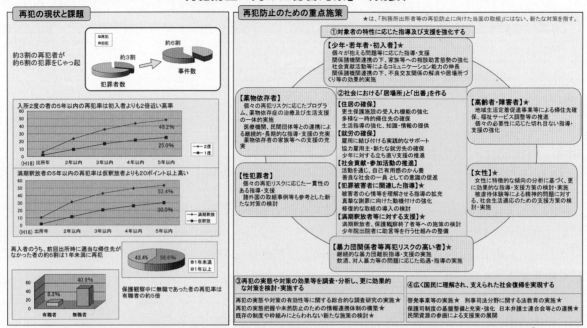

再犯の現状と課題

約3割の再犯者が約6割の犯罪をじゃっ起

■再犯
■初犯

約3割（犯罪者数） → 約6割（事件数）

入所2度の者の5年以内の再犯率は初入者よりも2倍近い高率

- 2度：48.2%
- 1度：25.0%

（H18）出所年／2年以内／3年以内／4年以内／5年以内

満期釈放者の5年以内の再犯率は仮釈放者よりも20ポイント以上高い

- 満期釈放：53.4%
- 仮釈放：30.0%

（H18）出所年／2年以内／3年以内／4年以内／5年以内

再入者のうち、前回出所時に適当な帰住先がなかった者の約6割は1年未満に再犯

43.4% / 56.9%
□1年未満
□1年以上

保護観察中に無職であった者の再犯率は有職者の約5倍

有職者 8.3% ／ 無職者 40.9%

再犯防止のための重点施策

★は、「刑務所出所者等の再犯防止に向けた当面の取組」にはない、新たな対策を指す。

①対象者の特性に応じた指導及び支援を強化する

【少年・若年者・初入者】★
個々が抱える問題等に応じた指導・支援
関係諸機関連携の下、家族等への相談助言態勢の強化
社会貢献活動等によるコミュニケーション能力の伸長
関係諸機関連携の下、不良交友関係の解消や居場所づくり等の効果的な実施

【薬物依存者】
個々の再犯リスクに応じたプログラム、薬物依存症の治療及び生活支援の一体的実施
医療機関、民間団体等との連携による継続的・長期的な指導・支援の充実
薬物依存者の家族等への支援の充実

【性犯罪者】
個々の再犯リスクに応じた一貫性のある指導・支援
諸外国の取組事例等も参考とした新たな対策の検討

【高齢者・障害者】★
地域生活定着促進事業等による帰住先確保、福祉サービス調整等の推進
個々の必要性に応じた切れ目ない指導・支援の強化

【女性】★
女性に特徴的な傾向の分析に基づく、更に効果的な指導・支援方策の検討・実施
被虐待体験等による精神的問題に対する、社会生活適応のための支援方策の検討・実施

②社会における「居場所」と「出番」を作る

【住居の確保】
更生保護施設の受入れ機能の強化
多様な一時的帰住先の確保
生活指導の強化、知識・情報の提供

【就労の確保】
雇用に結び付ける実践的なサポート
協力雇用主・新たな就労先の確保
少年に対する立ち直り支援の推進

【社会貢献・参加活動の推進】
活動を通し、自己有用感のかん養
善良な社会の一員としての意識の促進

【犯罪被害者に関連した指導】★
被害者の心情等を理解させる指導の拡充
真摯な謝罪に向けた動機付けの強化
修復的な取組の導入の検討

【満期釈放者等に対する支援】★
満期釈放者、保護観察終了者等への施策の検討
少年院出院者に助言等を行う仕組みの整備

【暴力団関係者等再犯リスクの高い者】★
継続的な暴力団離脱指導・支援の実施
飲酒、対人暴力等の問題に応じた処遇・指導の実施

③再犯の実態や対策の効果等を調査・分析し、更に効果的な対策を検討・実施する

再犯の実態や対策の有効性等に関する総合的な調査研究の実施★
再犯の実態把握や未然防止のための情報連携体制の構築★
既存の制度や枠組みにとらわれない新たな施策の検討★

④広く国民に理解され、支えられた社会復帰を実現する

啓発事業等の実施★　刑事司法分野に関する法教育の実施★
保護司制度の基盤整備と充実・強化　日本弁護士連合会等との連携★
民間資源の参画による支援策の展開

【数値目標】出所後2年以内に再び刑務所に入所する者等の割合を今後10年間で20％以上減少

推進体制

- 再犯防止対策WTにおいて、具体的取組についての工程表及び成果目標を策定
- おおむね5年後を目途に、本総合対策の見直しを実施

6. 宣言：犯罪に戻らない・戻さない　～立ち直りをみんなで支える明るい社会へ～

平成26年12月16日
犯罪対策閣僚会議決定

はじめに

　犯罪や非行をした者は、服役するなどした後、再び社会の一員となる。

　犯罪や非行が繰り返されないようにするためには、犯罪や非行をした本人が、過ちを悔い改め、自らの問題を解消する等、その立ち直りに向けた努力をたゆまず行うとともに、国がそのための指導監督を徹底して行うべきことは言うまでもない。

　それと同時に、社会においても、立ち直ろうとする者を受け入れ、その立ち直りに手を差し伸べなければ、彼らは孤立し、犯罪や非行を繰り返すという悪循環に陥る。地域で就労の機会を得ることができれば、自分を信じることができる。住居があれば明日を信じることができる。彼らの更生への意志は確かなものとなり、二度と犯罪に手を染めない道へとつながっていく。

　犯罪が繰り返されない、何よりも新たな被害者を生まない、国民が安全で安心して暮らせる「世界一安全な国、日本」を実現するためには、ひとたび犯罪や非行をした者を社会から排除し、孤立させるのではなく、責任ある社会の一員として再び受け入れること（RE－ENTRY）が自然にできる社会環境を構築することが不可欠である。

　ここに、全ての国民と共に「犯罪に戻らない・戻さない」立ち直りをみんなで支える明るい社会を創り上げることを宣言する。

Ⅰ　再犯の現状等

1　再犯の現状

　2020年オリンピック・パラリンピック東京大会を控え、世界一安全な日本を創ることは、国を挙げて成し遂げるべき使命である。

　しかし、約3割の再犯者によって、約6割の犯罪が行われているという調査結果もある中、一般刑法犯の認知件数は減少傾向にあるものの、検挙人員（犯罪少年を含む）に占める再犯者の割合（再犯者率）は、平成9年以降一貫して上昇し続けており、平成25年には約5割を占めるまでに至っている。また、平成25年に新たに受刑した者の約6割は、過去に受刑歴がある再入者によって占められている。

　すなわち、今日の我が国においては、犯罪・非行の繰り返しをいかに食い止めるか（＝再犯防止）が、犯罪を減らし、安全・安心に暮らせる社会を構築する上での大きな課題となっている。

2　犯罪・非行が繰り返される背景

　犯罪や非行の原因については、心理面や社会面等における様々な要因が複雑に関連し合っていると考えられるが、家族や地域社会とのつながりが希薄であり、孤立しているといった問題を抱えている者も少なくない。

　こうした問題から、自立した社会の一員として暮らしていくために必要な仕事や、安心して暮らせる居場所を得ることができない者も少なくなく、例えば、再犯により刑務所に収容される受刑者の約7割が無職であり、また、仕事に就いていない者は、仕事に就いている者と比べて再犯率が4倍と高いことが明らかになっている。また、毎年約6,400人の受刑者が帰るべき場所がないまま刑務所を出所し、そのうち3人に1人は2年以内に刑務所に戻っている。

　このような犯罪・非行の繰り返しを食い止めるためには、犯罪や非行をした者を社会で孤立させな

いことが肝要であり、自立のために必要な「仕事」や「居場所」の確保といった社会での受け入れをいかに進めていくことができるかが大きな鍵となっている。

3 再犯防止を支える社会の変化

　我が国において、犯罪や非行をした者の立ち直りを社会で支えようとする取組は、明治中期に静岡県において生まれた。

　それから現在に至るまで、我が国の再犯防止は、地域において犯罪や非行をした者の指導・支援に当たる保護司、刑務所や少年院等の矯正施設を訪問して受刑者や非行少年の悩みや問題について助言・指導する篤志面接委員を始め、犯罪や非行をした者の事情を理解した上で雇用する企業である協力雇用主、帰るべき場所のない刑務所出所者等を受け入れて「居場所」を提供する更生保護法人、犯罪や非行をした者の改善更生を支援する幅広い活動を行っている更生保護女性会、BBS会（BBSとは、Big Brothers and Sistersの略であり、非行少年の自立を支援するとともに、非行防止活動を行う青年ボランティア団体である。）など、多くの民間の篤志家と国が手を取り合って進められてきた。また、少年の居場所づくりを通じた立ち直り支援に取り組んでいる少年警察ボランティアは、都道府県警察の少年サポートセンターの少年補導職員と連携した活動を進めている。このような民間篤志家の存在、そしてその活動を直接、間接に支える日本国民の和の精神は、世界に誇るべき我が国の宝である。

　しかし、人口減少時代を迎える中、都市化、高度情報化といった社会環境の変化も相まって、地域社会における人と人のつながりも弱まりつつある。こうした中で、民間の篤志家による活動は難しさを増しており、保護司のなり手も近年、減少傾向にあるなど、再犯防止を支える社会的土壌は危機に瀕していると言っても過言ではない。

　再犯防止を支える我が国の良き社会的土壌を将来にわたって持続可能なものとするためには、こうした活動の輪を更に広げ、社会全体から理解され、国民一人一人の立場に応じた協力を得るための取組を進める必要がある。

Ⅱ　立ち直りをみんなで支える社会に向けた取組の方向性

　立ち直りを支える明るい社会の構築に向けた取組を進めるために必要なことは、国としてまず何を行い、その上で地域の関係機関や企業等の団体、ひいては広く国民に何をお願いしていくのか、その方針を明確に打ち出した上で、相互にその取組を積極化していくことである。

　ここでは、自立のために必要な「仕事」と「居場所」の確保に向けた国の取組の方向性を示した上で、次項から、それぞれ取組について、具体的な数値目標と取組の内容を明らかにし、国民に一層の理解と協力を求めることとした。

【取組の方向性】

1　犯罪や非行をした者がより円滑に社会復帰することができるよう、矯正施設入所中から出所後に至るまで、これまで以上に社会とのつながりを持ちながら指導や支援を行える体制づくりを、地域社会の理解や協力も得ながら進めていく。

2　立ち直りに関わる国や地方の関係機関が連携を密にし、犯罪や非行をした者が健全な社会の一員として定着するまで、シームレスな指導・支援を行っていく。

3　犯罪や非行をした者の立ち直りを支える民間ボランティアや企業等が地域社会で活動しやすい環境をつくり、犯罪や非行をした者を受け入れることが自然にできる社会の実現に向けた活動の輪を広げていく。

Ⅲ　再犯防止につながる仕事の確保

【数値目標】

　2020年までに、犯罪や非行をした者の事情を理解した上で雇用している企業の数を現在の３倍にする。

【取組の概要】

　犯罪や非行をした者の多くは、基礎的な学力や仕事上求められる技能を身に付けておらず、粘り強さや対人関係能力等が不足しているほか、前歴そのものによる就労上の制約があるなど、様々な課題を抱えている。そのため、矯正施設収容中から、就労に必要な技能を身に付けさせるための指導・訓練を推進するとともに、これらを活かして出所後直ちに就労できるよう、矯正施設、保護観察所、ハローワーク等が連携し、具体的な就労先の確保に向けた調整を一層進めることが肝要である。

　また、社会における就労先の開拓のため、協力雇用主による雇用及びその継続が円滑に行われるよう、物心両面の支援を推進するとともに、広く企業への情報発信に努める。

　このような取組を総合的に推進することにより、犯罪や非行をした者を実際に雇用している協力雇用主の数を現在の約500社から３倍の約1,500社にまで増加させ、犯罪や非行をした者の自立に向けた就労の機会を大幅に増加させることを通じて、犯罪や非行の繰り返しを防ぐ。

【具体的な取組】

1　社会のニーズに合った矯正施設における職業訓練・指導の実施

　受刑者や少年院在院者の中には、社会人として求められる意識や態度に欠ける者も少なくないことから、就労支援が必要な者を早期に把握した上で、就労意欲の喚起、働く上で求められる基本的なコミュニケーションスキルやビジネスマナーの体得等を目的とした指導を行うとともに、ハローワーク等の関係機関や民間協力者、企業等と連携した就労支援を実施する。

　また、矯正施設における職業訓練・指導については、社会における担い手が不足していることから、雇用ニーズが高まっている業種を積極的に実施するなど、就職につながる職業訓練等の取組を推進する。

2　求人と求職のマッチングの強化

　矯正施設、保護観察所、ハローワーク等が連携して就職先の確保から就職後の職場定着支援までを一貫して行う就職支援の強化、民間のノウハウを活かした更生保護就労支援事業の推進等の求人と求職のマッチングに向けた取組を一層強力に推進する。

3　犯罪や非行をした者を雇用しやすい環境づくり

（1）国等の公的機関における雇用の促進

　国（法務省、厚生労働省）における保護観察対象少年の雇用事例を参考に、国及び地方公共団体等において、犯罪や非行をした者の雇用を積極的に検討する。

（2）犯罪や非行をした者を雇用した企業に対する支援の充実

　犯罪や非行をした者を雇用して指導等に当たる協力雇用主に対する経済的支援策等を拡充する。また、競争入札（総合評価落札方式）において、犯罪や非行をした者を雇用している協力雇用主に対しポイントを加算する取組等、犯罪や非行をした者が雇用されやすくするための取組の推進に向けて、このような取組を進めている省庁及び地方公共団体における取組内容について、情報の共有を図る。

　犯罪や非行をした者を雇用しようとする企業の不安を軽減させるため、雇用上のノウハウや成功事

例、雇用主に対する支援メニュー等の情報を広く事業主等に提供する。

（3）安心して雇用し続けるためのサポート体制づくり

企業が安心して継続的に犯罪や非行をした者を雇用できるよう、雇用する中で生じる様々な問題等を相談し、支援を受けられる体制を構築する。

Ⅳ　再犯防止につながる社会での居場所づくり

【数値目標】

2020年までに帰るべき場所がないまま刑務所から社会に戻る者の数を3割以上減少させる。

【取組の概要】

犯罪を繰り返すにつれて、親族等との関係が疎遠になり、社会で支える人がいないために社会で孤立しやすくなることが知られている。

受刑者に頼ることができる親族等が存在している場合には、刑務所から出所した後、当面の生活を支援してもらえるよう、個々の問題や関係性を踏まえながら、粘り強く調整を行う必要がある。

また、刑務所から出所した後に帰るべき場所がない者に対し、更生保護施設を始めとする一時的な居場所等につなぐ取組についても、一層の推進を図る必要がある。

他方、社会の高齢化等に伴い、高齢者・障害者といった自立が困難な受刑者の割合が増えている。近年、刑務所や保護観察所、地方公共団体が連携して、刑務所収容中から出所後速やかに適切な福祉サービスを受けることができるようにする仕組みが整備され、年間約1,000人の帰住先の調整が行われるなど、相応の実績を挙げつつある。しかし、福祉的な支援を必要とする潜在的な対象者は年間約2,000人に上るという調査結果もある中、こうした者に対する関係機関がシームレスに連携した医療・福祉的支援を更に強化することが必要となっている。

このような取組を総合的に推進することにより、帰るべき場所がないまま刑務所から社会に戻る者の数を現在の約6,400人から3割以上減少させること、将来的にはこのような状況が解消されることを通じて、犯罪や非行の繰り返しを防ぐ。

【具体的な取組】

1　出所後のスムーズな社会適応に向けた指導の充実

高齢又は障害のため、自立した生活を送ることが困難な者に対しては、刑務所において、福祉や年金に関する基礎的知識の付与、対人スキルの向上等、出所後の生活へのスムーズな適応を目指した指導の充実を図る。

また、疾病等の健康上の問題を抱える者に対しては、矯正施設において必要な治療等を実施できるよう、矯正施設で勤務する医師の確保を含む医療体制の充実に向けた取組を推進する。

2　自立が難しい者の帰住先の確保に向けたシームレスな支援

高齢又は障害のため、自立した生活を送ることが困難な者に対しては、刑務所、保護観察所、地域生活定着支援センター、更生保護施設、福祉関係機関等の連携の下、地域生活定着促進事業対象者の早期把握及び迅速な調整により、出所後直ちに福祉サービスにつなげる体制の充実を図るとともに、帰住先確保に向けた調整を強化する。

また、地域生活定着促進事業の対象とならない者に対しても、個々の必要性に応じた指導・支援、医療・福祉のサポート等を、刑務所に収容中から出所後に至るまでシームレスに実施できるよう、支援体制を強化する。

3　社会における様々な居場所の確保
（1）一時的な居場所の確保
　矯正施設から出所したものの、帰るべき場所がない者の一時的な居場所を確保するため、国が運営する自立更生促進センターにおける確実な受入れの推進、更生保護施設の受入れ機能の強化・施設整備の促進、自立準備ホーム等の多様な一時的帰住先の確保等の取組を推進する。

（2）犯罪や非行をした者の相談体制の充実
　犯罪や非行をした者やその家族等が、生活上の悩み等の相談・助言、公的支援に関する情報提供を受けることができる体制の充実を図る。

（3）ソーシャルビジネスとの連携
　犯罪や非行をした者の新たな居場所の確保に向けて、高齢者・障害者の介護・福祉やホームレス支援、ニート等の若者支援といった社会的・地域的課題の解消に取り組む企業・団体等との連携やこうした団体等の普及方策等について検討を進める。

V　再犯防止を支える社会の強化

　再犯防止は、広く国民に理解され、支えられて初めて成り立つものである。
　しかし、犯罪や非行をした者が、刑事裁判や少年保護手続を経て刑務所や少年院・保護観察所等によりどのような処遇を受けているのかについては、これまで注目されることも少なく、また、政府全体として広く国民に伝えるといった努力も十分効果的ではなかった。
　犯罪や非行をした者の立ち直りを社会で支えてきた民間協力者が活動しやすい環境づくりを進めるとともに、「犯罪や非行をした者を社会から排除・孤立させるのではなく、再び受け入れること（RE－ENTRY）が自然にできる社会」の構築に向けたメッセージを政府一丸となって国民に発信することにより、国民の関心を高め、直接・間接に再犯防止に協力してもらえる社会的土壌の一層の醸成に努めることが必要である。

1　社会を明るくする運動の強化
　全ての国民が、犯罪や非行の防止と罪を犯した者たちの更生について理解を深め、それぞれの立場において力を合わせ、犯罪のない地域社会を築こうとする全国的な運動である"社会を明るくする運動"の一層の推進を図る。
　そのため、従来、法務大臣を委員長、関係省庁及び関係団体を構成員としている中央の推進体制について、全ての省庁を構成員とするとともに、一層多くの関係団体の参加を得ること等により、地方公共団体、民間と一丸となった広報啓発活動を積極的に推進する。
　また、活動を進めるに当たっては、再犯防止活動に取り組む保護司や協力雇用主といった地域の民間協力者とも有機的に連携を取りつつ、刑事司法に限らない幅広い分野における関係者が相互に情報を交換し、交流すること等を通じて、再犯防止に関するネットワークが広がるような取組を推進する。
　併せて、国民各層に関心を持ってもらう一つのきっかけとするため、様々な分野において再犯防止活動に取り組む人やその活動内容を分かりやすく発信する取組を推進する。

2　立ち直りを支える民間協力者が活動しやすい環境づくり
　社会を明るくする運動など再犯防止に関する広報・啓発活動や犯罪や非行をした者の立ち直りを社会で支えている保護司、更生保護女性会、BBS会を始め、居場所づくりを通じた少年の立ち直り支

援活動に取り組んでいる少年警察ボランティアなどの民間協力団体がより効果的な活動が行えるよう支援を強化する。

　特に、犯罪や非行をした者の立ち直りを中心的に担っている保護司が、活動しやすい環境をつくるため、保護司候補者に関する情報提供、活動の拠点となる更生保護サポートセンターの円滑な設置運営、保護観察対象者等の社会復帰支援の連携等に向けた取組を、地方公共団体、経済界と手を携えて推進する。

　また、更生保護女性会やBBS会、少年警察ボランティアといった民間協力団体がより有機的に連携し、効果的に活動が行えるよう支援する。

Ⅵ　再犯防止のため、国民にお願いすること

　政府における上記の取組に加えて、社会における様々な分野において再犯防止に向けた取組を進めるよう、政府一丸となった働き掛けを行う。

1　経済界

　我が国の企業の中には、社会貢献の一環として、受刑者に対する職業訓練から刑務所内の作業の提供、出所後の雇用まで一貫したプログラムを提供している例も一部ではあるが存在する。こうした取組は諸外国に多くの例があり、特に英国では、企業による受刑者等への就労支援が社会貢献活動として評価され、積極的に行われている。

　経済界に対し、犯罪や非行をした者の立ち直りを支える雇用先の拡大に向けて、政府と緊密に連携を図りながら、経済界を挙げて、犯罪や非行をした者を雇用することの社会的意義や支援策等について周知を図るとともに、積極的な雇用の推進に取り組んでもらえるよう働き掛ける。

2　地方公共団体

　地方公共団体に対し、団体における独自の活動として進められている犯罪や非行をした者に対する就労・住居支援を始めとする再犯防止に向けた取組や、一部の都道府県警察において進められている非行少年の居場所づくりを通じた立ち直り支援、少年補導等非行少年を生まない社会づくりに向けた新たな取組を参考に、各地方において、犯罪や非行をした者の雇用、支援体制の構築、国の活動と連携した広報・啓発体制の強化に取り組むとともに、再犯防止のために地域で活動する民間協力者に対する支援を充実してもらえるよう働き掛ける。

3　国民

　あまねく国民に犯罪や非行をした者を社会で受け入れる必要性等について理解を求め、一人一人の立場に応じて、再犯防止に向けた活動に直接・間接的に参加・協力してもらえるよう働き掛ける。

Ⅶ　おわりに

　再犯防止は簡単ではない。しかし、絶対にあきらめてはいけない。

　「犯罪に戻らない・戻さない」という決意の下、「世界一安全な国、日本」の実現に向けて、犯罪や非行をした者を社会から排除・孤立させるのではなく、再び受け入れること（RE－ENTRY）が自然にできる社会を目指し、国民各位の御理解と御協力を切にお願いする。

宣言：犯罪に戻らない・戻さない ～立ち直りをみんなで支える明るい社会へ～

2020年オリンピック・パラリンピック東京大会を成功させるためには，「世界一安全な国，日本」の構築が不可欠。
刑務所出所者等の再犯防止対策は重要な課題。

出所者等の「仕事」と「居場所」の確保は再犯防止のカギ。政府一丸となった取組と国民の理解・協力が不可欠。

目標 犯罪や非行をした者を社会から排除・孤立させるのではなく，再び受け入れる（RE－ENTRY）ことが自然にできる社会にする

1 2020年までに出所者等の事情を理解した上で雇用している企業の数を3倍にする。

➡ 犯罪や非行をした者がより多くの企業で雇用され，立ち直れる社会へ

（数値目標）**3倍**

472社

新たに1,000社

472社

➡ 新たに3,000人に立ち直りの機会（効果）

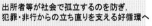

出所者等が社会で孤立するのを防ぎ，犯罪・非行からの立ち直りを支える好循環へ

2 2020年までに帰るべき場所がないまま刑務所から社会に戻る者の数を3割以上減少させる。

➡ 犯罪や非行をした全ての者の社会での居場所が確保され，立ち直れる社会へ

6,368人

（数値目標）**3割減**

4,450人

➡ 新たに2,000人に立ち直りの機会（効果）

※ 従前よりも，1により700人の再犯が，2により300人の再犯がそれぞれ防止される（試算）

現状 一部の中小企業や保護司等の民間協力者が，社会で出所者等を受け入れ，支えている

■出所者等の事情を理解した上で雇用している企業の伸び悩み
314社(H22.4.1) → 472社(H26.4.1)

保護観察終了時，無職だった者の再犯率は，仕事に就いていた者の4倍

■刑務所等から出所したものの，帰るべき場所がない者が6,368人

再入者のうち，出所時に適当な帰る場所がなかった者の約55%は1年未満で再犯

出所者等は社会で孤立し，犯罪・非行を繰り返すという悪循環に

「宣言：犯罪に戻らない・戻さない」に基づく取組の概要

受刑者や非行少年が抱える問題 （保護司アンケート（平成24年版犯罪白書を基に作成））

仕事	**居場所**
・粘り強さや対人関係能力等の資質に問題がある ・求人，雇用情報や自分の問題に合った公的支援を見つけることができない ・基礎的な学力や仕事上求められる技能・技術が不足している	・本人の資質に問題があり家族のもとに住み続けられない ・家族の側に問題があり家族のもとに住み続けられない ・保証人や契約時に必要なお金がないため入居を断られる

社会復帰に向けた指導・訓練 ＞ **社会での受け入れに向けた調整** ＞ **社会における居場所づくり**

国の取組

社会のニーズに合った職業訓練・指導
・人材不足が顕在化している業種において求められる技能・資格等を習得させるための職業訓練・指導の充実
・基礎学力や高等学校卒業程度認定試験の合格率向上に向けた教科指導の充実

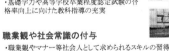

求人・求職のマッチング
・ハローワークを通じた求人・求職の マッチングの更なる強化
・刑事施設等収容段階では，1人1人の特性に応じて，就労に向けた支援を行うとともに，出所後も職場定着に向けた支援を行うなど，寄り添い型の援助を行う体制整備

出所者等を雇用した企業に対する支援
・出所者等を雇用しやすくするための経済的支援策等の拡充
・企業が安心・継続的に出所者等を雇用できるサポート体制の構築

国・地方公共団体における雇用の促進
国（法務省，厚生労働省）における保護観察対象少年の雇用事例を参考に，国・地方公共団体における雇用を展開

職業観や社会常識の付与
・職業観やマナー等社会人として求められるスキルの習得

自立が難しい受刑者等のシームレスな支援
矯正施設・保護観察所・地域生活定着支援センター等が連携して，生活環境の調整，支援を刑務所等収容中から社会復帰後まで切れ目なく実施できる体制の整備・充実

社会での一時的な居場所の確保・拡充
更生保護施設の機能強化や自立準備ホーム等の拡充

出所後のスムーズな社会適応を目指した指導
刑事施設等における高齢・障害のある受刑者等に対する身体機能や生活能力の維持・強化のための指導及び支援の充実

出所者等の相談体制の充実
出所者等に対する公的支援に関する情報提供や，生活上の悩み等の相談・助言を受けることができる体制の充実

ソーシャルビジネスとの連携

広報・啓発 ～社会を明るくする運動の強化～

社会を明るくする運動（主唱・法務省）を 政府全体の活動として力強く展開する。
・再犯の実態や対策の必要性等に関する広報・啓発活動を戦略的に進める。
・再犯防止活動の関係者が相互に情報交換し，交流する。活動が広がる。

経済界	**地方公共団体**	**国民**
出所者等の雇用先の拡大	出所者等の円滑な社会復帰に向けた支援体制	再犯防止活動への理解・協力
政府と緊密に連携を図りながら，経済界を挙げて，出所者等を雇用することの社会的意義や支援策等について認識の共有を図るとともに，出所者等の積極的な雇用の推進に取り組む。	出所者等に対する就労・住居支援を始めとする再犯防止に向けた独自の取組を行う地方公共団体の先進事例や関連施策等に関し，全国的に情報を共有し，それぞれの支援体制や広報・啓発体制を強化する。	出所者等を社会で受け入れる必要性等について理解をした上で，再犯防止活動に直接・間接的に参加・協力する人が増える。

7. 薬物依存者・高齢犯罪者等の再犯防止緊急対策
～立ち直りに向けた "息の長い" 支援につなげるネットワーク構築～

平成 28 年 7 月 12 日
犯罪対策閣僚会議決定

1 はじめに ～直面する2つの課題～

平成26年12月、犯罪対策閣僚会議において、宣言「犯罪に戻らない・戻さない」を決定した。

犯罪が繰り返されない、何よりも新たな被害者を生まない、国民が安全で安心して暮らせる「世界一安全な国、日本」を実現するため、ひとたび犯罪や非行をした者を社会から排除し、孤立させるのではなく、責任ある社会の一員として再び受け入れることが自然にできる社会の構築に向けて、様々な取組を進めてきた。

宣言決定から1年半が経過した現在、犯罪や非行をした者を実際に雇用いただいている協力雇用主の数は大幅に増加し、また、長い間減少傾向にあった保護司の数が増加に転じるなど、犯罪や非行からの立ち直りを支える民間の方々の支援の輪は着実に広がりつつある。

しかしその一方で、立ち直りに様々な課題を抱える薬物依存者や犯罪をした高齢者・障害者等の多くは、刑事司法と地域社会の狭間に陥り、必要な支援を受けられないまま再犯に及んでいる。

○安全・安心な暮らしを脅かす薬物犯罪

覚せい剤取締法違反による検挙者は毎年1万人を超え、近年、検挙者数が増加している。薬物使用者による重大な死傷事故等も発生しており、薬物犯罪は安全・安心な暮らしを脅かすものである。

薬物事犯者の多くは、犯罪者であると同時に薬物依存の問題を抱える者でもあり、薬物事犯で受刑した者については、毎年6,000人以上の者が刑務所で薬物依存離脱指導を受けている。他方、社会の中では、4,000人以上の薬物事犯者が保護観察を受けているものの、指導に当たる保護観察官が不足しているため、薬物再乱用防止プログラムを受けた者は、およそ1,400人と、その4割にも満たない。また、薬物依存に関する治療や専門的支援を行う医療・保健・福祉機関の数が大幅に不足していることなどから、薬物事犯で保護観察を受けている者のうち、医療機関等による治療や支援を受けた者は、わずか207人にとどまっている。

薬物事犯者の再犯率は高く、薬物事犯により受刑した者の約半数は出所後5年以内に再び刑務所へ戻ってきている。

○高齢者犯罪の増加と受刑者の高齢化等

高齢社会の進展とともに65歳以上の高齢者による犯罪も最近20年間で増加しており、平成26年には、4万7千人以上の高齢者が検挙されている。刑務所に収容される受刑者の数が近年減少傾向にある中で、高齢受刑者の数は増加を続け、平成26年には、受刑者の高齢者率が初めて10%を超えるなど、受刑者の高齢化も急速に進んでいる。また、高齢受刑者の約55%は万引き等の窃盗によるものであるが、その多くは再犯者でもある。

全国の刑務所では、高齢受刑者を始め、身体能力・知的能力・理解力の低下や障害により、刑務作業や日常生活上の指導に多くの時間と労力を要する者や歩行・食事等の日常的な動作全般にわたって介助、リハビリ等を必要とする者等[※1]が増える一方、バリアフリー化等の最低限の環境も十分に整っていない中、刑務官が、こうした医療・福祉的な処遇を担っている。また、高齢受刑者や障害のある受刑者の中には、親族等との関係が疎遠であるなどのため、帰るべき場所のない者が少なくない。

※1 高齢受刑者のうち、認知症傾向のある者はおよそ17%で、1100人程度収容されていると推計される（平成27年・法務省調査）

こうした者の再犯を防止し、社会復帰を支援するには、刑務所に限らず、刑事手続の各段階において、支援を必要とする者を病院や福祉機関等につなげることが重要であるが、刑事司法関係機関と福祉機関等との連携は十分とは言いがたく、適切な支援を受けられないまま、万引きなどの罪を犯して再び刑務所へ戻る者が跡を絶たない。

2 立ち直りを支えるネットワーク構築の必要性

立ち直りに多くの困難を抱える薬物依存者や犯罪をした高齢者・障害者等の再犯防止を一層進めるためには、従来の対策を加速するとともに、刑事司法と地域社会をシームレスにつなぎ、官民が一体となって"息の長い"支援を行うことが必要である。

そこで、次の3つの柱からなる取組を進め、**2020年を目途に、全国各地に薬物依存者や犯罪をした高齢者・障害者等の立ち直りを支えるネットワークが構築されていることを目指す。**

Ⅰ　薬物依存からの回復に向けた矯正施設・保護観察所による指導と医療機関による治療等を一貫して行う

【取組の概要と目指す姿】

薬物依存の問題を抱える者の再犯防止と社会復帰に向けて、刑務所や少年院、保護観察所による指導と地域の依存症治療拠点機関等の医療機関による治療等とを一貫して提供する地域支援体制を全国に構築する。

このような取組により、**薬物依存の問題を抱える全ての保護観察対象者等が、個々の状況に応じた必要な専門的指導や医療機関による治療等を受けられるようにする。**

【具体的な取組】

（1）矯正施設及び保護観察所による一貫性のあるプログラムの実施

全国の矯正施設と保護観察所において、海外でも一定の効果が認められている認知行動療法に基づく薬物依存離脱指導・薬物再乱用防止プログラムを実施するとともに、矯正施設におけるプログラムの受講状況等に関する情報について適切に保護観察所と共有を図るなどして指導内容を一貫させ、その充実を図る。

また、矯正施設や保護観察所における指導者の育成・確保、教材の開発等を外部専門家等の知見も活用しながら進める。【法務省】

（2）薬物依存症の治療拠点となる医療機関の全国的な整備

・　モデル的に実施している依存症治療拠点機関における成果をもとに、薬物依存症の治療拠点となる医療機関の全国的な整備を図るとともに、全国拠点機関を中心とした調査研究を推進する。【厚生労働省】

・　国立研究開発法人国立精神・神経医療研究センターや関連学会における研修を通じ、認知行動療法の手法を用いた回復プログラムを実施することのできる医療従事者を増やすとともに、各自治体の精神保健福祉センターにおいて当該プログラムを実施し、その普及を図る。【厚生労働省】

・　精神保健福祉センターや保健所による相談支援、依存症回復施設職員に対する研修や、家族向けの心理教育プログラムを実施するとともに、依存症に関する普及啓発を始めとした依存者の生活を支える支援を行う。【厚生労働省】

・　保護観察所が薬物依存症の治療拠点となる医療機関と連携して医療と一体的な指導をすることができるよう、必要な体制の整備を推進する。【法務省】

Ⅱ　地域社会とつながった指導・支援を刑事司法の各段階において行う

【取組の概要と目指す姿】

　犯罪をした高齢者・障害者等の再犯防止と社会復帰に向けて、福祉サービスや医療等の支援を必要とする者については、警察、検察、矯正、保護といった刑事司法の各段階において、適切にこれら支援を受けることができるよう福祉・医療機関等につなげる取組を推進する。

　さらに、より円滑な社会復帰のため、刑事司法関係機関が、地域の安全・安心を守る拠点であることへの地域社会の理解と協力を得ながら、地域社会とつながった指導・支援を充実させる。

　このような取組により、**立ち直りに福祉サービスや医療等の支援を必要とする高齢者・障害者等が、刑事司法のあらゆる段階を通じ、適切な時期に必要な支援を受けられるようにする。**

【具体的な取組】

（1）刑事司法関係機関における福祉・医療機関等との調整機能の充実

・　犯罪をした高齢者・障害者等のうち、福祉サービス等の支援が必要な者を適切な時期に福祉サービス等につなげられるよう、刑事司法関係機関における福祉・医療機関等との調整機能の充実を図る。【法務省】

　　また、矯正施設に収容されている高齢者・障害者等のうち、特に自立が困難な者については、引き続き、特別調整（矯正施設や保護観察所、更生保護施設、地域生活定着支援センターその他の福祉関係機関が連携して、釈放後の福祉サービスの受給に向けた調整を行うこと）を着実に実施する。【法務省・厚生労働省】

・　ストーカー加害者について、個々の問題性を踏まえ、警察官が地域精神科医療等から加害者への対応方法や治療・カウンセリングの必要性について助言を受け、加害者に受診を勧めるなど、地域精神科医等と連携しながら、更生に向けた働き掛けを行う取組を推進する。【警察庁】

（2）高齢化等の環境変化に対応した刑務所等の処遇の展開

・　高齢化等の環境変化に対応した刑事司法関係施設の環境整備を推進する。【法務省】

・　矯正施設において、出所後のスムーズな社会適応に向けた指導等を、地域の企業・関係団体と連携して実施する"地域支援のネットワーク"の構築を進める。【法務省】

・　健康上の問題を抱える高齢受刑者等に適切に対応できるよう、地域の医療機関との連携強化や、矯正施設で勤務する医師の確保を含む医療体制の充実を図る。【法務省】

・　矯正施設収容段階から地域社会での作業に従事させることなどを通じて、社会適応に必要な技能等を修得させる"地域に学び、地域を支える"場の創設を進める。【法務省】

・　矯正施設が、地域社会から理解され、支えられる存在となるため、地域社会の安全・安心を守る施設として、地域の防災拠点及び地域住民の避難場所となり得る矯正施設の耐震化を実現するとともに、防災設備・資機材の整備を含む防災対策を推進する。【法務省】

Ⅲ　立ち直りに向けた"息の長い"支援に取り組む民間の活動を推進する

【取組の概要と目指す姿】

　薬物依存者や犯罪をした高齢者・障害者等の立ち直りのための継続した支援を官民一体で推進するため、帰るべき場所のない者の社会復帰の拠点となる更生保護施設の体制等の強化を図るとともに、地域において再犯防止や立ち直り支援のための活動に取り組む保護司、協力雇用主、少年警察ボランティア等の民間協力者に対する支援を強化する。

　このような取組により、刑事司法手続終了後を含めた"息の長い"支援を実現する。

【具体的な取組】

（1）更生保護施設の人的体制の強化と通所による"息の長い"処遇の実施

・　全国各地の更生保護施設において、薬物依存者や高齢者・障害者を始めとする帰るべき場所のない出所者等の受入れや処遇機能を強化するため、人的体制を強化する。【法務省】

・　更生保護施設からの退所後も通所により必要な指導・支援を受けられる取組など"息の長い"処遇の全国展開を推進する。【法務省】

（2）再犯防止や立ち直りのための"息の長い"支援に取り組む民間協力者への支援の強化

・　地域社会における保護司の活動拠点となる"更生保護サポートセンター"の円滑な設置運営のために必要な支援の充実を図る。【法務省】

・　犯罪や非行をした人をその事情を理解した上で雇用している協力雇用主に対する刑務所出所者等就労奨励金支給制度や更生保護就労支援事業等の各種支援制度の充実を図る。【法務省、厚生労働省】

・　居場所づくり等を通じた少年の立ち直り支援活動に取り組んでいる少年警察ボランティア等について、"立ち直り支援ボランティア・リーダーシップ研修会"の開催等その活動を支援する取組を推進する。【警察庁】

・　再犯防止の重要性や民間協力者の方々の活動の意義に対する社会的な理解、評価を高めるため、"社会を明るくする運動"など再犯防止や立ち直り支援に関する広報・啓発活動及び表彰を積極的に推進する。【法務省】

3　対策の目標

　本対策に掲げる取組を総合的に推進することにより、「刑務所出所者等の2年以内再入率を平成33年までに20%以上減少させる」[2]という数値目標の達成を確実なものとし、犯罪が繰り返されない、国民が安全で安心して暮らせる「世界一安全な国、日本」の実現に寄与する。

---

[2]　「再犯防止に向けた総合対策」（平成24年7月・犯罪対策閣僚会議決定）による

薬物依存者・高齢犯罪者等の再犯防止緊急対策

〜立ち直りに向けた"息の長い"支援につなげるネットワーク構築〜

安全・安心な暮らしを脅かす薬物犯罪の増加、高齢者犯罪の増加と受刑者の高齢化。
刑事司法と地域社会の狭間で、必要な支援を受けられないまま再犯に及ぶ者の存在。

2020年を目途に、全国各地に薬物依存者や高齢犯罪者等の立ち直りを支えるネットワークを構築

| 薬物依存者 | 薬物依存からの回復に向けた矯正施設・保護観察所による指導と医療機関による治療等を一貫して実施 |

矯正施設・保護観察所による一貫性のあるプログラムの実施

認知行動療法に基づく薬物依存からの回復に向けたプログラムの実施、処遇情報の共有等による指導の充実、指導者の育成・確保を推進。
保護観察所の指導体制の整備を推進。

薬物依存症の治療拠点となる医療機関の全国的な整備

依存症治療拠点機関等におけるモデル事業の成果をもとに、薬物依存症の治療拠点となる医療機関の全国的な整備を推進。

 薬物依存の問題を抱える全ての保護観察対象者等が、薬物依存からの回復に必要な専門的な指導や医療機関による治療等を受けられるようにする。

| 高齢犯罪者等 | 地域社会とつながった指導・支援を刑事司法の各段階において実施 |

刑事司法関係機関における福祉・医療機関等との調整機能の充実

犯罪をした高齢者・障害のある者等を、適切な時期に福祉サービス等につなげられるよう、警察、検察庁、矯正施設、保護観察所等の刑事司法機関と福祉関係者の連携を強化。

高齢化等の環境変化に対応した刑務所等の処遇の展開

高齢化等に対応した刑事司法関係施設の環境整備を推進。
矯正施設と地域の企業・関係団体とが連携した指導・支援等を行う地域支援ネットワークを構築。
刑務所等収容段階から地域社会での作業等に従事させ、社会適応に必要な技能等を修得させる場の創設を推進。

 立ち直りに福祉サービスや医療等の支援を必要とする高齢者・障害者等が、刑事司法のあらゆる段階を通じ、適切な時期に支援を受けられるようにする。

| 民間活動 | 立ち直りに向けた"息の長い"支援に取り組む民間活動の推進 |

更生保護施設の人的体制の強化と通所による"息の長い"処遇の実施

更生保護施設の人的体制の強化による受入れや処遇機能の強化
施設退所後も、通所により必要な指導・支援を受けられる"息の長い"処遇の全国展開

再犯防止や立ち直り支援の活動に取り組む民間協力者への支援の強化

更生保護施設を視察し、入所者に声を掛けられる安倍総理大臣 （H27.12）

▶ 刑事司法手続終了後を含めた"息の長い"支援を実現する。

8. 政府・地方公共団体の再犯防止等施策担当窓口一覧

政府の再犯防止等施策担当窓口一覧	
内閣官房	内閣官房副長官補室
内閣府	大臣官房企画調整課
警察庁	生活安全局生活安全企画課
総務省	地域力創造グループ地域政策課
法務省	大臣官房秘書課企画再犯防止推進室
文部科学省	総合教育政策局男女共同参画共生社会学習・安全課
厚生労働省	職業安定局雇用開発部雇用開発企画課
	社会・援護局総務課
	社会・援護局障害保健福祉部企画課
	人材開発総務担当参事官室
農林水産省	経営局就農・女性課
水産庁	漁政部企画課
中小企業庁	経営支援部経営支援課
国土交通省	総合政策局政策課

都道府県・指定都市　再犯防止等施策担当窓口部局等一覧	
地方公共団体名	窓口部局等名
北海道	環境生活部くらし安全局道民生活課道民生活係
青森県	健康福祉部健康福祉政策課
岩手県	保健福祉部地域福祉課
宮城県	保健福祉部社会福祉課団体指導班
秋田県	健康福祉部地域・家庭福祉課
山形県	健康福祉部地域福祉推進課
福島県	保健福祉部こども未来局こども・青少年政策課
茨城県	福祉部福祉政策課人権施策推進室
栃木県	県民生活部くらし安全安心課
群馬県	生活こども部生活こども課人権同和係
埼玉県	福祉部社会福祉課
千葉県	健康福祉部健康福祉指導課
東京都	生活文化スポーツ局都民安全推進部都民安全課
神奈川県	福祉子どもみらい局福祉部地域福祉課
新潟県	福祉保健部福祉保健総務課企画調整室
富山県	厚生部厚生企画課
石川県	健康福祉部厚生政策課
福井県	健康福祉部地域福祉課人権室
山梨県	県民生活部県民生活安全課
長野県	健康福祉部地域福祉課
岐阜県	健康福祉部地域福祉課地域福祉係
静岡県	くらし・環境部県民生活局くらし交通安全課
愛知県	防災安全局県民安全課
三重県	子ども・福祉部地域福祉課
滋賀県	健康医療福祉部健康福祉政策課企画調整係
京都府	府民環境部安心・安全まちづくり推進課
大阪府	政策企画部危機管理室治安対策課
兵庫県	県民生活部生活安全課
奈良県	福祉医療部地域福祉課
和歌山県	環境生活部県民局県民生活課
鳥取県	福祉保健部ささえあい福祉局福祉保健課
島根県	健康福祉部地域福祉課
岡山県	県民生活部くらし安全安心課

広島県	環境県民局県民活動課（くらし安心推進グループ）
山口県	健康福祉部厚政課
徳島県	危機管理環境部消費者くらし安全局消費者政策課
香川県	健康福祉部子ども政策推進局子ども政策課
愛媛県	県民環境部県民生活局県民生活課
高知県	子ども・福祉政策部 地域福祉政策課
福岡県	福祉労働部福祉総務課地域福祉係
佐賀県	健康福祉部福祉課地域福祉担当
長崎県	福祉保健部福祉保健課
熊本県	環境生活部県民生活局くらしの安全推進課
大分県	生活環境部私学振興・青少年課
宮崎県	福祉保健部福祉保健課地域福祉保健・自殺対策担当
鹿児島県	総務部男女共同参画局青少年男女共同参画課
沖縄県	子ども生活福祉部福祉政策課
札幌市	市民文化局地域振興部区政課
仙台市	健康福祉局地域福祉部社会課
さいたま市	保健福祉局福祉部福祉総務課
千葉市	保健福祉局健康福祉部地域福祉課
横浜市	健康福祉局地域福祉保健部福祉保健課
川崎市	健康福祉局地域包括ケア推進室
相模原市	健康福祉局生活福祉部生活福祉課
新潟市	福祉部福祉総務課
静岡市	保健福祉長寿局健康福祉部福祉総務課
浜松市	健康福祉部福祉総務課
名古屋市	スポーツ市民局市民生活部地域安全推進課
京都市	保健福祉局保健福祉部保健福祉総務課
大阪市	市民局区政支援室地域安全担当
堺市	健康福祉局生活福祉部地域共生推進課
神戸市	福祉局政策課
岡山市	保健福祉局保健福祉部福祉援護課
広島市	市民局市民安全推進課
北九州市	市民文化スポーツ局安全・安心推進部安全・安心推進課
福岡市	市民局生活安全部防犯・交通安全課
熊本市	文化市民局市民生活部生活安全課

注　上記の窓口部局等は、再犯防止施策を実施する部局等には必ずしもなっていない。

9. 再犯防止等施策関係予算（令和３年度、令和４年度）

通し番号	施策番号	施策・事業	令和３年度予算額（単位：百万円）	令和４年度当初予算額（単位：百万円）	対前年度増△減額（単位：百万円）	施策・事業の概要	備考
1	59	地域における子供・若者支援体制の整備推進【内閣府】	12	54	42	困難な状態にある子供・若者に対し、教育、福祉、保健、医療、雇用など地域における様々な機関がネットワークを形成して支援を行う「子供・若者支援地域協議会」の設置及びその機能向上を促進、子供・若者に関する相談にワンストップで応じる「子供・若者総合相談センター」の設置及びその機能向上を促進	子供・若者支援地域ネットワーク強化推進事業から名称変更
2	59	地域における若者支援に当たる人材養成【内閣府】	26	25	△ 1	地域において相談業務や訪問支援（アウトリーチ）等に従事する者に対し、知識・技法の向上等に資する研修を実施	
3	59	子供・若者総合相談センター強化推進事業【内閣府】	33	0	△ 33	子供・若者に関する相談にワンストップで応じる「子供・若者総合相談センター」の設置及びその機能向上を促進	
4	6、60、78	少年に手を差し伸べる立ち直り支援活動【警察庁】	34	34	0	再非行のおそれのある少年に対する居場所づくり活動の充実強化	
5	52	薬物再乱用防止パンフレットの作成【警察庁】	2	2	0	薬物乱用者やその家族を対象とした薬物再乱用防止のためのパンフレットの作成	薬物対策用資料事業の内数
6	71	ストーカー事案の加害者に対する精神医学的・心理学的アプローチに関する地域精神科医療等との連携【警察庁】	12	12	0	警察官が加害者への対応方法、治療やカウンセリングの必要性について助言等を受けることができるよう、地域精神科医等と連携	
7	71、114	ストーカー対策担当者専科【警察庁】	7	6	△ 1	警察本部のストーカー事案及び配偶者からの暴力事案対策担当者を対象に、専門教育を実施	
8	72	ストーカー加害者に対する再犯防止のための効果的な精神医学的・心理学的アプローチに関する調査研究【警察庁】	0	12	12	地方公共団体、医療機関、カウンセリング実施機関等の関係機関・団体に対するアンケート、ヒアリング等を通じて、ストーカー加害者に対する効果的な受診の働き掛けに資する多機関連携の在り方等について調査研究を実施	
9	88、91	少年警察ボランティア等の活動に対する支援【警察庁】	174	138	△ 36	・少年警察ボランティア等の活動に対する謝金 ・少年警察ボランティア等に対する研修 ・大学生ボランティア裾野拡大	
10	114	担当職員に対する研修【警察庁】	9	9	0	少年補導職員の研修等	

通し番号	施策番号	施策・事業	令和3年度予算額（単位：百万円）	令和4年度当初予算額（単位：百万円）	対前年度増△減額（単位：百万円）	施策・事業の概要	備考
11	1、2、3、5、7、10、11、19、21、22、23、25、32、33、34、35、36、38、41、44、45、47、52、62、63、66、67、68、72、73、81、83、84、85、86、87、98、100、106、108、109、110、111、112、113、114、115	刑事施設における矯正処遇の充実【法務省】	53,131	48,010	△ 5,121	刑事施設における、受刑者に対する矯正処遇の充実を図る。	
12	3	刑事施設における職業訓練の充実【法務省】	432	426	△ 6	刑事施設において、青少年受刑者等に職業訓練を実施することにより、職業技能を付与し、その円滑な社会復帰を図る。	刑事施設における矯正処遇の充実の一部
13	21	刑務作業の充実【法務省】	2,799	2,959	160	刑事施設作業の円滑な実施と作業内容の改善向上を図る。	刑事施設における矯正処遇の充実の一部
14	34、35、36、38	高齢受刑者・障害を有する受刑者に対する指導・支援の充実【法務省】	897	924	27	社会福祉士・精神保健福祉士の確保、認知症傾向のある受刑者に対する処遇の充実、社会復帰支援指導プログラムの効果的な実施、地域生活定着支援の充実等を図る。	刑事施設における矯正処遇の充実の一部
15	44、45、52	刑事施設における薬物事犯者に対する指導の充実【法務省】	178	173	△ 5	刑事施設において、薬物依存離脱指導（R1）の効果的な実施及び指導体制の充実を図る。	刑事施設における矯正処遇の充実の一部
16	68	刑事施設における性犯罪者に対する指導の充実【法務省】	222	297	75	刑事施設において、性犯罪再犯防止指導（R3）の効果的な実施及び指導体制の充実を図る。	刑事施設における矯正処遇の充実の一部
17	86	刑事施設における被害者の視点を取り入れた教育等の充実【法務省】	23	27	4	刑事施設において、被害者の視点を取り入れた教育（R4）及び一般改善指導（被害者感情理解指導）の効果的な実施及び指導体制の充実を図る。	刑事施設における矯正処遇の充実の一部

通し番号	施策番号	施策・事業	令和３年度予算額（単位：百万円）	令和４年度当初予算額（単位：百万円）	対前年度増△減額（単位：百万円）	施策・事業の概要	備考
18	5、7、10、11、19、83、7、100、106、108、109、110、111、112、113、115	矯正管区における矯正施設の再犯防止施策への支援等【法務省】	898	871	△ 27	矯正管区において、矯正施設の再犯防止施策に対する支援等を実施	
19	5、7、10、11、19	矯正就労支援情報センターにおける就労支援の充実【法務省】	72	73	1	矯正就労支援情報センターにおいて、刑務所出所者等の就労先を広域にわたって調整し、円滑な就労支援を促進	刑事施設における矯正処遇の充実及び矯正管区における矯正施設の再犯防止施策への支援等の一部
20	106、108、109、110、111、112	地方公共団体との連携協力体制の構築【法務省】	31	31	0	刑務所出所者等の社会復帰支援充実のため、在所中から出所後の地域社会における継続的支援に向けた地方公共団体や関係機関等との連携体制を構築	刑事施設における矯正処遇の充実及び矯正管区における矯正施設の再犯防止施策への支援等の一部
21	1、2、3、5、7、10、11、18、19、22、23、25、32、34、35、36、38、44、45、52、62、63、64、65、66、67、68、75、76、79、81、82、83、84、85、86、87、98、100、113、114、115	少年院における矯正教育の充実【法務省】	3,913	3,310	△ 603	少年院における、在院者に対する矯正教育の充実を図る。	
22	44、45、52	少年院における薬物事犯者に対する指導の充実【法務省】	12	11	△ 1	少年院において、薬物非行防止指導を充実させるために指導者の育成や重点的な薬物非行防止指導等を実施	少年院における矯正処遇の充実の一部
23	68	少年院における性非行防止指導の充実【法務省】	15	15	0	少年院において、性非行防止指導の効果的な実施及び指導体制の充実を図る。	少年院における矯正処遇の充実の一部

通し番号	施策番号	施策・事業	令和3年度予算額（単位：百万円）	令和4年度当初予算額（単位：百万円）	対前年度増△減額（単位：百万円）	施策・事業の概要	備考
24	86	少年院における被害者の視点を取り入れた教育等の充実【法務省】	21	21	0	少年院において、特定生活指導における被害者の視点を取り入れた教育を行う等、被害者心情理解指導の充実を図る。	少年院における矯正処遇の充実の一部
25	14、18、34、38、59、62、66、67、76、77、85、87、98、100、102、113、114、115	少年鑑別所における資質鑑別等の充実【法務省】	1,692	1,263	△429	少年鑑別所における、在所者に対する資質鑑別等の充実を図る。	
26	14	国による雇用等【法務省】	10	10	0	少年鑑別所10庁において保護観察対象者を雇用	少年鑑別所における資質鑑別等の充実の一部
27	34、59、76、100、102、114	地域における非行の未然防止等のための支援【法務省】	48	24	△24	少年鑑別所において、地域援助として、学校等教育機関からの相談依頼を受けて知能検査や性格検査、職業適性検査を実施するほか、ワークブック等を用いた心理的支援などを行う。	少年鑑別所における資質鑑別等の充実の一部
28	34、35、36、38、82	少年施設における障害のある者への指導【法務省】	119	108	△11	少年施設において、障害のある者への指導を充実させるため、職員の専門的知識を高めるとともに、専門知識を有した社会福祉士や精神保健福祉士等と協力して指導を行う。	少年院における矯正処遇の充実及び少年鑑別所における資質鑑別等の充実の一部
29	1、2、3、4、5、7、8、9、10、11、12、13、14、15、16、17、18、19、20、22	保護観察対象者等の就労の確保【法務省】	837	842	5	保護観察対象者等の就労の確保を図る。	
30	8、101、110	再犯防止に関する広報・啓発事業【法務省】	25	25	0	再犯防止に関する広報・啓発活動の推進に係る啓発事業等の実施	
31	22、34、36、37、38、39、41、42、43、44、45、46、47、52、57、66、67、68、70、72、73、76、79、81、82、83、84、85、94、100	保護観察対象者等の特性に応じた指導・支援の実施【法務省】	2,183	2,247	64	保護観察対象者等の特性に応じた指導・支援を実施する。	

通し番号	施策番号	施策・事業	令和 3 年度予算額（単位：百万円）	令和 4 年度当初予算額（単位：百万円）	対前年度増△減額（単位：百万円）	施策・事業の概要	備考
32	24、25、26、27、28、29、30、32、33、36、37、81、83	保護観察対象者等の住居の確保【法務省】	3,220	3,289	69	保護観察対象者等の住居の確保を図る。	
33	26、27、28、33、34	満期釈放者等に対する支援の実施【法務省】	569	503	△ 66	満期釈放者等に対する支援を実施	
34	38、45、68、82、114	矯正研修所における矯正職員に対する研修の充実【法務省】	479	482	3	矯正研修所において、矯正職員に対する研修を実施	
35	39、41、59、85、88、89、90、92、93、94、95、96、98、99、100、106、108、109、110、111、112	保護司制度の基盤整備並びに地方公共団体及び民間団体との連携【法務省】	2,230	2,242	12	保護司制度の基盤整備並びに地方公共団体及び民間団体との連携を行う。	
36	42	刑事司法関係機関の体制整備【法務省】	88	86	△ 2	検察庁における社会福祉士雇用等経費	
37	59、61、88、89、92、93、101、112	更生保護における広報啓発【法務省】	578	522	△ 56	更生保護官署において再犯防止に関する広報啓発を行う。	
38	68	性犯罪者の再犯防止対策に関する海外調査【法務省】	2	0	△ 2	性犯罪者に対する新たな再犯防止対策の検討のため、海外の法制度等についての調査を実施	
39	81	売買春対策の推進（婦人補導院の運営）【法務省】	4	4	0	「売春防止法」に基づき、補導処分に付された婦人に対する補導を実施	
40	86	更生保護における犯罪被害者等施策【法務省】	13	13	0	更生保護官署において犯罪被害者等支援を実施	
41	87	保護観察等業務支援システムの運用【法務省】	132	65	△ 67	事件管理システム等の運用を行う。	令和 3 年度補正予算と令和 4 年度当初予算は、デジタル庁一括計上
42	87	刑事情報連携データベースシステムの運用【法務省】	284	456	172	検察庁・矯正施設・保護観察所等が保有する情報を連携するデータベースシステムの運用管理	令和 4 年度当初予算は、デジタル庁一括計上
43	47、87、100、110	刑事情報連携データベースアクセス用機器保守等【法務省】	7	7	0	「刑事情報連携データベースシステム」にアクセスし、その保有情報を分析する「刑事情報連携データベース分析システム」の機器及び同システムに搭載されているソフトウェア等の保守管理	令和 4 年度当初予算は、デジタル庁に一括計上

通し番号	施策番号	施策・事業	令和3年度予算額（単位：百万円）	令和4年度当初予算額（単位：百万円）	対前年度増△減額（単位：百万円）	施策・事業の概要	備考
44	87	（特別研究）犯罪者（犯罪・非行をした者）の意識調査【法務省】	2	0	△ 2	少年・若年者に限定せず、犯罪・非行をした者の犯罪や非行に関する意識を中心とした意識調査を行うことにより、犯罪・非行をした者の特性に応じた有効な指導・支援の内容や方法を検討するための資料を提供	
45	87	（特別研究）非行少年と成育環境（子供の貧困）に関する研究【法務省】	3	2	△ 1	少年の成育環境（特に経済的な問題）の実態を調査することにより、①非行少年のうち貧困の問題を有する者のアセスメントや処遇・支援の充実と再非行防止に繋げることに資する資料及び②地方自治体が実施する子供の貧困実態調査結果から得られた、一般少年のうちの貧困の問題を有する者の特徴との比較も視野に入れた分析を行うことにより、非行防止に資する資料を提供	
46	96、97、107	ソーシャル・インパクト・ボンド（SIB）を活用した非行少年への学習支援事業【法務省】	17	26	9	民間事業者と連携した効果的な再犯防止の取組を推進するため、ソーシャル・インパクト・ボンド（SIB）を活用し、非行少年に対する少年在院中から出院後までの継続的な学習支援を実施	
47	100、110	犯罪白書【法務省】	21	21	0	犯罪の動向・犯罪者の処遇に関する調査を行い、その成果を「犯罪白書」として発表	経常研究経費の内数
48	101	人権啓発活動【法務省】	3,650	3,552	△ 98	人権週間を中心に全国各地で、講演会等の開催、新聞紙・週刊誌等への関連記事の掲載、啓発冊子の配布等の人権啓発活動を実施	人権擁護関係予算（デジタル庁一括計上予算を含む。）の内数
49	102	法教育の推進【法務省】	29	30	1	教員や教育関係者に対し、広報活動等を実施し、法教育に対する理解を促進するとともに、利便性の高い法教育教材を提供して、学校教育現場における法教育の学習機会の確保及び学習内容の充実を実現	
50	105、106、108、109、110、111	地方公共団体における再犯防止の取組を促進するための協議会等【法務省】	19	32	13	地方公共団体における再犯防止の取組の促進を図るため、地域再犯防止推進モデル事業で創出された効果的な取組についての周知・共有や都道府県と市区町村が連携した取組の確立に向けた検討を目的とした協議会等を実施	
51	115	矯正施設の環境整備【法務省】	24,770	21,129	△ 3,641	矯正施設の新営・改修工事等を実施	

通し番号	施策番号	施策・事業	令和３年度予算額（単位：百万円）	令和４年度当初予算額（単位：百万円）	対前年度増△減額（単位：百万円）	施策・事業の概要	備考
52	59	地域と学校の連携・協働体制構築事業【文部科学省】	6,755	6,859	104	「社会に開かれた教育課程」の実現に向けた基盤となる体制を構築するために、コミュニティ・スクールと地域学校協働活動を一体的に推進するとともに、地域における学習支援や体験活動等の取組を支援	
53	59、65	地域における学びを通じたステップアップ事業【文部科学省】	5	10	5	高校中退者等を対象に、地域資源（高校、サポステ、ハローワーク等）を活用しながら社会的自立を目指し、高等学校卒業程度の学力を身に付けさせるための学習相談及び学習支援等を実施する地方公共団体の取組を支援	
54	59	依存症予防教育推進事業【文部科学省】	25	24	△ 1	依存症予防教育に関するシンポジウムを実施するとともに、「依存症予防教室」の開催等を行う。	青少年を取り巻く有害環境対策の推進の内数
55	63	高等学校卒業程度認定試験等【文部科学省】	463	423	△ 40	高等学校卒業程度認定試験の実施運営、問題作成及び合格者等への各種証明書発行とそのためのデータ管理	高等学校卒業程度認定試験等の内数
56	5、18、19、20、113、114	刑務所出所者等就労支援事業【厚生労働省】	728	708	△ 20	刑務所出所者等に対して、ハローワークによる職業相談・紹介、トライアル雇用助成金等の支給等を実施するほか、事業主に対して、刑務所出所者等の雇用に関する啓発や求人開拓を行うなど総合的な支援を実施	
57	22	生活困窮者自立支援法に基づく生活困窮者就労準備支援事業、生活困窮者就労訓練事業【厚生労働省】	55,033	59,009	3,976	就労に向け準備が必要な者や一定の継続的・柔軟な働き方が必要な者に対し、対象者の状況に応じた支援を実施	生活困窮者自立支援制度に係る負担金・補助金の内数
58	36	地域生活定着促進事業【厚生労働省】	38,328	38,621	293	高齢又は障害により、福祉的な支援を必要とする釈放後に行き場のない犯罪をした者等の社会復帰を支援するため、各都道府県に「地域生活定着支援センター」を設置し、保護観察所、矯正施設、検察庁、弁護士会、地域の福祉関係機関等と連携・協働して、支援の対象者となる人が釈放後から福祉サービス等を受けられるよう取り組む事業	生活困窮者就労準備支援事業費等補助金の内数
59	36	地域生活定着支援人材養成研修事業【厚生労働省】	14	14	0	地域生活定着支援センターの職員を対象とし、高齢又は障害のある犯罪をした者等への支援方法等の習得を目的とした中央研修を実施	

特集

第１章

第２章

第３章

第４章

第５章

第６章

第７章

第８章

基礎資料

通し番号	施策番号	施策・事業	令和3年度予算額（単位：百万円）	令和4年度当初予算額（単位：百万円）	対前年度増△減額（単位：百万円）	施策・事業の概要	備考
60	40	障害福祉サービス（地域生活移行個別支援特別加算）【厚生労働省】	1,311,053	1,385,866	74,813	医療観察法対象者等に対する障害者グループホーム等における相談援助等にかかる報酬（加算）	障害者自立支援給付費負担金（介護給付・訓練等給付費）の内数
61	47、51、52	薬物乱用者に対する再乱用防止対策事業【厚生労働省】	128	106	△ 22	相談担当者等向け講習会の開催、関係機関による連絡会議の開催、保護観察の付かない執行猶予判決を受けた乱用者等に対する支援等	
62	48、49、57	依存症の相談・治療等に係る指導者養成事業【厚生労働省】	106	106	0	都道府県・指定都市において指導的役割を果たす指導者を養成するため、依存症者や家族に対する相談・治療等に係る研修を実施	依存症対策全国拠点機関設置運営事業の内数
63	48、49、57	依存症支援者研修事業【厚生労働省】	596	596	0	都道府県・指定都市において、依存症者や家族に対する相談・治療等の支援を行う人材を養成するための研修を実施	依存症対策総合支援事業の内数
64	49	依存症専門相談支援事業【厚生労働省】	596	596	0	都道府県・指定都市において、依存症相談員を配置した依存症相談拠点を設置するなど、依存症者や家族に対する相談・指導等の支援を実施	依存症対策総合支援事業の内数
65	50	薬物依存症に関する問題に取り組む民間団体支援事業【厚生労働省】	51,321	51,821	500	地域で薬物依存症に関する問題に取り組む民間団体の活動を支援	地域生活支援事業等の内数
66	50	依存症民間団体支援事業【厚生労働省】	40	39	△ 1	全国規模で依存症問題に取り組む民間団体の活動を支援	
67	51	依存症に関する普及啓発事業【厚生労働省】	78	78	0	依存症に関する正しい知識と理解を深めるため、普及啓発イベント等を実施	
68	52	連携会議運営事業【厚生労働省】	596	596	0	薬物依存症者やその家族に対する包括的な支援に向けて、行政や医療、福祉、司法を含めた関係機関による連携会議を開催	依存症対策総合支援事業の内数
69	59	子どもの生活・学習支援事業【厚生労働省】	16,005	16,004	△ 1	放課後児童クラブ等の終了後に、ひとり親家庭の子どもに対し、児童館・公民館や民家等において、悩み相談を行いつつ、基本的な生活習慣の習得支援・学習支援、食事の提供等を行う。	母子家庭等対策総合支援事業の内数
70	59	ひとり親家庭高等学校卒業程度認定試験合格支援事業【厚生労働省】	16,005	16,004	△ 1	ひとり親家庭の学び直しを支援することで、より良い条件での就職や転職に向けた可能性を広げ、正規雇用を中心とした就業につなげていくため、高等学校卒業程度認定試験合格のための講座を受講する場合に、その費用の一部を支給する。	母子家庭等対策総合支援事業の内数

通し番号	施策番号	施策・事業	令和3年度予算額（単位：百万円）	令和4年度当初予算額（単位：百万円）	対前年度増△減額（単位：百万円）	施策・事業の概要	備考
71	59	生活困窮者自立支援法に基づく子どもの学習・生活支援事業【厚生労働省】	55,033	59,009	3,976	各自治体が地域の実情に応じ、創意工夫をこらし、生活保護受給世帯の子供を含む生活困窮世帯の子供を対象に学習支援事業を実施 改正法において、生活習慣・育成環境の改善に関する助言や教育及び就労（進路選択等）に関する相談に対する情報提供、助言、関係機関との連絡調整を加え、「子供の学習・生活支援事業」として強化	生活困窮者自立支援制度に係る負担金・補助金の内数
72	8、9、16、22、23	農の雇用事業【農林水産省】	20,501	20,700	199	青年による農業法人等への雇用就農を促進するため、農業法人等が新規就業者に対して実施する実践研修等を支援するとともに、新規就業者が障害者、生活困窮者、刑務所出所者等の場合に支援単価を加算	新規就農者育成総合対策（令和3年度は農業人材力強化総合支援事業）の内数
73	8、9、16、22、23	雇用就農資金【農林水産省】	0	20,700	20,700	青年による農業法人等への雇用就農を促進するため、農業法人等が就農希望者を新たに雇用する場合に資金を助成するとともに、就農希望者が障害者、生活困窮者、刑務所出所者等の場合に支援単価を加算	新規就農者育成総合対策の内数
74	8、9、16、22、23	雇用就農者実践研修支援事業【農林水産省】	2,900	0	△ 2,900	青年による農業法人等への雇用就農を促進するため、農業法人等が新規就業者に対して実施する実践研修等を支援するとともに、新規就業者が障害者、生活困窮者、刑務所出所者等の場合に支援単価を加算	新規就農者確保緊急対策（令和3年度補正予算）の内数
75	8、9	「緑の雇用」新規就業者育成推進事業【農林水産省】	4,183	4,009	△ 174	新規就業者の確保・育成に向け、林業経営体が行う人材育成研修等に要する費用等を支援	「緑の雇用」新規就業者育成推進事業の内数
76	8、9	現場技能者キャリアアップ対策【農林水産省】	273	292	19	林業の成長産業化に向け、林業経営体の育成に資する現場技能者のキャリアアップ対策を支援	現場技能者キャリアアップ対策の内数
77	8、9	経営体育成総合支援事業【農林水産省】	677	610	△ 67	漁業・漁村を支える人材の確保・育成を図るため、漁業への就業前の者への資金の交付、漁業現場での長期研修を通じた就業・定着の促進、インターンシップや就業体験の受入、海技士免許等の資格取得及び漁業者の経営能力の向上等を支援	

通し番号	施策番号	施策・事業	令和3年度予算額（単位：百万円）	令和4年度当初予算額（単位：百万円）	対前年度増△減額（単位：百万円）	施策・事業の概要	備考
78	23	農福連携対策事業【農林水産省】	9,805	9,752	△ 53	障害者や生活困窮者の雇用・就労を目的とした農業生産施設等の整備、農業分野への就業を希望する障害者等に対し農業体験を提供するユニバーサル農園の開設、障害者の農業分野での定着を支援する専門人材の育成等の取組を支援	農山漁村振興交付金の内数

10. 成人による刑事事件の流れ

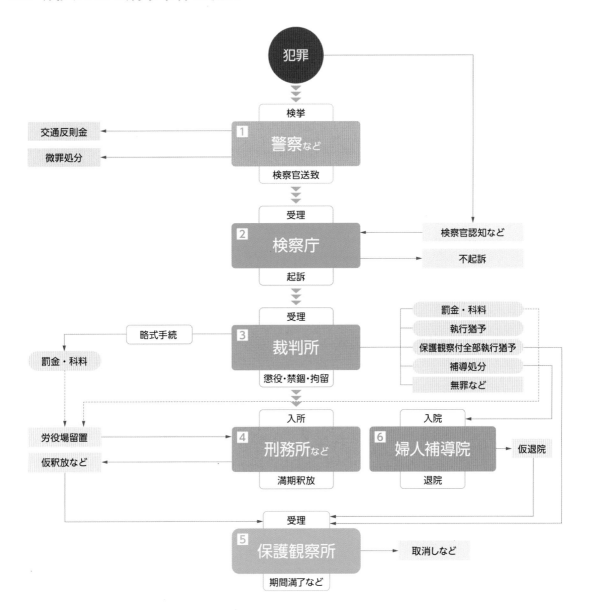

❶ 警察など

　警察などが犯人を検挙して必要な捜査を行った事件は、原則としてすべて検察官に送致されます。

❷ 検察庁

　検察官は、送致された事件について必要な捜査を行い、法と証拠に基づいて、被疑者を起訴するか、不起訴にするかを決めます。

　また、検察官は、自ら事件を認知したり、告訴・告発を受けて捜査することもあります。

❸ 裁判所

　裁判所は、公開の法廷で審理を行い、有罪と認定した場合は、死刑、懲役、禁錮、罰金などの刑を言い渡します。また、その刑が3年以下の懲役・禁錮などの場合は、情状によりその執行を猶予したり、さらには、その猶予の期間中保護観察に付することもあります。

　なお、比較的軽微な事件で、被疑者に異議がない場合は、簡易な略式手続で審理が行われることもあります。

❹ 刑務所など

　有罪の裁判が確定すると、執行猶予の場合を除き、検察官の指揮により刑が執行されます。懲役、禁錮、拘留は、原則として刑務所などの刑事施設で執行されます。刑事施設では、受刑者の改善更生と社会復帰のための矯正処遇を行っています。

　なお、罰金や科料を完納できない人は、刑事施設に附置されている労役場に留置されます。

❺ 保護観察所

　受刑者は、刑期の満了前であっても、地方更生保護委員会の決定で、仮釈放が許されることがあり、仮釈放者は、仮釈放の期間中、保護観察に付されます。また、保護観察付執行猶予判決の言渡しを受け、判決が確定した人も猶予の期間中は保護観察に付されます。

　保護観察に付された人は、改善更生と社会復帰に向けて、保護観察所の保護観察官と民間のボランティアである保護司による指導監督・補導援護を受けることになります。

❻ 婦人補導院

　売春防止法違反で補導処分となった成人の女子は、婦人補導院に収容され、仮退院が許可されると保護観察に付されます。

11. 非行少年に関する手続の流れ

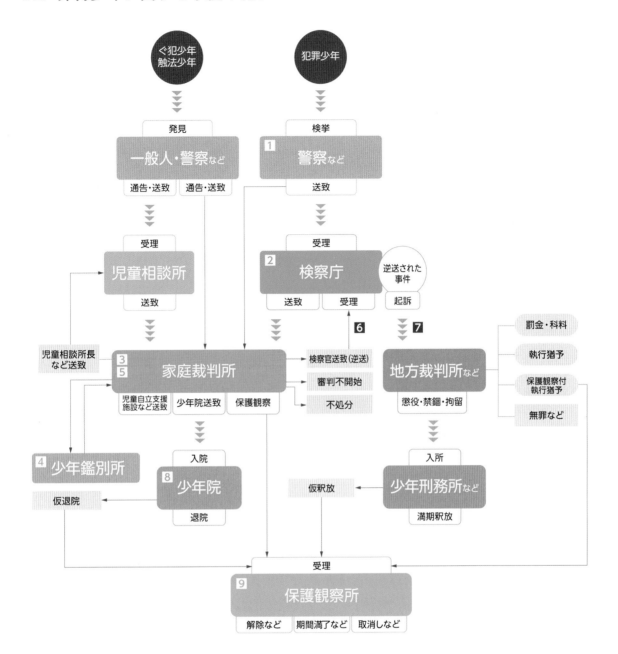

❶ 警察など

警察などが罪を犯した少年を検挙した場合、捜査を遂げた後、原則として、事件を検察官に送致します。

❷ 検察庁

検察官は、捜査を遂げた上、犯罪の嫌疑があると認めるとき、又は犯罪の嫌疑がないものの、ぐ犯（犯罪に至らないものの、犯罪に結びつくような問題行動があって、保護する必要性が高いことをいう。）などで家庭裁判所の審判に付すべき事由があると認めるときは、事件を家庭裁判所に送致します。

❸ 家庭裁判所

家庭裁判所は、調査官に命じて、少年の素質、環境などについて調査を行ったり、少年を少年鑑別所に送致して鑑別を行ったりします。

❹ 少年鑑別所

少年鑑別所は、医学、心理学、教育学等の専門的知識に基づき、少年の鑑別を行い、その結果は家庭裁判所に提出されます。

❺ 家庭裁判所

家庭裁判所は、事件記録等の調査の結果、審判に付する事由がない、又は審判に付することが相当でないと認めるときは、審判不開始の決定を行い、審判を開始するのが相当と認めるときは、非公開で審判を行います。

なお、少年審判において、一定の重大事件で、非行事実を認定するため必要があるときは、家庭裁判所の決定により、検察官も審判に関与します。

上記❸の調査や❹の鑑別を踏まえた審判の結果、保護処分に付する必要がないと認めるなどの場合は、不処分の決定を行い、保護処分に付することを相当と認める場合は、保護観察、少年院送致などの決定を行います。

❻❼ 検察官送致、起訴

家庭裁判所は、審判の結果、死刑、懲役、又は禁錮に当たる罪の事件について刑事処分を相当と認めるときは、事件を検察官に送致します。

なお、16歳以上の少年が、故意の犯罪行為により被害者を死亡させた場合、その事件は、原則として検察官に送致され、事件送致を受けた検察官は、原則、起訴しなければならないとされています。

❽ 少年院

少年院送致となった少年は、第1種、第2種又は第3種のいずれかの少年院に収容され、矯正教育、社会復帰支援等を受けながら更生への道を歩みます。

❾ 保護観察所

家庭裁判所の決定で保護観察に付された場合、少年院からの仮退院が許された場合などにおいては、改善更生と社会復帰に向けて、保護観察所の保護観察官と民間のボランティアである保護司による指導監督・補導援護を受けることになります。

再犯防止推進白書事項索引

令和4年版　再犯防止推進白書

令和5年1月27日発行　　　　　　　　定価は表紙に表示してあります。

編　　集　**法　務　省**
〒100-8977
東京都千代田区霞が関1-1-1
電話　(03) 3580-4111㈹
URL　https://www.moj.go.jp/

発　　行　**日経印刷株式会社**
〒102-0072
東京都千代田区飯田橋2-15-5
電話　(03) 6758-1011

発　　売　**全国官報販売協同組合**
〒100-0013
東京都千代田区霞が関1-4-1
電話　(03) 5512-7400

落丁・乱丁本はお取り替えします。

ISBN978-4-86579-351-2